U0347921

华章经典 · 金融投资

彼得·林奇的成功投资

ONE UP ON WALL STREET

How To Use What You Already Know to Make Money in the Market

| 典藏版 |

〔美〕彼得·林奇 约翰·罗瑟查尔德 著

刘建位 徐晓杰 译

 机械工业出版社
CHINA MACHINE PRESS

图书在版编目（CIP）数据

彼得·林奇的成功投资（典藏版）/（美）彼得·林奇（Peter Lynch），（美）约翰·罗瑟查尔德（John Rothchild）著；刘建位，徐晓杰译 . —北京：机械工业出版社，2018.2（2025.4 重印）

（华章经典·金融投资）

书名原文：One Up on Wall Street: How to Use What You Already Know to Make Money in the Market

ISBN 978-7-111-59073-6

I. 彼… II. ①彼… ②约… ③刘… ④徐… III. 股票投资－经验－美国 IV. F837.125

中国版本图书馆 CIP 数据核字（2018）第 020192 号

北京市版权局著作权合同登记　图字：01-2011-6619 号。

Peter Lynch, John Rothchild. One Up on Wall Street: How to Use What You Already Know to Make Money in the Market.

Copyright © 1989 by Peter Lynch.

Introduction copyright © 2000 by Peter Lynch.

Simplified Chinese Translation Copyright © 2018 by China Machine Press.

Simplified Chinese translation rights arranged with Simon & Schuster, Inc. through Andrew Nurnberg Associates International Ltd. This edition is authorized for sale in the Chinese mainland (excluding Hong Kong SAR, Macao SAR and Taiwan).

彼得·林奇的成功投资（典藏版）

出版发行：机械工业出版社（北京市西城区百万庄大街 22 号　邮政编码：100037）			
责任编辑：董凤凤		责任校对：殷　虹	
印　　刷：天津嘉恒印务有限公司		版　　次：2025 年 4 月第 1 版第 21 次印刷	
开　　本：170mm×230mm　1/16		印　　张：26	
书　　号：ISBN 978-7-111-59073-6		定　　价：99.00 元	

客服电话：（010）88361066　68326294

目 录

| 第一部分 |　　**投资准备**

| 第三部分 |　　**长期投资**

阅读林奇 28 年

——为《彼得·林奇的成功投资》再版序

能为这本伟大的投资经典再版做序,是我莫大的荣幸。这本书可以说是我的投资启蒙书,也是第一本将国外投资大师介绍到中国的书。

我第一次读到林奇的这本书是在 1990 年,距今已有 28 年之久,但即便今天翻阅,依然爱不释手,其中许多文字放在今天的市场上仍然实用。岁月沉淀,披沙沥金,穿越时空,历久弥新,每每读起,仍有触发灵感的启迪,源自内心的感叹,这就是所谓经典的力量。

虽然我在 1995 年初次读到巴菲特,并由此改变投资命运,但实际上,我知道林奇比知道巴菲特还要早 5 年。

林奇的这本书初版于 1989 年在美国面世,于 1990 年被翻译为中文,由经济日报出版社出版,当时书名译为《在华尔街的崛起》(*One Up On Wall Street*),定价 4.90 元。当年我还是学生,父亲买了这本书,如今这本书上的下划线、重点符都是父亲读书时留下的印记。这本粉红色封皮的书如今仍然伫立在家中的书架上,考虑到期间辗转搬家近 10 次,甚至漂洋过海行程万里,历经近 30 年的时空变迁依然能保存下来,堪称奇迹。

书里的很多内容我当时读来并不太明白。印象最深的是,林奇买的第一只股票叫飞虎航空，两年时间从 7 美元涨到 32.75 美元，这是林奇抓住的第一只 5 倍股，解决了他读研究生的部分学费。他自豪地写道："可以说，我是靠飞虎公司的'奖学金'读完了沃顿商学院的课程。"当年我父亲也绝对没有想到他儿子在仅仅时隔 8 年之后，有了几乎与林奇相同的经历。

在 1996 年、1997 年 A 股大牛市中，我取得了"满仓 10 倍"的成绩，可以说我是用"长虹奖学金"去美国读了 MBA（详见《一个投资家的 20 年》）。这里的"满仓"就是集中投资的体现，来源于巴菲特投资思想的启发；这里的"10 倍"，就是林奇常说的 10 倍股（tenbagger）。长虹是我投资生涯中的第一只 10 倍股。

林奇被称为"历史上最传奇的基金经理"。1977 年他接手管理富达公司旗下的麦哲伦基金，1990 年急流勇退。这 13 年间，复利回报率高达 29%。麦哲伦基金的规模也从 2000 万美元增长到 140 亿美元。

这本《在华尔街的崛起》如今被翻译为《彼得•林奇的成功投资》，重印数十次，发行数百万册，成为全球财经畅销书，是最受欢迎的投资名著之一。这本书中提到的入市之前的自我测试、不要预测股市、上市公司拜访、寻找 10 倍股、6 种类型公司股票、13 条选择准则、避而不买的股票、如何获得公司的真实信息、一些重要的财务分析指标等内容，都成为后来者反复学习、斟酌推敲的重要学习资料。

今天为中国投资者广为熟知的"10 倍股""漂亮 50"等这些名词最早就是由林奇的著作引入中国的。可以说，林奇为中国的投资者教育事业做出了巨大的贡献。

林奇这本书的原版书副标题是"一个人怎样利用已有的知识在股票市场上赚钱"。作为一个专业的投资者，林奇在书中告诫读者，"在本书中，我要告诉读者的第一条投资准则是：千万不要听信任何专业投资者的投资建议！"他认为业余投资者具有很多内在优势，可以干得不比专业投资者差。

投资者可以分为业余投资者、专业投资者，也可以分为成功投资者、失败投资者。对于"高手在民间"的说法，我认为值得商榷，但对于"业余投资者也可以成为一个成功投资者"的观点，我是认同的，因为我自己的成长历程就是一个现实的例证。在我的记忆中，中国第一批证券专业的大学毕业生毕业于1997年，而深交所、上交所成立于1990年年底。也就是说，中国最早的一批证券从业人员都是业余出身。

从兴趣出发、从业余学起，可以说林奇的这本书正是这条道路上的好帮手。他在书中写了如何寻找10倍股、13条选股标准等实用内容，还提到了公司股票的6种类型：缓慢增长型、稳定增长型、快速增长型、周期性、困境反转型、隐蔽资产型。

如果你打算预测大势，林奇除了告诉你"不要预测股市""为历史重演做准备无济于事""不要问未来股市会如何"之外，实际上还提供了一个有趣且实用的判断大势的小方法，也就是后来尽人皆知的"鸡尾酒会理论"。

用心观察生活，从中发现投资的线索，也是林奇书中多次提到的投资方法。无论是衣服还是袜子，无论是玩具还是食品，总之，最佳的投资对象很可能就出现在你的旅途中、在陪家人浏览的商店里。必须承认，这种"热爱生活"的投资法对我影响至深，直至今日，我挑选投资对象的标准之一就是"在生活中可以遇见该公司的产品或服务"。当年我抓住投资生涯中的第一只10倍股——长虹，也是受到了林奇这个观点的启示。

业余投资者有成功的可能，但前提是超人的付出。林奇是一个非常勤奋的基金经理，据他自己估计一年的行程是10万英里（约16万公里），拜访五六百名公司高管，每月2000次通话，阅读大量公司报告，持有的股票达到1400只。他是如此辛劳，以至于1990年46岁退休时已是白发苍苍。

多年来，每当市场严峻的时刻，林奇的文字就会被再次广泛传播。"每当股市大跌，我对未来忧虑之时，就会回顾一下这40次大跌，来安抚自己那颗恐惧的心。我告诉自己，股市大跌其实是好事，让我们又有了一次好机会，以低价买入那些优秀公司的股票。"

　　积极乐观、热爱生活、谦虚好学、努力向上，在这本书中林奇道出了他成功的秘密。我打算买 100 本送给我的朋友们，因为正是秉承着这些启示，在我阅读林奇 28 年之后，我的名字有机会与心目中的英雄的名字出现在同一本书上。"书中自有黄金屋"，相信今天的读者将来一定会续写出更多更精彩的阅读故事。

杨天南

2018 年 2 月 28 日

致　谢

　　献给卡罗琳，我的妻子，也是 20 年来我最好的朋友，她的支持和奉献对我至关重要。

　　献给我的孩子们，玛丽、安妮、贝丝，她们之间的爱和她们对父母的爱对我来说意义非凡。

　　献给我在富达基金公司的同事，他们超常的努力和付出才使麦哲伦基金的出色业绩成为可能，但他们没有得到任何公开的赞扬，依然默默无闻。

　　献给 100 万名麦哲伦基金的持有人，他们把自己的积蓄托付给我进行投资管理，这些年来他们给我写过数千封信，打过数千个电话，在市场下跌时安慰我，并且提醒我未来一片光明。

　　献给神圣的上帝，感谢我这一生中上帝赐予我的所有难以置信的幸福。

本书出版后不久，作者彼得·林奇接到一个电话："我是奥马哈的沃伦·巴菲特，我刚刚读完你的书，我非常喜欢。"

为什么连世界第二大富翁、当今最伟大的投资者巴菲特都会如此盛赞本书呢？

1989年，在担任全球资产规模最大的麦哲伦基金经理期间，彼得·林奇专门为业余投资者写了本书，以鼓励他们的信心并向他们提供基本的投资知识。林奇本人也没有想到本书竟然在随后的10年间会重印30次而且销量超过了100万册。林奇在2000年对本书进行了修订，推出了千禧版。十几年来，本书已经在全球畅销数百万册，是最畅销也是最受业余投资者欢迎的投资经典名著之一。

本书告诉我们如何做好股票投资的充分准备，如何从生活和工作中开始寻找你最喜爱的上市公司股票，如何分析上市公司的业务、财务、股票等基本面情况以及如何正确认识股价的波动，你在股票投资中想要知道的问题，几乎都可以在本书中找到答案。怪不得连最著名的投资大师巴菲特都会说："如果我要送给我孙子生日礼物，我就买彼得·林奇的书给他们！"

为什么全球数以百万的业余投资者会如此推崇本书，将其视为所有业余投资者必读的一本股票投资经典呢？

因为这是最成功的基金经理彼得·林奇专门给业余投资者写的最浅显易懂又最实用有效的一本股票投资指南。

第一，本书是有史以来最成功的富达基金公司麦哲伦基金经理彼得·林奇所写的一本投资名著。

林奇被《时代》杂志评为"全球最佳基金经理"，被美国基金评级公司评为"历史上最传奇的基金经理"。1977年林奇接管麦哲伦基金，1990年急流勇退宣布退休。在管理麦哲伦基金的13年间他创造了一个投资神话！在人们的眼中，他是一个选股天才，他仿佛拥有点石成金的金手指，他创下了有史以来最高的投资报酬率，13年的年平均复利报酬率达29%，投资收益率高达29倍。1977年投资人如果投资1万美元买入麦哲伦基金，那么在彼得·林奇的管理下，1990年将增值到29万美元。他掌管的麦哲伦基金管理的资产规模由2000万美元成长至140亿美元，基金投资人超过100万人，成为当时全球资产管理规模最大的基金。彼得·林奇对投资基金的贡献，就像乔丹之于篮球，邓肯之于现代舞蹈，他把整个基金管理提升到一个新的境界，把选股变成了一门艺术。

第二，林奇写作的本书是一本最能鼓励业余投资者战胜专业投资者信心的福音书。

一般业余投资者在进入股市时面对经过多年专业教育和训练并且资金实力庞大、研究水平很高的专业投资者总是感到非常胆怯，甚至总想了解专业投资者的动向，总想听他们的建议跟风搭便车，而林奇告诉我们，其实在投资中业余投资者比专业投资者的优势要大得多。"在本书中我要告诉读者的第一条投资准则是，千万不要听信任何专业投资者的投资建议！在投资这一行20年的从业经验使我确信，任何一位普普通通的业余投资者只要动用 3% 的智力，所选股票的投资回报就能超过华尔街投资专家的平均业绩水平，即使不能超过这些专家，起码也会同样出色。"业余投资者没有专业投资者那样内部或外部的各种限制和监管，也没有投资理论和教条的束缚，更有机会在生活中早于专业投资者好几年发现最有成长性的好公司，从而有机会提前买入上涨数十倍的大牛股。林奇将他本人能够取得远远超过其他基金管理人的秘诀归结于："我想要买入的股票恰恰是那些传统的基金经理人想要回避的股票。我将继续尽可能总像一个业余投资者那样思考选股。"

第三，林奇在本书中为业余投资者系统地讲述了一套最实用有效的股票投资策略。

林奇在本书一开始就做出保证："在此，本书的作者，作为一位专业投资者，我郑重承诺，在本书以下部分，我将与读者共同分享本人投资成功的秘密。"最成功的基金经理林奇在本书中系统地讲述了他的选股策略，他自身的伟大成就是这套投资策略行之有效的最强有力的证明。本书出版 11 年后的 2000 年林奇在给本书的千禧版所写的序言中说："我仍然坚信，那些帮助我在富达麦哲伦基金公司成功的投资理念仍然适用于如今的股票投资。"

彼得·林奇用我们日常生活中最普通的生活常识来教导我们如何利用自身的优势选股。林奇身为基金经理人坦承：如果你平时在自己工作的场所或者附近的购物中心能够保持一半的警觉，就可以从中发现表现非常出众的优秀公司，而且你的发现要远远早于华尔街的投资专家。任何一位随身携带信用卡的美国消费者，实际上在平时频繁的消费活动中已经对数十家公司进行了大量的基本面分析，如果你正好就在这个行业工作，那么你对这个行业的公司进行分析就更加如鱼得水了，你日常生活的环境正是你寻找"10 倍股"的最佳地方。在富达公司工作期间，我一次又一次地从日常生活中发现了一个又一个 10 倍股。林奇将股票分为缓慢增长型、稳定增长型、快速增长型、周期型、困境反转型、隐蔽资产型 6 大类，并逐一分析各自的不同特点，总结出 10 倍股的 13 个特点，提醒投资者应该小心避开 6 种危险股票，并告诉投资者如何构建投资组合，应该持有多少股票最为合理，何时应该买入股票，何时应该卖出股票，从而为业余投资者提供了一套选择大牛股、获得最高长期投资收益率的系统方法和准则。

第四，林奇写作的本书是一本最简明易懂、为业余投资者讲述投资基本知识的投资入门书籍。

林奇告诉我们如何从证券公司营业部、打电话给上市公司、参观访问、与公司证券部人员交流、年报等多种渠道，获得和专业投资者一样多甚至更加真实、更加完整的信息，这是正确决策的根本前提。林奇用最平实易懂的语言、精彩的比喻、只需小学水平的简单数学知识和生动的案例为业余投资者讲述如何利用每股账面价值、市盈率、现金流量、股息、隐蔽资产、存货等各种指标进行投资分析，即使对投资一窍不通的业余投资者也能很快心领神会。林奇告诉我们："这些投资者个人的准备工作，同知识以及研究分析工作同样重要，正是它决定了业余投资者在选股上成为一个一胜再胜的成功者还是成为一个一败再败的失败者的关键因素。最终决定投资者命运的不是股票市场，甚至也不是上市公司，而是投资者自己。"

第五，林奇在本书中最精辟、最深刻地分析了业余投资者常见的投资心理误区，能够帮助投资者避开导致亏损严重的投资陷阱。

林奇忠告业余投资者要在买好住房、存够生活必需支出之后再将闲钱用于股票长期投资；林奇将卖出赚钱的股票却死抱住亏钱股票的行为比喻为"拔掉鲜花浇灌野草"；林奇用鸡尾酒会理论形象地告诉我们在每个人都谈论股市时反而是最危险的时候，在每个人都不愿谈论股市时反而是最安全的时候；林奇告诉我们在他从事投资的几十年里他本人和那么多的专家没有一个人能够预测股市，所以千万不要预测股市；林奇纠正了我们 12 种关于股票价格最危险、最愚蠢的说法，告诉我们股价已经下跌这么多了还有可能再跌到零，股价已经涨得这么高了还有可能再涨几倍，每股股价即使只有3美元，如果亏到零也是亏损100%，最终股价往往不能像大家所想的那样涨回来，只是因为股价上涨并不意味着你是对的，只是因为股价下跌并不意味着你是错的；林奇还告诉我们千万不要在权证等期权期货交易上进行愚蠢的投机，他本人从来没有投机过期货和期权。这些都是金玉良言，能够帮助业余投资者避开投资陷阱，逢凶化吉。

业余投资者阅读林奇的这本投资经典名著，可以一举多得：最成功的基金经理成为你的投资导师，增强自己发挥自身优势战胜专业投资者的信心，系统掌握一套实用有效的选股准则，非常轻松地学习简单易懂的股票基本面分析知识，深刻认识和避免容易产生的投资心理误区。既然如此，何乐而不读林奇的这本好书呢？

彼得·林奇在本书最新的千禧版序言中最后写道："对于未来10年我的投资建议是，继续寻找未来的大牛股。你们中的任何一个业余投资者都有可能找到一只大牛股。"

还等什么，快来阅读本书，和最成功的基金经理彼得·林奇一起寻找我们自己的上涨10倍的大牛股吧！

我们非常荣幸能有机会翻译彼得·林奇的这本投资经典名著，在这里要感谢机械工业出版社的编辑给了我们这样一次难得的机会，并在翻译过程中提供了很多帮助。

愿本书能够帮助各位业余投资者取得超过专业投资者的良好投资业绩。欢迎各位读者来信指正和交流。

刘建位　徐晓杰

　　我写作本书的目的是为了鼓励个人投资者的信心，并向他们提供基本的投资知识。谁能想到本书后来竟然会重印 30 次而且销量超过 100 万册呢？尽管最新的 2000 年千禧版与第 1 版相距已有 11 年之久，但我仍然坚信，那些帮助我在富达麦哲伦基金取得成功的投资理念仍然适用于如今的股票投资。

　　从 1989 年《彼得·林奇的成功投资》一书出版上市到如今的 2000 年，这 11 年的岁月实在让我感慨万千。1990 年 5 月，我离开了麦哲伦基金，当时的评论人士认为我此时离开股市真是聪明之举，当时他们都认为大牛市崩溃已经危在旦夕，因此他们祝贺我选择正确的时机安然脱身。当时看起来这些悲观人士看空后市是理所当然的，那时美国的大银行都迅速陷入资不抵债的困境，有几家银行不得不最终破产倒闭。当战争的阴云笼罩在伊拉克的上空时，股市开始下跌。随着战争爆发，股市经历了近年来最严重的一次大跌，但是当战争取得胜利后，银行系统转危为安，股市开始迅速反弹。

　　超级大反弹！从 1990 年 10 月以来，道琼斯工业平均指数从 2400 点一路攀升到 11 000 点，涨幅高达 4 倍以上，这是 20 世纪股市最牛的 10 年。1989 年只有 32% 的美国家庭持有股票或者共同基金，如今这一比例已经接近 50%。整个股市已经创造了 25 万亿美元的新财富，不论是在城市还是在乡村，一幕幕股市发财致富的奇迹正在上演。如果长此以往，就会有人借鉴过去的那本畅销书《邻家的百万富翁》来写一本《邻家的亿万富翁》。

在这些新财富中投资于共同基金的有 4 万亿美元之巨，而在 1989 年投资于共同基金的资金仅有 0.275 万亿美元。由于我本人管理着一家基金，所以潮水般涌来的资金对我们这些基金管理人来说当然是再好不过了，但这一现象肯定也同时说明许多业余投资者在选股方面表现得不尽如人意。如果在这个行情最好的大牛市中，业余投资者自己选股的投资业绩非常出色的话，他们怎么会把资金从股票投资转移到基金投资上来呢？也许本书所阐述的投资理念可以将那些在选股上陷入迷途的投资者引上一条正确的投资成功之路。

从麦哲伦基金管理公司辞职后，我从一位机构投资者转变成一位个人投资者。在慈善事业方面，我提供奖学金资助所有信仰宗教的贫民区孩子进入波士顿天主教学校读书。此外，我还在富达基金公司兼职，担任基金托管人以及年轻的研究分析人员的顾问和培训老师。最近我的空闲时间至少增加了 30 倍，这使我能够有更多的时间陪伴我的家人，在家里享受天伦之乐，或者一起去国外旅游。

对我个人的事情已经说得够多了，现在让我们回到我最感兴趣的话题——股票上来。从 1982 年 8 月的大牛市行情开始，道琼斯工业平均指数上涨了 15 倍，我们目睹了美国有史以来股市最大的上涨幅度，用林奇的话来说，整个股市成了一只上涨了 15 倍的"15 倍股"（fifteenbagger）。各种成功的公司股票上涨 15 倍对我来说早已司空见惯，但是股市整体上涨

15 倍实在让我目瞪口呆。想想看：1929 ～ 1982 年，道琼斯工业平均指数只不过上涨了 4 倍，也就是说经历了半个多世纪才从 248 点上升到 1046 点！此后股价上涨得越来越快也越来越高。道琼斯工业平均指数从 2500 点到 5000 点上涨了 1 倍用了 8.33 年的时间，而从 5000 点到 10 000 点上涨 1 倍只用了 3 年时间。1995 ～ 1999 年，我们见到了一次史无前例的牛市行情：连续 5 年股票投资收益率都在 20% 以上，而在以前市场从未有过连续两年以上股票投资收益率超过 20% 的记录。

20 世纪 70 年代初期我第一次掌舵麦哲伦基金时，正值股市低迷时期，当时无论哪一方都难以想象，华尔街有史以来最牛的大牛市行情会让其信奉者盈利如此之巨，同时也让其怀疑者损失如此之巨。那时在股市的低点，那些严重受挫的投资者不得不一再提醒自己熊市不可能永远持续下去，这些投资者必须耐心持有股票和共同基金长达 15 年之久，才能等到道琼斯工业平均指数和其他指数重新回到 20 世纪 60 年代中期的水平。现在我们应该提醒自己牛市也不会永远持续下去，在熊市和牛市这两种市场走势中投资者都需要有足够的耐心。

在本书中我谈到，1984 年 AT&T 公司（美国电话电报公司）的分拆也许是那个时代股市最重要的发展动力，现在则是互联网。迄今为止，可以说我已经完全错过了互联网的投资机遇，这主要是由于一直以来我都是技术恐惧者（technophobic）。我个人的经验表明，一个投资者要想获得成功并不需要赶潮流。事实上，我所知道的绝大多数伟大的投资者（首当其冲的就是沃伦·巴菲特）都是技术恐惧者。他们从来不会购买自己不了解其业务的公司股票，我也同样如此。我了解 Dunkin' Donuts 甜甜圈公司和克莱斯勒汽车公司的情况，这就是这两只股票出现在我的投资组合中的原因。我了解银行、储蓄贷款协会（banks, savings-and-loans）以及与其关系紧密的联邦国民抵押协会（Federal National Mortgage Association,

FNMA），但是我不会上网。我从不在网上冲浪或者在网上聊天，可以这么说，如果没有专家的帮助（有时这种帮助来自我的妻子或孩子），我在电脑上连网页都找不到。

1997年感恩节假期里，我和一位非常喜欢上网的朋友在纽约一起喝蛋奶酒（eggnog）。当我跟他说卡罗琳非常喜欢悬疑小说家多萝西·塞耶斯（Dorothy Sayers）时，这位朋友在旁边的电脑上敲了几下键盘，马上就把塞耶斯的全部书目列了出来，并附有读者的评论以及1～5星的评级（在文学作品网站上作者也和基金管理人一样被评级）。我为卡罗琳买了4本塞耶斯的小说，精心挑选了包装的彩纸，这样就完成了我的一项圣诞礼物采购，这使我第一次认识了亚马逊网上书店（Amazon.com）。

在本书中，你将会读到我是如何在吃饭或购物时发现了一些表现最成功的大牛股的，有时这种发现要远远早于那些专业选股者。由于亚马逊书店开在网上而不是市郊购物中心，以至于我这个不会上网的人忽视了它的存在，但是亚马逊书店的经营模式并没有超出我的理解范围，网上书店的业务和干洗店一样容易理解。1997年，亚马逊书店股价相对于其发展前景而言还比较合理，并且财务状况良好，但当时我的头脑不够灵活，没能透过这种新生的网上购物方式看到新的投资机遇。如果当时我不嫌麻烦地进一步深入研究，我可能就会发现这种新型购物方式的巨大市场潜力以及亚马逊书店抓住这一机遇拓展市场的能力。哎，可惜我没这样做。仅仅1998年一年间，亚马逊的股价就上涨了10倍（用林奇的话说这是一只10倍股）。

亚马逊书店只是其中之一，至少有500只网络公司（dot.com）股票创造了神话般的惊人涨幅。现在，在高科技和网络股领域内，一家公司新上市的股票上涨10倍所用的时间比斯蒂芬·金（Stephen King）写出一本新的恐怖小说的时间还要短，这已经不算什么稀奇的了。投资这类股票并不需要有太多的耐心。在互联网出现之前，一家公司只有盈利不断增长才能达到10亿美元的市值规模，而如今即使一家网络公司没有任何盈利，有时甚至连收入都没有，公司也可以达到10亿美元的市值。现在"市场先生"（Mr.Market，一个虚构的股票市场整体的代表人）不会花费时间等待一家新生网络公司在现实生活中证明自身的实力后才高价买入，而在过去那个时代里，沃尔玛公司或家得宝公司用业绩证明自己的实力之后其市值才会有很大的增长。

对于现在热得发烫的网络股来说，基本面已经成为老掉牙的陈词滥调（old hat，"老掉牙"这个词本身就是老掉牙的，我用这个词表明我本人就是一个老掉牙的老古董）。只要在公司的名称中出现了仅仅一个"dot"和一个"com"，而且其后面隐藏着令人兴奋的概念，就足以使如今十分乐观的投资者为公司未来10年的增长和繁荣提前支付更高的股价。这些未来主义者的"基本面分析"随着每一次成交价格的上升而更加乐观，后来的投资者报出的买价也节节攀升。

根据玛莎拉蒂（Maserati）牌豪华汽车在硅谷的销售情况可以判断，网络公司给领导公司股票公开上市的企业家和及时高价脱手的早期股票买入者带来了巨额回报。但是，我想对那些在股票价格高涨后才买入的人敲响警钟：这些网络公司过高的股价已经反映了未来数年盈利迅速增长，而这种增长可能发生也可能不会发生，那么投资者以如此之高的价格买入这些网络公司的股票是否值得呢？从我提出这一问题的方式，你可能已经知道我的答案是"不值得"。很多新发行的网络股在上市交易的第一天股价就上涨了2倍、3倍甚至是4倍。除非你的经纪人能够在为你申购新股时以最初的发行价分配到足够的新股份额（由于网络股甚至比美国橄榄球冠军赛"超级碗"（Super Bowl）大赛的门票还要抢手，所以这种情况几乎是不可能的），否则你将会错失这些新股未来整个涨幅中的大部分涨幅，可能你还会错失全部涨幅，这是因为一些网络股在最初几个交易日中的成交价格会达到很高的水平，而这一高价位也就从此一去不返。

如果你为错失像天主教大赦年这样 50 年一遇的网络股投资良机而捶胸顿足后悔不已，这时不妨提醒自己，只有极少投资者的盈利水平接近于这些网络股价的整个涨幅。由于绝大多数投资者根本没有机会用发行价买入股票，因此以发行价为基准来衡量股价的涨幅会误导投资者得出错误的结论，那些在发行抽签时能够幸运中签买到股票的人只是极少数。

尽管我周围有许多投资网络股迅速获利的机会，但我仍然用传统的方法进行投资。我的选股基于古老的基本原则：一家成功的公司开拓新的市场时，其盈利增长，其股价也相应随之上涨；或者一家身陷困境的公司经营好转时，股价也会上涨。在林奇的投资组合中，一个典型的大牛股（我也会与大家分享那些让我赔钱的股票）一般要经过 3 ～ 10 年或更长的时间才能显示出其英雄本色。

由于几乎没有盈利，大多数网络公司的股票不能用常用的市盈率（Price/Earning，P/E，市价比每股盈利）来估值，也就是说市盈率计算公式 P/E 中至关重要的每股收益 "E" 的数据根本不存在。在无法计算市盈率的情况下，投资者只能把注意力集中到另一个随处可见的数据——股价上！我个人认为 "股价" 是投资者所能追踪到的最没有价值的信息，却又是投资者最普遍追踪的信息。1989 年我写作本书时只有有线电视金融新闻网（Financial News Network）电视频道的屏幕下方有一条滚动带显示股票行情，而现在你会发现各种各样的电视频道屏幕下方都有一条滚动带显示股票行情，其他频道上还会有显示道琼斯工业平均指数、标准普尔 500 指数等的小方框，即使那些把电视频道不停换来换去的电视迷也无法避免会一再看到股市收盘价。在流行的互联网门户网站上，你只要点击一下自己设定的自选股投资组合，就可以得到投资组合中每只股票的最新行情。你也可以通过拨打 800 电话、寻呼机或语音邮件获得股价信息。

对我个人而言，这种枪林弹雨似的无处不在的股价行情显示传递的反而是错误的信息。如果我喜爱的网络公司的股价是每股 30 美元，而你喜爱的网络公司的股价是每股 10 美元，那么那些只关注股价的投资者就会认为我所喜爱的那一家公司更好，这其实是一种十分危险的投资错觉。今天或者下一周"市场先生"对一只网络公司股票的报价并不能告诉你这家网络公司未来两三年内在信息高速公路上拥有最佳的成功机会。如果你只追随一个数据进行投资，那么就追随盈利——当然前提是我们正在讨论的这家公司有盈利。正如你将在下面所看到的，我支持这样一种投资理念：公司盈利迟早决定证券投资的成败与否。关注今天、明天或者未来一周的股价表现如何只会分散投资者的注意力。

互联网还远远谈不上第一个能够改变整个世界的创新。铁路、电话、汽车、飞机和电视都可以说对全人类或者说至少对世界 1/4 的富裕人口的生活产生了革命性的影响。这些新行业孵育了许多新公司，但是其中只有极少数的公司生存下来并主导了整个行业，同样的情况也可能出现在网络行业上。一两家知名企业将会独霸网络行业的版图，就像过去麦当劳称霸汉堡快餐业和斯伦贝谢横扫石油服务业一样。胜者为王，败者为寇，那些胜利公司的股东会大赚一笔，而那些落伍者、过气明星、本来应该成功却未能成功的公司股东则会大亏一笔。如果你精明过人地选择了一个大赢家网络公司，那么这就相当于你从此加入了一家每年盈利 10 亿美元的公司股东富翁俱乐部。

尽管一家典型的网络公司至今仍然没有任何收益，但是你可以做一个简单的分析，从而形成一个大致的判断：公司未来需要取得多高的盈利才能证明今天的股价是合理的？让我们来分析一个假设的网络公司案例——DotCom.com 公司。首先，你计算公司的股票市场价值（market capitalization，缩写为 market cap，简称"市值"），即用当前的股价（假定为每股 100 美元）乘以流通股总数（假定为 1 亿股），1 亿股乘以 100 美元等于 100 亿美元，这就是 DotCom.com 公司的总市值。

无论何时购买股票，你都会盼望着公司市值不断增长。只有当买方支付的买入价格不断提高时，公司的市值才会增加，也才会让你的股票投资升值。同样的道理，DotCom.com 公司的股票要成为一只 10 倍股，首先其市值必须上涨 10 倍，即从 100 亿美元增加到 1000 亿美元。一旦你确定了目标市值，你就得问自己这样一个问题：DotCom.com 公司需要盈利多少才能支撑 1000 亿美元的市值？为了得到一个大致的答案，你可以运用快速增长型公司的平均市盈率进行计算——在目前这个热得发烫的股市中，我们假定这类公司的市盈率是每股收益的 40 倍。

在此，我要插点题外话。在本书中，我会以麦当劳公司的股票为例，说明投资者以过高的价格买入优秀公司的股票也会变成高风险的投资。1972 年，麦当劳的股价被哄抬到高得离谱的 50 倍市盈率，由于公司盈利无法"达到如此高的预期"，导致股价从每股 75 美元狂跌到每股 25 美元，市盈率变成"更符合实际情况的 13 倍"，此时正是买入麦当劳股票的一次绝好机会。

在本书后面我还会谈到，投资者狂热地买入罗斯·佩罗（Ross Perot）的电子数据系统公司（Electronic Data Systems，EDS）股票使其市盈率狂涨到 500 倍。我对此的解释是，500 倍的市盈率意味着"即使 EDS 公司的每股收益持续保持不变，投资者也需要等上 500 年的时间才能收回最初的投资"。由于有了互联网，一只股票拥有高达 500 倍的市盈率已经不再让人们那么震惊，更别提 50 倍的市盈率，或者我们假设案例中 DotCom.com 公司 40 倍的市盈率了。

不管怎样，按照 40 倍的市盈率，我们可以推测，DotCom.com 公司必须每年盈利 25 亿美元，才能使公司总市值达到 1000 亿美元，而在

1999 年美国只有 33 家公司盈利超过 25 亿美元。因此，如果 DotCom.com 公司想做到这一点，它就必须成为类似于微软的大赢家公司俱乐部中的一员，果真如此的话，这可真的是一个非常罕见的商业神话。

我想以一种积极的态度来结束对这次关于互联网的简短讨论。在互联网热潮中，要避免以高得离谱的股价买入一家未来发展前景虚无缥缈的公司股票而亏得很惨的结局，投资者可以采取以下三种投资策略。

第一种投资策略是"铁镐和铁锨"（picks and shovels）投资策略。 过去在淘金热潮中，大多数想要成为矿主的淘金者都以失败告终，而那些向淘金者出售铁镐、铁锨、帐篷和牛仔裤的人却发了大财（李维·斯特劳斯（Levi Strauss）靠李维斯牛仔裤成为大富翁）。现在你还可以应用这一策略，投资于那些从网络交易中间接受益的非网络公司（non-Internet companies）（包裹快递就是一个显而易见的例子），或者投资于网络交换机和相关设备装置的制造企业。

第二种投资策略是投资于"可以一分钱不花就能拥有其互联网业务"（free Internet play）的公司。 这是指投资者买入一家有着真实营业收入和合理股价的非网络公司的股票，这家公司将网络业务渠道嵌入传统业务渠道之中形成一个紧密结合的整体，使投资者支付的股价只相当于非网络业务的价值，而与此同时不花一分钱就拥有了相关的网络业务。我不再一一列举这些公司的名称，你可以自行寻找，但是可以不花一分钱就拥有其网络业务的公司已经引起了我的注意。在一般情况下，如果目前市场上一家非网络公司整体价值为 8 亿美元，那么这家公司羽翼未丰的网络业务在其实力得到证实之前市值就高达 10 亿美元。如果这家公司网络业务的发展能够达到预期水平，那么投资回报将会非常丰厚——这家公司会将其网络业务"分拆上市"（spin off）从而使网络业务的股票单独上市进行流通交易。或者如果公司在网络业务上的冒险并不成功，但是由于网络业务只是公司日常业务的一个补充而已，因此其股价也不会怎么下跌，仍然可以保护投资者不会损失太大。

第三种投资策略是投资于因互联网发展而"附带受益"（tangential benefit）的公司，指传统的"砖瓦＋水泥"（brick and mortar）的实业公司通过使用互联网而削减了成本，简化了业务流程，提高了经营效率，从而实现了盈利能力的大幅增长。早在上一代，超市就已经安装了扫描仪，这不仅减少了超市中的偷窃行为，还能够有效地控制存货，让超市连锁店受惠巨大。

展望未来，互联网以及为其提供配套服务的相关行业将会创造一些伟大的商业成功传奇，但对此我们往往期望过高而导致定价高得离谱。那些目前市值5亿美元的公司股票未来可能会让你大赚一笔，而那些目前市值已经高达100亿美元的公司股票却可能会跌到一文不值。当期望变成现实的时候，那些大赢家才会比现在更加显而易见。明白这一道理的投资者在能够确认一家公司肯定是一个大赢家之后再投资也不迟。

我们回过头来再看一下微软公司的情况，这是一家被我错过的股价上涨了100倍的超级大牛股。微软、思科及英特尔这三家所向披靡的高科技霸主几乎从公司成立一开始收益就爆发性地增长。微软公司的股票在1986年以每股15美分的价格上市，上市3年之后你仍然可以用每股不到1美元的价格购买微软股票，但从此以后微软股价上涨了80倍。（在此期间该公司进行了几次股票分割，实际原始股从未曾以15美分的价格出售过，这只是复权价格。）如果你坚持密苏里州人"眼见为实"（Missouri "show me"）的原则，直到亲眼看到微软的业绩才肯相信，那么你可以在微软的Windows 95大获成功后再去购买它的股票，即使如此你的投资仍然能够增长7倍。你不必是一名程序员就会注意到你看到的所有电脑使用的全部都是微软的软件，除了苹果电脑之外，所有的新电脑都安装了微软的视窗操作系统。苹果电脑公司的上诉也以失败而告终。使用视窗操作系统的电脑越多，为微软视窗系统而不是为苹果操作系统编写程序的软件开发人员也就越多。苹果公司的市场份额被微软挤得越来越小，最终只能占据一个小小的市场角落，其市场占有率仅为 7% ～ 10%。

同时，使用微软系统的电脑厂商（戴尔、惠普、康柏、IBM 等）为了提高产品的销量打起了激烈的价格战。无休无止的竞争使电脑厂商的盈利下降，而微软却丝毫不受影响，因为比尔·盖茨的公司并不生产电脑硬件，它只出售使电脑运行的软件。

思科公司是另一个非常引人注目的超级大牛股，自从 1990 年思科股票上市以来，其股价上涨了 480 倍。同样由于我不会上网的原因，我也错过了这样一家获得了令人难以置信的成功的网络公司，但是肯定有很多投资者注意到了思科。大多数公司花钱让思科公司帮它们进行电脑联网，大学也花钱让思科公司为学生宿舍安装网络系统，学生、老师以及来学校参观的家长可能都已经注意到了思科的快速发展情况，可能他们中的一些人回家后对思科进行了仔细研究，然后买入了思科的股票。

以上我讨论微软和思科是为了举出一些现代的案例来说明本书的一个重要主题：只要在工作场所、购物中心、汽车展览厅、饭店，或者其他任何地方发现一家具有远大发展前景的公司时留心观察公司最新的发展情况，业余投资者就能寻找到一只未来能赚大钱的大牛股。在我阐述这个观点时，有一点需要特别予以澄清。

查尔斯·巴克利（Charles Barkley）是一位由于口无遮拦而出名的篮球明星，他曾经公开声明在他本人写的自传中他本人说的话被错误地引用了。我并非在此公开声明在我本人写的这本书中我本人说的话被错误地引用了，而是在关键的一点上我的话被大家误解了。下面是我对这些误解所做出的声明：

  彼得·林奇从来没有建议过仅仅因为喜欢在某家商店买东西你就应该购买它的股票，也没有建议过仅仅因为某家厂商生产你最喜欢的产品或者因为你喜欢某家饭店的饭菜就应该购买它们的股票。喜欢一家商店、一件产品或者一家饭店是对一家公司产生兴趣并将其股票列入你的研究名单的一个很好的理由，但这并不是购买这家公司股票的充分理由！在你还没有对一家公司的收益前景、财务状况、竞争地位、发展计划等情况进行充分研究之前，千万不要贸然买入它的股票。

  如果你拥有一家零售业公司的股票，分析这家公司的一个关键点是要确定该公司的扩张阶段是否即将结束——我将其比喻为棒球比赛的"最后一局"（late innings）。当 Radio Shack 公司或玩具反斗城公司（Toys "R" Us）只在全美 10% 的地方设立分店时，与它们已经在全美 90% 的地方设立分店时相比，其发展前景当然大不相同。你必须留意什么才是公司未来的增长之源，并且预测公司的增长速度何时可能会放慢下来。

  无论发生什么情况都无法动摇我的信念，我始终坚信一般业余投资者比专业基金管理人在投资上拥有更大的优势。1989 年时专业投资者比业余投资者能够更快地得到更好的信息，但是如今这种差异已经不存在了。10 年前业余投资者主要通过以下三种渠道获得上市公司的信息：上市公司、《价值线》（Value Line）或者标准普尔公司的研究报告、业余投资者开户的证券公司内部分析师撰写的研究报告。这些研究报告由公司总部寄出，业余投资者往往要比专业投资者晚好几天才能得到这些报告。

  现在，一系列的分析师研究报告在网上随处可得，任何一个上网的投资者都可以随意上网浏览这些报告。有关你喜爱的公司的预警信息可以自动发到你的电子信箱中。你可以发现公司职员是否在买卖自己公司的股票，或者证券公司是否已经将某一只股票的推荐评级进行了调高或调低。你可以使用定制的筛选功能搜索具有某些特征的股票。你可以追踪各种类型的共同基金，比较它们的历史业绩，找出基金十大重仓股。你只要点击"简报小册"（*briefing book*）上的标题就可以链接到《华尔街日报》（*The Wall Street Journal*）和《巴伦周刊》（*Barron's*）的网站，马上就能看到几乎所有上市公司的简要快评，你还可以从这里进入 Zack's 投资研究公司的网站，并可以看到跟踪某一只特定股票的所有分析师的评级情况汇总。

再一次感谢互联网的出现，它使得中小投资者买卖股票的交易成本大大降低，就像 1975 年机构投资者的交易成本大大降低一样。网上交易的快速发展迫使传统的证券公司进一步降低佣金和交易费用，从而使在 20 年前随着折扣经纪人（discount broker）[⊖]的出现而出现的交易费用降低趋势进一步延续。

你可能很想知道，离开麦哲伦基金管理公司后我的投资习惯发生了什么变化？变化就是我不再像以前那样跟踪数千家公司，而是只跟踪大约 50 家公司。（我继续在各种基金会和慈善机构的投资委员会中任职，但是在所有这些机构中我们都是雇用投资组合经理人来负责选股工作。）那些总是追赶潮流的投资者（trendy investor）也许会认为林奇的投资组合中的股票应该属于新英格兰古代文物协会（New England Society of Antiquities）的成员。我的投资组合中包括一些储蓄贷款协会的股票，那是在它们一度变得不再受人青睐时我以非常低的价格买入的。储蓄贷款协会的经营非常出色，直到现在我手中还继续持有其中一些协会的股票。（卖掉那些长期的大牛股时，你要将收益的 20% 向美国国家税务局（Internal Revenue Service，IRS）纳税，这相当于遭受了一次下跌 20% 的熊市打击。）我手中还有几只从 20 世纪 80 年代起持股至今的高成长公司的股票，另外还有

⊖ 折扣经纪人：对手续费打折扣的股票经纪人。——译者注

几只从 70 年代持股至今的股票，这些公司的业务仍然兴旺发达，其股票价位看起来也相当合理。此外，我的投资组合中还有投资业绩很差的严重套牢股票，目前其卖出价格远低于我当初的买入价格，我继续持有这些表现令人失望的股票并不是因为固执或者怀旧，而是因为这些公司的财务状况相当不错，我认为这意味着其股价上涨的好日子还在后头。

那些目前卖价低于过去买价的严重套牢股票让我想到一个重要的观点：你没有必要在所选择的每一只股票上都赚钱。根据我个人的经验，一个投资组合中 10 只股票中有 6 只股票能够赚钱的话就会产生十分令人满意的投资业绩了。为什么会这样呢？这是因为你的损失底线不可能超过你在每一只个股上投资的总和（其股价不可能低于零），而你可能获得的收益上限却没有任何限制，可能是无穷大。将 1000 美元投资于一只目前卖价低于过去买价的老爷车股票，最坏的结果也就是损失 1000 美元，而将 1000 美元投资于一只高回报的股票，几年之后你也许会赚到 10 000 美元、15 000 美元、20 000 美元甚至更多。投资者只要挑选到少数几只大牛股就能够获得一生的投资成功，因为你从这几只大牛股上获得的盈利会远远超过在那些表现不尽如人意的股票上所遭受的损失。

让我来给大家看看有关伯利恒钢铁公司（Bethlehem Steel）和通用电气公司的最新资料，我并没有购买这两家公司的股票，但在本书中我讨论了这两家公司，这两家公司都给我们提供了非常有意义的投资经验和教训。伯利恒钢铁公司的股票是一只年老体衰的蓝筹股，从 1960 年以来股价一直在下跌，看起来这家一度非常辉煌的老牌公司跟一家刚刚起步的经营十分不稳定的新公司一样，再也不可能给投资者带来很好的回报了。曾是美国全球影响力象征之一的伯利恒钢铁公司股票的表现让投资者非常失望，1958 年它的股价为每股 60 美元，到了 1989 年跌到了每股 17 美元，股价的大幅下跌使得它的忠实股东和那些自以为拣到了便宜货想要借机大赚一笔的投机者都遭受了惨重的损失。从 1989 年开始，它的股价又开始大跌，从每股 17 美元一直跌到每股只有几美元，这再次证明一只低价位股票的股价总是能够跌到更低的价位。也许有那么一天，伯利恒钢铁公司的股价会再涨回来，但这样的假设只是一种美好的愿望，而并非一种正确的投资态度。

在一个全美播出的电视节目中我曾向投资者推荐过通用电气公司的股票（其股价曾经上涨了 10 倍），但是在本书中我认为通用电气公司的规模（股票市值为 390 亿美元，年度盈利 30 亿美元）使其盈利很难快速增长。事实上，为了让人类生活得更美好，提供优质产品的通用电气公司给其股东创造的股价上涨已经远远超出了我的预料，这是因为在公司成败转折的关键时刻，远见卓识且精明能干的杰克·韦尔奇领导这家规模非常庞大的企业进入了利润快速增长的发展快车道。韦尔奇最近刚刚宣布退休，这位管理大师在担任 CEO 期间激励通用电气下属的各个部门达到巅峰表现，利用经营中产生的大量自由现金收购了新的业务以及回购股票。通用电气在 20 世纪 90 年代的巨大成功表明，持续关注一家公司的发展状况对于投资来说至关重要。

提到公司回购股票，我们就需要谈一谈股票市场中另一个重要的变化：股息正在像濒危物种一样面临灭绝。在本书中，我会讨论派发股息的重要性，这种历史悠久的回报股东的方式已经像黑脚雪貂的数量一样越来越稀少了。公司不再派发股息会导致两个不利的结果：一是投资者无法通过定期派发股息的支票得到定期的收入；二是在股价下跌没有投资收益时，投资者找不到理由再继续持有该公司的股票。1999 年，标准普尔 500 指数中的 500 家上市公司的股息收益率（dividend yield）创下了自第二次世界大战以来的最低纪录：只有 1% 左右。

的确，如今的市场利率水平已经比 1989 年降得更低了，因此投资者会认为债券收益率和股票股息收益率也会降低。随着股价上涨，股息收益率自然而然将会下降（如果一只价值 50 美元的股票支付 5 美元的股息，那么它的股息收益率是 10%；如果该股票的价格涨到 100 美元，那么它的股息收益率就变成了 5%）。同时，上市公司也不会再像过去那样想方设法不断提高股息了。

《纽约时报》(The New York Times)（1999 年 10 月 7 日）的一篇文章写道："尽管经济发展状况良好，公司却越来越不愿意增加股息分红，这种情况十分反常。"在并非很久之前，一家成熟且健康的公司定期提高股息是公司经营兴旺发达的一个信号，公司削减股息或者不能提高股息则是公司经营陷入困境的一个信号。最近经营状况良好的公司都吝于派发股息，而是像通用电气公司那样用现金回购自家公司的股票。股票数量减少导致每股收益增加，这将最终使股东获得巨大的回报，尽管在出售股票之前股东并不能获得这种回报。

如果说应该由谁为派发股息日渐稀少来负责的话，那么就应该是美国政府，因为美国政府先是对公司利润征税，接着又对公司派发的股息全额征税，因为这是所谓的非劳动所得（unearned income）。公司为帮助自己的股东避开这种双重税收，抛弃了原来的派息政策，开始青睐于回购股票的策略，虽然这种策略使股东们出售股票时缴纳的资本利得税增加了，但是长期资本利得税率只有一般个人所得税率的一半，股东的总体纳税负担相应减少了。

谈到长期投资收益率，在 11 年的午餐与晚餐宴会演说中，我每年都会提出下面这个问题让大家举手回答："你们当中有多少人是长期投资者？"如今大家的回答可以说是异口同声，每个人都说自己是长期投资者，即使听众中那些只不过持有一两个小时就会抛出的短线当天交易者（day trader）也说自己是长期投资者。现在长期投资如此流行，以至于人们宁愿承认自己是一个吸毒的瘾君子也不愿意承认自己是一个短线投机者。

　　股票市场交易信息从 20 世纪 70 年代到 80 年代初期的难以获得，发展到 80 年代后期的容易获得，再后来则又发展为如今的无处不在以至于难以摆脱。如今的人们几乎像追踪自然界真实的天气变化情况一样紧紧地追踪金融市场的天气变化情况：上升、下降、低潮、震荡，无休无止地预测未来市场行情会如何以及应该如何应对。虽然投资者被忠告要从长远考虑，但是每一次在市场震荡时投资者耳边持续不断听到的股市评论使得他们的神经高度紧张而更加关注股市的短期波动。不受股市短期波动的影响而进行操作的投资者面临很大的心理挑战。如果投资者能够远离那些针对最近股市涨跌进行评论的陈词滥调，像查看汽车里的机油那样每六个月左右才查看一次股票价格，他们的投资过程可能就会轻松得多。

　　没有人能够比我更加坚定地信奉长期投资，但是正如《圣经》中所说的"你想要别人如何待你，你就该如何待人"的黄金法则（golden rule）一样，说起来容易做起来难。尽管如此，这一代的投资者在上面所提及的所有市场行情调整的过程中始终信念坚定地坚持长期投资而从未中途放弃，他们坚信市场未来的走势看好。根据我过去管理过的麦哲伦基金的赎回情况判断，基金的客户十分聪明地追求长期投资回报而坚持长期持有这只基金，他们当中只有极少数人在 1990 年由于萨达姆·侯赛因引发战争而造成的熊市中将手中的基金抛出变现。

　　㊀　短线当天交易者：在一个交易日内建仓及平仓且在当日结束时没有在市场建仓的交易者。——译者注
　　㊁　黄金法则：《圣经·马太福音》中耶稣对他的门徒讲："你们愿意人怎样待你们，你们也要怎样待人。"这就像中国人常说的"己所不欲，勿施于人"。《论语·卫灵公》中记载，孔子的弟子子贡问："有一言而可以终身行之者乎？"孔子曰："其恕乎！己所不欲，勿施于人。"这一原则又被今天的人称为黄金法则，对于人类社会建立健康、有序的社会秩序，规范伦理、道德有着非常积极和实用的指导作用。——译者注

由于短线当天交易者和一些专业对冲基金经理的频繁交易，现在的股票换手变得异常迅速。1989年纽约股票交易所一个交易时段（trade session）的成交量达3亿股就称得上是令人兴奋不已的天量了，而如今3亿股的成交量只不过是小菜一碟，8亿股的成交量也不过是一个平均数而已。这些当天交易者有没有导致市场行情出现较大的波动呢？关于股票指数的交投非常活跃是否与此有一定关系呢？不管原因到底为何（我认为当天交易者是一个主要因素），频繁的交易的确已经造成市场的波动性越来越大。10年前，在一个交易时段中股价的涨跌幅度超过1%的情况是非常罕见的，而如今这种情况在一个月中就会出现好几次。

顺便说一句，指望依靠当天交易这种短线投资来赚钱谋生就像指望依靠赛车和玩21点赌牌谋生一样，机会非常渺茫。事实上，我把当天交易这种短线投资看作在家里玩的卡西诺（casino）纸牌游戏[⊖]，在家里玩卡西诺纸牌游戏的缺点是要做大量的记录工作。如果你在股市上每天交易20次，那么一年下来要交易5000多次，而且所有的交易情况都必须记录下来并制成报表，然后向美国国家税务局申报纳税，因此当天交易这种短线投资只不过是一个养活了一大批会计人员的游戏。

那些想知道在任何一个交易日股票走势如何的人都会问：道琼斯工业平均指数收盘是多少点？而我更感兴趣的问题是：上涨股票数目与下跌股票数目之比是多少？这种上涨/下跌比率（advance/decline numbers）更加真实地描绘了当天股市的真实情况，尤其是在目前这种只有少数股票上涨而大多数股票都在下跌的市场行情中，这一指标最为真实地反映了股市的真实情况。那些购买了"被市场低估"的小盘股或中盘股的投资者由于他们的自作聪明而受到了市场的惩罚。他们为此迷惑不解：为什么当标准普

⊖ 卡西诺纸牌游戏：一种由2~4人玩的纸牌游戏，玩时桌子上的牌要和手中的牌相配。——译者注

尔 500 指数上涨了 20% 时我买的股票却下跌了呢？答案是：推动标准普尔 500 指数上涨的主要动力是一些大盘股大幅上涨，而不是小盘股和中盘股。

举例说，1998 年标准普尔 500 指数总共上涨了 28%，但是如果再仔细查看一下，你就会发现该指数中的 50 家市值规模最大的大盘股上涨了 40%，而其余 450 家公司的股价却几乎一动不动。在由网络公司与为网络提供配套服务的公司为主的纳斯达克（NASDAQ）股票交易市场中，也只有 12 家左右的大盘股成为大赢家，而其他的纳斯达克上市公司总体而言都是输家。1999 年同样的一幕再次上演，这些少数大赢家股票偏离大盘单独上涨，其上涨幅度超过了其余大多数公司的下跌幅度，从而带动了整个市场指数的上涨。1999 年纽约股票交易所交易的股票中超过 1500 多只股票让股民赔了钱。这种两极分化的现象是前所未有的。顺便说一句，我们一般认为标准普尔 500 指数由大公司所主导，而纳斯达克市场则是中小企业的天堂，而到了 20 世纪 90 年代末期，纳斯达克市场中的巨人公司（英特尔、思科和其他一些公司）主导纳斯达克指数的程度远远超过了标准普尔 500 指数中的大公司的影响力。

生物技术行业是一个小公司林立的典型行业。我对高科技行业的厌恶情绪使得我过去经常如此嘲笑那些典型的生物技术企业：1 亿美元的发行股票募集资金，博士研究人员多达 100 位，显微镜多达 99 台，营业收入却为 0。但最近该行业的迅速发展使我不得不为生物技术行业说几句好话，但我并不是要说业余投资者应该选择生物技术类企业的股票，而只是想说在新世纪里生物技术总体而言将会像 20 世纪的电子技术那样对人类的生活产生深远的影响。现在许多生物技术公司都实现了营业收入，大约 36 家公司已经产生了盈利，同时另外 50 家企业也将会实现盈利。销售收入超过 10 亿美元的 Amgen 公司已经成为生物技术板块中一只真正的蓝筹股。在众多的生物技术共同基金中总会有那么一两只值得你用一部分资金进行长期投资。

那些市场评论人士在电台和杂志上铺天盖地地散布把目前的市场情况和早期市场进行比较的言论，例如，"现在的市场情况与1962年十分相似"，或者"这使我想起了1981年的市场"，或者当他们非常悲观时会说："我们即将再次面临1929年那样的大股灾。"最近流行的这种比较是说股市走势就像20世纪70年代早期的情况，那时小盘股踯躅不前，而大盘股（特别是被极力吹捧的"漂亮50"（Nifty Fifty））却持续上涨。在之后1973～1974年的熊市中，曾经一度牛气冲天的"漂亮50"股价竟然狂跌了50%～80%！这次震动整个股市的暴跌驳斥了所谓大公司可以在熊市中抗跌的理论。

但是如果你一直持有这50家公司的股票长达25年之久（一个比较合理的情况是你被困在一个渺无人烟的荒岛上，根本没有收音机、电视机或者杂志，没有任何人告诉你应该卖掉这些股票），你的投资业绩也并不会像你想象的那样令人沮丧。经历了整整一代人的时间，这50只股票才最终收回失地，重新上涨到暴跌前的价位，而且后来又上涨了一些。这50只股票组合从1974年以来到20世纪90年代中期的总体涨幅追上并超过了同期道琼斯工业平均指数和标准普尔500指数的涨幅，即使你是以1972年的最高价位买入这50只股票的，你也会大赚一笔。

现在我们又一次看到50只市值规模最大的股票股价上涨得如此之高，以至于那些怀疑者认为"股价高得离谱根本不值得买入"。每个人都在猜测，如今这批最新版的"漂亮50"是否也会步其前辈的后尘像1973～1974年那样被疯狂抛售而狂跌呢？历史告诉我们，市场修正（correction，下跌10%或者更多）每隔几年就会发生一次，熊市（bear market，下跌20%或者更多）每隔6年会出现一次。从1929～1932年股市大崩盘之后，大熊市（severe bear market，下跌30%或者更多）又发生了5次，因此跟别人打赌说这是我们看到的最后一次熊市行情无疑是非常愚蠢之举，这也正是为什么你一定要牢记在心的非常重要的一个原则：绝不要用你明年的大学学费、结婚费用或者其他开支的资金来购买股票或者共同基金。这样你就不必在一个大跌的市场中被迫卖掉股票以换成现金来支付不得不支付的必要开支。如果你是一个长线投资者，那么时间最终会站在你这一边。

长期大牛市行情之中的奔牛偶尔也会有几次跌入泥坑。1989年我写作本书时，股市刚刚从1987年的大崩盘中恢复过来，这场美国股市50年来最严重的大跌发生之时，我正好在爱尔兰度假打高尔夫球。这种巧合给我的印象如此深刻，结果后来一直持续到去爱尔兰旅行了十多次之后（经常去爱尔兰是因为我们在当地买了一幢房子），我才确信自己站在爱尔兰高尔夫球场的草地上不会引发另一次股市崩溃的恐慌。游览以色列、印度尼西亚以及印度这些英文名字都是以I开头的国家时会让我心里十分紧张，但我分别去以色列和印度旅行过两次，去印度尼西亚旅行过一次，在我这几次旅行期间美国股市却什么事也没有发生。

迄今为止，像1987年那样的股市大崩盘行情还没有再次出现，但在1990年，熊市又一次来临，就是在这一年我辞去了富达麦哲伦基金管理公司经理一职。1987年的股市大崩溃让很多人惊恐（两天时间股市就大跌35%，当然会如此），但对我而言，1990年的熊市更让我惊恐，为什么？这是因为1987年时，宏观经济正在持续增长，银行有足够的偿付能力，可以说基本面总体良好，因此我并不恐慌。而在1990年，国家正值经济衰退，规模最大的那些银行处于破产边缘，美国正准备与伊拉克开战，这当然让我十分恐慌，但是战争很快胜利了，经济衰退也结束了，银行恢复了元气，股市则开始了现代历史上最好的一轮上涨行情。最近我们已经经历了四次主要股指下跌10%的情况：1996年春天、1997年夏天、1998年夏天以及1999年秋天。1998年8月，标准普尔500指数下跌了14.5%，这是自第二次世界大战以来跌幅排名第二位的月份。9个月之后股价又一次止跌反弹，后来标准普尔500指数涨幅超过了50%。

我详细叙述这些情况是为了说明什么呢？我想说的是，如果我们能够在股市由涨转跌之前及时脱身从而避免损失那就简直太棒了，但是迄今为止还没有任何人能够准确预测出市场何时会由涨转跌。不仅如此，即使你卖出了股票避开了股市下跌，你如何能够确定你能赶在下一轮的股市上涨行情之前及时再次入市呢？让我们用一个生动的例子来说明这一情况：如果1994年7月1日你投资了100 000美元购买股票，并且5年间你一直持股，那么经过5年你的100 000美元就会升值到341 722美元，但是如果在这5年期间你只持股30天然后就卖出了，而且这30天是这5年间股价涨幅最大的30天，那么你的100 000美元只能升值到153 792美元。可见，在股市中耐心等待更长的时间会让你的投资回报增加一倍还要多。

正如一位非常成功的投资大师所言："行情看跌的观点总是听起来似乎更加明智。"你总是能够从每天早上的报纸和晚上的新闻报道中找到很好的理由匆匆卖出你的股票。当《彼得·林奇的成功投资》一书成为畅销书时，莱维·巴特拉（Ravi Batra）所著的《1990年大萧条》（*The Great Depression of 1990*）一书也成了畅销书。自从1982年本轮牛市行情启动时开始，已经有无数文章宣告这次牛市行情将要终结，其中谈到的可能原因包括：日本的经济不景气、我们同中国及世界上其他国家之间的贸易赤字、1994年债券市场的崩溃、1997年新兴市场的崩溃、全球的温室效应、臭氧层遭到了破坏、通货紧缩、海湾战争、消费贷款欠债以及最近的千年虫问题。新年过后的第二天我们发现，千年虫问题成了继最新的怪物哥斯拉电影之后最为严重夸大的一个恐慌事件。

这几年那些认为市场将要转熊的人一起在高喊"股价过高"。对于一些人来说，1989年当道琼斯工业平均指数达到2600点时股价看起来太高了，而对另一些人来说，1992 年当道琼斯工业平均指数升到 3000 点以上时股价更是高得有些离谱，1995 年当道琼斯工业平均指数升到 4000 点以上时，唱反调的人简直成了大合唱。总有一天我们会看到又一次大熊市的到来，但是即使股价猛跌 40% 之后，股价水平也要远远高于那些批评家让投资者清仓卖出所有股票时的股价水平。正如我在前面所提到的："这并不是说根本不存在市场被高估的情况，而是说人们没有必要对此过于担心。"

人们常说，牛市肯定能在一定程度上减轻投资者的担心，但是这种担心永远不会消失。最近我们一起在担心各种各样"想象不到"的大灾难对股市的影响：第三次世界大战、世界末日生物大决战（Armageddon，哈米吉多顿，《圣经》中描述的世界末日善恶决战的战场）、核武器攻击、两极冰山融化、彗星撞击地球等。同时我们也看到发生了一些对我们有益的"想象不到"的好事：联邦政府和州政府出现预算盈余；美国在 20 世纪 90 年代创造了 1700 万个新的工作岗位，这足以弥补公众所广泛关注的大公司"瘦身"造成的工作岗位减少的数量，而且还绰绰有余。公司规模的缩小一方面让那些被辞退的员工惊慌失措和烦恼头痛，另一方面也使大量的工人得以解放，从而能够进入那些迅速发展的小公司里从事更让人激动而且生产效率更高的工作。

美国在 20 世纪 90 年代创造出数量令人震惊的就业机会这一事实并没有引起人们的广泛关注。在过去半个世纪里，美国拥有全球最低的失业率，而欧洲却继续深受失业的困扰。尽管欧洲的大公司也已经进行瘦身，但是欧洲缺少中小企业来接纳从这些大公司分流出来的失业人员。尽管欧洲的储蓄率比美国更高，而且公民都受过良好的教育，但欧洲的失业率比美国高出两倍还要多。如今欧洲另外一个令人震惊的发展情况是：1999 年的就业率竟然比 10 年前还要低。

股票投资的基本原则非常简单并且永恒不变。股票并非彩票。与每一只股票紧密相关的都是一家上市公司，公司经营有时会更好，有时会更差。如果一家公司的经营状况比以前更差，那么这家公司的股价就会下跌；如果一家公司的经营状况比以前更好，那么这家公司的股价就会上涨。如果你持有一家盈利不断增长的公司的股票，那么你的股票投资回报将会十分丰厚。从第二次世界大战以来，公司整体盈利已经增长了 55 倍，与此同时整个股市也上涨了 60 倍。尽管在此期间发生过 4 次战争、9 次经济衰退、换了 8 位总统，并且有 1 位总统遭到弹劾，但这一切都未能改变股价随着公司盈利增长而不断上涨的势头。

在表 1 中，你将会看到 20 世纪 90 年代美国股票市场上投资回报最高的 100 只大牛股中其中 20 家上市公司名单，左边一栏的数字表示每家公司投资回报的排名。这 100 个股市大赢家中的许多高科技企业（例如 Helix、Photronics、Siliconix、Theragenics）都没有被列入表 1，这是因为我只想展示那些即使是普通投资者也可以发现、研究并利用的投资机会。戴尔电脑是这 100 只大牛股中表现最牛的一只股票，有谁没有听说过戴尔电脑呢？任何人都会注意到戴尔电脑的强劲销售增长以及产品越来越受到消费者的喜爱。早期购买戴尔股票的投资者获得了令人震惊的 889 倍的回报：一开始投资 1 万美元购买戴尔股票，最终会得到 890 万美元的回报。投资者即使不懂电脑也可以看到戴尔、微软或者英特尔公司的发展前景（每一台新电脑上都贴有"Intel Inside"字样的标签）；投资者不必成为基因工程师也可以注意到 Amgen 已经从一家实验室转变成为一家拥有两种最畅销药品的制药公司。

普通投资者能发现嘉信理财（Schwab）这只大牛股吗？这家公司的业务如此成功让人几乎无法忽视。家得宝呢？这家公司继续以很快的速度增长，使其连续两个 10 年跻身 100 只大牛股之列。哈雷·戴维森（Harley Davidson）呢？那些平日衣冠楚楚的律师、医生和牙医一到周末都成了骑着哈雷摩托车兜风的风流骑士（easy rider），对于这家公司来说这当然是重大利好消息。Lowe's 公司的发展则完全是家得宝的翻版，谁能预测到这两只回报丰厚的大牛股竟然会出现在同一个十分平凡的行业中呢？Paychex 呢？全美各地的中小企业都用 Paychex 公司的软件来处理工资报表，从而解决了一个一度让人非常头痛的问题。我的妻子卡罗琳就是用 Paychex 的软件管理我们的家庭基金，而我却根本没有注意到这个十分重要的投资启示从而错过了这只大牛股。

表1 20 世纪 90 年代美国股市 20 只大牛股[①]

股票回报排名	交易代码	公司名称	业　　务	1989 年年底投资 10 000 美元到 1999 年年底产生的投资回报 / 美元
1	DELL	戴尔电脑	电脑制造商	8 900 000
6	CCU	Clear Channel Comm	广播电台	8 100 000
9	BBY	百思买	零售业	995 000
10	MSFT	微软	技术类	960 000
13	SCH	嘉信理财	证券经纪	827 000
14	NBTY	NBTY	维生素及食品供应商	782 000
20	WCOM	MCI Worldcom	通信技术	694 000
21	AMGN	Amgen	生物技术	576 000
30	PPD	Prepaid Legal Services	法律服务	416 000
33	INTC	英特尔	电脑芯片制造商	372 000
34	HD	家得宝	建筑材料供应商	370 000
40	PAYX	Paychex	工资报表软件服务	340 000
46	DG	Dollar General	折扣零售商	270 000
49	HDI	哈雷·戴维森	摩托车制造商	251 000
52	GPS	盖璞	服装零售商	232 000
69	SPLS	史泰博	办公用品供应商	186 000
75	WBPR	西部银行 / 波多黎各	银行	170 000
77	MDT	Medtronic	药品供应商	168 000
82	ZION	Zion's Bancorp	银行	161 000
87	LOW	Lowe's	建材供应商	152 000

①本表不包括那些被其他公司兼并的公司。

资料来源：内德·戴维斯研究（Ned Davis Research）。

　　这 10 年中投资回报最丰厚的股票中有一些来自历史悠久的零售业（与上一个 10 年的情况类似），盖璞、百思买、史泰博、Dollar General 这些大牛股都是管理优秀的公司，成千上万的消费者在这些公司都有过购物的亲身体验。同样名列 100 只大牛股中的还有两家小型银行，这再次表明任何行业都会出现大牛股，即使像银行这样一个沉闷且增长缓慢的行业也不例外。对于未来 10 年我的投资建议是：继续寻找未来的大牛股。你们中的任何一个业余投资者都有可能找到一只大牛股。

彼得·林奇
约翰·罗瑟查尔德

爱尔兰之行的启示

如今一提起当前的股票市场这个话题，就不能不分析一下 1987 年 10 月 16 日至 20 日所发生的华尔街股市大崩盘。1987 年 10 月的那一周是我一生中所经历过的最不寻常的一周，整整过了一年多之后，我才能客观、冷静地回顾、分析，这次股市大崩盘带给我的到底哪些是让内心纷乱嘈杂的感情成分，哪些是值得我牢记在心的重要教训，我认为值得记住的如下：

- 10 月 16 日，星期五，我和妻子卡罗琳驱车穿越爱尔兰的科克郡度过了非常愉快的一天。由于我平常很少度假，所以我外出旅行度假这件事本身就非同寻常。

- 我甚至中途停车顺便参观了一家上市公司的总部。通常我会特地绕路 100 英里[○]去拜访附近某家上市公司以获得其最新的销售、存货以及收益情况，但是这周围看起来方圆 250 英里范围以内恐怕连一份标准普尔公司的报告或者一份资产负债表也找不到。

- 我们去了布拉尼城堡（Blarney Castle），传说中著名的巧言石

○ 1 英里 =1609.344 米。

（Blarney stone）⊖就镶嵌在几层楼高的城堡顶部的护墙上，想要接近它十分费事，你必须背靠铁栅栏，小心翼翼地穿过一条一失足就会从高空坠落丧命的窄窄的小道，然后抓住一根护栏作为身体上也是心理上的支撑，才能最终亲吻到那块传说中神奇的巧言石。正如人们所说的那样，亲吻巧言石的过程让人心惊肉跳，尤其是你经历了一路艰险终于死里逃生更是会感觉如此。

- 我们度过了一个安静的周末之后才从亲吻巧言石的惊恐中恢复过来。周六、周日我们分别在沃特维尔和杜克打高尔夫，驱车沿着绵延数百里风景如画的凯丽环形西海岸游览让人如醉如痴。
- 星期一，10月19日，在基拉尼镇的基林高尔夫球场，这是世界上最难征服的高尔夫球场之一，让我面临非常严峻的挑战，最后我竭尽全力才将球依次打入18个球洞。
- 收拾好高尔夫球杆放到车上之后，我和卡罗琳驾车前往Dingle半岛的海边度假胜地，在那里我们住进了Sceilig大酒店，我一定是累坏了，整整一个下午都没有离开过酒店半步。
- 那天晚上，我和卡罗琳与我们的朋友伊丽莎白、彼得·卡勒里一道在一家名为多逸乐斯（Doyle's）的著名海鲜餐厅共进晚餐。第二天，也就是20日，我们乘飞机返回美国。

一些让我心烦意乱的小事

当然，我已经略去了一些让我心烦意乱的小事，事后看来，这些小事几乎不值得一提。旅行回来一年后，你记起的应该只是西斯廷教堂，而不是你步行穿越梵蒂冈时脚底磨出来的水疱，但是根据证券市场完全披露原则，

⊖ 巧言石：爱尔兰布拉尼城堡上的石头，相传吻此石头后即变得口齿伶俐。——译者注

我还是要如实地告诉大家究竟是什么让我如此心烦意乱：

- 星期四，我们下班后动身去爱尔兰的那一天，道琼斯工业平均指数下跌了48点，星期五我们到达爱尔兰的那一天，道琼斯工业平均指数大跌了108.36点，这让我怀疑是不是应该继续度假。
- 即使在亲吻巧言石时，我所想的也不是巧言石，而是道琼斯工业平均指数。周末在打高尔夫球的休息间隙里，我还抽空给公司办公室打了几次电话，交代卖出哪些股票以及如果股市进一步下跌的话趁低买入哪些股票。
- 星期日，我在基拉尼镇的基林高尔夫球场打高尔夫球，这一天道琼斯工业平均指数又狂泻了508点。

好在爱尔兰与美国纽约之间存在着时差，我才终于赶在华尔街股市开盘几个小时之前打完了高尔夫球，否则我很可能会打得更加糟糕。实际上，从星期五开始我的心头就阴云密布，一种不祥之感持续不断，也许正是这种心情导致我在打高尔夫球时表现失常：①我的高尔夫球打得比平时要糟得多，这种情况在股市形势好的时候简直是不可能发生的；②我竟然连自己究竟打了多少杆都忘记了。后来那天一直萦绕在我心头的是另外一个数字，即在星期一的股市狂跌行情中，麦哲伦基金管理公司的100万股东的基金资产价值损失了18%，损失高达20亿美元。

这次股市暴跌让我如此忧心忡忡，以至于在去Dingle半岛的路上我根本无心欣赏道路两边的美丽风景，恍如我们经过的是天天上班路上看到的第42大街和百老汇大街。

前面我说过我住进了Sceilig大酒店后整整一个下午都没有离开过酒店半步，也许你会以为我在酒店里睡了整整一个下午，其实我连个盹也没敢打。我一直在和公司总部通电话，商量应该将我管理的基金中1500只持股中的哪些股票抛出变现来应付非比寻常的巨额基金赎回局面。公司账上的现金足够应付一般情况下的基金赎回，但是在 10 月 19 日星期一这天股市暴跌非同寻常的情况下公司的现金量根本不足以应付突然剧增的赎回。在那一时刻，我真的不能确定，到底是到了世界末日，还是我们即将陷入一场严重的经济大萧条，又或者是事情并没有变得那么糟糕，只不过是华尔街即将完蛋。

我和同事把不得不卖的股票都卖了。首先是在伦敦股票市场上我们抛出了一些英国股票。星期一早晨，伦敦股票市场的股价普遍比美国的要高，多亏一场罕见的飓风迫使伦敦股票交易所在前一个周五被迫停盘，伦敦股市才避开了周一的大跌行情。然后我们在纽约也大量抛出股票，大部分股票是在开盘后不久抛出的，那时道琼斯工业平均指数才下跌了 150 点，但是后来股市就一路狂跌了 508 点。

我实在记不起来那天晚上在多逸乐斯海鲜馆究竟吃了哪些海鲜。当你掌管的共同基金的市值损失相当于一个小海上岛国的国民生产总值时，心如刀割的你根本无法弄清嘴里吃的究竟是鳕鱼还是大虾。

我们在 10 月 20 日就提早动身回家，因为上述发生的情况使我迫不及待地想回到办公室。从到爱尔兰的那一天起，我就随时准备回去。坦白地讲，这些烦心事真的让我心情糟透了。

10 月股市暴跌的教训

我一直认为投资者应该忽视股票市场的起起落落，幸运的是，他们之中的绝大多数人很少关注我前面所提到的股市暴跌行情，也许下面这个例子就是明证，100 万个富达麦哲伦基金的持有人中，只有不到 3% 的持有人在让人感到恐慌的股市暴跌的一周中将资金转入货币市场基金。如果你在股市暴跌中绝望地卖出股票，那么你的卖出价格往往会非常低。

　　即使 10 月 19 日的行情让你对股市的走势感到惊恐不安，你也不必在这一天甚至在第二天就把股票抛出，你可以逐步减持你的股票投资组合，从而最终能够获得比那些由于恐慌将股票全部抛出的投资人更高的投资回报，因为从 11 月开始股市就稳步上扬，到 1988 年 6 月，市场已经反弹了 400 多点，也就是说涨幅超过了 23%。

　　从 10 月的股市暴跌中我们可以汲取很多教训，我自己总结出以下三点：①不要让烦心之事毁掉一个很好的投资组合；②不要让烦心之事毁掉一次愉快的度假；③当你的投资组合中现金比重很小时千万不要出国旅游。

　　也许我还可以再写上好几章来告诉你更多关于我从爱尔兰之行所得到的启示，但是我确实不愿意浪费你的宝贵时间，我更愿意多写些你可能认为更有价值的东西，这就是如何寻找优秀的公司。不管某一天股市下跌 508 点还是 108 点，最终优秀的公司将会胜利，而普通的公司将会失败，投资于这两类完全不同的公司的投资者也将会相应地得到完全不同的回报。

　　一旦我想起了在多逸乐斯海鲜馆吃的是什么海鲜，我一定会告诉你。

业余投资者的优势

在此，本书的作者，作为一位专业投资者，我郑重承诺：在本书以下部分，我将与读者共同分享本人投资成功的秘密。但是，在本书中我要告诉读者的第一条投资准则是：千万不要听信任何专业投资者的投资建议！在投资这一行中 20 年的从业经验使我确信，任何一位普普通通的业余投资者只要动用 3% 的智力，所选股票的投资回报就能超过华尔街投资专家的平均业绩水平，即使不能超过这些专家，起码也会同样出色。

我知道，你当然不会希望外科整形医生建议你自己给自己做面部拉皮整容手术，也不会希望管道工告诉你自己动手安装热水器，或者理发师建议你自己给自己修剪刘海儿，但我们现在说的不是外科整容手术，不是安装热水器，也不是理发，我们说的是投资。在投资中，专业投资人（smart money）并不像人们想象的那样聪明，业余投资者（dumb money）也并不像人们想象的那样愚笨，只有当业余投资者一味盲目听信于专业投资人时，他们在投资上才会变得十分愚蠢。

事实上，业余投资者本身有很多内在的优势，如果充分加以利用，那么他们的投资业绩会比投资专家更出色，也会超过市场的平均业绩水平。当你根据自己的选择来自己选股时，你本来就应该比专家做得更出色，不然的话，你把你的资金买入基金交给那些专业投资者就行了，何必费那么大劲儿自己选股却只能得到更差的回报，这样不是自找麻烦吗？

当然我也不会过于极端地建议你卖掉你所持有的共同基金。如果投资人大量抛售共同基金的话，我这个基金经理就得失业了，而且共同基金本身并没有什么错，尤其是那些给投资者带来丰厚回报的共同基金。我可以很诚实而非自吹自擂地向各位读者报告：数以百万计选择麦哲伦基金的业余投资者都获得了丰厚的回报，而这恰恰也是我被出版社邀请写作本书的首要原因。对于那些既没有时间又没有兴趣想要用股票投资来证明自己的聪明才智的人来说，共同基金是一个天才般发明的投资工具，对那些资金规模较小又希望追求投资组合多样化的人来说，共同基金是一个非常理想的投资选择。

当你决定依靠自己进行投资时，你应该努力独立思考。这意味着你只依赖自己的研究分析进行投资决策，而不要理会什么热门消息，不要听证券公司的股票推荐，也不要看你最喜爱的投资通讯上那些"千万不要错过的大黑马"之类的最新投资建议。这也意味着即使你听说彼得·林奇或者其他权威人士正在购买什么股票也根本不要理会。

为什么不要理会彼得·林奇正在购买什么股票？至少有以下三个很好的理由：①他有可能是错的！（我自己的投资组合中那个长长的赔钱股票名单一直在提醒我，所谓的聪明投资者大约在 40% 的时间里都表现得非常愚蠢）；②即使他的选择是正确的，你也不可能知道什么时候他对一只股票的看法会突然改变而将其卖出；③你本身已经拥有了更好的信息来源，并且这些信息就在你的身边。你之所以能够比投资权威人士获得更好的信息，是因为你能够时时追踪记录你身边的信息，就像我能够时时追踪记录我身边的信息一样。

如果你平时在自己工作的场所或者附近的购物中心时能够保持一半的警觉，就可以从中发现表现出众的优秀公司，而且你的发现要远远早于华尔街的投资专家。任何一位随身携带信用卡的美国消费者，实际上在平时频繁的消费活动中已经对数十家公司进行了大量的基本面分析，如果你正好就在某个行业中工作，那么你对这个行业的公司进行分析就更加如鱼得水了。你日常生活的环境正是你寻找"10倍股"（tenbaggers）的最佳地方。在富达公司工作期间，我一次又一次地在日常生活中发现了一个又一个10倍股。

奇妙的10倍股

用华尔街投资业的行话来说"10倍股"是指上涨10倍的股票。我猜测这个非常专业的术语是借用棒球运动中的术语，但棒球运动中最高的只有4垒安打（fourbagger）或者本垒打（home run）。在我的投资经历中，像本垒打一样能够上涨4倍的"4倍股"就已经相当不错了，能上涨10倍的"10倍股"则相当于在棒球比赛中打出了2个本垒打加上1个二垒安打，投资回报简直高得惊人。如果你在股票市场上曾经持有过一只10倍股，你就会知道这种股票10倍的投资回报有多么诱人。

在我投资生涯的早期，我就非常狂热地寻找能够让我的投资升值10倍的股票。我购买的第一只股票飞虎航空（Flying Tiger Airlines）就是一只涨了好多倍的股票，这只股票所赚的钱足够支付我读研究生的全部学费。在过去10年里，我不时找到5倍股、10倍股甚至更为罕见的20倍股，使我所掌管的基金业绩远远超过了竞争对手，要知道我的投资组合拥有1400只股票之多。对于小规模的投资组合，即使只有一只表现出色的10倍股，就足以使整个投资组合从亏损转为盈利。10倍股这种一股定乾坤的巨大能量让人非常震惊。

在股市低迷时期，10倍股对投资组合业绩的影响之大就更加让人震惊了——你可能想不到在低迷的股市中同样也有10倍股。让我们回到1980年，那时恰好是在大牛市行情开始的前两年。假设1980年12月22日你投

资了 10 000 美元买入表 0-1 中的 10 只股票，并且一直持有到 1983 年 10 月
4 日，这是 A 投资策略；B 投资策略与 A 投资策略完全相同，只不过你又多
买入了一只股票——Stop&Shop，后来这只股票上涨了 10 倍。

A 投资策略使你投资的 10 000 美元升值到 13 040 美元，经过 3 年左
右的时间你的总投资收益率只是表现平平的 30.4%（同期标准普尔 500 指
数总投资收益率是 40.6%）。你看了这一投资结果后肯定会追悔莫及地说：
"哎，我为什么要自己投资而没有把钱交给投资专家呢？"但是如果你还买
了 Stop&Shop 股票，那么你最初投资的 10 000 美元将会升值一倍还要多，
达到 21 060 美元，你的总投资收益率会高达 110.6%，这足以让你在华尔街
的投资专家面前好好地自我吹嘘一番。

表 0-1 A 投资策略和 B 投资策略

	买入价 / 美元	卖出价 / 美元	涨跌幅（%）
伯利恒钢铁公司	25.125	23.125	−8.0
可口可乐公司	32.75	52.5	+60.3
通用汽车	46.875	74.375	+58.7
W. R. Grace	53.875	48.75	−9.5
凯洛格	18.375	29.875	+62.6
Mfrs.Hanover	33	39.125	+18.5
默克公司（Merck）	80	98.125	+22.7
Owens Corning	26.875	35.75	+33.0
Phelps Dodge	39.625	24.25	−38.8
斯伦贝谢（根据股票分割调整股价）	81.875	51.75	−36.8
			+162.7
除了上述公司之外还包括			
Stop&Shop	6	60	+900.0

此外，如果你发现 Stop&Shop 公司的发展前景进一步改善时，你增加
投资买入更多的 Stop&Shop 股票，那么你的总投资回报可能还会再翻两番。

要得到如此惊人的回报，你只需在这 11 只股票中找到一只大牛股就足
够了。你对一只股票的走势判断得越正确，就越有可能导致你对其余股票

的判断出现失误，但是即便如此，你仍然可以在总体上取得很好的投资回报，足以让你成为一个战胜市场的成功投资者。

油炸圈饼和苹果电脑

你或许以为 10 倍股只可能出现在像大脑生物反馈技术公司（Braino Biofeedback）或者宇宙研发公司（Cosmic R&D）这类十分怪异的公司的小面额股票（penny stock）中，其实理性的投资者对这类股票总是避之唯恐不及。事实上，很多 10 倍股都来自大家非常熟悉的公司，比如 Dunkin's Donuts 甜甜圈公司、沃尔玛公司、美国玩具反斗城公司、Stop&Shop 以及斯巴鲁汽车公司（Subaru），这些只不过是我随便举的少数几个例子。你对这些公司的产品赞不绝口而且钟爱有加，可是你是否会想到：如果你在购买斯巴鲁汽车时也购买了斯巴鲁汽车公司的股票，那么你现在就成了一位百万富翁？

事实的确如此。当然，计算出这么一大笔意外之财需要基于以下几个假设前提：首先，1977 年你以每股 2 美元的低价位买入斯巴鲁公司股票；其次，你在 1986 年的高价位将其卖出。如果根据 1 股分割为 8 股进行股价复权的话，⊖其股价将会高达 312 美元，上涨 156 倍，这样的投资业绩相当于打出

⊖ 在本书中，我们将会一再遇到股票分割这种复杂的情况，比如，1 股分割为 2 股，1 股分割为 3 股等。如果你向 X 公司投资 1000 美元，以每股 10 美元的价格买入 100 股股票，后来 1 股分割为 2 股，那么你马上就拥有每股价值 5 美元的 200 股股票。假设两年之后，股价上涨为每股 10 美元，你的投资就翻了一番。但是对不知道公司股票已经分割的人来说，看起来好像是你一无所得，过去的买入价格是每股 10 美元，现在该股票的卖出价格也是每股 10 美元。

在斯巴鲁公司这一案例中，股价实际上从未达到过每股 312 美元。在达到这一高价位之前，该股票 1 股分割为 8 股，所以当时实际上该股票的卖出价格是 39 美元（=312÷8）。为了与这一新的股价保持一致，这次股票分割之前的股价现在都必须除以 8。举例来说，1977 年 2 美元的股价现在就由于股票分割进行股权复权后应为每股 25 美分（=2÷8），尽管该股票从未出现过 25 美分的股价。

通常，上市公司不喜欢它们的股价以美元标价的绝对值过高，这是上市公司要宣布股票分割的原因之一。

了 39 个本垒打。因此，如果你最初投资了 6410 美元（这大约相当于一辆斯巴鲁汽车的价钱）购买斯巴鲁公司的股票，在股价上涨 156 倍后，你会赚到整整 100 万美元。成了百万富翁的你就有足够的钱来买一座豪宅和两辆捷豹汽车（Jaguar），而不是像现在这样家里只有一辆破破烂烂的老爷车了。

当然，如果你仅仅把相当于买油炸圈饼那么少的钱用于购买 Dunkin's Donuts 甜甜圈公司的股票，那么这样小的投资不可能让你赚 100 万美元——一个人一辈子能吃多少个油炸圈饼，加在一起又能值多少钱呢？但是如果 1982 年整整一年你每周购买 24 个油炸圈饼（总共需要花费 270 美元），与此同时你也把相同金额的 270 美元用来购买这家公司的股票，那么 4 年后这些股票的市值将上升到 1539 美元（一只 6 倍股）。由此可见，如果在 Dunkin's Donuts 甜甜圈公司的股票上最初投资 10 000 美元，那么 4 年后的投资回报将会是 47 000 美元。

如果在 1976 年你花费 180 美元在盖璞公司购买了 10 条牛仔裤，那么现在可能这些牛仔裤都已经穿破了，但是如果用这 180 美元购买 10 股盖璞公司的股票（该公司最初股票发行价是每股 18 美元），那么到了股市行情高涨的 1987 年，这 10 股股票的市值将是 4672.50 美元，赚这么一笔钱肯定比你那 10 条破牛仔裤划算多了。如果投资 10 000 美元购买盖璞公司的股票，你的投资回报将高达 250 000 美元。

如果 1973 年你在 La Quinta 汽车旅馆度过了 31 天的商务之旅（每晚房费为 11.98 美元），并且你用跟房费一样多的 371.38 美元购买了 La Quinta 旅馆的股票（23.21 股），那么 10 年后你的这些股票市值是 4363.08 美元。如果投资 10 000 美元购买 La Quinta 旅馆的股票，你的回报将达到 107 500 美元。

1969 年，一位亲人的传统葬礼让你花费了 980 美元，这次葬礼由 SCI 公司（Service Corporation International，国际服务公司）下属的众多丧葬分支机构中的一家负责。如果不管当时你多么痛苦，你都想方设法地又拿出与葬礼费用相等的 980 美元购买了 70 股 SCI 公司的股票，那么 18 年后的 1987 年你所购买的这 70 股股票的市值将高达 14 352.19 美元。如果投资10 000 美元购买 SCI 公司的股票，你的投资回报将是 137 000 美元。

回到 1982 年，你花费 2000 美元购买了你的第一台苹果电脑，帮助你的孩子提高学习成绩以顺利考上大学。如果在同一周内你又另外用与电脑价格相等的 2000 美元购买了苹果电脑公司的股票，那么经过 5 年到了 1987年，这些股票的市值将会上涨到 11 950 美元，足以为你的小孩支付一年的大学学费了。

普通常识的重要性

为了获得上述惊人的丰厚投资回报，你必须在正确的时机及时买入和及时卖出股票。即使你错过了股票的最高卖出价位或最低买入价位，如果你所购买的是上面所提到的那些大家都熟知的公司股票，那么你的投资回报仍然要比购买那些谁都搞不懂的、业务十分怪异的公司的股票要好得多。

在新英格兰地区流传着一个消防员投资股票的著名故事。大概是在 20世纪 50 年代，当时这位消防队员注意到当地一家叫作 Tambrands 的生产女性卫生用品的工厂（后来这家工厂更名为 Tampax），其业务正在以极快的速度扩张。这种情况让他想到，除非是这家工厂业务非常兴旺，否则怎么也不可能如此快速地扩张。基于这样一种推理，他和家人一起投资了 2000 美元购买了一些 Tambrands 的股票，不仅如此，在随后的 5 年里他们每年又再拿出 2000 美元继续购买该公司的股票，到了 1972 年，这个消防员已经变成了一位百万富翁——尽管他不像我们前面所说的那样是通过购买斯巴鲁汽车公司的股票成为百万富翁的，但他同样也成了百万富翁。

　　我不能肯定我们这位幸运的消防员是否曾向经纪人或者其他投资专家寻求过投资建议，不过我可以肯定的是有很多投资专家会对他说，他投资于 Tambrands 公司的这种逻辑推理存在缺陷，如果他明智的话就应该选择那些机构投资者正在购买的蓝筹股，或者是购买当时非常流行的电子类热门股票，令人庆幸的是我们的这位消防员始终坚持自己的想法。

　　你可能会认为，那些天天待在 Quotron 股票行情显示机旁的投资专家才有机会听到那些复杂且高深的小道消息，因此只有这些投资专家才能给我们提供最好的选股建议，但身为基金管理人的我正是运用跟这位消防员完全相同的方法自己独立找到了许多好股票。每年我都要拜访数百家上市公司，花费一小时又一小时的时间跟 CEO、金融分析师以及那些共同基金业内的同事一起不断进行一次又一次让人头脑兴奋的聚会交流，但我是在这种正式场合以外的环境中偶然发现了让我赚到大钱的大牛股，各位业余投资者也可以像我一样在日常生活中发现大牛股。

　　塔可钟快餐，在我去加利福尼亚州旅行的途中，这家连锁快餐店的墨西哥玉米煎饼让我对它留下了深刻的印象；La Quinta 汽车旅馆，这家公司是住在其竞争对手假日酒店的旅客向我谈起的；沃尔沃，我的家人和朋友都喜欢这家公司生产的汽车；苹果电脑，不仅我的孩子用苹果电脑，而且我们公司的系统管理员也为公司办公室购置了几台；SCI 公司，是由富达公司的一位电子行业分析员在去得克萨斯州旅行的路上发现的（他本人与丧葬行业毫无关系，这也不属于他的研究范围）；Dunkin's Donuts，我非常喜欢这家公司店里的咖啡；最近我的妻子则向我推荐刚刚重新整顿过的 1 号码头进出口公司（Pier 1 Import）。事实上，卡罗琳是我最好的信息来源之一，正是她首先发现了 L'eggs 丝袜这家优秀公司的股票。

　　L'eggs 丝袜是证明普通常识力量的最佳范例。事实证明，L'eggs 丝袜是 20 世纪 70 年代最成功的两种消费品之一。70 年代早期，在我掌管富达麦哲伦基金之前，我在富达基金公司做证券分析员。通过参观全美各地的纺织厂，计算公司销售毛利率、股票市盈率、经纱和纬纱的密度，我对纺织行业有着相当深入的了解。但是，我作为专业投资者所了解的这些信息无一能像卡罗琳提供的信息那样有价值，我花了那么多时间和精力来研究纺织行业上市公司也没有发现 L'eggs 这只大牛股，而卡罗琳去超市买东西时却发现了这家优秀公司。

在超市收款台旁边的那个单独放置的金属架上摆放着一些用彩色塑料彩蛋包装的女士连裤袜。生产厂商 Hanes 公司在美国选择了一些地区的超市对 L'eggs 丝袜进行试销，其中包括波士顿市郊的超市。在进行试销的超市中，Hanes 公司的工作人员不断地向那些正准备离开的女士询问她们刚才是否购买了连裤袜，绝大多数人都回答说"是的"，尽管其中大多数人都已经记不起这种连裤袜的品牌是什么。Hanes 公司了解这一情况后欣喜若狂，试想一件产品连品牌都不为人所知就如此畅销，那么一旦它的品牌广为人知后其销量将会有多么惊人！

卡罗琳没有必要成为一个纺织行业分析师就能认识到 L'eggs 是一种品质绝对一流的产品，她获得这一信息所做的只是去购买一双 L'eggs 连裤袜，然后试穿一下。这种丝袜的丝线中含有一种叫作重磅生丝的材料，它使得这种丝袜比普通丝袜更不容易发生抽丝，而且穿起来也很舒服合身，但是它吸引消费者的主要因素是购买十分方便，因为你不用特地去大型百货商店就能在附近卖口香糖和剃须刀的超市里买到它。

Hanes 公司此前在百货商店和专卖店销售其固定品牌的产品，可是公司发现女性顾客通常每隔六个星期才会光顾百货商店或专卖店购物一两次，与此形成对比的是，她们平均每周都要到超市购物两次，因此她们在超市购买 L'eggs 连裤袜的机会相当于在百货商店或专卖店购买该公司固定品牌丝袜机会的 12 倍。丝袜放在超市里出售的做法深受消费者的欢迎，从那些排着长队推着装有 L'eggs 连裤袜的购物车在收款台处等候交款的女性顾客的数量，你就可以看出这一点。一旦品牌广为人知，你可以想象得出 L'eggs 连裤袜在全美范围内的销售量会有多么高！

那些购买连裤袜的女性顾客、那些看到女性顾客购买连裤袜的店员以及那些看到妻子拿着连裤袜回家的丈夫，他们中有多少人会由此想到 L'eggs 连裤袜的成功呢？一定有好几百万人。这个产品上市两三年后，你随便走进任何一家超市，都会发现 L'eggs 是最畅销的连裤袜。从产品包装上你可以很容易地发现 L'eggs 连裤袜是 Hanes 公司生产的产品，然后你一查便可以了解到 Hanes 公司是一家在纽约股票交易所挂牌公开交易的上市公司。

当卡罗琳提醒我要留意 Hanes 公司时，我马上按照惯例对这家公司进行了研究分析。这家公司的经营状况和发展前景远比我想象的要好得多，我对 Hanes 公司的股票就像那位消防员对 Tambrands 公司的股票一样信心十足，于是我把 Hanes 公司的股票推荐给富达公司的投资组合管理人员。Hanes 公司在被联合食品公司（Consolidated Food）也就是现在的莎莉（Sara Lee）收购之前，它的股价上涨了 6 倍；L'eggs 连裤袜仍然为莎莉赚了不少钱，并且在过去 10 年中其销售量一直稳步增加，所以我确信如果 Hanes 公司没有被收购的话，它的股价将会上涨 50 倍。

L'eggs 的美妙之处在于，你并不需要从一开始就知道这个畅销全美的商品，你可以在 L'eggs 畅销全美之后的第一年、第二年、第三年再买入 Hanes 公司的股票，无论哪一年购买都会让你获得至少 3 倍的回报。但是仍然有很多人并没有购买 Hanes 公司的股票，特别是那些女性顾客的丈夫（他们通常也被叫作"按图索骥的投资者"（designed investor）），他们可能都太热衷于购买太阳能公司或者卫星天线公司的股票了，以致不但没有赚到钱连裤子也输了个精光。

看看我朋友哈里·汉德图斯（Harry Houndstooth）的遭遇吧——为了保护我这位不幸的朋友，在这里我用的是化名。事实上，我们都有点儿像汉德图斯，这位按图索骥的投资者（看起来每个家庭里面都有这么一号人物）刚刚花了早晨的大好时光来翻看《华尔街日报》以及他订阅的那份年订费为250美元的股票市场时事通讯，他正在寻找一只让他心情激动的好股票，他心仪的股票应该投资风险有限但上涨潜力无限。不论是《华尔街日报》还是时事通讯都以一种赞许的口吻提到了温彻斯特磁盘驱动器公司（Winchester Disk Drives），认为这是一家前途极好的小公司。

虽然汉德图斯对磁盘驱动器一窍不通，他连磁盘驱动器与泥鸽靶（clay pigeon）⊖也分不清，但他还是拨通了经纪人的电话，他从经纪人那里得知美林证券公司（Merrill Lynch）已经把温彻斯特公司的股票列到了"推荐买入"的名单上。

汉德图斯想，这不可能纯粹是巧合吧。很快他就非常确信地认为，拿出3000美元辛苦赚到的钱来购买温彻斯特公司的股票肯定是一个明智之举，毕竟，他已经做了一番研究分析！

汉德图斯的妻子亨丽埃塔（Henrietta）同样是那种根本不懂投资理财的人（他们两个人各自的角色也可能会倒过来，但是一般情况下不会如此），刚刚从购物中心回来，在那里她发现了一家很好的新开张的名叫The Limited的服装店，这家服装店里挤满了顾客，大家纷纷抢购。一回家她就迫不及待地向汉德图斯讲述售货员态度如何亲切以及服装价格如何低廉。"我买了一整套Jennifer品牌的秋装，"她嚷道，"才275美元一套。"

"才275美元？"我们这位按图索骥的投资者抱怨道，"当你在外面乱花

⊖ 泥鸽靶：一种黏土盘，作为飞行目标抛出用于打靶。——译者注

钱时，我正在家里绞尽脑汁考虑该如何赚钱呢。我研究的答案就是购买温彻斯特公司的股票，这一次我肯定稳赚不赔，这一次我们要在这只股票上投资 3000 美元。"

"我希望你知道自己到底在做什么，"我们这位根本不懂投资理财的女士嚷道，"还记得哈瓦莱特光伏电池公司（Havalight Photo Cell）吗？你也说会稳赚不赔，结果呢？那只股票从 7 美元跌到了 3.5 美元，害得我们整整亏损了 1500 美元。"

"是的，但那次是哈瓦莱特光伏电池公司，而现在这次我们要投资的是温彻斯特公司。《华尔街日报》上称磁盘驱动器行业是未来 10 年最具成长性的主要行业之一。为什么我们俩非要成为唯一没有抓住磁盘驱动器行业股票投资机会的一对夫妇呢？"

这个故事后面的发展不难想象，温彻斯特磁盘驱动器公司在这一季度的销量非常差，或者也可以说是磁盘驱动器行业的竞争出乎意料的激烈，结果导致其股价从 10 美元跌到 5 美元。由于这位按图索骥的投资者根本不可能有办法弄清楚所有这一切究竟是怎么回事儿，他能够想到的最明智的做法就是赶紧先把这只股票卖掉再说，他还暗自庆幸自己仅仅只赔了 1500 美元，或者说这笔损失的金额只比购买 5 套 Jennifer 牌秋装的价钱多一点儿而已。

与此同时，汉德图斯所不知道的是，给亨丽埃塔留下深刻印象的 The Limited 服装公司的股价已经持续上涨了很多，从 1979 年 12 月的不到 50 美分（根据股票分割进行了股价调整）上涨到 1983 年的 9 美元——此时已经上涨了 20 倍。即使他此时以 9 美元的价位买入（后来会经历股价下跌到 5 美元的打击），当其股价狂涨到 52.875 美元时，他的投资还可以上涨 5 倍多。如果从最初的 1979 年 12 月开始算起的话，那么它的涨幅已经超过了 100 倍。因此，如果汉德图斯能够及早在 The Limited 服装公司的股票上投资 10 000 美元的话，仅仅这一只股票获得的投资回报就足以让他成为一个百万富翁。

更现实一点的情况是，如果汉德图斯夫人另外用跟买衣服一样多的 275 美元购买该公司的股票，可以想象即使她这一笔小得不起眼的投资也能够为自己的女儿赚到一个学期的学费。

我们这位按图索骥的投资者即使在卖掉温彻斯特公司的股票后，仍有充裕的时间可以购买 The Limited 公司的股票，但是他一直都没有听进他妻子对 The Limited 公司的一再夸奖，结果错失了这只大牛股。那时全美各地共有 400 家 The Limited 公司的服装专卖店，而且绝大多数的专卖店生意都很红火，但是汉德图斯实在是太忙了，以至于他根本就没有注意到这些重要的信息，他正忙于追随 Boone Pickens 公司买入 Mesa Petroleum 公司的股票。

到了 1987 年年底的某一天，可能恰好是在市场指数暴跌 508 点之前不久吧，汉德图斯终于在他的证券公司推荐买入的股票名单上看到了 The Limited 公司的名字，而且，在 3 种不同的刊物上都登有对其前景看好的文章。这只股票已经成了大机构投资者的宠儿，并且有 30 位分析人员专门对其进行跟踪分析，我们这位按图索骥的投资者突然意识到这真的是一次稳稳大赚一把的投资机会了。

"真有意思，"有一天他对妻子咕哝道，"还记不记得你十分喜欢的那家叫 The Limited 的服装店吗？原来它还是一家上市公司，这就是说我们可以买入这家公司的股票。另外，我刚刚从公共电视台（PBS）的电视节目中看到投资专家评价说这是一只非常好的股票，我还看到《福布斯》杂志甚至已经对这家公司做了封面报道，那些机构投资者都在抢着买入这只股票，不过他们怎么也不可能把它的股票全部买光，这是一次好机会，我们至少应该从退休基金里拿出 2000 美元进行投资。"

亨丽埃塔怀疑地问道："我们的退休基金里还有没有 2000 美元那么多钱呢？"

"当然有！"我们这位按图索骥的投资者十分生气地吼道，"这只股票赚的钱还会让我们的退休基金账户上有更多的钱，这还真要感谢你所喜欢的这家服装店。"

"但我再也不愿意到 The Limited 服装店买衣服了，"亨丽埃塔说，"那儿的衣服现在实在太贵了，并且衣服款式也不那么新颖别致了，现在其他服装店也有同样的款式而且更便宜。"

"这又有什么关系！"我们这位按图索骥的投资者生气地咆哮道，"我现在谈的根本不是买衣服，我现在谈的是买股票。"

汉德图斯以每股 50 美元的价格买入了 The Limited 公司的股票，这个价位几乎是 1987 年的最高价位，不久股票的价格下跌到 16 美元一股。在这只股票下跌 50% 到差不多每股 25 美元时，他赶紧把股票给卖掉了，他暗自庆幸的是他又一次及早卖出了股票，避免了更大的损失。

这是一家上市公司吗

要指责汉德图斯错过了 The Limite 这只大牛股的话，我可是最佳人选，因为我的妻子也和他的妻子同样曾在大型购物中心见到了 The Limited 服装店里顾客盈门的景象，但是我和汉德图斯同样也没在这家公司业务蒸蒸日上的时候购买它的股票，并且我也和汉德图斯一样在 The Limited 公司受到广泛关注并且经营状况已经开始恶化的时候才买入了它的股票，甚至直到现在我还持有着这只让我赔了很多钱的股票。

事实上，那些我曾错过的 10 倍股可以让我再多写上好多页，并且各位读者在本书后面的章节中将会看到其他更多让我后悔不迭的投资案例。在错失唾手可得的大牛股投资机会方面，我表现得和一般人一样糟糕。卵石海滩（Pebble Beach）是全球最著名的高尔夫球场，也是 20 世纪最牛的隐蔽资产型大牛股。当我站在卵石海滩高尔夫球场的草皮上时，只顾着询问发球区到草坪之间的距离是多远，却从来没有想起来问问这是不是一家上市公司。

幸运的是在我们周围有着足够多的 10 倍股，即使我们错过了其中的大多数，我们仍然能够找到属于我们自己的 10 倍股。在一个像我所管理的那样规模很大的投资组合中，我必须找到好几只 10 倍股才能使我的投资组合业绩有显著的提升，而在业余投资者所管理的规模很小的投资组合中，只需找到一只 10 倍股就可以大大提升整个投资组合的业绩了。

而且，购买你所熟悉的公司的股票，例如 L'eggs 或者 Dunkin's Donuts 甜甜圈公司的股票，最大的好处在于，当你试穿丝袜或者品尝咖啡时，你就等于是在做基本面分析，华尔街高薪聘用的证券分析师所做的工作与此类似，参观商店并试用其产品是分析师工作的重要组成部分之一。

在你一生中多次购买汽车或相机的过程中，你会逐渐形成一种判断力，你知道哪种品牌好哪种品牌差，你也知道哪种产品畅销哪种产品不畅销。即使你对汽车行业的有关情况并不太了解，你也肯定会了解其他行业的有关情况，最重要的是你早在华尔街的专家之前就知道了你所了解的行业的最新发展情况，那么当你看到在你家周围又新开了 8 家 Dunkin's Donuts 甜甜圈饼连锁店时，为什么还要等美林公司的餐饮业专家来向你推荐 Dunkin's Donuts 甜甜圈公司的股票才买入呢？直到 Dunkin's Donuts 甜甜圈公司的股票由 2 美元涨到 10 美元上涨了 5 倍时，美林公司的餐饮行业研究专家才注意到这只股票（我很快会解释为什么他没有在股票涨到 5 倍之前注意到这家公司），而你注意到这家公司不断开新的分店时它的股价才只有 2 美元。

不要投资于你根本不了解的公司股票

也许是由于某种特别的原因，大多数业余投资者会认为，把驱车在镇上到处品尝油炸圈饼等同于公司调查分析过程的第一个步骤绝对是一个非常幼稚的举动。人们似乎更喜欢购买一些他们对其业务根本搞不懂的公司的股票。这似乎已经成为华尔街的一条不成文的规则：如果你根本不了解一家公司，那么你就把一辈子攒的钱都拿出来投资这家公司的股票。投资者总是远离那些就在自己日常生活中能够近距离观察到的公司的股票，反而费尽心机寻找那些生产的产品让人根本无法了解的公司的股票。

就在前几天我碰到这样一个投资机会，有人在我的办公桌上留了一份报告，上面说购买生产以下产品的一家公司的股票是一次极佳的投资机会："容量为 1 兆的静态随机存取存储器（one megabit S-Ram）、互补金属氧化物半导体（complementary metal oxide semiconductor，C-Mos）、双极简化指令系统（bipolar reduced instructive set computor，bipolar risc）、浮点（floating point）、数据输入／输出数组处理器（data I/O array processor）、优化编译程序软件（optimizing compliler）、16 位双接口内存（16-bytes dual port memory）、UNIX 操作系统、惠斯登百万次浮点运算多晶硅发射极（whetstone megaflop polysilicon emitter）、高带宽（high band width）、60 亿赫兹（six gigaherz）、双金属化通信协议（double metalization communication portocol）、异步向后兼容性（asynchronous backward compatibility）、外围总线结构（peripheral bus architecture）、四向交叉存取存储器（four-way interleaved memory）以及 15 毫微秒的权能（15 nanoseconds capability）。"

10 亿赫兹、百万次浮点运算，这些我一窍不通的词汇让我一看脑袋就大。如果你连这些词汇是用来描述赛马奔跑的速度还是电脑存储芯片的速度都搞不清的话，那么你最好还是离这些一般人根本搞不懂其业务的公司的股票远点儿，即使你的经纪人给你打电话推荐说这是 10 年一遇、回报惊人的天赐投资良机，你也根本不要搭理他。

椰菜娃娃畅销但股票并不一定好

前面我所说的关注你身边的畅销产品是不是表明我认为，投资者应该购买每一家增长很快的新的快餐连锁店的股票、每一家生产热门畅销产品的公司股票，或者每一家在各地购物中心都设有专卖店的公司股票呢？如果股票投资真是这么简单的话，我就不会在 Bildner's 公司的股票上亏损如此惨重了。这是一家专为雅皮士提供服务的像 7-11 便利店一样的食品连锁店，在我办公室马路对面开有一家分店。如果我只是迷恋于这家公司的三明治而没有因此投资这家公司的股票，那该有多好啊！如今这家公司 50 股股票的价钱连一块黑麦金枪鱼三明治也买不到，后面我会进一步详细谈论我的这次失败的投资。

科尔克公司（Coleco）呢？仅仅凭着生产 20 世纪最畅销的玩具"椰菜娃娃"（the Cabbage Patch doll）仍然无法挽救这家资产负债表非常糟糕的公司最终陷入破产的命运。先后凭借家庭视频电子游戏（home video games）的流行和"椰菜娃娃"玩具受到的狂热追捧，科尔克公司的股票曾经在 1 年左右的时间内出现巨大的上涨，1983 年最高上涨到 65 美元，但是股价最终还是下跌到只有 1.75 美元，1988 年这家公司宣告破产。

找到有发展潜力的公司只是股票投资的第一步，接下来第二步还要仔细进行研究分析。下功夫进行研究分析，才能分辨出这家公司到底值不值得投资：是投资美国玩具反斗城公司那样的大牛股还是科尔克公司那样的垃圾股，是投资苹果电脑公司那样的好公司还是 Televideo 公司那样的烂公司，是投资皮埃蒙特航空公司（Piedmont Airlines）那样的卓越公司还是人民航空公司（People Express）那样最终破产的公司？现在当我提到人民航空公司时，我多么希望当时我能对这家航空公司的情况研究得再详细一些啊，果真如此的话，那时这家公司的股票我恐怕连一股也不会买了。

尽管出现过这么多的投资失误，在我掌管富达麦哲伦基金的这12年间，这只基金的单位净值还是上涨了20多倍，其中一部分原因在于我发现了一些很少为人所知以及不再受到大众喜爱的冷门股票，并且我对这些股票进行了独立研究分析。我坚信任何一位投资者都可以同样利用我的股票投资策略来投资获利。业余投资人要战胜专业投资者并不像人们所想象的那么困难，就像我已经说过的，专业投资者并不像业余投资者想象的那样总是非常聪明过人。

本书结构

本书由三个部分构成。第一部分，投资前的准备工作（第1～5章），讨论业余投资者如何评估自己作为一位选股者是否胜任，怎样评估投资竞争对手（包括投资组合管理人员、机构投资者以及其他华尔街投资专家），如何判断股票是否比债券的投资风险更大，如何检查自己的财务需求以及如何发展形成一个成功的选股模式。第二部分，如何选择大牛股（第6～15章），讨论如何找到最有潜力的投资机会，要选择什么样的公司以及避开什么样的公司，如何利用经纪人和年报以及其他资源获得最大的信息优势，如何计算那些经常在股票专业分析中用到的各种数据指标（如市盈率、账面价值、现金流量等）。第三部分，关于长期投资的观点（第16～20章），讨论如何设计投资组合，如何跟踪分析你感兴趣的公司的情况，何时应该买入以及何时应该卖出，期权和期货交易的蠢行以及我本人对于华尔街、美国企业以及股票市场的发展是否健全的整体观察等，这些都是我在20年的投资生涯中一直持续关注的事情。

第一部分

ONE UP ON WALL STREET

投 资 准 备

在你考虑购买股票之前，你需要首先进行以下一些基本判断：你如何看待股票市场？你对美国上市公司的信任程度有多大？你是否需要进行股票投资？你期望从股市投资中得到什么回报？你是短线投资者还是长期投资者？你对某些突如其来的、出乎意料的股价暴跌会如何反应？你最好在投资之前确定你的投资目标，弄清楚自己的投资态度（你真的认为股票比债券的投资风险更大吗）。因为如果你不能事先确定好你的投资目标，又不能坚持自己的投资信念的话，你将会成为一个潜在的股票市场上的牺牲品，你会在市场行情最低迷的时刻放弃所有的希望，丧失全部的理智，不惜一切代价地恐慌地抛出股票。这些投资者个人的准备工作，同知识以及研究分析工作同样重要，正是它决定了业余投资者在选股上是成为一个一胜再胜的成功者还是成为一个一败再败的失败者的关键因素。最终决定投资者命运的不是股票市场，甚至也不是上市公司，而是投资者自己。

第1章

我是如何成长为一个选股者的

选股根本没有什么祖传秘诀。很多人往往把自己投资亏损归咎于某些天生不足，认为其他人投资成功是因为他们天生就是一块投资的料，但是我个人的经历完全否认了这种说法。我一点儿也不像人们所想象的如同球王贝利还是婴儿时就会玩足球那样天生早慧，我躺在摇篮里的时候根本没摸过什么股票自动行情报价机，我的乳牙刚刚长出时也从没有咬过什么报纸上的股票专版。据我本人所知，我即将出生时，我父亲从来没有离开过等候区一步去打听通用汽车公司股价的涨跌如何，而我的母亲在阵痛期间也从来没有问过一句美国电话电报公司的分红是多少。

我也是后来才知道，1944 年 1 月 19 日我出生的那一天，道琼斯工业平均指数下跌，并且在刚刚出生的我还待在医院里的那一周内，股市进一步下跌，这是林奇定律（Lynch Law）发生作用的最早例证，尽管当时还是婴儿的我根本不可能会想到这一点。林奇定律与著名的彼得原理（Peter Principle）[⊖]

⊖ 彼得原理：彼得指出，每一个职工由于在原有职位上工作成绩表现好（胜任），就将被提升到更高一级职位；其后，如果继续胜任则将进一步被提升，直至到达他所不能胜任的职位。彼得由此导出的推论是："每一个职位最终都将被一个不能胜任其工作的职工所占据。层级组织的工作任务多半是由尚未达到不胜任阶层的员工完成的。"彼得将这种现象概括为：在一个等级制度中，每个职工趋向于上升到他所不能胜任的地位"，这就是著名的彼得原理。我将其通俗地称为：职务上升，能力下降。——译者注

所描述的"职务上升，能力下降"非常类似，林奇定律所描述的是：林奇高升，股市下跌。（最近一次的例证是，1987 年夏天我刚刚和出版商达成本书的出版协议，我的职业生涯达到一个高峰，然而随后两个月内股票指数下跌了 1000 点，因此，如果有人要购买本书的电影改编版权的话，我一定会再三慎重考虑是否答应。）

我的亲戚大多数都对股票市场持有一种不信任的态度，之所以如此是因为他们目睹了股市暴跌的严重打击。我母亲是她家七个子女中年纪最小的一个，也就是说在 20 世纪 30 年代的经济大萧条期间，我的姨母和舅舅都已经长大成人了，他们亲身体验到 1929 年股市大崩盘给投资股市的人带来的毁灭性打击，因此在我们这个家族里从来没有一个亲戚会推荐股票。

我听说过在我的亲戚中唯一一个购买过股票的人是我的外祖父吉恩·格里芬（Gene Griffin），那次他购买的是城市服务公司（Cities Service）的股票。外祖父是一个非常保守的投资者，他之所以选择公众服务公司的股票，是因为他以为这是一家供应自来水的公用事业公司，后来他去纽约旅行时却发现这家公司原来竟是一家石油公司，于是马上就把股票卖掉了，可是从他卖出股票以后，城市服务公司的股价上涨了 50 倍。

整个 20 世纪 50 年代直到进入 60 年代，全美国仍然弥漫着一股对股市根本不信任的态度，尽管在此期间股市先是上涨了 3 倍，后来又上涨了 2 倍。我的童年时期，而不是 20 世纪 80 年代，才真正是美国历史上最强劲的大牛市时期。可是当时你要是听到舅舅们谈论股市的话，你会把股市想象成在赌博大厅进行掷骰子的赌博游戏。"千万不要与股市沾边，"人们告诫我说，"股市风险太大了，会让你输个精光。"

如今回首往事，我才发现 20 世纪 50 年代在股票市场上损失掉全部财富的风险比此前或此后其他任何时期都要小得多。这个经验告诉我，不仅股市行情非常难以预测，而且小规模投资者也总是更容易在不该悲观的时候反而非常悲观，在不该乐观的时候反而非常乐观，因此，当他们想在牛市中追涨买入以及在熊市中杀跌卖出时，往往会事与愿违，弄巧成拙。

我的父亲是一位非常勤奋刻苦的人，他以前是一位数学教授，后来他离开学校，成为约翰·汉考克（John Hancock）公司最年轻的高级审计师。我七岁时他患上疾病，在我十岁时他死于脑癌。这场家庭悲剧使我的母亲不得不出去工作（她在勒德洛铸排机制造厂（Ludlow）工作，这家工厂后来被泰克实验室（Tyco）兼并），我也决定找一份兼职工作来帮助家里渡过难关。11 岁时我开始打工，在高尔夫球场做球童，那是 1955 年 7 月 7 日，就在这一天，道琼斯工业平均指数从 467 点跌到 460 点。

对于一个已经懂得高尔夫球规则的 11 岁小孩子来说，做球童是一份十分理想的工作，我在高尔夫球场跑来跑去找找球就可以赚到钱，我一个下午赚到的钱比一个报童每周七天天天一大早 6 点钟就要辛辛苦苦挨家挨户送报纸赚的钱还要多，还有比这更好的工作吗？

到高中时我开始明白，做一个球童能够给自己带来相当微妙却十分重要的优势，特别是在类似于波士顿郊外的 Brae Burn 俱乐部这样高级的高尔夫球俱乐部里，我的客户都是一些大公司的总裁和 CEO：吉列公司（Gillette）、宝丽来公司（Polaroid）以及对我的一生有着重要影响的富达基金公司。在帮富达基金公司总裁乔治·沙利文（D. Goerge Sullivan）寻找他的高尔夫球时，我也帮自己找到了一份工作。我并不是唯一一个知道这个成功捷径的球童：进入一家公司董事会会议室这个权力中心的捷径是通过像 Brae Burn 这样的高级俱乐部的更衣室认识一些头面人物。

如果你想得到有关股票投资的教育，高尔夫球场是一个仅次于主要股票交易所交易大厅的最佳场所，特别是在那些俱乐部的会员打出一个左曲球或右曲球之后，他们会兴高采烈地吹嘘他们最近的成功投资。在一局比赛中，我也许要给出 5 个挥杆的建议，相应地，也能听到他们谈论的 5 个股票投资消息。

尽管当时还只是高中生的我还没有钱来根据我听他们谈到的股票消息进行投资，但是我在球道上所听到的这些人投资股票赚钱的故事，还是让我重新审视了我的亲戚认为股市投资只会让人赔钱的看法。我的很多客户确实真的都已经从股市中赚到了钱，而且其中一些正面的投资成功例子也已经在潜移默化中影响了我对股票投资的看法。

球童可以很快学会将他的客户分成三六九等：第一类客户是球技很好、待人很好、给的小费很高的会员，我们球童把他们奉若神明，不过这种最好的客户可以说凤毛麟角非常少见；第二类客户则是球技一般、给的小费一般的会员；第三类客户是球技很差、待人很差、给的小费很少的会员，这是三个等级中最差的客户，也是球童最厌烦、最想躲避的客户。在做球童的大多数时间里，我都是在为球技平平、小费也平平的一般客户服务，但是如果要面临在两种客户之间选择，一种客户球打得很糟糕但小费给得很大方，另一种客户球打得很精彩但小费给得吝啬，我会毫不犹豫地选择前者。球童工作让我强化了这一观念：做事得有钱赚。

在高中以及波士顿学院就读期间，我一直在做球童，我用自己获得的弗朗西斯·奎梅特（Francis Ouimet）⊖球童奖学金支付了波士顿学院的大学学费。大学期间，除非是必修课，否则科学、数学和会计这些进入商业社会所必需的基础课我一概不会选修。我喜欢的是文科，学习了一般的文科课程历史、心理学和政治学之外，我还学习了形而上学、认识论、逻辑学、宗教学和古希腊哲学等文科课程。

现在我回过头来看，很显然，学习历史和哲学比学习统计学能够更好地

⊖ 弗朗西斯·奎梅特：20世纪初的一位高尔夫球运动员。1913年，20岁的美国业余选手弗朗西斯·奎梅特以72杆的成绩，战胜两位在高尔夫球坛赫赫有名的英国选手哈里·瓦登（Harry Vardon）与泰德·雷（Ted Ray），因此这一届美国公开赛震惊了整个高尔夫球界，对美国的高尔夫球运动产生了深远的影响。——译者注

为股票投资做好准备。股票投资是一门艺术，而不是一门科学，因此一个接受训练、习惯对一切事物进行严格数量分析的人在投资中反而有很大的劣势。如果选择股票这项工作可以量化分析，那么你只需租用附近的克雷（Cray）计算机运算分析一段时间就可以赚到大钱了，但事实上这种做法根本不管用。每个投资者在上小学四年级时学会的数学知识对股票投资来说就已经足够了（例如克莱斯勒汽车公司拥有10亿美元现金、5亿美元长期债务等）。

逻辑学应该是在选股方面对我帮助最大的一门学科，因为正是逻辑学教我认识清楚了华尔街特有的不合逻辑性。事实上，华尔街的思维方式就跟古希腊人一模一样，早期的古希腊人习惯好几天坐在一起争论一匹马到底有多少牙齿，他们认为只要坐在那里讨论就可以得到答案，并不用找一匹马亲自数数，而现在华尔街的情况则是许多投资者只是坐在一起争论股价是否会上涨，只靠对公司财务数据的冥思苦想就能找到答案，似乎根本不用调研核查公司的实际经营情况。

在几个世纪以前，当太阳升起时古代人听到公鸡报晓误认为是鸡叫才让太阳升起来了，当然现在这种混淆因果关系的说法听起来非常愚昧。现在的投资专家每天对于华尔街股市哪些股票会上涨所提出的一些新的解释包括：女人的裙子越来越短，某一球队赢得了超级杯（Super Bowl），日本人不高兴了，一种趋势线已被击破，共和党人将赢得竞选，股票被"超卖"（oversold）等，这些说法同样也混淆了因果关系。每次我听到诸如此类的理论时，我总会想起过去人们认为鸡叫让太阳升起的愚蠢说法。

1963年上大学二年级时，我以每股7美元的价格买入自己的第一只股票"飞虎航空"（Flying Tiger Airlines）。我用做球童赚的钱和获得的奖学金缴了学费，住在家里又节省了我的其他日常开销，我还花了150美元把自己85美元的破车换成了一辆新车。我终于攒到了足够的钱可以进行股票投资了！尽管在此之前我听到了那么多客户谈论的股票投资消息都只能由于没钱投资而只好放弃。

我买飞虎航空公司的股票绝非突发奇想胡乱瞎猜，我之所以选择这只股票是基于我对这家公司非常执着地进行了深入研究，尽管我的研究是基于一个错误的前提。在一节课上我读到一篇关于空运公司美好前景的文章，这篇文章中提到飞虎航空公司是一家航空货物运输公司，这正是我购买这只股票的原因，但并不是这家公司股价上涨的原因，飞虎航空股价上涨是因为我们卷入了越南战争，飞虎航空公司运送部队和货物往来于太平洋上空，这使公司盈利大增。

不到两年时间，飞虎航空的股价就涨到了 32.75 美元，这是我寻找到的第一只 5 倍股。后来我一点一点把股票卖掉用来支付上研究生的学费，我在沃顿商学院读研究生的学费就来自一部分投资飞虎航空股票所赚到的钱。

如果说你的第一只选股对你未来投资生涯的影响就像你的第一次恋爱对你将来罗曼史的影响一样重要的话，那么我非常幸运第一次投资选中飞虎航空股票赚了 5 倍。这次选股成功证明上涨好几倍的大牛股确实存在，并且还使我相信，这只大牛股只是一个开始，我以后还会在股市中寻找到更多的大牛股。

在波士顿学院上四年级时，在富达基金公司总裁沙利文先生（他是我做球童时的客户，虽然他球技很差但待人很好而且小费给得也很慷慨）的建议下，我在富达基金公司申请了一份暑期工作。富达基金公司在金融界的地位就像纽约帆船俱乐部（New York Yacht Club）、奥古斯塔全国高尔夫球俱乐部（Augusta National）、卡耐基音乐厅（Carnegie Hall）以及肯塔基赛马会（Kentucky Derby）一样重要。克鲁尼城（Cluny）是一座伟大的中世纪修道院，修道士对克鲁尼城顶礼膜拜，而富达基金公司就是投资界的圣殿，哪一位愿意献身于投资事业的人不梦想着能到富达基金公司工作呢？因此，富达基金公司仅有 3 个暑期工作的职位，而应聘者就有 100 人。

富达基金公司在向美国人销售共同基金方面所做的工作如此出色，以至于连我的母亲也每月投资 100 美元购买富达资本基金（Fidelity Capital）。富达资金由蔡至勇（Gerry Tsai）管理，是这个有名的快速获利时代（go-go era）两个有名的快速获利基金（go-go fund）[⊖]中的一个，另一个是富达趋势基金（Fidelity Trend），由爱德华 C. 约翰逊三世（Edward C. Johnson Ⅲ，人们亲昵地称他为内德（Ned））管理。内德·约翰逊是传奇人物爱德华 C. 约翰逊二世（Edward C. Johnson Ⅱ，人们尊称他为约翰逊先生（Mr. Johnson），他是富达基金公司的创始人）的儿子。

内德·约翰逊的富达趋势基金和蔡至勇的富达资本资金的投资业绩远远超过了其竞争对手，成为 1958 ～ 1965 年基金业一致敬仰的佼佼者。这些前辈的培训和支持让我觉得我似乎理解了牛顿这句名言的真正含义："我看得更远……是因为我……站在巨人的肩膀上。"

早在内德取得巨大成功之前，他的父亲约翰逊先生就已经改变了美国人关于股票投资的观念。约翰逊先生认为投资股票不是为了保本，而是为了赚钱。用你赚的钱购买更多的股票，然后再赚更多的钱。"你的股票就是你如胶似漆的娇妻。"这是约翰逊先生经常被引用的一句名言。当然，他这样说，《女性》杂志是绝不可能向他颁发任何奖项的。

能够进入富达基金公司工作，并且能在蔡至勇原来的办公室中工作让我内心激动万分，当时蔡至勇已经去纽约接管曼哈顿基金（Manhattan Fund）。1966 年 5 月的第一周我到公司报到开始工作时，道琼斯工业平均指数是 925 点，而 9 月当我的实习工作告一段落回到研究生院时，道琼斯工业平均指数下跌到 800 点以下，你看，"林奇进步股市下跌"的林奇定律再次应验。

⊖　快速获利基金：一种具有高度进攻性的增长型股票基金，其特点是高风险和高潜在回报。——译者注

随机漫步理论反思和缅因州制糖公司股票的教训

像我这样的实习生，在公司财务会计方面没有任何经验，都会被安排研究上市公司并撰写公司研究报告的工作，和正式的分析师一模一样。以前让我心存敬畏的基金投资行业突然变得不再那么神秘——原来我这样的文科生竟然也能够照样进行股票分析。我被指派研究报纸和出版业上市公司，要到全国各地调研相关上市公司，例如索格报业集团（Sorg Paper）和国际教科书公司（International Textbook）。由于航空公司正在罢工，所以我只好改乘汽车旅行。暑期结束，我发现被我研究得最深入的就是灰狗长途汽车公司（Grey-hound）了。

在富达基金公司实习一段时间之后，我回到沃顿商学院继续读研究生二年级，此时的我比以往更加怀疑学术界的股票市场理论究竟有没有真正的价值。在沃顿商学院所学的课程本来应该能帮助你投资成功，但在我看来只能导致你投资失败。我学习了统计学、高级微积分学和数量分析等课程，但是根据我在课堂上所学的数量分析理论，我在富达基金公司所亲眼看到的事情在现实世界里根本不会发生。

我还发现很难将有效市场假说（efficient-market hypothesis）（股票市场的一切信息都是"已知"的，并且股票的定价也都是"理性"的）与随机漫步假说（random-walk hypothesis）（即市场的涨跌是不理性的，也是完全不可预测的）这两个相互矛盾的理论统一起来。我所看到的股票市场中许多奇奇怪怪的波动现象使我开始怀疑那些认为市场是理性的学术理论，而富达基金公司那些伟大的基金经理人所取得的投资成功也并不是事先完全无法预测的。

很显然，在投资方面沃顿商学院那些信奉定量分析和随机漫步理论的教授在投资实践上远远没有我在富达基金公司的同事做得好，因此当我在理论和实践二者之间进行选择时，我选择了与实务派站在一起。当你知道某一个人在肯德基快餐公司的股票上赚了 20 倍，并且他在事先就已经清清楚楚地说明了该股票会上涨的理由时，你就很难相信在学术界十分流行的声称股票市场是非理性的理论，直到现在，我仍然根本不相信那些理论家和预言家。

不过沃顿商学院的有些课程还是有价值的，即使所有的课程都毫无价值，在这里的这段求学经历也是很有价值的，因为我在这里遇到了卡罗琳。（在服兵役时我和她结婚了，那是在 1968 年的 5 月 11 日，星期六，股票市场停盘。我们度了一周的蜜月，在此期间道琼斯工业平均指数下跌了 13.93 点——当然那时我可没有注意到这一点，这一情况是我事后核查数据才知道的。）

在沃顿商学院读完二年级，按照预备军官训练营制度的要求，我到军队进行报到开始服两年兵役。1967 ~ 1969 年，我在炮兵部队任少尉，先是被派遣到得克萨斯州，后来又被派遣到韩国——这和到越南相比可以说是太舒服了，因为在越南战争中大多数炮兵少尉都受伤了。驻防在韩国唯一的缺点就是离股票交易所太远，据我所知，韩国首都首尔当时还没有股票市场，这段时间我一直由于远离华尔街而深感痛苦。

在难得的几次休假期间里，我都会努力弥补我在国外服役所丧失的投资机会，我风风火火地赶回美国，购买朋友和同事推荐的各种各样的热门股票。虽然他们自己购买的是股价一直在上涨的热门股票，但他们建议我购买那些股价一直在下跌的保守型股票。事实上，在荣格石油公司（Ranger Oil）的股票上我赚到了钱，但是缅因州制糖公司（Maine Sugar）的股票——我坚信会稳赚不赔的一只股票，让我损失惨重。

缅因州制糖公司的员工四处奔走，游说缅因州所有种马铃薯的农民在淡季种植甜菜。这样将给缅因州制糖公司带来巨额利润，对缅因州的农民好处更不必多说了，因为通过种植甜菜这种马铃薯的理想伴作物，农民既可以获得额外的收入，同时又可以让土地重新变得肥沃，而且缅因州制糖厂愿意为农民种植甜菜承担费用，农民所需要做的全部工作就是将成熟的甜菜送到缅因州制糖公司新建的大型炼糖厂就可以了。

这样做的障碍在于这些农民是缅因州的农民，他们非常谨小慎微。第一年他们只试种了1/4英亩，而不是一下子就种植数百英亩的甜菜，当看到这样做确实能赚钱时，他们才将种植面积扩大到半英亩，而当他们终于把种植面积扩大到1英亩时，炼糖厂不得不因业务量不足而关门停业，甚至缅因州制糖公司也因此不得不宣告破产。它的股价跌到了每股6美分，即1股股票的价钱只能从雄狮俱乐部的自动售货机上买到6块口香糖。

经过这次投资惨败之后，我发誓再也不购买像缅因州制糖公司这类公司的股票，想要让性子比老牛慢的缅因州农民快速行动起来实现业务增长简直是痴人说梦。

1969年，我从韩国回到美国，重新加盟富达基金公司，不过这次我成了正式员工，担任证券分析师，这时股票市场马上做出反应直线下跌（林奇进步股市下跌的定律再次应验）。1974年6月，我由研究部经理助理提升为研究部经理，结果随后的三个月道琼斯工业平均指数下跌了250点。1977年5月，我开始掌管富达麦哲伦基金，当时股票指数为899点，但我掌管基金后股票指数就开始持续下跌了5个月之久，一直下跌到801点。

我接管时富达麦哲伦基金资产规模为2000万美元，但整个投资组合只有40只股票。富达基金公司的总裁内德·约翰逊先生建议我把股票数量减少到25只，我毕恭毕敬地听完他的建议，走出他的办公室后，我把持股总数增加到了60只，6个月后又增加到了100只，不久之后又增加到了150只。我并不是故意在与内德先生作对，我之所以这样做是因为每当我看到一只严重被低估的股票时就忍不住要买入，而那些日子里股价被严重低估的股票可以说遍地都是。

心胸开阔、思想开明的内德先生只是在一旁保持一定距离观察着我，却并不干涉我的投资，而且不断给我鼓励。我们两个人的投资策略完全不同，但这并不妨碍他接受我的策略——只要我的投资业绩非常出色就行了。

我的投资组合中的股票数目不断增加，我一度仅储蓄贷款协会的股票就持有了150只之多。我并不满足于只购买一两只储蓄贷款协会的股票，而是把资金平均分配于一大批储蓄贷款协会的股票上（当然是在我确定每一只股票本身的盈利前景之后才投资的）。只投资于一只连锁便利店公司的股票是远远不够的，购买了7-11便利连锁店（7-eleven）的母公司南方大地公司（Southland）的股票后，我又忍不住买了许多连锁便利店公司的股票，比如Circle K、National Convenience、Shop-Go、Hop-In Foods、Fairmont Foods和Sunshine Junior等，这些只是其中一小部分而已。购买几百只股票的投资策略当然并不符合内德·约翰逊先生管理证券投资基金的投资理念，但是由于我的这种投资策略取得了很好的投资业绩，所以我仍然能够稳稳当当地坐在基金经理的位置上。

我很快就成了证券业的威尔·罗杰斯（Will Rogers），他以从来没有碰到过一只他不喜欢的股票而闻名。在《巴伦周刊》杂志上他们总是拿我持有的股票种类很多这件事开玩笑：你能说出一只林奇没有持有过的股票吗？现在我的投资组合中就有1400只股票，所以我想他们说的也确实有些道理。当然我能够说出一大堆股票，我真希望自己从来没有持有过这些股票。

不管怎么说，如今富达麦哲伦基金的资产规模已经增长到了90亿美元，这相当于希腊每年国民生产总值的一半。尽管在过去2500年希腊创造了非常辉煌的历史成就，但在过去的11年里，从投资收益率来看，富达麦哲伦基金的增长远远超过了希腊整个国家的增长。

威尔·罗杰斯曾经说过一条最好的股票投资建议："不要赌博。用你所有的积蓄买一些好股票，耐心长期持有，直到这些股票上涨然后才卖掉。如果一只股票不上涨，那就不要买它。"

第 2 章

专业投资者的劣势

有一系列十分有名的把互相矛盾的词合在一起的矛盾修饰词语（oxymoron）：[○]军事机器的机智（military intelligence）、博学多才的专家（learned professor）、震耳欲聋的沉默（deafening silence）、巨大无比的小虾（jumbo shrimp），在这一长串名单之后我要再加上一个——专业投资（professional investing）。对于业余投资者来说，非常重要的一点是要用一种适当怀疑的眼光来审视专业投资人，至少这样做可以让你弄清楚在投资中你所面对的是一些什么样的人。由于主要上市公司 70% 的股票都掌握在机构投资者手中，因此不论你是买入还是卖出股票的时候，你所面对的投资竞争对手是专业投资者的可能性越来越大。与专业投资者进行投资竞争的机会越大，对业余投资者来说投资赚钱的机会也就越大。让我们感到吃惊的是，尽管身为专业投资者明知自己受到许多文化、法律以及社会方面的规定造成的投资限制（其中很多自我限制是我们作茧自缚），但作为一个整体我们这些专业投资人的投

○ Oxymoron：英文中称为矛盾修饰法，是一种把互相矛盾或不调和的词合在一起的修辞手法，如震耳欲聋的沉默和悲伤的乐观。这在汉语中被称作"相反相成"的修辞手法，表层看似不合逻辑，深层却表达深刻的思想内涵，具有强烈的感情色彩和辛辣的讽刺意义。——译者注

资策略还是跟过去一模一样,丝毫没有改变。

当然,并不是所有的专业投资人都受限于种种矛盾之中,那些伟大的基金经理人、创新的基金经理人以及独来独往标新立异的基金经理人都可以随心所欲地按照自己的意愿进行投资。约翰·邓普顿(John Templeton)是他们当中的佼佼者,他开风气之先,第一个在全球证券市场进行投资,也是第一批在全球市场投资获得成功的投资者之一。他很聪明地把其所管理的大部分基金都投在了加拿大和日本的股票市场上,因此他的基金股东避开了1972~1974年美国股市的暴跌。不仅如此,他还是充分利用日本大牛市行情获得远远超过美国股市投资收益的成功投资者之一,在1966~1988年日本道琼斯工业平均指数上涨了17倍,同期美国道琼斯工业平均指数只上涨了1倍。

掌管共同股份基金(Mutual Shares fund)的马克斯·海因(Max Heine)(现已过世)同样十分睿智,是一个拒绝屈服于权威,自己理性思考的自由思想家。海因的接班人迈克尔·普里斯(Michael Price)在海因过世后接管了共同股份基金,他继续坚持海因一贯的投资策略,以50美分的价格购买了价值1美元的资产雄厚公司(asset-rich)的股票,然后等待市场价格重新反映公司股票的内在价值,他的投资业绩非常出色。约翰·内夫(John Neff)是一位投资于不再受投资者青睐的冷门股的最优秀的投资者,他经常敢于冒着巨大风险买入被市场抛弃的冷门股。Loomis-Sayles公司的肯·希布纳(Ken Heebner)也同样敢于冒风险买入冷门股,也取得了骄人的投资业绩。

我的另一位朋友彼得·德罗特(Peter DeRoetth)在小公司股票投资方面做得极其出色。德罗特从哈佛大学法学院研究生毕业,但他对证券投资产生了无可救药的狂热痴迷,正是他向我推荐美国玩具反斗城公司这只大牛股。他成功的秘密在于他坚决不到商学院读书——想象一下这样的话他可以节省多少时间和精力，不然他毕业之后不得不想方设法把他所学习的那些有害无益的课程全部忘掉。

乔治·索罗斯（George Soros）和吉米·罗杰斯（Jimmy Rogers）通过投资卖空黄金，买入看跌期权，对澳大利亚债券进行套期保值等金融产品，赚取了数以百万的财富，这些金融产品非常深奥难懂，我也无法解释清楚。沃伦·巴菲特则是所有投资者中最伟大的投资者，他和我所寻找的投资机会类型完全一样，唯一的不同之处在于一旦他找到了这样的机会，就会买下整个公司。

这些大名鼎鼎、特立独行的成功投资者十分罕见，基金经理人中绝大多数属于以下类型：心智平平的基金经理人、愚笨迟钝的基金经理人、懒惰懈怠的基金经理人、溜须拍马的基金经理人、懦弱犹豫的基金经理人以及各种各样盲目从众的随大流者、因循守旧的老顽固、死搬照抄毫无主见的模仿者等。

业余投资者必须了解在基金管理行业中我们这些专业投资者的思维方式。我们阅读的是相同的报纸和杂志，聆听的是相同经济学家的分析，非常坦白地讲，我们在很大程度上几乎是完全相同的一类人。我们的基金管理行业中很少有背景不同的人，如果听说有一位高中辍学的人在管理共同基金，我会非常吃惊。如果谁说共同基金投资管理人中有人以前做过冲浪运动员或者当过卡车司机，我也会对此十分怀疑。

在我们这一行中，你不会看到许多乳臭未干的小年轻。我的妻子曾经研究过的一种流行说法认为，人们在30岁之前不会有什么伟大的创新才能和卓越的思想。另外，由于我现在已经45岁，还在掌管富达麦哲伦基金，所以我很想告诉大家，卓越的投资管理与青春年少无关——那些曾经历过各种各样的市场大风大浪的中年投资者要比没有类似经历的年轻投资者具有更大的优势。

然而，也正是由于大多数的基金管理者都是中年人，所以这一行业扼杀了青少年和老年人身上潜在的投资天赋。

华尔街专业投资者的滞后性

对于每一只我努力搜寻出来的盈利前景辉煌的好股票来说，它的优点非常显而易见，如果说有 100 个专业投资者能够不受限制自由地将其加入到他们的投资组合中的话，我敢肯定这 100 个人中有 99 个会买入这只股票，但是由于种种原因，他们不能这样做，下面我将一一说明这些原因，你看了就会明白，在专业投资者与那些 10 倍股之间存在着许许多多的障碍。

在现行的体制下，只有在许多大型机构投资者都认为一只股票适合购买，并且许多著名的华尔街分析师（那些对各种行业和公司进行跟踪分析的证券研究人员）将其列入推荐购买的股票名单之后，一只股票才有可能真正地吸引投资者的目光。由于如此之多的投资者都在等着别人迈出第一步才敢出手，因此如果有人竟然买入大家都没买的股票是非常令人吃惊的。

我将这种现象称为华尔街的滞后性（Street lag），我想 The Limited 公司的股票就是一个说明华尔街的滞后性的最好例子。1969 年该公司刚上市时，几乎根本不为大型机构投资者和著名分析师所知，公司发行股票时的承销商是一家位于俄亥俄州首府哥伦布的名为沃克（Vercoe & Co）的小证券公司，而 The Limited 公司的总部也在那里。那时 The Limited 公司的主席莱斯利·威克斯纳的高中同学彼得·赫乐迪（Perter Halliday）是沃克证券公司的承销部门经理，赫乐迪把华尔街对 The Limited 公司的股票反应冷淡归因于俄亥俄州首府哥伦布根本不是一个非常吸引投资者的上市公司的麦加圣地。

第一位注意到这家公司的分析师是怀特·魏尔德公司（White Weld）

的苏茜·霍姆斯（Susie Holmes），好几年都只有她一个人孤独地对 The Limited 公司追踪研究，直到 1974 年才有第二位分析师——第一波士顿（First Boston）的玛吉·吉莉姆（Maggie Gilliam）对 The Limited 公司产生了兴趣，如果不是因为遇到暴风雪使她被困在奥黑尔机场（O'Hare）期间偶然步入位于芝加哥伍德菲尔德（Woodfield）购物中心的 The Limited 服装专卖店，她也不会发现这家上市公司，值得称道的是吉莉姆女士对自己工作之余闲暇时无意间的发现用心做了研究。

第一个购买 The Limited 股票的机构投资者是 T. 罗·普莱斯新地平线基金公司（T.Rowe Price New Horizons Fund），而此时已经是 1975 年的夏天了，那时 The Limited 公司已经在全美国范围内开了 100 家服装专卖店，成千上万眼光敏锐的购物者在这期间本来应该开始对这家公司进行跟踪研究，遗憾的是他们并未如此。一直到了 1979 年，也才只有两家机构投资者购买了 The Limited 公司的股票，而这两家的持股量也仅占该公司总流通股本数的 0.6%。The Limited 公司里的员工和高级管理人员是公司的主要股东——这正是我们下面将会讨论的一个很好的投资信号。

1981 年，The Limited 公司已经开了 400 家专卖店，生意蒸蒸日上，而此时也仅有 6 位分析师对这家公司进行跟踪分析，这时距离吉莉姆发现这家公司的时间又已经过了 7 年。1983 年当该股票涨到阶段性的高位 9 美元时，那些在 1979 年股价仅为 50 美分（根据股票分割进行股价调整）购买了该股票的长期投资者的投资已经上涨了 18 倍。

当然，我知道在 1984 年 The Limited 公司的股价又跌到了 5 美元，下跌了将近一半，但是这家公司的经营状况依然良好，因此这时又给投资者提供了一次趁低买入的好机会。（正如我在后面章节中将要解释的，如果一只股票的价格下跌时公司的基本面仍然良好，那么你最好是继续持有它，而比这更好的做法则是进一步买入更多的股票。）直到 1985 年 The Limited

公司的股票上涨到每股 15 美元时，大多数分析师才注意到这只大牛股并开始加入对这只股票大唱赞歌的队伍中。事实上，分析师一个接一个竞相把这只股票列入推荐买入股票的名单，机构投资者也纷纷抢购这只股票，使股价一路狂涨到 52.875 美元——如此之高的股价已经远远脱离了公司的基本面。那时，已经有 30 多位分析师在对 The Limited 公司的股票进行跟踪分析（37 位分析师），其中很多分析师刚刚蜂拥着加入跟踪队伍却马上看到 The Limited 股价掉头下跌。

我所喜欢的殡葬服务公司 SCI 的股票早在 1969 年已经上市，但是 SCI 股票上市后整整 10 年间，竟然没有一位分析师对它表示过丝毫的关注！这家公司费了九牛二虎之力想要引起华尔街的注意，而最终注意它的却是一家名为安德伍德 – 纽豪斯（Underwood Neuhaus）的小型投资机构。希尔森公司（Shearson）是第一家对它感兴趣的大型证券公司，那时已经是 1982 年，而到那时 SCI 的股票已经上涨了 5 倍。

确实，如果 1983 年你以每股 12 美元的价格买入 SCI 的股票并在 1987 年以 30.375 美元的价格将其卖掉，那么你仍有机会获得上涨 1 倍以上的回报，但是这样上涨 1 倍多的投资回报，与你早在 1978 年就买入并持有到 1987 年获得上涨 40 倍的投资回报相比，二者给你带来的喜悦是天差地别的。

成千上万的投资者都应该十分熟悉这家公司，因为即使不考虑其他原因，只要他们曾参加过葬礼他们就会知道这家公司。这家公司的基本面一直很好，事实证明由于丧葬服务业不属于标准行业分类中的任何一种行业，既不属于休闲行业，也不属于耐用消费品行业，所以华尔街那些所谓的专业投资者完全忽略了这家非常优秀的公司。

在整个 20 世纪 70 年代当斯巴鲁公司股票创出最大涨幅时，只有三四位主要证券公司的分析师追踪这家公司。1977 ～ 1986 年，Dunkin's Donuts

甜甜圈公司的股票上涨了 25 倍，即使如此目前也只有两家大型证券公司在追踪这只股票，而在 5 年前根本没有一家大型证券公司对这只股票感兴趣，只有一些地方性的证券公司，例如亚当斯公司（Adams）、哈克尼斯公司（Harkness）以及波士顿的希尔公司（Hill）在持续关注这只盈利能力很高的公司股票。作为业余投资者的你吃了该公司的油炸圈饼之后，你本应该开始依靠自己独立地对这家公司的股票进行跟踪研究。

Pep Boys 汽车配件公司，这一只股票我在本书后面还会再次提到，1981 年股价还不到每股 1 美元，1985 年上涨到了 9.5 美元，但直到此时也只有 3 位分析师追踪这只股票。Stop&Shop 公司股价从每股 5 美元上涨到了 50 美元，跟踪这只股票的分析师数量才从 1 个猛增到 4 个。

我还可以再继续列举出更多华尔街滞后性的类似事例，但是我认为你们都已经明白了我的意思。与上面所提到的表现优异的小公司很少有分析师跟踪的情况形成鲜明对比的是，通常情况下对 IBM 进行跟踪研究的证券公司分析师有 56 人之多，而对埃克森石油公司进行跟踪研究的分析师有 44 人之多。

机构投资的严格限制：4 项检验全部合格

如果你认为一般华尔街专业投资者寻找的是买入令人兴奋的好股票的理由，那么说明你肯定对华尔街的了解还不够多，基金经理人最可能寻找的不是买入而是拒绝买入这类好股票的理由，这样他就可以在这种股票上涨的时候拿出合适的理由来为自己没有买入的举动进行辩解。这些拒绝买入的理由可以列出一份长长的单子，其中第一个理由是"对我来说公司规模太小了所以没有购买"，接着是"这只股票的历史记录可以被追踪""这家公司处在没有成长前景的行业中""公司的管理能力未经证明""这家公司的员工加入了工会"以及"竞争会挤垮这家公司"。你还会听到以下理由，如"Stop&Shop 公司永远也不可能成功，它会被 7-11 便利连锁公司击垮"，或者"Pic'N'Save 公司永远不可能成功，它会被西尔斯公司（Sears）击垮"，或者"租车代理公司（Agency Rent-A-Car）面临 Hertz 和 Avis 公司的激烈竞争根本不可能有机会获胜"。这些理由也许都是合情合理的担心，值得进一步调查分析，但是在大多数情况下专业投资者利用这些理由只是为了强化他们根本没有认真思考就做出轻率判断以及他们这样那样的投资禁忌。

当生存的饭碗面临危险时，只有极少数的专业投资人才有勇气敢于购买像 La Quinta 汽车旅馆公司这种不知名的公司股票。事实上，如果面临两种投资选择，第一种选择是有可能投资于一家不知名的公司股票会赚到一大笔钱，第二种选择是可以确定投资于一家已被广泛认可的公司的股票只有少量的损失，那么无论是共同基金经理人、养老基金经理人，还是公司投资组合经理人都会毫不犹豫地放弃赚大钱的可能性而选择亏小钱的确定性。对于专业投资人来说，能赚大钱固然是好事，但更为重要的是万一你投资失败时你也不会落得个悲惨下场。华尔街上有一条不成文的潜规则："如果你购买是 IBM 的股票而使客户资金遭受损失，那么你永远不会因此而丢掉你的饭碗。"

如果你买了 IBM 的股票后它的股价下跌了，你的客户和老板的问题是："该死的 IBM 公司最近是怎么搞的?"但如果你买的是 La Quinta 汽车旅馆公司的股票并且你买入后股价下跌了，他们就会这样问："该死的你是怎么搞的?"这就是为什么当只有两个分析师追踪 La Quinta 汽车旅馆公司的股票时那些只关心饭碗是否安全的投资组合经理人根本不会买入这只股票的真正原因，尽管当时这只股票只有每股 3 美元。当沃尔玛公司的股价只有 4 美元时，这些专业投资者并不会购买，因为那时沃尔玛还是一家坐落在阿肯色州一个微不足道的小镇上的微不足道的小公司。但是很快沃尔玛公司业务迅速扩张，后来沃尔玛公司在全国每一个人口密集的地区中心都开设了分店，并且有 50 位分析师对这只股票进行跟踪分析，同时《人物》周刊还对沃尔玛的董事长进行了专访（他是一位行为怪异的亿万富翁，经常自己开着小型轻便货车去上班），这时那些专业投资人才购买了沃尔玛的股票，而此时股价已经上涨到了每股 40 美元。

银行的养老基金投资管理部门和保险公司在股票上的随大流行为最为糟糕，他们买入或卖出股票都要根据事先经过批准的股票名单进行操作。十个养老基金经理人中有九个是根据这种股票名单进行投资，这是一种防止"投资业绩多样化"（diverse performance）的毁灭性影响的一种自我保护方式，而"投资业绩多样化"会引起很大的麻烦，正如下面的例子所描述的那样。

两家公司的总裁史密斯和琼斯像以往一样正在一起打高尔夫球，他们两家公司的养老基金账户都在河城国民银行（National Bank of River City）进行管理。在等待开球时，他们谈论起一些重要的事情，谈到养老金账户时他们很快就知道了各自的收益情况，这些年来史密斯的养老基金账户上涨了 40%，琼斯的养老基金账户上涨了 28%，对于这样出色的投资业绩本来两个人都应该感到相当满意，但是琼斯由于他的账户的业绩相对较差而气得脸色铁青。星期一一大早他就给银行的一位官员打电话进行质问，为什么在他和史密斯两家公司的养老金账户都是由这家银行同一个部门进行投资管理的情况下他的账户的投资业绩却低于史密斯的账户？如果再发生这样的情况，"琼斯生气地咆哮道，"我就会把资金都抽走。"

只要各个账户的投资经理都从同一个经过批准的股票名单中进行选股，养老基金管理部门很快就可以从此避免这种令人不快的问题再次发生。采取这种完全统一的选股名单的做法，史密斯和琼斯的账户很有可能会获得

完全相同的投资业绩，或者说至少两个人的账户不会产生明显的业绩差异
而使其中较差的那个人非常生气。一看便知，根据同样的股票名单进行选
股，投资业绩肯定只能是普普通通的，但是由于每个账户的业绩非常接近，
所以对这种普普通通的投资业绩客户彼此都能欣然接受，而即使投资业绩
出色但彼此差异较大反而会使客户互相攀比而难以接受。

如果一个经过批准的选股名单是由 30 只精心挑选出来的股票组成，其
中每只股票都是由不同的分析师或者基金经理人经过独立思考挑选出来的，
则应该另当别论，因为这样所形成的投资组合很可能充满活力。但是通常
情况下并非如此，列入选股名单中的每一只股票往往必须得到 30 位投资管
理人员的一致同意，但是既然根本不存在一部由全体委员会成员共同写成
的名著或者共同谱成的名曲，那么也根本不存在一个由全体委员会成员共
同选择出来的股票组成的投资组合会取得非凡的投资业绩。

在此我想起了冯内古特（Vonnegut）⊖写的一则短篇小说，小说中那些各
种各样才华横溢的专业人士故意抑制自己（例如优秀的舞蹈演员穿上了厚厚
的衣服，优秀的画家则把他的手指紧紧绑在一起等），以免让那些才能不如
他们的人感到沮丧。

我也想起了在新衬衫的口袋里都会装着一张写着"4 项检验全部合格"
字样的产品质量合格证，这种"4 项检验全部合格"的方法正是那种从统一
批准的名单中来选择股票的最佳写照。那些自以为是的决策者几乎根本不
了解他们正在批准购买股票的公司到底如何，他们并没有外出参观考察过
这些公司或者研究分析过这些公司的新产品，他们只不过是看到别人推荐
的股票之后再把这些股票推荐给别人而已。每次买衬衫时我都会想到这种
经过层层审批选股名单才能出炉的过程与经过重重检查衬衫才能出厂的过

⊖　冯内古特：生于 1922 年，美国作家，其作品在描写现代生活的暴力和变异中显示同情和
　　幽默。他的小说包括《猫的摇篮》（1963 年）和《五号屠宰场》（1969 年）。——译者注

程有多么类似。

难怪投资组合管理人员和基金管理人员在选择股票时都倾向于非常拘泥于选股名单。虽然做投资组合管理几乎与跳迪斯科舞或担任橄榄球教练一样工作非常不稳定，但是教练至少还可以在两个赛季之间放松放松，而基金管理人员则根本没有放松的机会，因为投资管理这种"竞赛"一年到头都在进行之中，每过3个月就要评比一下基金投资管理人员是战胜同行还是输给同行，而客户和老板都要求立竿见影的业绩变化。

相比较而言，我做投资管理要比同行舒服一些，那些基金经理人是为了获得同样是专业投资者的上司和同事的认可而拼命工作，而我则是为了普通大众投资者而努力工作。富达麦哲伦基金的大多数股东都是资产规模较小的投资者，他们可以非常自由地随时把基金卖出，但是他们不会一只股票一只股票地逐一检查我的投资组合情况，然后再根据投资业绩好坏事后对我的选股大放一通马后炮，这样的事情却曾经发生在布兰德信托公司（Blind Trust）的布恩·道格先生（Mr. Boon Doggle）身上，这家银行受雇为怀特面包公司（White Bread，Inc.）管理养老基金账户。

布恩·道格非常了解他所选择的那些股票，他一度在布兰德信托公司做了7年的投资组合经理人，在那期间他曾做出过一些出色的投资决策，他所想要的一切仅仅是能够让他不受干涉地独立进行投资工作。但是，怀特面包公司的副总裁萨姆·弗林特（Sam Flint）认为他自己也很懂股票，于是每隔3个月就要以怀特面包公司的名义对布恩·道格所选择的股票进行非常苛刻的严格审查，每次检查都把道格折腾得筋疲力尽，不仅如此，在两次检查的间隔期间，弗林特每天都会给道格打上两次电话询问投资组合的最新情况。道格对弗林特简直可以说厌烦到了极点，他宁愿自己从来就没有认识过弗林特或者怀特面包公司，他把时间几乎全都浪费在与弗林特讨论究竟选择哪只股票才算是好股票上，以至于真正能够进行工作的时间几乎所剩无几。

　　一般说来，基金管理者要花将近 1/4 的工作时间来解释自己最近如何投资操作——首先是向部门内部自己的顶头上司，然后是最终的老板也是他们的客户进行解释（就像道格的客户怀特面包公司的弗林特）。这里有另外一条不成文的规则，即客户的资产规模越大，投资组合经理人与这家客户的管理者进行交谈以取悦他们所需要的时间也就越多。当然也有福特汽车公司、伊士曼柯达公司以及 Eaton 公司等少数例外，但在一般情况下几乎都是如此。

　　让我们再来说说这位目空一切的弗林特先生吧。他在审查道格管理的养老基金账户最近的投资业绩时，看到了施乐公司股票在其投资组合中，施乐公司的股价目前为 52 美元，弗林特接着把目光转到了"买入成本"一栏，看到施乐公司的股票是以 32 美元的价格买入的。"太棒了！"弗林特叫道，"我自己也不可能做得这么漂亮。"

　　弗林特看到的下一只股票是西尔斯公司的股票，这只股票目前的价格是 34.875 美元，而最初的买价则是 25 美元。"漂亮！"他向道格喊道。对道格来说，幸亏这些股票都没有注明购买日期，因此弗林特永远也不会知道这两只股票从 1967 年开始就已经进入道格的投资组合中了，早在喇叭裤在全国风行的时候他就已经持有这两只股票了。在持有施乐公司股票这么多年的时间里，所取得的投资收益率甚至连货币市场基金也比不上，但是弗林特从表面根本看不出这一点。

　　随后弗林特又看到了七棵橡树国际公司（Seven Oaks International）的名字，这恰好是我一直以来最喜欢的一只股票。大家都知道，报纸上会印一些优惠券，剪下来到超市购物时在收款台给收银员，就可以获得这样一些优惠，如亨氏番茄酱优惠 15 美分，Windex 优惠 25 美分等，那么大家是否知道超市如何处理这些优惠券吗？你购物的超市将把这些优惠券收集在一起，然后把它们寄到位于墨西哥的七棵橡树公司，在那里工作人员要对这些成堆成堆的优惠券进行核对、处理和清算，就像联邦储备银行对各种各样的支票进行清算一样。这项工作非常枯燥乏味，却使七棵橡树公司赚了一大笔钱，并且它的股东也获得了丰厚的回报。这种没有名气、令人厌烦、利润丰厚而且名字又晦涩难懂的公司股票，正是我最喜欢持有的股票。

弗林特从来没有听说过七棵橡树公司，他唯一知道的情况就是他所看见的投资记录：道格为基金买入的成本价格是每股 10 美元，而现在的股价是每股 6 美元。"这是怎么回事？"弗林特问道，"竟然下跌了 40%！"他这样一发问，使得道格不得不用这次会面余下的全部时间来为自己选择这只股票竭力进行辩护。类似的事情一而再、再而三地出现以后，他发誓再也不买这类不知名的小公司的股票而是抱定施乐和西尔斯这些人人皆知的大公司的股票，他还决定一有机会就尽早抛掉七棵橡树公司的股票，从而使他能够在把这只股票从投资组合中永远删除的同时也永远地把他被严厉责问的痛苦经历从他的记忆中删除。

道格再一次从独立思考转变为"集体思考"，他不断提醒自己说只有与大家一起选择相同的股票自己的饭碗才会更加安全有保证。道格这样做时忽视了以下智慧名言，我记不清到底是剧作家埃斯库罗斯（Aeschylus），还是作家歌德或者是来自太空的电视明星阿尔夫（Alf）说的：

> 两个人是一对同伙，三个人是一群乌合之众；
>
> 四个人是两对同伙；
>
> 五个人是一对同伙和一群乌合之众；
>
> 六个人是两群乌合之众；
>
> 七个人是一群乌合之众和两对同伙；
>
> 八个人要么是四对同伙，要么是两群乌合之众和一对同伙；

九个人是三群乌合之众；

十个人要么是五对同伙，要么是两对同伙和两群乌合之众。

即使七棵橡树公司的基本面根本没有出现什么大问题（我认为这家公司的基本面根本没有任何问题，因为我至今还持有一小部分这家公司的股票），并且后来股价上涨了 10 倍，这只股票也还是会从怀特面包公司养老金账户的投资组合中被剔除出去，因为弗林特本人不喜欢这只股票，而那些本应被卖掉却一直保留在投资组合中的股票，只是因为弗林特喜欢这只股票。在我们这一行，不分青红皂白就把目前暂时赔钱的股票全部卖掉的做法被称为"掩埋罪证"（burying the evidence）。

在那些老练的投资组合管理人员中，"掩埋罪证"这件事做得非常快速麻利，并且丝毫不留痕迹，以至于我开始怀疑，这种手段是否已经变成了投资组合管理人员赖以生存的基本手段，并且我还怀疑这是否也会变成一种与生俱来的本能使得下一代投资管理人在"掩埋罪证"时会毫不犹豫——就像鸵鸟一生下来就学会了把它们的头埋在沙子里一样。

实际上，布恩·道格如果没有一出现机会就把七棵橡树公司的股票卖掉以掩埋他手中持有赔钱股票的证据，那么他将会被公司解雇而丢掉饭碗，原来由他负责管理的投资组合将会由另一位愿意"掩埋罪证"的专业投资者来接管。一位继任者总是希望一开始就给人留下一个美好的印象，而这意味着继任者在他的投资组合中会继续保留施乐公司的股票而抛掉七棵橡树公司的股票。

在我的很多同事纷纷大吼"混蛋"之前，让我再次赞扬一下那些属于少数例外的并不会如此瞎整的专业投资者。在纽约以外的许多地方性银行的投资组合管理部门长期以来在选股上都做得非常出色。许多公司，特别是中小型公司，在管理它们的养老基金方面的表现也非常出色。如果在全美范围进行考察的话，一定会找到几十个在保险基金、养老基金以及信托公司表现非常出色的选股者。

机构投资潜规则：洛克菲勒牡蛎[⊖]

无论何时，当基金管理者确实决定要购买一些让人兴奋的股票时（这需要突破所有社会和政治上的阻碍），都有可能受到各种明文规定和法规的限制。有些银行的信托部门不允许购买有工会的公司的股票，而其他机构则不允许购买无成长性行业或者某些特定行业的股票，例如电子设备产业、石油产业、钢铁产业。有时这种清规戒律甚至可能达到极端荒谬的程度，比如，不能购买名字以"r"开头的公司的股票，或者是只能在那些名字中有"r"的月份里买入股票，这条规定可能是源自不要在英文名字中没有r字母的季节里吃牡蛎的说法。

除了银行或共同基金内部的限制性规定外，还有美国证券交易委员会（Securities and Exchange Commission, SEC）制定的种种限制性规定。例如，美国证券交易委员会规定，一家共同基金在任何一家上市公司的持股比例不能超过其总股本的10%，而且对于任何一只股票的投资总额也不能超过基金总资产的5%。

出台各种各样限制性规定的本意都是好的，主要是为了防止基金公司把"所有的鸡蛋都放进同一个篮子里"，同时也防止基金公司用卡尔·艾尔

⊖　洛克菲勒牡蛎（oysters rockefeller）：洛克菲勒牡蛎是19世纪新奥尔良餐馆发明的一道名菜，牡蛎加上菠菜、培根、奶酪以及Pernod茴香酒混在一起烤成金黄色，以当时美国第一大富豪洛克菲勒来命名，借指菜色非常丰富，在美国非常受欢迎。本书根据林奇后面所说"不能购买名字以'r'开头的公司的股票，或者是只能在那些名字中有'r'的月份里买入股票，这条规定可能是借自牡蛎的吃法"，这里更接近另外一种流行的说法：不要在英文名字中没有r字母的季节里吃牡蛎。秋季是牡蛎繁殖的季节，不太肥美可口，故有此说。——译者注

（Carl Icahn）的方式收购某一家公司（后面我们会对这两点进一步讨论），但这也产生了一种副作用，在 1 万家左右的上市公司中规模很大的基金公司被迫只能选择市值规模最大的前 90 ～ 100 家公司的股票。

　　假定你管理一个有 10 亿美元资产的养老基金，并且预防出现不同客户业绩不同的投资业绩多样化现象，根据规定你只能从 40 种运用 "4 项检验全部合格" 的方法选择出来的并经过层层批准的股票名单中选择股票。由于根据规定你在每一只股票上的投资不能超过基金总资产的 5%，因此你最少也得购买 20 只股票，每只股票投资 5000 万美元，而最多只能全部购买所有经过批准的 40 只股票，每只股票只能投资 2500 万美元。

　　在上述条件下，你还必须找到这样一些公司，即用 2500 万美元购买到的该公司的股票数不能超过其总流通股本数的 10%。这些限制会导致专业投资者不得不放弃很多好的投资机会，特别是那些公司快速增长其股价有可能上涨 10 倍的股票。例如，在上述限制性规定下，你根本不可能购买七棵橡树公司或 Dunkin's Donuts 甜甜圈公司的股票。

　　另外一些基金还要进一步受到公司市值规模的约束：这些基金不能购买任何一家市值低于某一标准的公司的股票，比如说市值不能低于 1 亿美元（公司的市值用股票现在的市价乘以流通股份总数进行计算）。如果一家公司流通股份总数为 2000 万股，每股股价为 1.75 美元，那么这家公司市值就只有 0.35 亿美元（1.75 美元 / 股 ×2000 万股），因此基金就不能购买这家公司的股票，但是一旦这家公司的股价上涨了 3 倍达到 5.25 美元时，那么同样是这家公司，它的市值就变成 1.05 亿美元，那么马上基金公司就能购买这家公司的股票了。这样做的结果就导致了一个奇特现象的出现：只有当小市值上市公司的股票从很便宜上涨到价格很高时，大型基金公司才能够被允许购买这些小公司的股票。

　　通过上面的解释可以看出，养老基金的投资组合能够选择的股票只能是流通股本规模较大、买入后持股比例不会超过 10% 的公司，市值规模很大未来增长速度缓慢的公司以及名列《财富》杂志世界 500 强的著名公司，显而易见这种情况下形成的投资组合很难取得让人惊喜的投资业绩。养老基金几乎必须购买 IBM、施乐和克莱斯勒汽车公司的股票，即使是克莱斯勒，可能也要等到公司的经营生产走出困境完全恢复元气并且股价也相应回到较高价位以后，才符合养老基金购买股票的标准。Scudder、Stevens、Clark 这些一流的基金管理公司恰恰在克莱斯勒公司的股票跌到最低点之前（3.5美元）停止追踪研究这只股票，而且直到它再一次上涨到 30 美元时才又重新将其列入追踪研究的股票名单。

难怪如此之多的养老基金经理人根本无法战胜市场。如果是委托一家银行帮你管理投资，大多数情况下你只能得到普普通通的投资回报而已。

像我管理的这类共同基金受到的限制相对要少得多，我可以不用被迫从一个固定的选股名单中选择购买股票，并且也没有一位像弗林特先生那样的人对我指手画脚说三道四。但这并不是说我在富达公司的老板和顶头上司不监督我的工作，不向我提出一些有挑战性的问题，不检查我的业绩，而是说没有人命令我必须买入施乐公司的股票，或者不能买入七颗橡树公司的股票。

我最大的不利之处就是所管理的麦哲伦基金资产规模太大，因为资产的规模越大，投资业绩超过竞争对手的难度就越大。期望一个拥有 90 亿美元资产规模的基金能在竞争中击败一个只拥有 8 亿美元资产规模的基金，无异于期望拉里·伯德（Larry Bird）缠着一条 5 磅[⊖]重的腰带仍能在篮球场上成为最耀眼的明星一样。资产规模大的基金跟所有体积庞大的物体一样存在着内在缺陷：因为物体体积越庞大，移动时所需要的能量就越大。

然而即使是资产规模达到了 90 亿美元，富达麦哲伦基金仍然能在竞争

⊖　1 磅 =0.4536 千克。——译者注

中不断战胜对手。尽管每年都会有新的预言者预言它不可能再在竞争中一枝独秀了，胜利记录要终止了，但至今为止每年都还是麦哲伦基金能在竞争中获胜，取得超过其他基金的业绩。自从 1985 年 6 月麦哲伦基金成为全美资产规模最大的基金以来，它已经战胜了 98% 的普通证券共同基金。

能够取得如此出色的投资业绩，我必须感谢我寻找到的那些大牛股，包括七棵橡树公司、克莱斯勒汽车公司、塔可钟公司、Pep Boys 汽车配件公司以及所有那些快速成长型的企业、困境反转型的企业和那些不再受投资者青睐的企业。我想要买入的股票恰恰是那些传统的基金经理人想要回避的股票。**换句话说，我将继续尽可能像一个业余投资者那样思考选股。**

业余投资者要自己独立投资

你没有必要像一个机构投资者那样进行投资。如果你像一个机构投资者那样进行投资，你的业绩注定也会像一个机构投资者的业绩一样，在很多情况下机构投资者的业绩根本算不上出色，只不过是平平而已。如果你本身就是一个业余投资者，顺其自然自由自在地进行投资思考就可以了，没有必要强迫自己像一个专业投资者那样思考投资。如果你是冲浪运动员、卡车司机、高中辍学的学生或者脾气古怪的退休人员，那么你就已经具备了一种投资上的优势，因为你所了解的许多公司正是 10 倍股产生的地方，而这些公司的股票已经超出了华尔街专业投资人选股的考虑范围。

当业余投资者进行投资时，不会有一位弗林特似的人站在你身边不停地对你的季度或半年投资业绩指指点点说三道四，也不会有人盘问你为什么非得买租车代理公司而不买 IBM 公司的股票。可能你不得不与你的配偶或者经纪人交流沟通，但是经纪人可能会非常赞同你与众不同的股票选择，并且肯定不会因为你选了七棵橡树的股票而抛弃你这位客户，只要你还在支付佣金他就得继续为你服务。你的配偶（一位并不真正懂得投资理财的人）不是已经用允许你继续犯错的方式表达了对你的投资计划的信任了吗？

（在一种几乎不可能发生的情况下，也就是万一当你的配偶对你所选择的股票非常不满时，你可以把证券公司寄来的每个月的股票交易对账单偷偷藏起来。当然我并不提倡这种做法，我只是想告诉大家对于中小投资者来说选择余地非常大，而对于证券基金的管理者来说毫无疑问就完全不同了。）

业余投资者没有必要花费 1/4 的工作时间来向同事解释为什么要买某一只股票，而且也不存在禁止买 "r" 字开头公司股票的规定，更不会有规定限制购买价格低于 6 美元的股票或者与货车司机有关的公司的股票。也没有人会抱怨说："我从来都没听说过沃尔玛百货连锁公司"，或者 "Dunkin's Donuts 这个名字听起来很傻，约翰 D. 洛克菲勒绝不会投资油炸圈饼公司的。" 当业余投资者以 19 美元的价格买回一只先前以 11 美元价格卖掉的股票时（这有可能会是一个明智的举动），也不会有人跳出来进行指责。专业投资者可能永远不会再以每股 19 美元的价格重新买回一只他们过去曾用每股 11 美元的价格卖出的股票，因为如果那样做的话，他们的饭碗就肯定保不住了。

没有人会强迫业余投资者去购买 1400 只不同的个股，也不会有人来告诉业余投资者要把资金分配在 100 只股票上。业余投资者可以自由地决定是买一只股票、四只股票，还是十只股票。如果找不到基本面良好、十分具有投资吸引力的股票，业余投资者可以什么股票都不买，然后等着更好的投资机会出现再行动，而证券投资基金管理人员就没有这么奢侈的选择了。我们根本不可能卖出所有的股票，因为如果我们这样做，别的公司就会一窝蜂地跟着我们一起行动，这样的话就不会有人愿意用一个让我们比较满意的价格购买这些股票了。

　　更重要的是，业余投资者可能会在你家附近或者自己工作的地方附近寻找绝佳的投资机会，而且业余投资者发现大牛股往往要早于证券分析师得到信息并把相关公司股票推荐给基金经理人好几个月甚至好几年。

　　最后我再说一次，也许你根本不应该与股票市场沾边儿，这是一个值得进一步详细讨论的问题，因为进入股市必须要有坚定的信念，没有坚定信念的投资者只会成为股市中的牺牲品。

第 3 章

股票投资是赌博吗

绅士们更喜欢债券。

——安德鲁·梅隆（Andrew Mellon）

经历过 1987 年 10 月那次股市突然暴跌之后，一些投资者已经转向了债券以寻求更加安全的投资避难所。关于股票与债券二者孰优孰劣的问题，十分值得以一种冷静且严肃的态度认真进行讨论寻找这个问题的正确答案，否则每次一旦股市狂跌令人惊恐的时候，投资者纷纷从股票转向债券的这一幕又会重演，这时投资者往往争先恐后抛售股票，然后纷纷涌向银行将资金存入大额可转让定期存单（certificate of deposit，CD），最近这种情形就刚刚再次发生。

投资于债券、货币市场或者大额可转让定期存单，这些都是债权投资的不同形式而已，本质上都是为了获取利息收入。获取利息的做法本身并没有不对，尤其是以复利形式获取利息。想一下，1626 年曼哈顿岛的印第安人只是为了换回一些只值 24 美元的小珠子和小饰物，就把他们所拥有的整个曼哈顿岛的土地都卖给了一群新来的移民。362 年以来，由于这桩交易，印第安人已经成了大家耻笑的对象，但是利用复利来仔细计算一下的结果表明，这些只得到价值 24 美元的小珠子和小饰物的印第安人也许要比那些得到整个曼哈顿岛的移民赚得多得多。

如果以年利率 8% 对 24 美元计算复利（请注意，让我们暂时收起我们的疑惑，假定印第安人把那些小饰物换成了 24 美元的现金），那么经过 362 年，这些印第安人可能已经凭此积累起一笔价值接近 30 万亿美元的财富，而曼哈顿地区政府最近的税收记录则表明当年被印第安人卖掉的那些土地只值 281 亿美元。我们不妨偏袒一下曼哈顿的市民，接受他们对这个估值结果的怀疑，281 亿美元只是一个估计值，所有了解市场行情的人都知道在公开市场上这些土地的价值可能会是 281 亿美元的两倍，因此曼哈顿的地产的真正价值是 562 亿美元。然而，无论用什么方法计算曼哈顿岛所有土地的价值，印第安人都会赚到 29 万亿美元，还要再加上一个零头。

我承认印第安人不可能获得 8% 如此之高的年利率水平，即使事实上 1626 年有如此之高的利率也不可能，更不用说根本没有了。这些最早移民过来的先驱以前都是支付低得多的利率，但是让我们假设印第安人能够经过激烈的争吵最终争取到 6% 的年利率，那么到现在他们仍然还可以从 24 美元通过复利积累到 347 亿美元的财富，他们既不需要对岛上的任何资产进行保养，也不需要修剪中央公园的草坪。不过各位也可以十分明显地看到，虽然 6% 和 8% 的年利率只有两个百分点的差异，但由于复利的巨大作用，经过 300 多年的时间最终积累形成的财富相差 29 万亿美元以上。

不管你用什么年利率计算这 24 美元经过 362 年通过复利所积累的巨大财富究竟是多少，你也得承认这次交易中普遍被认为是大傻瓜的印第安人并不像人们想象的那样傻，可见进行债权投资获取利息的收益并不差。

在最近的 20 年间，债券已经变得特别受到投资者的欢迎，但在最近 20 年之前的 50 年情况并非如此，而在最近的 20 年是绝对如此。从历史上看，利率从来没有偏离过 4% 太多，但是最近 10 年来，我们看到了长期利率先是上涨到 16%，然后又下跌到 8%，这一涨一跌创造了相当大的投资机会。1980 年购买 20 年期美国国库券的投资者会看到他们所买债券的面值已经上涨了将近 1 倍，不仅如此他们还可以按照最初的投资本金每年得到 16% 的利息。如果那时你足够聪明买了 20 年期的国库券，你就会以相当大的优势战胜股市，即使是在最近的这轮大牛市行情中也是如此。此外，你几乎连一篇研究报告都不用读，也不用向证券经纪人支付任何佣金就可以做到这一点。

（长期国库券是获取利息的最佳投资渠道，因为长期国库券不可"赎回"，或者至少在到期日的前 5 年内才可赎回。许多债券投资者已经十分不满地发现，很多公司债券和市政债券发行后在很短的时间内就可以提前赎回，这意味着一旦某一时刻赎回债券对自己有利时，债券发行人就会立刻把债券赎回。在债券被赎回时的债券投资者就像面临财产将被没收的财产所有者一样根本没有其他选择。一旦利率开始下降，投资者马上就会意识到他们买入固定利率的债券相当于做了一笔十分合算的交易，但他们的债券这时会被发行公司赎回，他们只会收到发行公司邮寄来的债券本金。另外，如果利率上升，这明显不利于债券持有者，那么发行公司却根本不会赎回债券，债券持有者只能继续持有债券，相当于被套牢了。

由于很少有公司债券是不可赎回的，因此如果你希望能从利率下降中获利的话，我建议你最好还是购买国库券。）

解放银行存款

传统上一般销售的债券面值都相当大——面值大得以至于小投资者根本无力购买，所以他们只能通过两种方法进行债券投资：一种方法是把钱存入银行储蓄账户，另一种方法是买入十分无聊的美国储蓄债券（U.S. savings bonds）。后来一种新的金融工具债券基金被创造发明出来了，这使得普通百姓也能和非常有钱的富豪大亨一样投资债券了。从此以后，货币市场基金就使得数百万以前只能在银行开立存折进行储蓄的储户从银行的禁锢中解放出来，而且是一劳永逸且全部地彻底解放出来。布鲁斯·本特（Bruce Bent）和哈里·布朗（Harry Browne）两人天才般地发明了货币市场账户，勇敢地带领储户将大批资金从支付利息很低几乎一毛不拔的银行撤走，真应该为他们树碑立传。1971 年，他们创立了第一个货币市场基金储备基金（reserve fund）从而引发了银行存款向货币市场基金大转移的浪潮。

我在富达基金公司的老板内德·约翰逊先生在他们的基础上对货币市场基金做了进一步的改进和完善，增加了开立支票的功能。在此之前，货币市场基金最大的用处不过是小公司用来暂时存放每周用以支付薪水的资金，能够开立支票使得货币市场基金同时具备储蓄账户和支票账户的功能，从而对各类投资人都具有非常普遍的吸引力。

宁愿购买股票，也不愿把钱放在储蓄账户获得永久性 5% 的利率回报这样非常简单无聊的投资是一回事儿，而宁愿购买股票，也不愿投资于货币市场基金以获得最佳短期回报，一旦现行利率上升，货币市场基金收益率就会相应马上上升，这就是另外一回事儿了。

如果你从 1978 年开始就把钱投资于货币市场基金，你肯定不会因此感到尴尬，因为投资倾向市场基金能够让你十分幸运地避开几次股票市场大跌行情。即使货币市场基金带给你的是最差的回报，你每年也会得到 6% 的利息收益，而且你的本金丝毫也没有损失。短期利率上涨到 17% 的那一年（1981 年）股票市场下跌了 5%，如果你当时投资货币市场基金相对于投资股票就获得了 22% 的超额收益率。

当道琼斯工业平均指数出现了令人难以置信的大涨，从 1986 年 9 月 29

日的 1775 点上涨到 1987 年 8 月 25 日的 2722 点，在这个大牛市期间假设你一只股票也没有买过，那么你肯定会由于眼睁睁地错过这次一生难得一遇的绝佳投资机会而感到内心无比沮丧。经过一段股市狂涨之后你甚至不好意思告诉你的朋友自己把所有的钱都投到货币市场基金上而一股股票也没有买，因为你觉得承认自己错过大牛市简直比承认在商店里偷过东西还让人感觉可耻。

但是等到后来股市大跌道琼斯工业平均指数又跌回到 1738 点的第二天早晨，你又会感到事实证明自己将全部资金投资于货币市场基金的策略绝对是有先见之明的，你因此躲过了 1987 年 10 月 19 日股市大崩盘的惨重损失。由于股票价格下跌幅度如此惊人，因而整整一年间货币市场的表现都显著好于股市——货币市场的投资收益率是 6.12%，而标准普尔 500 指数的投资收益率则只有 5.25%。

股票的反驳

但是两个月之后股票市场就开始反弹回升，业务表现再次超过了货币市场基金和长期债券。长期而言，股票的投资收益率总是一枝独秀，历史数据无可辩驳地证明，股票投资收益率要比债券投资收益率高得多。事实上从 1927 年以来，普通股票的平均年投资收益率为 9.8%，而公司债券为 5%，政府债券为 4.4%，短期国库券为 3.4%。

根据消费价格指数（consumer price index，CPI）计算，长期通货膨胀率每年为 3%。扣除通货膨胀率后普通股票的实际年投资收益率为 6.8%，而扣除通货膨胀率后短期国库券这种以最保守和最明智而闻名的投资工具的实际年投资收益率却几乎是零，是的，它的实际收益率确实是零。

股票 9.8% 的收益率与债券 5% 的收益率相差 4.8%，也许有些人会认为这几个百分点几乎微不足道，但是听我讲一个关于金融投资的寓言故事后各位读者就不会这样想了。假设在 1927 年年底，一位现代的瑞普·凡·温克尔（Rip Van Winkle）⊖投资购买了 20 000 美元的公司债券之后就开始一直沉睡了整整 60 年，如果年利率为 5% 并且计算复利，那么在他醒来时他将会得到 373 584 美元的回报，这足够他买上一幢漂亮的别墅、一辆沃尔沃牌汽车，还能再好好剪剪 60 年来一次也没剪过的头发了，但是如果他投资的是年投资收益率为 9.8% 的股票，那么他的回报将是 5 459 720 美元。（由于瑞普一直在昏睡，因此无论是 1929 年的大萧条还是 1987 年的股市大崩盘都不会把他吓得恐慌性抛出股票从股市中逃跑。）

1927 年，如果你分别在表 3-1 中所列的 4 种金融工具上各投资了 1000美元，计算复利并且免税，那么 60 年后，你得到的回报如表 3-1 所示。

表 3-1　60 年后投资 4 种金融工具各自得到的回报 （单位：美元）

国库券	7 400	公司债券	17 600
政府债券	13 200	普通股票	272 000

尽管这 60 年间经历了股市崩盘、经济萧条、战争、经济衰退、10 次总统执政更换，还有无数次女孩子裙子长长短短的变化，但是总体而言，股票投资收益仍然是公司债券投资收益的 15 倍，甚至是国库券投资收益的 30 倍还要多！

为什么股票长期投资收益率远远超越公司债券和国库券呢？对此一个合乎逻辑的解释是：投资股票时投资者可以从公司的增长中分享到相应的回报，股票投资者是一家业务兴盛且迅速扩张的公司的一个合伙人，而投资债券的投资者不过只是公司吸引的闲置资金的一个最方便的来源而已。当你借给别人钱时，你可以得到的最大回报无非就是收回本金，再加上一点

⊖ 瑞普·凡·温克尔，美国作家华盛顿·欧文所著《见闻札记》中的一个故事中主人公的名字，同时该故事篇名也以此命名，叙述温克尔为躲避凶悍的妻子藏身于 Catskill 山区，沉睡 20 年后醒来发现妻子已故，住屋变成废墟，世界发生了翻天覆地的变化。它比喻在思想见闻方面落后自己所生活时代的人。——译者注

利息而已。

各位想一想，这些年来一直持有麦当劳公司债券的那些投资者，他们和麦当劳之间的关系开始于购买债券之时，而当麦当劳债券到期付清本金时他们之间的关系也就结束了，这些债权人与最激动人心的麦当劳快速成长的大牛股神话毫不沾边儿。当然，最初的债券持有人收回了本金，就像他们购买的可转让大额定期存单到期时收回本金一样，但是最初投资于麦当劳股票的股东由于公司高成长使股价持续增长而变得非常富有。购买股票的股东才是这家持续高成长的优秀公司的所有者。投资债券永远不可能获得10倍的投资回报，除非你是一位非常擅长投资违约债券的债券投资高手。

投资股票的风险有多大

"嗯，不错，从长期来看股票的投资收益确实要比债券高得多。"你自言自语地怀疑地嘀咕道，尤其在最近1987年10月的这次股价暴跌之后，"但是股票投资的风险有多大呢？股票的风险是不是比债券大得多呢？"当然股票投资是有风险的，但是没有任何一种书面文件上明文写着股票投资保赚不赔这样的保证，而我本人好几百次股票投资赔钱的经历也已经证明了这一点。

即使长期持有蓝筹股这种人们普遍认为是最安全的投资策略也会有很大的风险。RCA公司（Radio Corporation of America，美国无线电公司）的股票是一个著名的最为稳妥安全的投资对象，对于寡妇和孤儿也十分适合，然而在1986年通用电气公司收购RCA公司时所支付的价格为每股66.50美元，竟然与1967年的股票市价一模一样，并且只比57年之前的1929年的最高股价水平38.25美元上涨了74%（根据股票分割进行股价调整）。你

57 年如一日地、忠诚地长期持有一家经营稳定的世界闻名的成功大公司的股票，每年所得到的投资回报却连 1% 也不到。伯利恒钢铁公司现在的股价也远远低于 30 年前它在 1958 年的最高价位 60 美元。

看一下自 1896 年最初入选道琼斯工业平均指数的上市公司名单，有谁还曾听说过美国棉籽油公司（American Cotton Oil）、挤奶与养牛公司（Distilling and Cattle Feeding）、拉克列德煤气公司（Laclede Gas）、美国优质皮革公司（U. S. Leather Preferred）呢？这些一度名声显赫的大公司股票早已经从道琼斯工业平均指数中消失得无影无踪了。

之后在 1916 年入选道琼斯工业平均指数的上市公司名单中，我们看到的鲍德温机车公司（Baldwin Locomotive）在 1924 年消失了；1925 年的名单中包括的公司有妇孺皆知的 Lasky 公司和雷明顿打字机公司（Remington Typewriter），1927 年的道琼斯工业平均指数成分股名单上雷明顿打字机公司的名字从名单中消失了，取而代之的是联合药品公司（United Drug）。1928 年，道琼斯工业指数成分股由 20 家增加到 30 家，新增加的公司有纳什发动机公司（Nash Motors）、Postum 公司、莱特航空公司（Wright Aeronautical）以及维克托留声机公司（Victor Talking Machine），后面两家公司在 1929 年从名单中消失了，其中维克托留声机公司的消失是由于被 RCA 公司兼并了（你已经知道了长期持有 RCA 股票的结果是什么）。在 1950 年道琼斯工业平均指数成分股的公司名单上我们看到了玉米产品精加工公司（Corn Products Refining），但是到了 1959 年，它的名字从成分股名单上消失了，取而代之的则是 Swift 公司。

唠唠叨叨这么长一大段话的目的是为了说明财富不是永恒不变的，没有人能保证大公司不会变成小公司，也根本不存在所谓的不容错过的蓝筹股。

即使是买对了正确的股票，但如果在错误的时间以错误的价格买入，也会损失惨重。看一下 1972 ～ 1974 年股市大跌时发生的情况，那些股价过去一直比较稳定的股票也出现了大幅下跌，比如百时美公司（Bristol-Myers）的股票从 9 美元跌到 4 美元，Teledyne 公司的股票从 11 美元跌到 3 美元，而麦当劳的股票则从 15 美元跌到 4 美元，这些公司可并非那种不值得信任的一夜之间就会垮台的烂公司呀！在正确的时间购买了错误的股票所遭受的损失只会更加惨重。从理论上计算出来的股票年投资收益率为 9.8%，而在现实中有些时候看起来似乎这种收益率永远也不可能实现。1966 年道琼斯工业平均指数上涨到了当时有史以来的最高点 995.15 点，然后开始下跌，一直到 1972 年才反弹到这一最高点下方。同样，1972 ～ 1973 年道琼斯工业平均指数创下最高点后，长期持续下跌，过了 10 年直到 1982 年重新反弹回这一水平。

除了期限非常短的债券和债券基金之外，投资债券也有风险。投资债券时利率提高会迫使债券持有人只能在两种都不利的选择中接受其中的一种选择：一种选择就是继续持有直到债券到期但必须忍受低收益率；另一种选择就是以显著低于债券面值的折价将其卖掉。如果你是风险厌恶者，那么货币市场基金和银行是比较适合你的投资场所，否则，无论你投资其他任何金融工具，都会面临风险的困扰。

人们认为投资市政债券就像把钱放在保险箱里一样安全，但是尽管极少发生，一旦出现违约情况，那些遭受损失的投资者就再也不会相信购买债券是安全的。（最著名的违约事件是华盛顿公共电力服务公司（Washington Public Power Supply System）和其发行的声名狼藉的"Whoops"债券。）据我所知，99.9% 的债券会得到清偿，但是除了违约之外还有其他情况会导致债券投资者遭受损失。试想一下在通货膨胀严重的时期，一直持有一只息票率为 6% 到期时间为 30 年的债券的实际投资损失会有多大？

那些购买了投资于美国政府国民抵押贷款协会（government national mortgage association，GNMA，Ginnie Maes）发行的债券基金的投资者根本没有意识到债券市场的波动已经变得多么巨大，他们被所谓的"100%由政府担保"的广告打消了所有疑虑。不错，他们是对的，对于这些债券，政府担保肯定会支付利息，但这并不能保证他们购买的这些债券基金在利率上升而债券市场下跌时基金单位净值不会下跌。打开财经报纸看一下利率上升0.5%的那一天这类债券基金净值的变动有多大，你就会明白我上面这些话的意思。这些日子以来，债券基金的波动幅度跟股票基金一样剧烈。利率的波动既让聪明的投资者从债券投资上获得了丰厚的回报，同时也让持有债券更像是一场赌博。

股票和梭哈扑克游戏

坦白地讲，根本没有办法能够把投资与赌博完全区分开来，我们没有办法把投资归到一个十分纯粹的可以让我们感到安全可靠的活动类别之中。安全谨慎的投资对象和轻率鲁莽的投资对象之间并没有一个界限绝对明确的分界线。人们认为投资股票就如同在酒吧里赌博，从而对股票非常排斥，直到20世纪20年代后期普通股才最终获得了"谨慎投资"的地位，而恰恰此时股票市场已经被过度高估到可以说购买股票更像是赌博而不是投资的危险程度。

在1929年股市大崩盘后的20年时间里，大多数人都把炒股看成赌博，直到20世纪60年代后期当买卖股票再一次被大众认可为一种投资时，投资股票是赌博的看法才被完全转变过来，但是这时在已经被过度高估的市场中绝大多数股票的投资风险都变得很大。从历史上看，股票通常周期性地被认可为投资，或者被拒斥为赌博，而且都是在错误的时候形成错误的看法。**通常在股票并非谨慎的投资时，人们最有可能把股票看作谨慎的投资。**

多少年来，购买大公司的股票一直被认为是"投资"，而购买小公司的股票则被认为是"投机"，但是最近购买小公司的股票又变成了投资，投机则专门指炒作期货和期权。我们永远都在不停地努力重新划分投资与投机两者之间的分界线。

听到人们将投资描述成"保守的投机"或者"谨慎的投机"时，我总是感到非常好笑，他们这样说时通常表明他们希望自己是在做投资，同时又担心自己是在赌博。这种说法如同一对正在交往的男女说"我们经常见面"，这表明他们还无法确定自己对待这段感情是不是严肃、认真的。

一旦我们接受货币本身具有风险这一让人不安的事实，我们才能够真正地区分究竟什么是赌博、什么是投资。进行区分时不应该根据参与者的行为类型（例如债券、股票、赌马等），而应该根据参与者的技巧、投入的程度以及事业心。对于一个老练的赌马者来说，如果他能够严格遵守一定的系统方法进行下注，那么赌马也能够为他提供一个相对安全的长期收益，这种赌马的行为对他来说和持有共同基金或者通用电气的股票并没有什么区别。对于那些轻率鲁莽且容易冲动的"投资"股票的人来说，四处打听热门消息并频繁买进卖出，跟赌马时只根据赛马的鬃毛是不是漂亮或者骑士的衣衫是不是华丽就胡乱下注根本没有什么两样。

（事实上，对于那些轻率鲁莽且容易冲动的玩股票的人，我建议他们：忘掉华尔街，带上所有的钱去海尔勒阿、蒙特卡洛、萨拉托加、拿骚、圣·安尼塔或者巴登巴登（Baden-baden）等赌城好好地赌上一把。至少在那些让人赏心悦目的景色和心情舒畅的氛围中，他们即使输了钱也能够说我玩得很痛快，但如果在炒股上失败了，他们看到的只是经纪人在办公室里踱来踱去的身影，从中找不到一丝安慰。

如果赌马赌输时，你只要把已经变得一文不值的马票丢掉就行了，但如果是在股票、期权等投资上失败，你除了会损失钱财外，还必须在每年的春天申报纳税时重新体味过去投资赔钱的痛苦经历，可能这种痛苦会使你多花好几天的时间才能计算清楚完成纳税申报。）

对于我来说，投资只不过是一种能够想方设法提高胜算的赌博而已。至于地点是在大西洋赌城、标准普尔 500 指数，还是债券市场，都无关紧要。事实上，股票市场最经常让我联想到的就是梭哈扑克游戏[⊖]。

对于那些懂得如何利用好手中的牌的老手来说，玩七张牌梭哈赌博能够获得一个长期稳定的回报。梭哈的打法是：发牌时有 4 张牌面朝上，这样一来你不仅可以看到自己所有的牌，还可以看到你的对手的大多数牌。发完第 3 张或第 4 张牌时，要么很明显谁输谁赢已见分晓，要么很明显根本没有人能赢。华尔街股市上的情况同样如此，只要你知道如何寻找，你会发现像牌桌上摊开的明牌一样，华尔街上大量的信息也都是公开透明的。

通过了解公司的一些基本情况，你可以知道哪些公司有可能会增长繁荣，哪些公司却不可能如此。你永远无法确定将要发生什么情况，但是每一次出现新情况——例如收益大幅提升、出售赔钱的子公司、公司正在开拓新市场等——就跟正在翻开一张新牌一样，只要这些新的情况就像新翻开的牌一样表明你的胜算较大，你就应该继续持有这些公司的股票，就像你继续持有一把好牌一样。

任何一位每月定期参加梭哈游戏的人很快就会发现，每次那几个"幸运的家伙"都会提前显露出来，因为这种人随着牌一张一张摊开不断仔细计算和重新计算自己的输赢机会大小，然后根据计算结果来下注，从而使他们投入的本钱所能赢回的钱最大化。那些能够持续赢钱的人在自己牌的赢面变得更大时会增加赌注，一旦出现局势不利于他们时，他们就会主动认输

⊖ 梭哈（又称沙蟹），是英文 Show Hand 的音译。Show Hand 是 Five Card Stud 的别名，属于扑克游戏的一种变化。由于五张牌扑克（five-card stud poker）太简单，而且容易欺诈作假，所以人们就发明了七张牌梭哈。玩法是是用一副 52 张的扑克牌，每个玩家先发两张底牌和一张翻开的明牌，再发三张翻开的明牌，最后发一张底牌，从这七张牌中选出五张形成最大或最小的组合，大家来比大小。由于一起手就有两张底牌，最后还有一张底牌，所以就难以判断对手的牌力，增加了玩牌的难度，也增加了趣味性。现在七张牌梭哈是专业玩家的最爱。——译者注

出局，而那些持续输钱的人则会不管赢面大小都下注，盼望着奇迹出现使他们能够享受到打败对手的快感，结果却只是又一次痛饮失败的苦酒。玩梭哈扑克牌和在华尔街投资一样，奇迹出现的次数刚好让那些输钱的人不会死心总想翻本，一赌再赌而一输再输。

那些持续赢钱的人乖乖接受一手好牌也会大输的事实：他们偶尔也会在拿到三张"A"的时候下最大的赌注，但没想到竟会输给对手藏在手里的同花大顺。他们坦然接受这一打击并且继续打下一局牌，他们自信只要一直坚持自己的基本策略，随着时间的延长最终一定会赢钱。在股票市场上赚钱的人也会碰到不时发生的亏损、出乎意料的挫折以及意外发生的不利情况，但是即使是股市崩盘也不会使他们从此退出股市。如果他们已经仔细研究了 H&R Block 公司并且购买了该公司的股票之后，政府却突然简化了免税代码（当然这是不可能发生的事情），从而使 Block 公司的业务严重萎缩，他们会坦然接受这次意外导致的投资惨败，然后接着寻找下一只好股票，因为他们认识到股票并不是纯粹的科学，也不像下棋那样在形势占优势时肯定会赢。如果我选择的股票中有 70% 的表现与我预期的一样，我就非常高兴了，如果有 60% 的表现与我预期的一样，我也会十分感激。**只要有 60% 的股票表现与预期的一样，就足以在华尔街创造一个骄人的投资业绩记录了。**

随着时间的推移，在股票市场中采取正确的投资方法可以减少投资风险，就像在纸牌游戏中采取正确的玩法可以减少风险一样。正如我曾经说过的，如果投资方法错误（如购买了一只股价被过度高估的股票），即使是购买百时美公司或者亨氏公司这样著名大公司的股票也会导致巨大的损失，同时会因此丧失掉其他很多的投资机会。一些投资者认为，只要买入蓝筹股，就不用再关注这些公司的基本面，结果他们因为这种盲目草率的做法一下子就亏损了近一半的投资资金，而且可能后来用 8 年的时间也没有涨回到原来的价位。在 20 世纪 70 年代早期，数百万美元一窝蜂地盲目追逐那些被高估的股票，结果很快就亏损得血本无归。这是因为百时美和麦当劳这两家公司本身是风险很大的投资对象吗？不是，唯一的原因是人们对这两只股票的投资方法是错误的，公司本身是好公司，但他们买入的价格却是错误的价格。

另外，假设你已经做了研究功课，然后把资金投在了有风险且麻烦不断的通用公共设施公司（General Public Utilities）——它是发生核问题的三哩岛（Three Mile Island）⊖核电站的母公司，也远远比在错误的时机投资于实力雄厚且历史悠久的凯洛格公司的股票上要"保守"得多。

由于不愿我的岳母查尔斯·霍夫夫人的投资资本发生太大的"风险"，曾经有一次我建议她买休斯敦工业（Houston Industries）这家被认为绝对"安全"的公司的股票，这只股票实在是太安全了——在 10 多年间股价几乎一动不动。我认为我总可以用我母亲的钱"赌上一把"吧，于是我给我母亲买了一只"比较危险"的联合爱迪生公司（Consolidated Edison）的股票，结果这只股票上涨了 6 倍。对于一直持续关注追踪该家公司基本面情况的投资者来说，联合爱迪生公司股票的风险并没有那么大。能赚大钱的股票往往来自所谓的高风险类型的公司的股票，但是与风险更加相关的是投资者，而不是公司的类型。

对于那些能够接受不确定性的投资者来说，进行股票投资的最大好处是，一旦判断正确就可以获得非常惊人的投资回报。这一点已经被位于纽约布法罗的约翰逊图表服务公司（Johnson Chart Service of Buffalo）对共同基金的回报所做的统计分析所证实。其统计研究发现了一个非常有趣的相关关系：基金风险越大，投资回报越高。如果在 1963 年你将 10 000 美元投

⊖　三哩岛是位于美国宾夕法尼亚州东南部的一个城镇，设有核电站，1979 年 3 月 28 日该核电站曾发生事故。——译者注

资在普通的债券基金上，15 年后你会得到 31 338 美元；如果你将 10 000 美元投资在一个平衡型基金上（同时投资于股票和债券），15 年后你得到的回报将是 44 343 美元；如果全部投资在一个增长型或收入型基金上（全部投资于股票），那么 15 年后你将得到 53 157 美元；如果投资在一个进攻性的增长型基金上（也全部投资于股票），15 年后你将得到 76 556 美元。

很显然，股票投资已经成为值得一试身手的赌博，前提是你要懂得如何正确地来玩这种游戏。只要你手中持有股票，就像一张张新牌会不断摊开一样，一个个新的公司信息会不断出现。这样一想又让我觉得投资于一些股票并不完全类似于 7 张牌的梭哈扑克游戏，而更类似于 70 张牌的梭哈扑克游戏，或者说如果你同时持有 10 只股票，就类似于同时在玩 10 个 70 张牌的梭哈扑克游戏。

第 4 章

进入股市前的自我测试

"购买通用电气公司的股票是一个很好的投资对象吗？"这并不是我针对一只股票所询问的第一个问题，即使通用电气的股票是一个不错的投资对象，也并不意味着投资者就应该购买这只股票。投资者到离自己最近的镜子那儿好好照一照自己，认识清楚自身的实际状况之前，研究公司的财务指标是毫无意义的。开始投资任何股票之前，投资者都应该首先问自己以下三个个人问题：①我有一套房子吗？②我未来需要用钱吗？③我具备股票投资成功所必需的个人素质吗？投资于股票是好是坏，更多的是取决于投资者对于以上这三个问题如何回答，这要比投资者在《华尔街日报》上读到的任何信息都更加重要。

我有一套房子吗

华尔街上的人士可能会说："买一套房子，那可是一笔大买卖啊！"在你确实打算要进行任何股票投资之前，应该首先考虑购买一套房子，毕竟买房子是一项几乎所有人都能够做得相当不错的投资。当然我知道肯定也存在例外的情况，例如，房子修建在污水沟上或者位于房价大幅跳水的高级地段，这些都会导致房价大跌，但在99%的情况下购买一套房子是能够赚钱的。

有多少次你曾听到朋友或熟人非常悔恨地说过"我购买这套房子实在是太愚蠢了"？我敢打赌你不会经常听到这样的抱怨。数以百万的业余房地产投资者在购买自己居住的房屋上的投资都非常精明，尽管有时一些家庭因为不得不尽快搬家而被迫以亏本的价格将房子卖出，但很少有人会在一次又一次的住房买卖中连续亏钱，而在股票市场上一次又一次的股票买卖中连续赔钱却屡见不鲜。很少有人因为购买一套房子而赔个精光，结果一大早醒来发现自己购买的房屋竟然已经被宣布资不抵债或者陷入破产，而这种悲惨的命运却经常出现在许多公司证券上。

在买卖自己的房屋时表现得像个天才，在买卖自己的股票时却表现得像头蠢猪，这种情况并不让人感到意外。房主可以完全按照自己的意愿买卖房屋，银行使你只要先支付20%或更少的首期房款就可以拥有自己的房屋，这样利用财务杠杆给你增添了很大的经济实力。（是的，你可以在购买股票时只交纳一半现金，在交易中这被称作"保证金购买"（buying on margin），但是每一次当你用保证金购买的股票价格下跌时，你就必须在账户上存入更多的现金，而在买房子时就不会发生这种事情。尽管房屋的市价下跌了，你也从来不用向银行提供更多的现金，即使是房子坐落在由于石油开采造成下陷的地块内。房产代理人从来不会半夜打电话通知你："你必须在明天上午11点之前送来两万美元，否则你的两间卧室就必须低价拍卖掉。"而用保证金购买股票的投资者却经常会碰到被迫卖出部分股票以补充保证金的情况，这是购买房屋的另外一个非常大的好处。）

由于可以贷款买房，如果你只需首付20%的房款购买一套价值100 000美元的房子，并且房子一年增值5%，那么你这一年就可以获得5000美元的投资回报，按照你的首付款20 000美元计算的投资收益率相当于25%，而且贷款的利息还可以抵扣所得税。如果你在股票市场上也做得这样好，你会比布恩·皮肯斯（Boone Pickens）更加富有。

购买一套房子可以一举多得：地方政府房地产税可以用来抵扣联邦税相当于获得了一份红利，房屋本身可以抵御通货膨胀，房地产在经济萧条时期是资产保值的最佳避风港，更不用说房屋每天为你遮风挡雨带来的舒服享受。最后，如果你决定将房子卖出，你可以用你获得的收入再购买一套更好的房子，这样就可以避免为你上一次获得的房屋投资利润交税。

普通人一般买房的过程如下：先买一套面积较小的房子（第一套房子），然后换成一套面积中等大小的房子，再往后再换成一套大房子，最终等到孩子长大搬出去住以后，你就不再需要这么大的房子了，这时你可以卖掉这套大房子，搬到一套较小的房子里去，在这样一连串的搬迁中你会赚到一笔可观的利润足以让你安度晚年，而且这笔增值收入还不用交税，因为富有同情心的政府给了你一生唯一一次买卖房屋增值收入的免税待遇。这种优惠待遇在股票买卖中永远不会发生，政府只会对股票交易利得尽可能多而且尽可能重地征税。

你可以不断地买卖房屋 40 年一分钱税都不用交，能够被政府列在交税名单之外实在是太幸福了。如果交税的话，由于直到目前为止仍然还是适用于较低的税级，所以情况也不会怎么糟糕。

有句古老的华尔街格言说："不要投资于容易损耗或者需要维修保养的东西"，这句话也许可以用到赛马投资上，但是在房屋投资上，这简直就是一派胡言。

此外还有一些其他重要的原因可以解释为什么人们投资房屋比投资股票做得更好。当你在周日报纸的房地产专栏上读到"房价暴跌"这个标题时，你并不会吓得马上将你的房屋出手。报纸上的分类广告不会把你家附近地区的房产周五下午的收盘价刊登出来，在电视节目中也不会把房地产的价格行情在屏幕底部一条条地显示给你看，而新闻播报员也不会在节目一开始就广播十大最活跃的房地产排名——"果园路 100 号今日价格下跌 10%，这一地区的住户并没有发现任何异常的情况可以解释这次意外的房价下跌。"

房地产跟股票一样，长期持有一段时间的赚钱可能性最大。与股票经常频繁换手不同的是，房地产可能会被一个人长期持有，我认为平均持有年限是 7 年左右。与此相比，纽约股票交易所 87% 的股票每年都会换手一次。人们买卖股票要比买卖房屋便捷得多，卖掉一套房子时要用一辆大货车来搬家，而卖掉一只股票只需打一个电话就可以搞定。

最后，在房屋方面你之所以是一位优秀的投资者，是因为你懂得怎样从顶楼到地下室上上下下查看一套房子的质量好坏，并且你还会问一些很专业的问题。检查房子质量的技巧是一代代传下来的，在你长大的过程中，你目睹了父母如何查看房屋周围的公共设施、学校、排水系统，检查树木腐烂程度，了解纳税情况。你可能记得这样的房屋投资规律，例如"不要购买卖价最贵的房子"。你可以沿路向前或者向后看看附近地区的情况如何。你可以驾车穿过一片街区，看一下哪些房屋已经整修一新，哪些房屋已经破败失修，还有哪些房屋正在等待修复。然后，在你报价购买房子之前，你还要雇专家为你检查有没有白蚁，房顶漏不漏水，木材有没有干腐病，水管有没有生锈，电线接得对不对以及地基有没有裂缝等。

难怪人们能够在房地产市场上赚钱却在股票市场上赔钱，他们选房子时往往要花几个月的时间，而选择股票时却只花几分钟的时间。事实上，他们在选择一个好微波炉时花的时间也比选择一只好股票的时间多得多。

我未来需要用钱吗

"我未来需要用钱吗"是我们要问的第二个问题。在你买股票之前首先重新检查一下家里的财政预算情况是一件十分必要的事情。例如，如果你在两三年之内不得不为孩子支付大学学费，那么就不应该把这笔钱用来投资股票。也许你是一位寡妇（在股票市场中总会有一些寡妇），你的儿子德克斯特现在正在读高二，有机会进入哈佛大学，但是没有申请到奖学金。作为一位寡妇你几乎无力承担这笔学费，所以你很想投资一些安全稳健的蓝筹股来多赚一些钱。

但是在这种情况下，这位寡妇即使是购买蓝筹股也太过于危险而不应考虑。如果没有太多意外情况的话，股票未来 10～20 年的走势相对来说是可以预测的，至于未来两三年内股票的价格是涨还是跌，对于这个问题的预测的准确概率可能会与你掷硬币猜正反面的准确概率差不多。蓝筹股可能也会在三年甚至五年的时间里一直下跌或者一动也不动，因此如果碰上市场像踩了一块香蕉皮一样突然大跌时，这位寡妇的宝贝儿子德克斯特就没钱读哈佛而只能去读夜校了。

可能你是一位需要靠固定收入来维持生活的老人，或者是一个不想工作只想依靠家庭遗产产生的固定收益来维持生活的年轻人，无论哪一种情况，你都最好还是远离股票市场。有很多种复杂的公式可以计算出应该将个人财产的多大比例投入股票市场，不过我这里有一个非常简单的公式，对于在华尔街进行股票投资和赌马都同样适用：**在股票市场的投资资金只能限于你能承受得起的损失数量，即使这笔损失真的发生了，在可以预见的将来也不会对你的日常生活产生任何影响。**

我具备股票投资成功所必需的个人素质吗

这是所有问题中最为重要的一个问题。我认为股票投资成功所必需的个人素质应该包括：耐心、自立、常识、对于痛苦的忍耐力、心胸开阔、超然、坚持不懈、谦逊、灵活、愿意独立研究、能够主动承认错误以及能够在市场普遍性恐慌之中不受影响保持冷静的能力。就智商而言，最优秀的投资者的智商既不属于智商最高的那3%，也不属于最差的10%，而是在两者之间。在我看来，真正的天才由于过度沉醉于理论上的思考，结果他们的理论总是被股票实际走势所背叛，现实中的股票走势远远比他们想象出来的理论要简单得多。

要想取得股票投资成功一个非常重要的个人素质是要有能力在得到的信息不完全、不充分以及得到的信息不完全准确的情况下做出投资决策。华尔街的事情几乎从来不会十分明朗，或者说一旦事情明朗化时，再想要从中谋利已为时太晚，那种需要知道所有数据的科学思维方式在华尔街只会一再受挫。

最后，至关重要的是你要能够抵抗得了你自己人性的弱点以及内心的直觉。绝大多数的投资者内心的一个秘密角落里都会隐藏着一种自信，觉得自己拥有一种预测股票价格、黄金价格或者利率的神奇能力，尽管事实上这种虚妄的自信早已经一次又一次地被客观现实击得粉碎。让人感到不可思议的是，每当大多数投资者强烈地预感到股价将会上涨或者经济将要好转时，却往往是正好相反的情况出现了。这一情况已经被那些十分流行的投资咨询时事通讯服务机构的调查所证明，尽管它们也经常在不适当的时候发表股市是牛是熊的错误预测。

《投资者的智能》（Investor's Intelligence）通过追踪时事通讯对投资者的情绪进行了跟踪调查，根据这项调查刊登的文章表明，在1972年年底股市即将大跌时，投资者的情绪却空前的乐观，只有15%的投资顾问认为熊市即将来临。在1974年股市开始反弹时，投资者的情绪却空前的低落，65%的投资顾问都担心最糟糕的情况即将发生。1977年，在市场将要转为下跌之前，时事通讯的撰稿人再一次表现出非常乐观的情绪，只有10%的人认为熊市将至。在 1982 年这次大牛市行情开始的时候，55% 的投资顾问预测的是熊市行情，而就在 1987 年 10 月 19 日的大跌之前，80% 的投资顾问却预测大牛市行情即将再次来临。

问题并不在于投资者以及他们的投资顾问长期以来一直非常愚蠢或者反应迟钝，而在于当他们得到信息时，原来的信息所反映的事实现在可能已经发生了改变。当大量正面的金融消息慢慢传播开来广为渗透，以至于绝大多数投资者对未来短期内的经济发展前景充满信心时，其实经济很快就会遭受严重的打击。

除此之外，还有什么能够解释为什么投资大众（包括上市公司的首席执行官和精明老练的商人）对股市最为担心时股市往往表现最好（例如从 20世纪 30 年代中期到 60 年代末），而在大众对股市最为乐观时股市表现反而往往最差（例如 20 世纪 70 年代初期以及最近发生在 1987 年秋天的这次下跌）？按照这样的推理，莱维·巴特拉的著作《1990 年大萧条》非常畅销是否能够保证未来美国经济将会繁荣昌盛呢？

令人吃惊的是投资者情绪转变之迅速达到了令人难以置信的程度，甚至即使事实根本没有任何改变。在 1987 年 10 月股市大崩盘前一两个星期，那些商务旅行者驾车穿越亚特兰大、奥兰多或者芝加哥时，看到新建的高楼大厦雄伟壮观，他们彼此之间高声赞叹："哇！真是一片欣欣向荣啊。"股市大崩盘发生才几天之后，我敢肯定同样是那些旅行者看着同样的高楼大厦时却会这样说："哎，这个地方一定有许多问题。他们怎么可能把这些公寓全部都卖出去，怎么可能把所有的商业办公楼全部都租出去呢？"

人类内在的本性让投资者的情绪成了股市的晴雨表。这些一点也不谨慎小心的投资者不断地在三种情绪之间变化：担心害怕、扬扬自得、灰心丧气。在股市下跌后或者经济看来停滞不前的时候，这些股票投资者就会变得对股市非常关注，由于过于担心股市进一步下跌以至于他们没有胆量乘机以低价买入好公司的股票；在股市开始上涨时，他们以较高的价格追涨买入股票，他们的股票也会随着股市上涨而上涨，于是他们就开始扬扬自得起来，而其实这个时候他们更应该对公司的基本面给予充分的关注，但是他们并没有这样做。最后，他们的股票不断下跌直到跌至他们的买价以下时，他们开始灰心丧气，决定放弃投降，慌慌张张地就把股票给低价卖掉了。

一些人自诩为"长期投资者"，但是一旦股市大跌（或者是稍稍上涨）他们马上就从"长期投资"变成了短期投资，在股市大跌时宁愿损失极大也会恐慌性全部抛出，或者偶尔能够得到一点点小利时也会迫不及待地将股票全部抛出。在波动不定的股市中，投资者很容易陷入恐慌。从我掌管麦哲伦基金以来，这个基金在 8 次熊市时期基金单位净值曾下跌 10% ~ 35%，1987 年 8 月这个基金的净值上涨了 40%，而到 11 月又下跌了 11%。经过这一番折腾，一年下来我们的投资收益只有 1%，这才勉强维持了我从不亏损的投资记录——上帝保佑但愿我总有这种好运。最近我看到一篇文章说，平均每年一只股票的平均价格波动率为 50%，如果这是真的，显然在这一个世纪中这种情况都是真的，那么目前任何一只卖价为 50 美元的股票在未来12 个月中都有可能涨到 60 美元或者跌到 40 美元。换言之，这只股票这一年中的最高价（60 美元）将比最低价（40 美元）高 50%。如果你是这样的投资者，忍不住在 50 美元的价格时将股票买入，在上涨到 60 美元时又买入了更多的股票（"看，我说对了吧，这只股票将会继续上涨"），然后在令人绝望的 40 美元价位时将股票全部卖出（"我想我错了，这只股票将会继续下跌"），那么阅读再多的如何进行股票投资的书籍也没有用。

一些人把自己想象成逆向投资者，认为当其他的投资者都向左转时他们采取相反的做法向右转就能大赚一笔，但其实他们总是等逆向投资已经非常流行以至于逆向投资成了一个被大家普遍接受的观点时，才会变成逆向投资者。真正的逆向投资者并不是那种与人人追捧的热门股对着干的投资者（例如卖空一只所有人都在买入的股票），真正的逆向投资者会耐心等待市场热情冷却下来，然后再去买入那些不再被人关注的公司股票，特别是那些让华尔街感到厌倦无聊的公司股票。

当投资大亨 E. F. 赫顿（E. F. Hutton）讲话时，每个人都洗耳恭听，而这恰恰正是问题所在，这时每个人应该做的反而是赶紧躺下睡觉，在听到有人预测市场走势的时候，最重要的技巧不是静静聆听，而是打起呼噜睡大觉。投资的窍门不是要学会相信自己内心的感觉，而是要约束自己不去理会内心的感觉。只要公司的基本面没有什么根本的变化，就一直持有你手中的股票。

如果你不能这样做的话，那么你让自己的财富净值不断增加的唯一希望是采纳石油大亨 J. 保罗·格蒂（J. Paul Getty）万无一失的发财致富的成功秘诀："早起，努力工作，找到油井，你就会飞黄腾达。"

| 第 5 章 |

不要预测股市

我每次演讲完毕回答现场观众提问的时候，总会有人站起来问我看涨看跌未来股市行情？没有一个人关心上市公司基本面，例如想知道固特异轮胎公司是不是一家可靠的公司或者它目前的股价水平是否合理，同时倒会有另外四个人想知道是否牛市行情会持续下去，或者是否熊市已经露出狰狞的面目？我总是告诉他们我所知道的有关股市预测的唯一规则就是：每当我得到提升，股市就会下跌。我刚刚说完这句话，就会有其他人站起来问我下一次提升会在什么时候？

很显然，投资者并不需要具备预测市场的能力照样可以在股市上赚钱，如果不是这样的话，那么我就应该一分钱也赚不到。在几次最严重的股市大跌期间，我只能坐在股票行情机前面呆呆看着我的股票也跟着大跌。尽管我管理的基金业绩与股价表现紧密相关，我也并没有事先预测出这几次股市大跌的发生。1987 年夏天，我没有向任何人，至少是没有向我自己，发出股市即将暴跌 1000 点的警告。

我并不是唯一一个没有发出 1987 年股市大跌警告的人。事实上，如果说无知总是结伴而行的话，那么置身于同样也没有预测到股市会大跌的一大群给人深刻印象的著名预言家、预测者以及其他投资专家当中让我感到非常舒服。"如果你必须预测的话，"一位睿智的预言者曾经说过，"那么就经常预测。"

没有人事先打电话告诉我 10 月股市将会出现一次大跌，如果所有声称事前就已经预测到市场会下跌的人们都已经提前把他们的股票卖出的话，那么由于这些事先拥有可靠信息的预测者的大规模抛售，市场可能早就下跌 1000 点了。

每年我都要同上千家上市公司的高级管理人员交谈，并且我不可避免地会看到报纸上引用的各种各样的黄金投机者、利率投资者、联邦储备银行观察员以及财政评论员的评论。有数以千计的专家在研究超买指数、超卖指数、头肩形态（head-and-shoulder pattern）、看涨看跌比、联邦储备银行的货币供给政策、国外投资的情况、天上星座的运动以及橡树上的苔藓，但是他们并不能持续地准确进行市场预测，他们的预测能力比古代那些通过挤压鸟的砂囊（gizzard squeezer）来为罗马君王预测什么时候匈奴人会突袭的占卜者也好不到哪儿去。

没有人在 1973 ～ 1974 年的股市崩溃之前发出任何警告的信号。在读研究生时我在课堂上学到的是，股市一般每年上涨 9%，但从那时直到现在，股市从来没有出现过一年上涨 9% 的行情。我还没有找到任何一个可靠的信息来源能够告诉我股市到底能上涨多少，或者仅仅能够告诉我股市是涨还是跌。股市所有重大的上涨和下跌总是完全出乎我的意料，让我十分吃惊。

既然股市是以某种方式与宏观经济活动相关的，那么另一种预测股市的方法是，通过预测通货膨胀和经济衰退、国民经济的繁荣与萧条以及利率的变动趋势来预测未来股市的走势。是的，利率和股市之间的关系确实存在非常奇妙的相关性，但是谁又能够根据银行业的规律性预测出利率的变化呢？在美国有 6 万名经济学家，他们中的很多人被高薪聘请从事预测经济衰退和利率走势的专职工作，然而如果他们能够连续两次预测成功的话，他们可能早就成为百万富翁了。

他们由于成功预测经济衰退和利率走势成为百万富翁之后，可能辞去工作，到著名度假胜地巴哈马的比密尼岛，一边喝着朗姆酒，一边钓着青枪鱼，但是据我所知，他们中的大多数还是在为了得到一笔丰厚的薪水而拼命工作，这应该能让我们认识到，这些经济学家预测经济波动和利率变化的准确率是多么差劲。正如某位观察敏锐的人士曾说过的那样，如果所有的经济学家首尾相连地躺着睡大觉，这并非一件坏事。⊖

呵呵，也许并不是"所有"的经济学家。当然不是那些正在阅读本书的经济学家，特别是像C. J. 劳伦斯公司（C. J. Lawrence）的爱德华·海曼（Ed Hyman）那样的经济学家，他关注废品的价格、存货的情况以及火车车皮的货运量，却完全不理会拉弗曲线（Laffer curves）和月相的变化。注重实践而非只会空谈理论的经济学家才是我所心仪的经济学家。

还有另外一个理论是说每隔五年我们就会遭受一次经济衰退，但是迄今为止经济衰退发生的情况却并非如此。我曾查阅过《宪法》，上面也没有写着每隔五年我们就必定会遭受一次经济衰退。当然，我希望在我们确实要进入经济衰退之前有人会对我发出警告，这样我就可以调整我的投资组合，但是我能提前准确预测出经济衰退的概率为零。有些人总想等着那些预测衰退即将结束或者牛市即将开始的铃声响起，但问题是这种铃声从来不会响起。记住，事情从来不会十分明朗，一旦明朗早已为时太晚。

在1981年7月和1982年11月间发生一次持续16个月的经济衰退，实际上这是我记忆中最可怕的时期。那些敏感的专业投资者怀疑他们是否要重新开始打猎、钓鱼和捡拾橡果，因为很快大家就不得不回到森林中过

⊖ 萧伯纳曾说："如果把经济学家首尾相连排列起来，他们也得不出一个结论。"（If all economists are laid end to end，they would not reach a conclusion.）——译者注

原始生活。在这次长达 16 个月的衰退期间，失业率为 14%，通货膨胀率为 15%，最低贷款利率（prime rate）[⊖]是 20%，但是我从来没有接到过一个电话告诉我说这次经济严重衰退将会发生。事后，很多人站起来宣布说他们已经提前预测到这一切，但是衰退发生之前没有一个人向我说起过经济衰退将会发生。

在最悲观的时刻，当 80% 的投资者都信誓旦旦地说我们即将回到 20 世纪 30 年代大萧条时期的时候，股市却突然出现了报复性的大反弹，突然之间整个世界一切都恢复正常了。

为历史重演做准备无济于事

无论我们是如何得出最新的金融分析结论的，但看起来我们总是在为最近已经发生的事情再次发生做准备，而不是在为将要发生的事情做准备。这种"为历史重演做准备"的方法是一种事后补救的方法，由于上次事情发生我们没有能够提前预测到而遭受损失，所以今后要做好准备以避免类似情况再次发生，亡羊补牢，为时未晚。

1987 年 10 月 19 日股市大跌后的第二天，人们开始担心市场将会再次崩溃。尽管市场已经崩溃过而我们也已经挺了过来（尽管我们事前没能预测到这种情况），现在我们却被股市崩盘可能再次重演吓呆了。那些因为恐惧而退出股市的人们想以此确保自己不会在下一次股市再次崩盘时再像上一次那样被市场愚弄，但是当市场出乎他们的意料根本没有再次崩盘而是开始上涨时，他们再一次受到了市场的愚弄。

上帝和我们开的一个最大的玩笑是，下一次的情况永远不会和上一次的

⊖　银行最低贷款利率（prime rate）：银行在一定时间和地点提供给信誉最好的客户的最低贷款利率。——译者注

一模一样，因此我们根本不可能为下一次的情况事先做好任何准备，这让我想起玛雅人认识世界的故事。

玛雅神话传说中世界曾遭到过四次灾难破坏，每一次玛雅人都从中得到了惨痛的教训，并且发誓说下一次会事先做好防范以更好地保护自己，但他们总是在为上次已经发生过的灾难做防范工作。第一次灾难是一场洪水，幸存者记住了这次洪水的教训，搬到了地势较高的森林中去，他们修筑堤坝和高墙，并把房子建在树上，但是他们的努力全白费了，因为第二次灾难是发生了火灾。

经过第二次灾难后，火灾中的幸存者从树上搬了下来并且尽可能住得离森林远远的。他们特地沿着一条陡峭崎岖的山间裂缝用石头建起了新的房屋，结果不久世界又遭受了一场大地震的破坏。我记不起第四次的灾难是什么了，也许是经济衰退，但是不管是什么灾难，玛雅人还是没有能够幸免于难，因为他们只是忙于为防止地震再次发生做准备了。

两千年之后的我们仍然在做着同样的事情，总是从过去已经发生过的情况中寻找未来将要出现的危险的征兆，但是只有当我们能够确定未来将要出现的灾难是什么时这样做才是行之有效的。不久前，有人担心石油的价格会跌到每桶 5 美元导致经济衰退，而再往前追溯两年，同样是这些人却在担心石油的价格会涨到每桶 100 美元导致经济衰退。过去他们曾经被货币供给增长过快吓坏了，而现在他们又被货币供给增长过慢吓坏了。上一次我们为通货膨胀做好准备时却遇到了经济衰退，而在我们为下一次的经济衰退做好准备时，却遇到了通货膨胀。

总有一天还会再出现经济衰退，这会给股票市场造成严重打击，如同与经济衰退相反的通货膨胀也会给股票市场造成严重打击一样。可能从现在我写作本书到这本书出版，将会发生一次经济衰退，也可能一直到 1990 年或 1994 年我们也不会遇上一次经济衰退。你问我，我又去问谁呢？

股市预测的鸡尾酒会理论

如果专业的经济学家也不能准确预测经济趋势，专业的股市分析师也不能准确预测股市走势，那么业余投资者能有多大的把握准确预测经济和股市呢？各位读者可能已经知道了我提出的这个问题的答案了。几年来，在宴会上我总是站在大厅中间，靠近盛着潘趣酒⊖的大酒杯旁边，听着离我最近的 10 个人谈论股票，总结出了我自己的一套关于市场预测的鸡尾酒会理论。

在股市上涨的第一个阶段——股市已经下跌了一段时间以至于根本没有人预测股市会上涨，人们都不愿谈论股票。事实上，如果他们慢慢地走过来问我从事什么职业时听到我的回答是："我管理着一家共同基金。"他们听完后会礼貌地点点头就走开了。即使他们没有走开，他们听了我的回答后也会很快把话题转到凯尔特球队的比赛、即将进行的大选或者天气情况上面，很快他们就会转过头去和旁边的一位牙医谈起有关治疗牙斑的事情。

当 10 个人宁愿与牙医谈论有关治疗牙斑的事情而不愿与一个共同基金经理人谈论股票时，很有可能股市将要止跌反弹了。

在第二个阶段，在我回答我是一位共同基金经理人后，新认识的客人在我身边逗留的时间会长一些——可能长得足够告诉我股票市场的风险有多大，然后他们又去和牙医交谈了，在鸡尾酒会上谈得更多的仍然是牙斑而不是股票。从第一个阶段开始到第二个阶段股市已经上涨了 15%，但是几乎没有人注意到这一点。

在第三个阶段，随着股市从第一阶段至此已经上涨了 30%，一大群兴致勃勃的人整晚都围在我的身边，根本不理会牙医的存在。一个又一个热情

⊖ 潘趣酒（punch）：一种由酒、果汁、汽水或苏打水调和而成并加有香料的饮料。——译者注

的客人把我拉到一旁问我应该买哪只股票，甚至连牙医也会这样问我。酒会上的每一个人都把钱投在了某一只股票上，他们都在谈论股市未来走势将会如何。

在第四个阶段，他们再一次簇拥到我的周围，但是这一次是他们告诉我应该买哪些股票，甚至是牙医也会向我推荐三五只股票。过了几天，我在报纸上看到了有关那位牙医向我推荐的股票的评论，并且它们的股价都已经上涨了。当邻居们告诉我该买哪只股票，而且后来股价上涨后我非常后悔没有听从他们的建议时，这是一个股市已经上涨到了最高点而将要下跌的准确信号。

对于我的这个鸡尾酒会理论，你可以随意参考，但是不要指望我会拿这个鸡尾酒会理论打赌。我根本不相信能够预测市场，我只相信购买卓越公司的股票，特别是那些被低估而且（或者）没有得到市场正确认识的卓越公司的股票是唯一投资成功之道。不论现在道琼斯工业平均指数是1000、2000还是3000点，在过去10年里一直持有万豪国际酒店集团公司（Merriott）、默克制药公司（Merk）以及麦当劳公司的股票，所获得的回报都会比持有雅芳、伯利恒钢铁公司以及施乐公司的股票要好得多，而且也比将资金投资在债券或货币市场基金上好得多。

如果你在1925年就购买了卓越公司的股票并且在股市大崩溃和经济大萧条期间一直持有（我承认这很难做到），那么到了1936年，你会对持有这些卓越公司的股票所获得的投资回报感到非常满意。

不要问未来股市会如何

市场应该是与投资无关的。如果我能够使你相信这一点，我写这本书的目的就达到了。如果各位不相信我的话，那么大家总会相信沃伦·巴菲特吧，巴菲特曾这样写道："股票市场根本不在我所关心的范围之内。股票市场的存在只不过是提供一个参考，看看是不是有人报出错误的买卖价格做傻事。"

巴菲特已经把他控股的伯克希尔－哈撒韦公司（Berkshire Hathaway）变成了一家具有非凡盈利能力的公司。20 世纪 60 年代初期，这家卓越的公司的股票每股股价为 7 美元，现在则上涨到了每股 4900 美元。当时向伯克希尔－哈撒韦公司股票投资 2000 美元持有到现在能够获得 700 倍即 140 万美元的投资回报，如此惊人的投资业绩使巴菲特成了一位超凡入圣的投资大师。巴菲特之所以能够成为有史以来最伟大的投资者的原因在于，当他认为股票被严重高估时，他就把所有的股票都卖掉，然后把包括一大笔投资利润在内的所有资金退还给他的投资合伙人。以我个人的经验来看，巴菲特这种自愿返还其他人愿意让他继续管理并支付管理费的投资资金的做法在金融史上是前无古人后无来者的。

我希望自己能够预测股市走势和预测经济衰退，但这是根本不可能的，因此我也满足于能够像巴菲特那样寻找到具有盈利能力的好公司。即使在非常糟糕的熊市行情中我也照样赚到了钱，当然在非常强劲的大牛市行情中我也赔过钱。我最喜欢的 10 倍股中有几只股票在股市行情非常糟糕的时期却创造了最大的涨幅。塔可钟的股票在最近两次经济衰退中却直线上涨。20 世纪 80 年代中股票市场下跌的唯一年份是 1981 年，然而这一年却是购买 Dreyfus 的最佳时刻，从这一年起它开始了从每股 2 美元到 40 美元的令人难以置信的上涨，但是我生生错过了这只上涨 20 倍的大牛股。

仅仅为了进行讨论，我们不妨假设你能够绝对准确地预测到下一次的经济繁荣，你希望通过选择几只股价将会一飞冲天的股票以从你的预测中获利，在你能够准确预测经济发展前景的情况下你仍然需要选择正确的股票，这和你无法预测经济发展前景时完全一样。

如果你事先知道佛罗里达的房地产市场将会一片繁荣，你从相关上市公司中选择了 Radice 公司的股票，那么你的这笔投资将会亏损掉 95%。如果你事先知道计算机行业将会繁荣起来，并且在未做任何研究的情况下选择了 Fortune System 公司，你将会眼睁睁地看着它的股价从 1983 年的 22 美元下跌到 1984 年的 1.875 美元。如果你事先知道 20 世纪 80 年代初期航空公司的前景非常看好而投资于人民航空公司或者泛美航空公司的股票会得到什么样的回报呢？人民航空公司突然倒闭，泛美航空公司由于管理不善使股价从 1983 年的每股 9 美元下跌到了 1984 年的每股 4 美元。

我们假设你事先知道钢铁行业正在复苏，因此你列出了一系列钢铁公司的股票名单，并把这张名单固定在一个飞镖靶盘上，然后向名单投掷飞镖，结果投中 LTV 公司股票。LTV 公司的股票在 1981～1986 年，从每股的 26.5 美元跌到了 1.125 美元。大致上也是在同一时期，同样是钢铁行业的 Nucor 公司的股票却从每股 10 美元上涨到了 50 美元。（两只股票我都买了，但为什么我卖出了 Nucor 的股票而继续持有 LTV 的股票呢？可能我也是用投飞镖的方法来选择卖出哪只股票的。）

一个又一个案例表明，即使正确预测市场走势却选错了股票仍然会让你亏损掉一半的投资。如果你依赖整个大盘的上升来带动你选择的股票上涨，那么你最好还是坐上大巴去亚特兰大城赌博算了。如果你早晨醒来时暗自思忖的是：“我打算买股票，因为我估计今年股市会上涨”，那么你应该拔掉电话线并且尽可能离股票经纪人越远越好，你想要依赖预测市场走势来投资赚钱，这是根本不可能的。

如果你真的要担心什么事情的话，那么担心一下西点 - 佩珀瑞尔公司（West Point-Pepperell）的床单生意如何，或者塔可钟的新产品超级墨西哥玉米煎饼卖得如何吧。投资者要做的是选择一只正确的股票，至于股市自己会照顾自己的。

这并不是说不存在被高估的市场，而是说担心股市好坏是毫无意义的。当你无法找到一只合理定价或者能够满足你的其他选择标准的公司股票，这时你就会知道市场已经被高估了。巴菲特说他把资金退还给合伙人是因为他对合伙人说他根本找不到任何一只值得投资的股票，他仔细研究了数百家公司，结果发现根据基本面分析没有一家公司的股票值得买入。

我所需要的唯一买入信号就是找到一家我喜欢的上市公司，在这种情况下买入股票永远不会太早也不会太迟。

本部分要点

- 不要过高估计专业投资者的技巧和智慧。
- 充分利用你已经知道的信息和知识。
- 寻找那些尚未被华尔街发现和证实的投资机会——在华尔街"雷达监测范围之外"的公司。
- 在投资股票之前先买一套房子。
- 投资的是公司，而不是股市。
- 忽略股市的短期波动。
- 投资股票能够赚大钱。
- 投资股票也能够亏大钱。
- 预测经济是没有用的。
- 预测股市的短期走势是没有用的。
- 股票的长期回报相对而言是可以预测的，而且远远高于长期债券的投资回报。
- 持续关注你所持有股票的公司情况，就像是在玩一局永远不会结束的梭哈扑克牌游戏。

- 并不是每个人都适合进行股票投资，也并不是每个人一生中的每个阶段都适合进行股票投资。
- 一般业余投资者早在专业投资者数年之前，就已经十分了解当地优秀的上市公司及其产品了。
- 拥有一种与众不同的优势将会帮助你在股票上赚钱。
- 在股票市场上，一鸟在手胜过十鸟在林。

第二部分

ONE UP ON WALL STREET

挑选大牛股

　　本部分我们将会讨论：如何充分利用自身的优势，如何寻找最有潜力的公司，如何评估你所持有的公司股票，如何将公司股票划分成六种不同的类型，每一种类型的股票你应该期望得到什么样的回报，理想公司的特点，你应该不惜一切代价避免投资的公司的特点，公司盈利状况对于投资一只股票最终成败的重要性，在研究一只股票时应该关注哪些问题，如何监视一家公司的发展情况，如何获得公司发展的真实信息以及如何评价这些重要的基本指标，例如现金、负债、市盈率、盈利、账面价值、股息等。

| 第 6 章 |

寻找 10 倍股

寻找 10 倍股的最佳地方就是从你家附近开始：在那里找不到，就到大型购物中心去找，特别是到工作的地方去找。我们前面已经提到过很多 10 倍股，例如 Dunkin's Donuts 甜甜圈公司、The Limited、斯巴鲁、Dreyfus、麦当劳、Tambrands 以及 Pep Boys 汽车配件公司，第一批发现这些公司经营非常成功的投资者遍布全美各个地方，新英格兰的那位消防员、肯德基公司在俄亥俄州第一家连锁店的消费者、那些蜂拥冲进 Pic'N'Save 公司的顾客，这些业余投资者早在华尔街得到最初的信息之前就有机会对自己说："这家公司太棒了，我是不是应该买入它的股票呢？"

一般来说，投资者一年中会有两三次碰上很有希望获得成功的投资机会，有时机会可能更多。Pep Boys 汽车配件公司的高级管理人员、一般员工、律师、会计师、供货商、广告公司、广告牌制作商、新店的建筑承包商，甚至是拖地板的清洁工肯定都看到了 Pep Boys 公司经营上的成功，数以千计的潜在投资者已经得到了这个股票投资"消息"，这还不包括那些规模更为庞大的数以万计的顾客。

同时，Pep Boys 的员工购买保险时可能已经注意到保险的价格正在上升，这是一个保险行业将要好转的良好信号，也许应该考虑投资那些提供保险服务的公司的股票，或者 Pep Boys 新的汽车修理店的建筑承包商注意到水泥的价格持续走稳，这对水泥供应厂商来说是一个好消息。

在零售和批发的整个商业链上从事制造、销售、清洁、分析的人员都会碰到很多选择股票的好机会。在我本人所从事的共同基金行业中，销售人员、员工、秘书、分析师、会计、电话接线生以及电脑安装人员，所有这些人几乎都不会忽视 20 世纪 80 年代初期共同基金行业大繁荣，而正是这次基金行业大繁荣使得共同基金公司的股票狂涨了很多倍。

你不必成为埃克森公司的副总裁就能够察觉到这家石油公司的业务有多么繁荣，或者是油价反转上涨。如果你是一个油田的非技术工、地质学者、钻探工、供货商、加油站老板、加油站工人，或者甚至是加油站的客户，就会注意到这些情况。

你不必在柯达的总公司上班就可以知道日本制造的价格便宜、操作简单、质量上乘的新一代 35mm 照相机正给照相机行业带来新的生机，胶卷销量正在上升。无论你是一个胶卷销售人员、照相机店的老板或者员工，都会注意到这种情况。也许你是一位当地的婚纱摄影师，你可能看到五六位新人的亲戚正在婚礼上拿着自己的照相机四处乱拍，以至于几乎影响到你这位专业摄影师拍照了。

你不必成为世界级大导演史蒂文·斯皮尔伯格就可以知道一部新上映的一炮而红的电影大片或者是一系列这样的电影大片将会推动派拉蒙影视公司或者奥利安影视公司（Orion Pictures）的盈利强劲上涨。你可能是一个演员、临时演员、律师、照明师、化妆师或者只是一个当地影院的引座员，当你发现六个星期以来连站席都挤满了人时，就会开始研究投资于奥利安影视公司股票的利弊了。

你可能是一位老师，并且当地教育委员会选择了你们学校来试验一种用来点名的新装置的性能，这种设备可以为老师节约浪费在点名上的数千小时时间。如果是我的话，我会问的第一个问题就是："这种玩意儿是哪家上市公司制造的？"

自动数据处理公司（Automatic Data Processing）这家一周内能为 180 000 个中小型公司处理 900 万份薪水支票的公司又如何呢？这家公司的股票已经成了上涨幅度创造历史纪录的最佳股票之一：这家公司于 1961 年上市并且公司盈利每年都在增长，从来没有下降。它盈利最差的一年也比前一年增长了 11%，而当时正是许多上市公司都出现亏损的 1982 ～ 1983 年的经济衰退时期。

自动数据处理公司听起来好像是属于那种我竭力避开的高科技企业，但事实上它并不是一家电脑公司，它只是用电脑来处理薪水支票。作为新技术的用户，这家公司成了高科技的最大受益人。由于竞争推动电脑价格不断下降，像自动数据处理公司就能够以更便宜的价格购置电脑设备，使公司的经营成本不断下降，这只会使公司的利润进一步增加。

没有经过大肆的宣传，这家业务十分平凡的公司的股票最初以每股 6 美分（根据股票分割进行股价调整）的价格公开上市，现在的股价已经上涨到每股 40 美元，这是一只长期持有上涨 600 倍的超级大牛股。在 1987 年 10 月股市大跌之前，这家公司的股票价格一度上涨到了每股 54 美元，其账上的现金是负债的 2 倍，而且没有迹象表明它的增长速度会放缓下来。

作为自动数据处理公司客户的 180 000 家公司的管理人员和一般员工肯定都知道这家公司经营得十分成功。由于自动数据处理公司最大和最好的客户都是华尔街主要的证券公司，因此半个华尔街都应该知道这家公司经营得十分成功。

经常出现的一种情况是，当投资者正在努力挑选一只好股票时，一只好股票也正在努力地挑选投资者。

溃疡药背后隐藏的 10 倍股

你可能想象不到在自己的一生中会碰到这样的投资机会吗？假如你退休了，住在距离最近的城镇 10 英里以外的乡下，自己种粮食，也没有电视看，这种情况下怎么会碰上投资机会呢？但是，可能有一天你不得不去看医生，因为乡村生活使你患上了胃溃疡，这正好使你能够碰到一只上涨 10 倍的大牛股——美国史克必成制药公司（SmithKline Beckman）。

数以百计的医生、数以千计的病人、数以百万计的病人的朋友和亲属都听说过神奇的泰胃美（Tagamet），它于 1976 年开始上市，那些天天为病人配药的药剂师以及那些每天都要花费一半工作时间送药的快递员也肯定知道这种药是多么畅销，泰胃美对痛苦的胃溃疡病人来说是治病的良药，对投资者来说则是投资的良机。

对病人来说最好的药品是那种能够一次治愈药到病除的良药，而对投资者来说最好的药品则是那种病人需要不断地购买服用的常用药。泰胃美属于后者，它对缓解胃溃疡的痛苦有很好的疗效，但是作为直接受益者的病人必须不断地服用才行，这使得泰胃美的制造商美国史克必成制药公司的股东成了间接受益者。受益于十分畅销的泰胃美，这家公司的股票从 1977年的每股 7.5 美元上涨到了 1987 年的每股 72 美元。

用药的病人和开药的医生在华尔街的专家之前很久就已经知道了这家十分成功的制药公司。毫无疑问，华尔街的某些专业投资者也曾得过胃溃疡——投资业可是一个工作非常紧张的行业，但是他们一定没有把美国史克必成制药公司的股票列入推荐买入股票的名单，因为在该药上市一年之后该公司的股票才开始大幅上涨。1974～1976 年，该药进行临床试验期间，美国史克必成制药公司的股价从每股 4 美元缓缓上涨到了每股 7 美元，1977 年当政府批准泰胃美可以正式上市销售时，股价为每股 11 美元，从此以后，它的股价一路狂涨到 72 美元（见图 6-1）。[⊖]

如果你错过了泰胃美，还可以从葛兰素公司（Glaxo）和这家公司的治疗胃溃疡的神奇药品善胃得（Zantac）上得到第二次投资机会。20 世纪 80 年代初期，善胃得通过了临床试验，1983 年获得美国政府的批准正式上市。善胃得像泰胃美一样非常受欢迎，从而给葛兰素公司带来了巨大的利润。1983 年中期，葛兰素的股价为 7.5 美元，到 1987 年上涨到了 30 美元。

那些给病人开了泰胃美和善胃得的医生买入美国史克必成公司和葛兰素公司的股票了吗？在某种程度上我怀疑他们当中的大部分人都没有买入这两家公司的股票，更有可能的情况是这些医生把所有的资金都买入了石油股，可能是因为他们听说加利福尼亚州联合石油公司（Union Oil of California）可能会被收购，而联合石油公司的管理人员可能买入的是医药股，特别是像美国外科中心（American Surgery Center）之类的热门股票，这只股票 1982 年股价为每股 18.50 美元，可是后来下跌到了每股只有 5 美分。

⊖ 我经常一天里不断查看股票走势图。在办公室里，我身边一直放着一本股票走势图手册，在家里也会放一本，以提醒自己记住股票投资中那些重大的事件和让我感到羞辱的事情。当大多数人拿出家庭影集来翻看时，我却拿出这些奇妙的股票走势图来细细翻看。如果说此时生活在我的眼前一幕幕重新展现时，我敢打赌我所看到的是：飞虎航空公司的股票走势图，那是我的第一只 10 倍股；苹果电脑公司的股票走势图，这要部分归功于我家人对苹果电脑的喜爱才让我重新发现了这只股票；宝丽来相机公司的股票走势图，这让我想起了我和我的新婚妻子在蜜月中买了一台宝丽来相机，那还是早期的相机，我们必须先得让胶卷冲洗 60 秒后才能看到照片，可是我们两个人都没有戴手表，于是卡罗琳充分利用她的生理学专业知识，通过数脉搏的方法计算出了冲洗的准确时间。

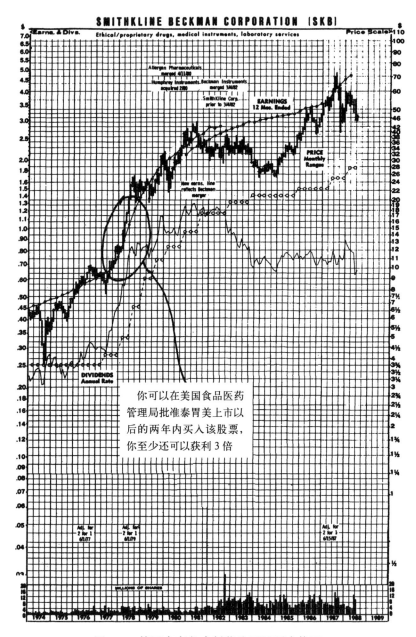

图 6-1　美国史克必成制药公司股票走势图

一般情况下，如果你对医生进行调查，我敢打赌他们当中可能只有一小部分人购买了医药股，而大部分人购买的是石油股；如果你对鞋店的老板进行调查，则可能结果是绝大多数人买了航空股而不是制鞋业的股票，反过来航空工程师可能涉足更多的是制鞋业的股票。我实在想不明白：为什么股票就像门前的草坪一样，人们总是觉得别人家的草坪更绿一些呢？

可能人们觉得股票投资盈利的好机会似乎不太可能就出现在自己的身边，以至于人们都想象这种好机会肯定只会出现在离自己非常遥远的地方，正如我们所有人都认为完美的行为只会出现在天堂而不是人间，因此那些在医药行业内多年对处方药了如指掌的医生更愿意购买在熟悉的医药行业之外的斯伦贝谢石油服务公司的股票，尽管他对这家石油服务公司一无所知，而斯伦贝谢石油服务公司的高级管理人员则可能更愿意持有强生公司和美国家居产品公司（American Home Product）这类他们一无所知的医药行业的股票。

真的，真的。要判断一只股票会不会上涨并没有必要完全了解公司的所有情况，但投资者应该明白非常重要的两点：①一般来说，石油专家比医生在买卖斯伦贝谢石油服务公司的石油股上更具有优势；②一般来说，医生在投资医药股上要比石油专家的优势大得多。一个在某一行业拥有优势的人总是比没有优势的人在这一行业进行股票投资的胜算更大——毕竟在行业上没有优势的人是最后一个知道这一行业发生重大变化的人。

那些石油公司的员工因为经纪人的建议而购买了美国史克必成制药公司的股票，根本没有发现溃疡病人已经不再服用泰胃美而是选择了其竞争对手的药，直到这些不利的消息已经完全"提前反映"在股票价格上，导致该公司的股票价格下跌了40%，这时他才明白。"提前反映"（discounting）是华尔街的专家假装已经提前预测到公司发生意外事件的一种委婉说法。

另外，石油公司的员工将是最早看到石油产区复苏迹象的一批人之一，这样的复苏将促使斯伦贝谢石油服务公司最终重振雄风。

尽管购买那些自己一无所知的股票的人们也可能会因为非常幸运地碰上一只大牛股而获得丰厚的回报，但在我看来他们是在给自己加上完全不必要的障碍进行竞争，这就像一位马拉松运动员决定在雪橇比赛中捍卫自己的名誉一样。

消费者和行业专家两种投资优势

前面我们刚刚已经谈了石油公司的管理人员和他的行业知识，在这一章中我们将石油公司管理人员及其行业知识与在 Pep Boys 汽车配件公司的收款处排队付款的顾客及其行业知识结合在一起进行叙述。当然，将二者相提并论是非常荒谬的，前者是专业人士对这个行业运作的深入了解，后者则是消费者对所喜爱的产品的体验和认识，这两种优势在选股时都非常有用，但是以不同的方式发挥作用。

专业优势特别有助于确定是否买入那些业务已经恢复过来一段时间的公司，尤其是那些处于所谓的周期性行业中的公司的股票。如果你在化工行业工作，那么你将是第一批发现聚氯乙烯（polyvinyl chloride）的需求在增加、价格在上涨、库存在减少的人。你能够比别人更早知道有没有新的竞争对手进入这一行业，有没有正在兴建的新工厂，而且建成一家新工厂要花两三年的时间，所有这些情况都表明，目前正在生产该产品的企业将会获得更高的利润。

如果你自己开了一家固特异轮胎专卖店，经过连续三年销售不景气后，你突然发现客户新的订单应接不暇，这就给了你一个固特异公司业绩将要上涨的强烈信号。你已经知道固特异公司的新型高性能轮胎是最好的轮胎，你就应该给经纪人打电话询问固特异公司最新的基本面情况，而不是等经纪人打电话来告诉你有关你根本不太了解的王安电脑公司（Wang Laboratories）的情况。

除非你的工作是与电脑有关的行业，否则王安电脑公司的股票消息对于根本不懂电脑行业的你来说又有什么用呢？与根本不懂电脑行业的大多数人相比你能比他们强多少呢？如果你的答案是你也不比大多数人懂得更多，这就表明你在研究王安电脑公司上根本没有优势。如果你销售轮胎、制造轮胎或者配送轮胎，你在研究固特异公司上就有明显的优势。所有在制造行业链条中制造和销售产品的人们都会碰到过许许多多选择好公司股票的机会。

无论是服务行业、财产保险行业，还是图书行业，你都有可能会发现一家经营突然好转的公司。任何一件产品的买卖双方都会注意到这种产品供应短缺还是供过于求，销售价格是涨还是跌，市场需求是增还是减，这类信息在汽车业中并没有什么太大的价值，因为汽车销售情况每十天就会被公开报道一次。华尔街痴迷地追踪着汽车行业，但是在大多数其他行业中，在基层工作的草根观察人士能够比专职的金融分析师提前 6～12 个月的时间发现这些行业经营突然好转的信息，因此业余投资者就拥有了相对领先的优势，能够早于专业投资者预测到这些行业上市公司盈利好转，我后面会告诉你，盈利上涨相应会使公司股价上涨。

并非只有销售情况好转才能引起你的注意，也可能是你所知道的那家公司有巨额的没有记录在资产负债表上的隐蔽资产。如果你在房地产行业工作，可能你会知道一家连锁百货公司在亚特兰大的闹市区拥有四座大厦，而这四座大厦是以南北战争以前的价格水平入账的，这无疑是一大笔隐蔽资产。类似这种巨额的隐蔽资产也可能会出现在经营黄金、石油、木材以及电视传媒业务的公司上。

你所寻找的是具有以下特征的公司股票：每股股票的资产价值超过了每股股票的市场价格。在这种让人高兴的情况下，你真的可以不花一分钱就能买到一大笔价值不菲的资产，我自己就做了很多次这样的股票投资。

Storer Communications 及其分公司的许多雇员以及无数在有线电视或者电视广播网工作的人们，都可以计算出 Storer 的电视台和有线网络的真实资产价值相当于每股 100 美元，而它的股票价格却只有每股 30 美元。公司的管理人员知道这个情况，节目编排人员可能也知道，摄影师可能也知道，甚至连负责安装有线电视光缆的工人可能也知道，所有这些人要做的只不过是以每股 30 美元、35 美元、40 美元或者 50 美元的价格购买 Storer 的股票，并且一直等到华尔街的投资专家最后也发现了这只股票的真实价值。确实，1985 年下半年 Storer 的股票以每股 93.50 美元被收购进行私有化，这一价格到了 1988 年又被证明是一个非常便宜的价格。

我可以在本书余下的部分继续分析在某一个行业中工作给普通选股者带来的优势。除此之外，作为消费者在选股上的优势是其消费经验十分有助于选择成立不久的新公司发行的规模较小的、发展很快的公司股票，特别是处在零售行业中的这种公司股票。令人兴奋的是，在选股时无论利用在某一行业中工作的优势还是作为消费者亲身体验的优势，你都可以发展你自己特有的一套选股系统，而这种系统完全独立于华尔街常规选股渠道之外，如果你依赖华尔街投资专家的推荐来选股，那么你总是要比专业投资者晚得多才能得到重要的投资信息。

我个人的绝对优势

在金融服务业和共同基金业的繁荣时期，我在富达公司做基金经理，还能有谁在投资基金公司的股票上比我的优势更大呢？如果我能够利用我个人的优势来抓住基金行业中的好股票，将是我弥补错过 Pebble Beach 高尔夫球场公司股票的绝佳机会，要是我能在自己非常熟悉的基金公司股票上大赚一笔，那么大家也许就会原谅我错过了 Pebble Beach 那次令人难以置信的投资机会，毕竟高尔夫球和航海运动只不过是我夏天的业余爱好，而管理共同基金则是我的正式工作。

我在富达基金公司工作了将近 20 年，我认识华尔街主要的金融服务公司里一半的高级管理人员，我天天都看着这些公司股票每天涨涨跌跌的情况，我本来应该早在华尔街的分析师数月之前就注意到这些金融服务公司的重要变化趋势。在 20 世纪 80 年代初期面对金融服务业和共同基金业大繁荣时期，我就坐在金山银山上，没有人比我更有机会也更有把握抓住这些后来表现牛气冲天的基金公司股票了。

那些印刷基金招募说明书的人一定已经看到了这次投资机会，他们加班加点还几乎无法满足共同基金的所有新增投资者的需求。当基金销售人员开着 winnebago 汽车穿梭往来于全国各地、带着新募集来的数十亿美元的资金回到基金公司总部时，他们一定也已经看到了这一投资良机。那些办公设备维护人员一定已经看到了 Federated、Franklin、Dreyfus 和富达这些基金管理公司办公室面积大规模扩张，共同基金公司出现了历史上从未有过的繁荣，人们一直在疯狂地买入共同基金。

富达基金公司并不是一家上市公司，因此在这场疯狂之中你可以购买富达基金公司发行的基金却无法购买富达基金公司的股票。但是你可以购买 Dreyfus 基金公司的股票呀！想看看一个价格一路直线上涨的股票走势图吗？1977 年 Dreyfus 基金公司的股票为 40 美分，到了 1986 年上涨到接近 40 美元，9 年时间上涨了 100 倍，而且在其上涨的大部分时间里股市十分低迷。Franklin 基金公司的股票更是上涨了 138 倍，Federated 基金公司在被埃特纳（Aetna）人寿保险公司收购之前股价涨了 50 倍。我对这几家基金公司都了如指掌。我对 Dreyfus、Franklin 和 Federated 公司发展的整个过程从头到尾都一清二楚，它们的经营状况都很好，收益也在不断增加，其未来增长势头非常明显（见图 6-2）。

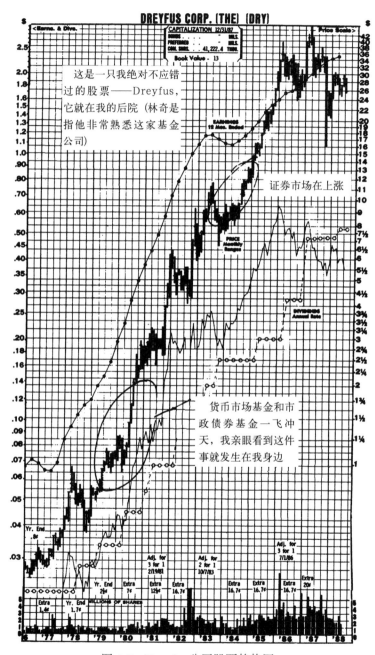

图 6-2 Dreyfus 公司股票趋势图

那么，到底我从这几家基金公司大牛股上赚了多少钱呢？一分钱也没有。我竟然连任何一家金融服务公司的一股股票都没有买过。Dreyfus 基金公司的股票一股也没买，Franklin 基金公司的股票一股也没买，Federated 基金公司的股票一股也没买。我错过了金融服务业和共同基金业所有的大牛股，当我恍然发现这些基金公司的股票是真正的大牛股时早已为时太晚了。我想我可能就像前面提到的那些医生一样，只顾忙于研究自己所在行业之外的加利福尼亚州联合石油公司的股票了。

每一次我看到 Dreyfus 公司的股票走势图，它都会提醒我牢记我一直在告诉别人的投资建议：购买自己所了解的公司股票。我们每一个人都不应该再让自己熟悉的行业中的大牛股的投资机会从我们眼皮底下白白溜走，我自己再也不会犯这种错误了。1987 年市场大跌再一次给了我投资 Dreyfus 基金公司股票的机会，我这次牢牢地抓住了（详细情况见第 17 章）。

表 6-1 所列的只是我掌管麦哲伦基金期间错过或者过早卖出的 10 倍股中的一小部分股票。对于表 6-1 中的一些 10 倍股，我没能耐心长期持有而过早卖出，结果只赚到了一点点钱，而其他股票因为我时机把握不当或者思维混乱而亏损。各位读者会注意到表 6-1 中所列的公司仅仅包括从英文名称开头字母为"a"到开头字母为"m"的公司，我这样做仅仅是因为把它们全部写下来会让我累得够呛。这样一份不完整的记录就如此之多，由此你可以想象一下我曾错过的 10 倍股的投资机会有多少。

表 6-1　我错过的大牛股

AAR	Ball
Adams-Millis	Bard（CR）
Affiliated Publications	Bemis
Albertson's	Bergen Brunswig
Alexander & Baldwin	Betz Labs
Alexander's	Brunswick

（续）

Allegheny Corp.	Capital Cities
Alza	Carolina Freight
American Family	Carson Pirie Scott
American Greetings	Carter Wallace
American International	Chicago Milwaukee
Ames Department Stores	Chris-Craft
Anheuser-Busch	Commercial Metals
Automatic Data Processing	Community Psychiatric
Aydin	Cray Research
Dean Foods	Helene Curtis
Deluxe Check Printers	Hershey Foods
Dillards	Hillenbrand
Dow Jones	Hospital Corp.Amer.
Dun & Bradstreet	Houghton Mifflin
EG&G	Humana
Emerson Radio	Jostens
Ethyl	Limited（The）
Figgie International	Liz Claiborne
First Boston	Lockheed
Flightsafety Intl.	Loews
Flowers	Manor Care
Forest Labs	Marriott
Fuqua Industries	McGraw Hill
The Gap	Media General
Geico	Melville
General Cinema	Meredith
Giant Food	Molex
Handleman	Mylan
Harland（John）	

第 7 章

6 种类型公司股票

无论你是怎样注意到一家公司的股票的，不管是在办公室、在购物中心、吃了某样食品、购买了某件东西，还是从你的经纪人、岳母，甚至是从伊万·博斯基（Ivan Boesky）[⊖]的假释官那里听到的消息，你都不应该将这种发现看作一个股票买入信号。Dunkin'Donuts 门前总是人山人海，或者雷诺金属公司（Reynolds Metals）的铝产品订单量超过了它的加工能力，并不意味着你就应该买入它们的股票，这还远远不到确信值得购买的时候呢。到此时为止你所了解的信息只不过是一个需要进一步展开的故事的开头而已。

事实上，你应该将最初的信息（任何引起你注意一家公司的东西）看作秘密塞进你信箱的一条匿名却让人很感兴趣的消息。这种态度就可以避免只是因为你看到某种你喜欢的东西就一时冲动马上买入一家公司的股票，

⊖　伊万·博斯基是 20 世纪 80 年代在华尔街叱咤风云的知名人物，借由在企业宣告并购前大量购买该公司股票来牟取大量获利，他的财富曾高达 2 亿美元，其名言是"贪婪是健康的"（Greedis healthy），但最后因内幕交易入狱两年，还付出了 1 亿美元作为罚款和赔款。他在 1993 年声称自己一贫如洗，从前妻手中赢到了 2000 万美元的离婚赡养费，从此销声匿迹。——译者注

或者更糟糕的是只是由于给你消息的人名声很大就马上买入这只股票，比如："哈里叔叔正在买入这只股票，他做股票投资发了大财，因此他推荐这只股票肯定有道理吧。"或者是，"哈里叔叔正在买入这只股票，我也跟着他买进，他上一次推荐的股票就上涨了一倍。"

就像一步步弄清一个故事的情节一样，全面深入研究一家公司真的一点也不难，最多不过是花上几个小时而已。在随后的几章里，我会向各位讲述我是怎么分析公司的以及业余投资者从哪里可以找到最有用的信息来源。

我认为，购买股票之前首先要做好公司分析研究的功课，这和你以前发誓不再理会股票市场短期波动同等重要。可能有些人根本不做我所说的这些前期分析研究功课也在股票市场上赚到了钱，但是为什么要冒根本不必要的风险呢？**不做研究就投资如同不看牌就玩梭哈扑克游戏一样危险。**

由于某些原因，股票分析这一行被搞得看起来非常神秘又高深莫测，让业余投资者敬而远之，以至于那些在日常消费中非常谨慎的业余投资者在股票投资上却非常轻率，只是一念之间就将一生的积蓄都投在了某只根本没有仔细研究过的股票上面。一对夫妇可以花费整整一个周末的时间来寻找去伦敦的最低机票，但是当他们购买 500 股荷兰航空公司（KLM）的股票时在分析这家公司上花费的时间连 5 分钟都不到。

让我们来回顾一下汉德图斯夫妇的故事，他们自以为是十分精明的消费者，即使是买一个枕头套也要仔细阅读上面的商品标签。为了买到最物美价廉的洗衣皂，他们一遍遍地比较洗衣皂包装盒子上面标明的重量和价格，他们计算每流明的功率（watts-per-lumen）来比较哪种灯泡最实惠，但是他们这样想方设法辛辛苦苦节省下来的那点儿小钱，与汉德图斯在股票市场上投资屡屡惨败所亏损掉的一大笔钱来比根本不值一提，真是捡了芝麻丢了大西瓜。

在躺椅上读《消费者报告》（*Consumer Reports*）上那篇比较五种流行品

牌的卫生纸厚度和吸水性文章的难道不是汉德图斯吗？他正在考虑是不是改用 Charmin 品牌的卫生纸，但是在他投资 5000 美元购买生产 Charmin 卫生纸的宝洁公司股票之前会不会花费相同的时间仔细阅读宝洁公司的年报呢？当然不会。他根本不做研究就买入了宝洁公司的股票，后来收到宝洁公司的年报后一眼也不看就把年报扔进了垃圾桶。

这种愿意花上几小时研究 Charmin 卫生纸的性能却不愿意同样花上几小时研究生产 Charmin 卫生纸的宝洁公司年报的投资综合征是一种常见病，但是很容易治愈，你只需在选股时和选购日常用品一样用心分析研究就可以治愈此病了。即使你已经购买了一些股票，再次对这些公司进行仔细分析研究也是很有必要的，因为其中有几只股票的走势可能不会甚至根本不可能会与你的预期完全相符。之所以如此，是因为股票市场上有不同类型的股票，并且每一种类型股票的股价上涨空间都有一定的限度。在分析公司股票时，你需要对不同类型的股票进行初步分类以区别对待。

这种产品对公司净利润的影响有多大

宝洁公司是我下面要谈的内容的一个很好的例证。你还记得我曾说过 L'eggs 是 20 世纪 70 年代两个最赚钱的新产品之一，另一个最赚钱的产品就是帮宝适牌纸尿裤（Pampers）。一个婴儿的任何一位亲戚朋友都会发现帮宝适牌纸尿裤多么受欢迎，一看包装盒就会知道帮宝适牌纸尿裤的生产厂商是宝洁公司。

但是，是不是仅仅根据帮宝适牌纸尿裤大受欢迎这一点，你就应该马上去买宝洁公司的股票？如果你进一步研究宝洁公司的情况，就不会如此冲动了。用五分钟的时间，你就会发现宝洁公司是一家规模非常庞大的公司，帮宝适牌纸尿裤的销售收入仅占整个公司销售收入的一小部分。帮宝适牌纸尿裤的成功的确对宝洁公司整体的净利润有一定的影响，但是它对宝洁公司整体的影响程度远远不及 L'eggs 连裤袜对 Hanes 这样的小型公司的影响程度那么巨大。

如果你由于一家公司生产的某一种产品很受欢迎而考虑购买它的股票，那么你首先要弄清楚的第一个问题是：这种产品的成功对于这家公司的净利润影响程度有多大？我记起 1988 年 2 月，投资者对强生公司生产的一种名为 Retin-A 的护肤霜表现出极大的热情，从 1971 年以来这种护肤霜一直是作为治疗粉刺的药品出售，但是最近一项医学研究表明它可能对治疗由日晒引起的皮肤色斑也有效果，报纸因此对 Retin-A 的故事非常热衷而大肆宣传报道，记者用大字标题称之为抗衰老护肤霜和"抗皱灵"，你看了这些宣传报道甚至可能会认为强生公司已经发现了让人永葆青春的神水。

那么，后来发生了什么呢？强生公司的股票两天内（1988 年 1 月 21 日至 22 日）上涨了 8 美元，使得整个公司股票市值增加了 14 亿美元。在这些大肆张扬的宣传引发的对强生股票的狂热追捧中，那些追涨买入股票的投资者可能忘记了 Retin-A 护肤霜前一年只给强生公司带来了 3000 万美元的销售收入，而该产品新的防止日晒损害皮肤的功能仍然有待美国食品及药物管理局（FDA）进一步审查才能确认。

在另外一个大致也发生在相同时间内的案例中，投资者却做了充分的分析研究功课。一份新的医学研究报告指出：每隔一天服用一片阿司匹林可能会减少男人患上心脏病的危险。这项研究使用的是百时美公司生产的Bufferin 牌阿司匹林，而百时美公司的股价却几乎没有发生什么变化，只是稍稍上涨了 50 美分达到了每股 42.875 美元。一定有很多人都已经注意到，Bufferin 牌阿司匹林去年的国内销售额是 7500 万美元，还不到百时美公司总销售收入 53 亿美元的 1.5%。

阿司匹林的销量对整个公司影响较大的是生产拜耳牌阿司匹林的

Sterling 制药公司，后来这家公司被伊士曼·柯达公司收购。阿司匹林的销售收入占 Sterling 制药公司总收入的 6.5%，但该产品的利润接近公司总利润的 15%，阿司匹林是 Sterling 制药公司最赚钱的产品。

公司越大，涨幅越小

公司的规模大小与投资者从其股票中得到的预期投资收益有很大关系。你对其股票感兴趣的公司规模有多大呢？抛开具体的产品不谈，规模大的公司股票一般不会有太大的涨幅。虽然在某种市场情况下大公司的股票可能表现不错，但是只有投资于规模较小的公司股票才有可能获得涨幅最大的投资收益。你买入像可口可乐这种巨型公司的股票时，根本不要指望两年后它的股价可以上涨 4 倍。如果你在合适的价位买入可口可乐的股票，可能 6 年后你的投资会上涨 3 倍，但是想要持有可口可乐股票短短两年时间内就大赚一笔是根本不可能的。

宝洁和可口可乐公司本身并没有出现什么差错，最近两家公司的表现仍然非常出色，但是你需要知道的是，由于它们是大公司，因此你不要对大公司股票的涨幅抱有自欺欺人的幻想和不切实际的期望。

有时一连串的不幸会使一家大公司陷入绝望的困境之中，而一旦它从中恢复过来时，它的股票就会出现一个很大的上涨。克莱斯勒汽车公司、福特公司和伯利恒钢铁公司都曾演绎过这种故事。伯林顿北方公司（Burlington Northern）不景气时，它的股票从 12 美元跌到 6 美元，后来公司恢复元气后股价又上涨到了 70 美元，但是这些都属于特殊的起死回生型股票。在正常情况下，这些市值规模高达数十亿美元的大型公司，例如克莱斯勒、伯林顿北方、杜邦、陶氏化学公司、宝洁、可口可乐公司，它们的盈利都不可能快速增长，从而使其股价在短时间内上涨 10 倍。

对于通用电气公司来说，用简单的数据推算一下就会发现，这家公司在可预见的将来盈利快速增长使其股票市值上涨两三倍是根本不可能实现的。通用电气股票市值接近美国国民生产总值的1%。每当你花掉1美元，通用电气公司就会大约得到其中的1美分。好好地想想这种情况吧！美国的消费者每年花掉的1万亿美元中，将近100亿美元花在了购买通用电气公司提供的产品和服务上（电灯泡、家用电器、保险、国家广播公司等）。

这是一家事事都做得非常出色的公司：明智的收购、削减成本、成功地开发新产品、清除经营糟糕的子公司、避免深陷电脑行业泥潭（在把它错误开办的某一家计算机子公司卖给霍尼韦尔公司之后）。尽管公司表现非常优秀，其股价却仍然像蜗牛一样缓慢地上涨。这不是通用电气公司自身的错，而是由于这家公司的规模实在是太庞大了，所以它的股票只能慢慢地上涨。

通用电气的股票有9亿股在市场上流通，总市值为390亿美元。通用电气公司每年盈利超过30亿美元，仅此一项就足以使它名列《财富》500强企业。对于通用电气来说，除非它把整个世界都收购下来，否则真的没有什么其他办法能够让它快速增长了。只有公司快速增长才能推动股价上涨，所以当La Quinta的股价快速上涨时通用电气的股票只是缓慢上涨就不足为奇了。

在其他条件都一样的情况下，购买小公司的股票可以获得更好的回报。过去10年可能你在规模很小的Pic 'N' Save上赚的钱要比在规模庞大的西尔斯百货公司上赚的钱多得多，尽管这两家公司都是零售连锁业公司。尽管废物管理公司（Waste Management）是一家有数亿资产的大型联合企业，但是它的股价增长在未来很可能会落后于新进入废物处理行业的迅速增长的小企业。在最近的钢铁行业的复苏中，规模较小的钢铁企业Nucor的股东比美国钢铁公司（U.S. Steel，现在更名为USX）的股东获得的回报要好得多。在医药行业开始复苏的早期，规模较小一些的美国史克必成公司比规模较大的美国家居产品公司的股价表现更为出色。

6 种类型公司股票

一旦我确定了某一特定行业中的一家公司相对于同行其他公司而言规模是大是小之后，接下来我就要确定这家公司属于 6 种公司基本类型中的哪一种类型：缓慢增长型、稳定增长型、快速增长型、周期型、困境反转型以及隐蔽资产型。划分股票种类的方法几乎和股票经纪人的数量一样，非常多，但是我已经发现这 6 个基本类型完全可以涵盖投资者进行的所有有效分类。

国家有国家的增长率（国民生产总值的增长率），行业有行业的增长率，同时公司也有其自己的增长率。无论什么样的经济实体，"增长"都意味着它今年做的（如制造汽车、擦皮鞋、卖汉堡）比去年更多。艾森豪威尔总统曾经说："现在东西看起来比以前任何时候都要多。"这是对"经济增长"所下的一个非常好的定义。

追踪计算机行业增长率这件事本身也已经成了一个行业，这个行业用无数的图形、表格和比较数据来分析说明各个行业的增长率。对于具体一家公司来说，计算其增长率在技术上更复杂一些，因为公司的增长率可以用多种方法来衡量：销售的增长、利润的增长、盈利的增长等，但是当你听到"成长型公司"时，你可以假定这家公司正在扩张，一年接一年，它的销售持续增长、产量持续增长、利润持续增长。

一家具体公司的增长速度是快还是慢，要与整个国民经济的增长速度相比较而言。正如你可能会猜到的那样，缓慢增长型公司的增长速度非常缓慢，大致与一个国家国民生产总值（GNP）的增长速度相符，接近最近美国国民生产总值年平均增长速度约 3%。快速增长型公司的增长速度非常快，有时一年会增长 20% ～ 30% 甚至更高，正是在这种快速增长型公司中你才有可能找到最具有爆发性上涨动力的股票。

我所划分的这 6 种股票类型中有 3 类与增长型股票有关。我将增长型股票细分为慢速增长（蜗牛）、中速增长（稳健）以及快速增长——快速增长型股票是最值得关注的超级股票。

缓慢增长型公司股票

通常规模巨大且历史悠久的公司的预期增长速度要比国民生产总值稍快一些，这种公司并不是从一开始增长速度就很慢，它们在开始时也和快速增长型公司一样有着很快的增长速度，最后由于筋疲力竭停了下来，或者是因为它们已经到达了事业的顶峰，或者是因为它们耗尽了元气以至于不能再充分利用新的发展机会。当一个行业的整体增长速度慢下来时（每个行业似乎总会这样），该行业中绝大多数的公司也随之失去了增长的动力。

目前最常见的缓慢增长型公司是电力公用事业（electric utility）上市公司，但是在 20 世纪五六十年代，电力公用事业公司却是快速增长型公司，那时它们的增长速度比国民生产总值增长高出两倍以上，它们是非常成功的公司，其股票也是表现最好的股票。随着人们不断安装中央空调和购买大冰箱、大冷柜，电费开支不断增加，电力行业成了高速发展的行业，美国主要的电力公用事业公司，特别是位于美国南部和西南部阳光地带的电力公司都在以两位数的速度扩张。20 世纪 70 年代，由于电力成本的大幅度增加，消费者开始学会节约用电，电力公用事业公司也因此失去了增长的动力。

那些风行一时的快速增长行业早晚都会变成缓慢增长行业，许多预期这些行业将会持续快速增长的分析师和预言家会被事实无情地嘲弄。人们总是倾向于认为事情永远不会改变，但是事实证明改变永远不可避免。美国铝业公司（Aluminum Company of America，Alcoa）一度曾拥有像现在的苹果电脑公司一样的崇高声誉，因为当时铝业属于快速增长行业。20 世纪 20 年代铁路公司是快速增长型公司，那时当沃尔特·克莱斯勒（Walter Chrysler）离开铁路行业去管理一家汽车工厂时，他不得不接受低一些的薪水，他被这样告知："这是汽车行业，可不是铁路行业，克莱斯勒先生。"

后来汽车行业一度成了快速增长的行业，然后就轮到了钢铁行业、化工行业、电器设备行业以及计算机行业。现在即使是计算机行业的发展速度也放缓下来，至少这个行业中大型计算机和微型计算机部分的发展速度放慢了，IBM 和 Digital 公司将来都可能变成缓慢增长型公司。

在股票走势图手册上很容易找到缓慢增长型公司的股票走势图，你的股票经纪人会提供这种股票手册，在当地图书馆中也可以找到。像休斯敦工业（Houston Industries）这样一家缓慢增长型公司的股票走势图（见图 7-1）类似于特拉华州一马平川的地形图，正如你知道的，特拉华州根本没有山脉。将这张图与像火箭一样一飞冲天的沃尔玛公司的股票走势图比较一下，你就会明白沃尔玛公司肯定不是缓慢增长型公司（见图 7-2）。

缓慢增长型公司的另一个确定的特点是定期慷慨地支付股息。正如我将在本书第 13 章中详细讨论的那样，当公司不能想出扩张业务的新方法时，它就会支付十分慷慨的股息。公司的经理更喜欢扩张公司业务，因为这样做可以增加他们的声望，相反他们不愿意支付高股息，因为这种做法只不过是一种机械性行为，根本不需要有什么创造性。

这并不表示公司董事会支付股息的做法是错误的，在许多情况下这可能是公司利润的最佳运用方式（见第 13 章）。

在我的投资组合中很难找到增长率为 2% ～ 4% 的公司，因为如果公司的增长速度不是很快，它的股票价格也不会上涨很快。既然盈利增长才能使公司股价上涨，那么把时间浪费在缓慢增长型的公司上又有什么意义呢？

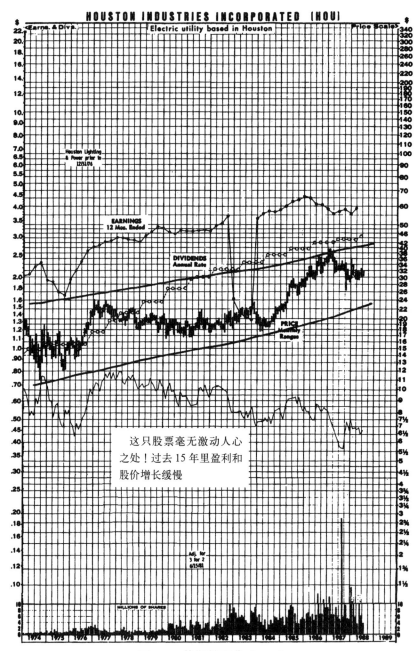

图 7-1　休斯敦工业（Hou）

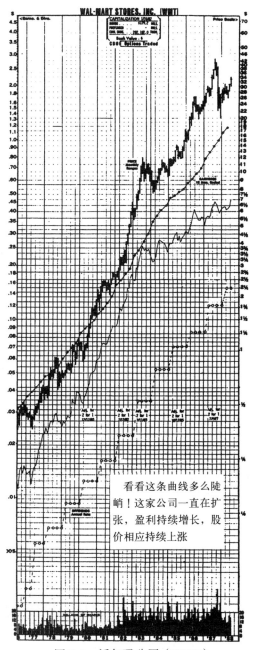

图 7-2 沃尔玛公司（WMT）

稳定增长型公司股票

稳定增长型公司是像可口可乐、百时美、宝洁、贝尔电话、Hershey's、Ralston Purina 以及高露洁棕榄公司（Colgate-Palmolive）那样的公司。这些拥有数十亿美元市值的庞然大物的确并非那种反应敏捷的快速增长型公司，但是它们的增长速度要快于那些缓慢增长型公司。正如你在宝洁公司的股票走势图中（见图 7-3）看到的，它的股票走势图并不像特拉华州平原那样平坦，但也不像珠穆朗玛峰那样陡峭。当你购买稳定增长型公司的股票时，你多少有点儿像站在了山麓丘陵之上，这种类型的公司盈利的年均增长率为 10% ～ 12%。

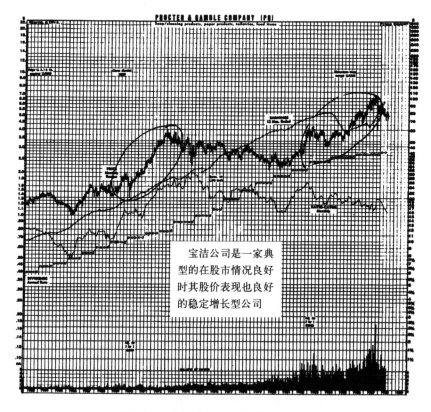

图 7-3　宝洁公司股票趋势图（PG）

　　投资于稳定增长型股票能否获得一笔可观的收益，取决于你买入的时机是否正确和买入价格是否合理。正如你在宝洁公司的股票走势图中看到的，这家公司的股票在整个 20 世纪 80 年代的表现都非常出色，然而如果你是在 1963 年买的这只股票，那么你的投资仅能上涨 4 倍。用 25 年时间持有一只股票只能获得 4 倍的投资收益率的投资的确不怎么样，因为你获得的投资收益率简直跟购买债券或者持有货币基金差不多。

　　事实上，当一个人鼓吹说他因为购买稳定增长型公司的股票（仅就此事而言任何其他公司股票都一样）上涨了 2 倍或者 3 倍时，你接下来应该问的问题是："你这只股票持有了多长时间？"在很多情况下，投资人承担持有股票的风险却没有得到任何投资收益，股票持有人可能冒了风险却一无所获。

　　自 1980 年以来，稳定增长型公司的股票表现相当出色，但还算不上表现非常出色的明星股。由于大多数稳定增长型股票市值规模都非常庞大，能从百时美（见图 7-4）及可口可乐这种大公司的股票上获得 10 倍的回报是十分罕见的。如果你拥有像百时美公司这样的稳定增长型股票，并且一两年内该股票上涨了 50%，你就要怀疑这只股票是否已经上涨得足够高了，并且你得开始考虑要不要把它卖掉。你希望从高露洁公司的股票上获得很高的投资收益率吗？除非你已经知道了高露洁公司将会有一些令人震惊的新发展，否则你不可能通过投资高露洁这样的稳定增长型股票成为百万富翁，就像你投资斯巴鲁汽车公司的股票迅速致富那样。

　　在大多数正常情况下，两年时间内能从高露洁股票上获得 50% 的回报就应该感到相当满意了。你之所以选择购买稳定增长型公司的股票是因为你考虑的是从这种类型的股票上赚取利润要比从 Shoney's 或者 SCI 这种快速增长型的股票上赚取利润更加稳定可靠。通常情况下，在我购买了稳定增长型股票后，如果它的股价上涨到 30% ～ 50%，我就会把它们卖掉，然后再选择那些相似的价格还没有上涨的稳定增长型股票反复进行同样的投资操作。

我总是在自己的投资组合中保留一些稳定增长型公司的股票，因为在经济衰退或者经济低迷时期这类股票总能为我的投资组合提供很好的保护作

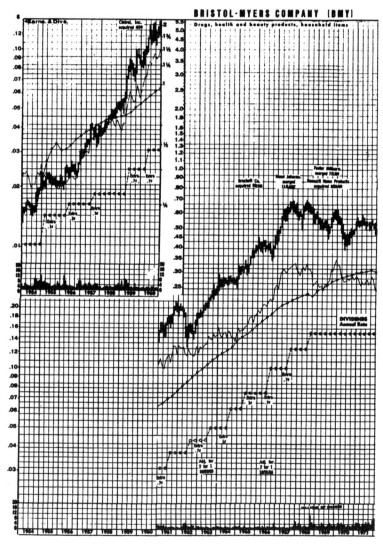

图 7-4　百时美

用。你会看到 1981 ～ 1982 年，当整个国家的经济看起来即将崩溃并且股票市场随之也将崩溃时，百时美的股价表现却明显不同于整个股市，反而继续稳步上涨（见图 7-4）。正如我们已经看到的那样，1973 ～ 1974 年的

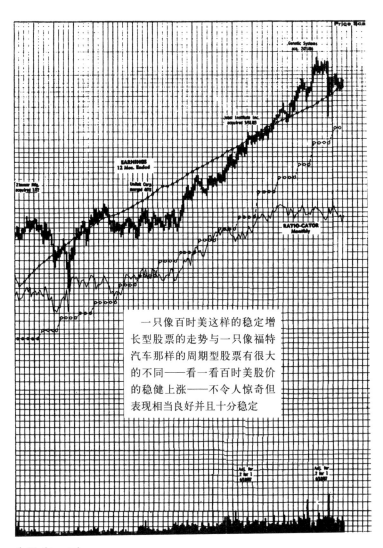

> 一只像百时美这样的稳定增长型股票的走势与一只像福特汽车那样的周期型股票有很大的不同——看一看百时美股价的稳健上涨——不令人惊奇但表现相当良好并且十分稳定

公司（BMY）

股市大崩溃中它的表现就没有这么好了，当时没有一家公司能够幸免于难，另外这时这只股票的价格已经被严重高估。一般来说，在股市灾难发生时，百时美、凯洛格、可口可乐、MMM、Ralston Purina 以及宝洁公司是投资者的好朋友，你知道它们将来也不会破产，并且很快它们的股票就会被市场重新估价，股价会重新恢复到以前的水平。

百时美公司的收入在 20 年里只有过一个季度的下降，而凯洛格的收入在 30 年中没有一个季度下降过。凯洛格能从经济衰退中挺过来一点儿也不让人感到意外，因为不管经济状况有多么糟糕，人们还得吃玉米片。人们可以减少旅行次数，推迟购买新汽车，少购买一些衣服和贵重的小饰品，在饭店里吃饭时少点几只龙虾，但是他们吃的玉米片仍然会跟以前一样多，甚至为了弥补少吃龙虾没有填饱的肚子，他们反而会吃掉更多的玉米片。

在经济衰退时期，人们对狗粮的购买也不会减少，这就是为什么 Ralston Purina 的股票是值得持有的相对安全的股票。事实上，当我写到这里时，由于我的同事都害怕马上会发生一次经济衰退，他们正在一窝蜂地抢着购买凯洛格和 Ralston Purina 的股票。

快速增长型公司股票

快速增长型公司是我最喜欢的股票类型之一：规模小、新成立不久、成长性强、年平均增长率为 20%～25%。如果你能够明智地选择，你就会从中发现能够上涨 10～40 倍甚至 200 倍的大牛股。对于规模小的投资组合，你只需寻找一两只这类股票就可以大幅度提高你的投资组合的整体业绩水平。

快速增长型公司并不一定属于快速增长型行业。事实上，我更钟爱不属于快速增长型行业的快速增长型公司，对此我将在第 8 章中进一步讲解。在缓慢增长型行业中，快速增长型公司只需一个能够让其不断增长的市场空间照样能够快速增长。啤酒行业是一个增长缓慢的行业，但是通过抢占竞争对手的市场份额以及吸引饮用竞争对手品牌啤酒的客户转向它们的产品，Anheuser-Busch 已经成为一家快速增长型公司。酒店行业的年增长率仅为 2%，但万豪国际酒店集团公司在过去 10 年间通过不断抢占该行业的大部分市场份额，其年平均增长率达到了 20%。

同样的情形也发生在快餐业的塔可钟公司、百货业的沃尔玛公司以及服装零售业的盖璞公司上。这些暴发性成长的公司掌握了迅速成长的经验，它们在一个地方取得成功之后，很快将其成功的经验一次又一次进行复制，一个又一个购物中心、一个又一个城市，不断向其他地区扩张。随着公司不断开拓新市场，盈利加速增长，于是推动了股价急剧上涨。

快速增长型公司也会存在很多经营风险，特别是那些头脑过热而财务实力不足的新公司更是如此。一旦资金短缺的公司遇到十分头痛的大麻烦，通常的结果是这家公司最终不得不按照《破产法》第 11 章的条款申请破产保护。华尔街对于那些摆脱困境后变成了缓慢增长型公司的快速增长型公司绝不会看在过去表现很好的情面上心慈手软，一旦发生这种情况，华尔街会将其股价很快打压得一落千丈。

前面我已经提到过，电力公司，特别是位于美国南部和西南部阳光地带的电力公用事业公司是怎样从快速增长型行业变成缓慢增长型行业的。20 世纪 60 年代，塑料行业当时在人们心目中的地位如此之高，以至于当达斯汀·霍夫曼在电影《毕业生》中轻声说出"塑料"后，这么简单的两个字竟然也成了一句非常著名的台词。陶氏化学公司进入了塑料行业，创造出了爆炸性的高成长，成为投资者连续几年追捧的快速增长型公司，后来随着其增长速度放缓，原来备受投资者青睐的陶氏化学公司变成了一家普通平凡的化学公司，拖着沉重的步伐缓缓前进，随着经济周期波动而上下起伏。

直到 20 世纪 60 年代铝业和地毯业仍然是快速增长型行业，但是当这些行业成熟以后，这些行业中的公司就变成了与国民经济生产总值同步增长

的缓慢增长型公司，其股价走势一点儿也引不起投资者的兴趣了，简直让
人看了直打哈欠。

所以当增长速度放慢时，规模较小的快速增长型公司将会面临倒闭的风
险，而规模较大的快速增长型公司则会面临股票迅速贬值的风险。一旦快
速增长型公司的规模发展得过大，它就会像格列佛⊖在小人国里一样遇到进
退两难的困境，因为它再也无法找到进一步发展的空间。

但是只要能够持续保持较快的增长速度，快速增长型公司的股票就会一
直是股市中的大赢家。我所寻找的是那种资产负债表良好又有着实实在在
的丰厚利润的快速增长型公司。投资快速增长型公司股票的诀窍是弄清楚
它们的增长期什么时候会结束以及为了分享快速增长型公司的增长所付出
的买入价格应该是多少。

周期型公司股票

周期型公司是指那些销售收入和盈利以一种并非完全可以准确预测却相
当有规律的方式不断上涨和下跌的公司。在增长型行业中，公司业务一直
在不断扩张，而在周期型行业中，公司发展过程则是扩张、收缩、再扩张、
再收缩，如此不断循环往复。

汽车和航空公司、轮胎公司、钢铁公司以及化学公司都是周期型公司，
甚至国防工业公司的行为也像周期型公司，因为它们的盈利随着各届政府
政策的变化而相应上升与下降。

美国航空公司（American Airlines）的母公司 AMR 公司是一家周期型
公司，福特汽车公司也是周期型公司，正如你可以在图 7-5 中看到的。周期

⊖ 格列佛（Gulliver）：英国作家斯威夫特的《格列佛游记》中的主人公。第一卷写的是格列
佛在小人国（利立普特，Liliput）的遭遇，格列佛与利立普特人的大小比例为 12∶1，那里
的居民身高仅 6 英寸（1 英寸 =0.0254 米），格列佛置身其中，就像一座"巨人山"。——译
者注

型公司的股票走势图看起来就像对说谎者进行测试时测谎器所绘出的曲线或者阿尔卑斯山脉起伏的地图，与缓慢增长型公司类似于特拉华州平坦地势的股票走势图成了鲜明对比。

走出经济衰退，进入生机勃勃的经济繁荣阶段，周期型公司的业务一派兴旺，其股价的上涨要比稳定增长型公司快得多。这不难理解，因为在经济繁荣时期人们更多地购买新的汽车，更多地乘飞机旅行，相应引发对钢铁、化工等产品的需求进一步增长。但是当经济开始衰退时，周期型公司就会饱受痛苦，其股东的钱包也会严重缩水。如果你在错误的周期阶段购买了周期型公司的股票，你会很快亏损一半还要多，并且还要等上好几年的时间才会再一次看到公司业务重新繁荣起来。

周期型公司股票是所有股票类型中最容易被误解的股票，这正是最容易让那些不够谨慎的投资者轻率投资于误认为十分安全的股票类型。因为主要的周期型公司都是些大型的著名公司，因此很自然地容易被投资者将其与那些值得信赖的稳定增长型公司混为一谈。由于福特公司的股票是一只蓝筹股，所以人们可能认为它与另一只蓝筹股百时美的股票（见图 7-4）的股价表现会一模一样，但事实上并非如此。由于福特公司在衰退时期亏损高达数十亿美元而在繁荣时期盈利又会高达数十亿美元，公司交替性地大盈大亏使得其股价相应大起大伏，上下波动得非常剧烈。在股市不景气或者国民经济衰退时，如果像百时美这样的稳定增长型公司市值损失 50% 的话，那么像福特这样的周期型公司市值损失则会高达 80%，这正是 20 世纪 80 年代初期福特公司股票的表现情况。你需要知道的是福特的股票与百时美的股票的股价表现完全不同。

时机选择是投资周期型公司股票的关键，你必须能够发现公司业务衰退或者繁荣的早期迹象。如果你在与钢铁、铝业、航空、汽车等有关的行业中工作，那么你已经具备了投资周期型公司股票的特殊优势，与其他任何

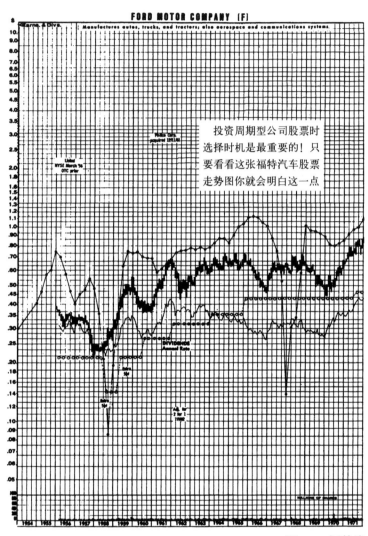

图 7-5　福特汽

类型的股票投资相比，这种特殊优势在周期型股票投资中尤其重要。

困境反转型公司股票

困境反转型公司是那种已经受到严重打击而一蹶不振并且几乎要按照

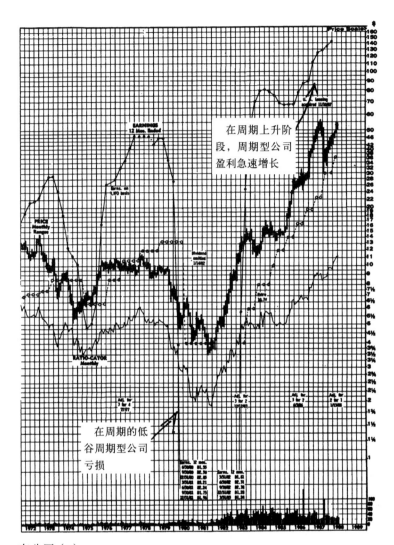

在周期上升阶段，周期型公司盈利急速增长

在周期的低谷周期型公司亏损

车公司（F）

《破产法》第 11 章条款的规定申请破产保护的公司。它们不是缓慢增长型公司，它们根本没有任何增长；它们不是业务将会复苏的周期型公司，它们有着可能导致公司灭亡的致命伤，就像克莱斯勒汽车公司一样。事实上，克莱斯勒公司曾经是周期型公司，它在周期的不景气时期衰退得非常厉害，以至于人们认为它永远也不可能东山再起。一家管理不善的周期型公司有可能会遭遇到克莱斯勒公司那样濒临破产的困境，或者程度稍微轻一些，像福特公司那样遭遇到很大的麻烦。

佩恩中央铁路公司（Penn Central）的破产是华尔街所发生过的伤害最为严重的事件之一。这样一只蓝筹股，这样一家有着辉煌历史的公司，这样一家实力雄厚的企业，它的破产跟乔治·华盛顿桥（George Washington Bridge）的倒塌一样让人难以置信与无比震惊。整整一代投资者的信心都为之动摇，但人们没有想到在危险中也隐藏着机会，佩恩中央铁路公司上演了一出令人不可思议的惊天大逆转的好戏。

困境反转型公司的股价往往非常迅速地收复失地，克莱斯勒公司、福特公司、佩恩中央铁路公司、General Public Utilities 公司以及许多其他公司的情况都已经证明了这一点。投资成功的困境反转型公司股票的最大好处在于在所有类型的股票中，这类股票的上涨和下跌与整个股票市场涨跌的关联程度最小。

通过购买克莱斯勒公司的股票，我为麦哲伦基金赚了一大笔钱。1982年年初我开始购买它时股价是 6 美元（没有根据后来股票分割进行股价调整），然后我就一直看着这只股票在不到两年的时间里上涨了 5 倍，在 5 年的时间里上涨了 15 倍。我曾一度把我管理的基金资产的 5% 都投资在了克莱斯勒股票上，尽管我所持有的其他一些股票的上涨幅度更大，但没有一只股票能够像克莱斯勒对基金业绩的影响那么大，因为没有一只股票像克莱斯勒股票上涨时在基金资产中占的比重那么大，而且我甚至并不是在克莱斯勒股票的最低价位买入的。

那些对克莱斯勒非常了解的投资者如果能够勇敢大胆地在每股 1.50 美元的最低价位抄底买入的话就会获得 32 倍的回报。无论买价是否最低，克莱斯勒公司股票的表现都十分令人满意。洛克希德公司（Lockheed）的股票同样如此，1973 年它的股价只有 1 美元，甚至是在政府出资帮助它摆脱困境之后，你仍然可以在 1977 年以每股 4 美元的价格买入，然后在 1986 年以每股 60 美元的价格卖出，而我却错过了这只股票。

用绝对金额来衡量，我从克莱斯勒和佩恩中央铁路公司的复苏中赚到的钱最多，这是因为这两家大公司的股本很大，使我能够买入足够多的股票，也才能够对我管理的这只资产规模很大的基金业绩产生显著的影响。

除了那些记忆中的失败公司之外，要列举出那些没能困境反转而从股市中消失的公司名单并不是一件容易的事，因为标准普尔 500 指数上市公司手册、股票走势图手册以及证券公司的记录中都已将这些上市公司剔除，从此在证券市场中再也不会听到这些公司的名字。要不是一想起购买这些未能困境反转却从此消失的公司的股票让我赔了不少钱的经历就让我头痛的话，我还会再把这些未能起死回生的公司名单列得更长一些，我真后悔不该买入这些失败公司的股票。

尽管有些公司未能困境反转会让投资者赔钱，但偶然几次的成功使得对于困境反转型公司的投资非常激动人心，并且总体而言投资这类公司股票的投资回报非常丰厚。

困境反转型公司也有几种不同的类型，我曾在不同的时间持有过各种各样困境反转型公司的股票，其中一种是"出资挽救我们否则后果自负"（bail-us-out-or-else）类型，比如像克莱斯勒或者洛克希德公司，它们能否转危为安完全依赖政府能否提供相应的贷款担保。还有一种是"谁会想到"（who-would-have-thunk-it）类型的困境反转型公司，例如肯·爱迪生公司（Con Edison）。当时谁会想到一家公用事业公司的股票在 1974 年股价从 10 美元跌到 3 美元竟然会让投资者损失了那么多钱呢？谁又能想到这家公司的股价还会从 3 美元反弹到 1987 年的 52 美元让投资者赚了那么多钱呢？

　　还有一种"问题没有我们预料的那么严重"（little-problem-we-didn't-anticipate）类型的困境反转型公司，例如三哩岛核电厂（Three Miles Island）。这家电厂发生的核事故并不像人们最初想象得那么严重，而当公司遇到的灾难比最初预料的小得多时往往会蕴藏着重大的投资机会。我从三哩岛核电厂的控股公司通用公共事业公司（General Public Utilities，GPU）的股票上赚了很多钱。任何一个投资者都可以做到这一点，你只需要有耐心，跟踪事态发展并且能够冷静地进行分析就足够了。

　　1979 年，三哩岛核电站的核反应堆堆心熔毁发生核泄漏事故，[○]过了几年形势最终稳定下来。1985 年，通用公共事业公司宣布它将重新启用另一个核反应堆，这个反应堆因 1979 年核事故而关闭了好几年，但并没有受到当时三哩岛核事故的影响。通用公共事业公司重新启用被关闭的核反应堆对于该公司的股票来说是一个利好的买入信号，其他电力公司同意分担治理三哩岛核污染的成本则是另一个更加利好的买入信号。从三哩岛的形势完全平稳下来到所有这些利好消息的出现为你提供了长达 7 年的低价买入机会。1980 年这只股票跌到 3.375 美元的低价位，但是你在 1985 年下半年仍可以每股 15 美元的价格买入，然后一直看着它在 1988 年 10 月上涨到 38 美元。

　　○　1979 年三哩岛核泄漏事故，通常简称"三哩岛事件"，是 1979 年 3 月 28 日发生在美国宾夕法尼亚州萨斯奎哈河三哩岛核电站的一次严重放射性物质泄漏事故。检查中才发现堆心严重损坏，约 20 吨二氧化铀堆积在压力槽底部，大量放射性物质堆积在围阻体，少部分放射性物质泄漏到周围环境中。事故后，有关机构对周围居民进行了连续跟踪研究，研究结果显示，在三哩岛核电站为圆心的 50 英里范围内的 220 万居民中无人发生急性辐射反应，附近未发现动植物异常现象。但是，泄漏事故造成核电站二号堆严重损毁，直接经济损失达 10 亿美元之巨。三哩岛核泄漏事故是核电史上第一起堆心融化事故，自发生至今一直是反核人士反对核能应用的有力证据。三哩岛核泄漏事故虽然严重，但未造成严重后果，究其原因在于围阻体发挥了重要作用，突显了其作为核电站最后一道安全防线的重要作用。在整个事件中，运行人员的误操作和机械故障是重要的原因，这提示人们，核电站运行人员的培训、面对紧急事件的处理能力、控制系统的友好性等细节对核电站的安全运行有着重要影响。——译者注

我尽量避开那些悲剧后果难以估量的公司股票，例如发生在印度的Union Carbide 的工厂的博帕尔（Bhopal）灾难，这是一次可怕的有毒气体泄漏事故，致使数千人死亡，那些死难者的家庭要向 Union Carbide 索赔的金额会是多少仍然悬而未决。我购买了 Johns-Manville 的股票，但我发现根本无法估计这家公司承担的赔偿义务总金额到底有多少，于是我就忍痛赔了些小钱把这只股票给卖掉了。

还有一种"破产母公司中含有经营良好的子公司"（perfectly-good-company-inside-a-bankrupt-company）类型的困境反转型公司，例如世界最大的玩具连锁企业美国玩具反斗城公司。美国玩具反斗城公司从其母公司州际百货公司（Interstate Department Stores）分拆出来之后独立经营，结果它的股价上涨了 57 倍。

还有一种叫作"进行重整使股东价值最大化"（restructuring-to-maximize-shareholder-values）类型的困境反转型公司，例如佩恩中央铁路公司。这段时间，华尔街似乎更喜欢公司重组，任何一位提议公司重组的董事或者CEO 都会受到股东的热烈欢迎。重组是公司剥离掉那些没有盈利的子公司的一种手段，其实公司最初本来就不应该收购这些子公司。当初购买这些注定要赔钱的子公司的做法也受到了股东的热烈欢迎，他们称之为"多元化"（diverseification），而我却称之为"多元恶化"（diworseification）。

对于"多元恶化"，我在后面还会进行详细的阐述，其中大多数的论述都是不太好听的。如果非得要说这种做法有什么好处的话，唯一的好处就是那些由于"多元恶化"而陷入困境的公司有可能成为困境反转型公司的候选者。固特异公司现在正在从困境中逐步恢复，它已经剥离了石油业务，卖掉了一些发展缓慢的子公司，把经营的重心重新转向自己最擅长的轮胎制造业务。默克公司（Merk）已经放弃了卡尔康（Calgon）软水剂以及其他一些令其分散精力的业务，重新集中力量做好处方药业务，它有 4 种新药正在进行临床实验，已经有两种新药通过了 FDA 的审查，公司盈利又开始增长了。

隐蔽资产型公司股票

隐蔽资产型公司（the asset play）是指任何一家拥有你注意到了而华尔街投资大众却没有注意到的价值非同一般的资产的公司，而这种有价值的资产却被华尔街的专家忽视了。华尔街有如此众多的证券分析师和到处寻找猎物的袭击收购上市公司的投资机构，看起来似乎不可能存在华尔街没有注意到的任何资产，但是请相信我，的确存在这样的情况。投资隐蔽资产型公司股票的当地人利用当地优势能够获得最大的投资回报。

这种隐蔽资产可能十分简单，只是一大堆现金，有时隐蔽资产则是房地产。我前面已经提起过拥有全世界最昂贵的高尔夫球场的 Pebble Beach 公司是一家表现非凡的隐蔽资产型公司，原因如下：1976 年年底这家公司的股价为每股 14.5 美元，流通股份共有 170 万股，这表明整个公司股票市值仅为 2500 万美元，过了不到三年（1979 年 5 月），20 世纪福克斯公司以 7200 万美元即每股 42.5 美元的价格收购了这家公司，而且，在收购该公司仅仅一天之后，福克斯公司转手就卖掉了 Pebble Beach 公司的石料场——这只不过是公司众多资产中的一项，仅仅这一个石料场就卖了 3000 万美元，也就是说，仅石料场一项资产的价值就比 1976 年整个公司的股票市值还要高。那些在 1976 年购买 Pebble Beach 公司股票的投资者不花一分钱就拥有了原来 Pebble Beach 公司中除石料场以外的所有资产：石料场周围的土地、特拉华州山地林场（Del Monte Forest）、蒙特瑞半岛 2700 英亩⊖的土地、300 年的参天古木、酒店和两个高尔夫球场。

⊖ 1 英亩 =4046.856 平方米。

Pebble Beach 公司的股票是不在交易所交易的场外交易股票。可能普通投资者并不熟悉，股价上涨了 20 多倍的 Newhall 土地农场公司（Newhall Land and Farming）的股票是纽约股票交易所上市的股票，十分显而易见。Newhall 公司有两项重要的资产：位于旧金山湾区的克威尔大牧场（Cowell Ranch）和价值更大的距离洛杉矶市中心北部 30 英里的 Newhall 大牧场（Newhall Ranch）。这家公司在 Newhall 大牧场计划修建一个社区，社区里包括一个休闲公园和一个大型工业和办公综合性建筑，并且正在建设一个大型购物中心。

加利福尼亚每天都有成千上万的人在上下班途中经过 Newhall 大牧场，那些参与 Newhall 开发业务的保险估价师、抵押贷款银行家以及房地产代理人肯定知道 Newhall 大牧场的财产包括哪些，也知道加利福尼亚的房地产价格平均上涨了多少，有多少住在 Newhall 大牧场周围的人比华尔街的分析师早好几年就看到了这片土地的巨大升值？他们之中又有多少人仔细研究过这只从 20 世纪 70 年代早期开始上涨了 20 倍并且从 1980 年以来又上涨了 4 倍的股票？如果我住在加利福尼亚，我肯定不会错过这只股票，至少，我希望我不会。

我曾经参观过一家名叫 Alico 的普普通通的佛罗里达州小型养牛公司，它距离佛罗里达州南部大沼泽地的拉贝尔镇不远。我所看到的不过是一些矮矮的丛生松和小棕榈灌木林、一群在牧场上吃草的牛和 20 多个假装卖力工作的员工。这种景象并不让人感到兴奋，直到你计算出能以每股低于 20 美元的价格购买 Alico 的股票，并且 10 年后仅仅这块土地本身的价值就高达每股 200 多美元。一位名叫本·希尔·格里芬（Ben Hill Griffin）的精明老者一直在购买 Alico 的股票，等待着这只股票引起华尔街注意，现在他一定在这只股票上赚了大钱。

回溯至 19 世纪，政府为了鼓励修建铁路曾将一半土地送给了铁路大亨，因此很多上市的铁路公司，例如，伯林顿北方铁路公司（Burlington Northern）、太平洋联合铁路公司（Union Pacific）、圣达菲南太平洋铁路公司（Santa Fe Southern Pacific）都拥有大量的土地，这些公司有权在这些土地上开采石油和天然气、矿物以及伐木。

这些未被华尔街注意到的资产可能隐蔽在金属、石油、报纸、专利药品、电视台中，甚至隐藏在公司的债务中。佩恩中央铁路公司就曾发生过这样的情况。佩恩中央铁路公司走出破产保护之后，公司的巨额亏损可以税前抵扣，这意味着当它再次开始盈利时并不用缴纳所得税，那些年份公司所得税率高达50%，因此佩恩中央铁路公司浴火重生后就享有着50%的免税优势。

事实上，佩恩中央铁路公司可能是最佳隐蔽资产型公司。这家公司什么类型的隐蔽资产都有：抵扣所得税的巨额亏损、现金、佛罗里达州大量的土地、其他地方的土地、西弗吉尼亚的煤矿、曼哈顿的航空权。任何一个与佩恩中央铁路公司打过交道的人可能都会发现这家公司的股票非常值得购买，这只股票后来上涨了8倍。

现在我持有Liberty公司（Liberty Corp.）的股票，这是一家保险公司，仅它拥有的电视台资产一项的价值就超出了我购买该公司股票的价格。一旦你发现电视台资产的价值相当于每股30美元，并且你看到股票的价格也是每股30美元，你可以算一算30美元减30美元等于多少，这个结果就是你投资这家很有价值的保险公司的成本——零。

我真希望当时多买一些Telecommunication公司的股票，这是一家有线电视公司，1977年它的股价为12美分，10年后上涨到了31美元，上涨了250倍。我持有这家美国最大的有线电视公司的股票数量非常之少，主要是因为当时我没能认识到这家公司资产的真正价值。当时这家公司不仅收益少得可怜而且负债高得吓人，从传统的观点来看，有线电视并不是一项很有吸引力的业务，但是该公司的资产（表现为有线电视用户）的巨大价值远远超过了这些负面因素的影响，所有了解有线电视业务的人本来都应该能够认识到这一点，我本来也应该如此。

我十分后悔的是，我一直只持有有线电视行业股票微不足道的仓位，从来没有追加投资更多的头寸，我根本没有理会同事莫里斯·史密斯（Morris Smith）的劝告，尽管他经常拍着我的桌子劝我多买一些有线电视行业的股票，他无疑是正确的，因为下面所说的重要原因。

15 年前，对于购买有线电视特许经营权的公司来说，每一个用户的价值相当于 200 美元，10 年前即过了 5 年之后上升为 400 美元，5 年前即过了 10 年之后上升为 1000 美元，而现在每一个用户的价值竟高达 2200 美元。在这个行业工作的人们一直都十分了解这些数据的变化，因此每个用户的价值大幅上升并不是什么秘密的信息。随着每个有线电视用户的价值不断上升，Telecommunication 公司拥有的数百万用户本身就是一笔价值巨大的资产。

我想我之所以会错过这一切，是因为直到 1986 年我居住的镇上才安装了有线电视，而我的家里直到 1987 年才装了有线电视，因此我缺乏有线电视用户每年使用费总体上逐年大幅上升的第一手信息。曾经有人告诉我这个行业的情况，但就像有人可以告诉你他第一次经历陌生男女经第三者安排的约会一样，除非你亲身经历过，否则光听别人的话并不会产生什么真正的影响。

如果我们家早点装上有线电视，使我能早些看到我的小女儿贝丝是多么喜欢迪士尼动画频道，安妮是多么盼望看 Nickelodeon 电影节目，我的大女儿玛丽是多么欣赏音乐电视频道（MTV）的节目，卡罗琳是多么迷恋贝蒂·戴维斯（Bette Davis）㊀主演的老电影以及我自己是多么爱看 CNN 新闻

㊀ 贝蒂·戴维斯，原名鲁思·伊丽莎白·戴维斯（1908—1989），生于马萨诸塞州洛厄尔，卒于纽约。其代表作品包括：《女人，女人》《红衫泪痕》《老处女》《黑色胜利》《小狐狸》《彗星美人》《尼罗河上的惨案》。她两次获得奥斯卡金像奖，1977 年美国电影研究院授予她终身成就奖。她曾获 10 次艾美奖奖项提名。——译者注

和有线电视体育频道，可能我就会明白有线电视就像自来水或电力一样是每个家庭不可缺少的一种公用事业服务。可见，在分析公司及行业发展趋势时，个人亲身体验的价值是无法估量的。

投资隐蔽资产型公司的机会随处可见，当然，要抓住这种机会需要对拥有隐蔽资产的公司有着实际的了解，而一旦清楚了解了公司隐蔽资产的真正价值，所需要做的只是耐心等待。

从快速增长到缓慢增长

一家公司不可能永远属于某一种固定的类型，因为公司的增长率不可能永远保持固定不变。在我投资股票的这些年间，我看到很多公司开始时属于一种类型，而结束时却属于另一种类型。快速增长型公司的发展过程就像人类本身的生命周期一样，早期生龙活虎激情无限，但后来精力逐渐耗尽慢慢衰老。那些快速增长型公司不可能永远保持两位数的增长率，早晚它们的增长动力会被耗尽，然后变成增长率只有个位数的缓慢增长型或稳定增长型公司。我已经在地毯行业看到了这种情况的发生，塑料行业、计算器和磁盘驱动器行业、保健行业以及计算机行业也同样如此。陶氏化学公司和坦帕电气公司（Tampa Electric）前 10 年快速增长就像一飞冲天的雄鹰，但在第二个 10 年变得只能缓慢增长就像一个挖土钻洞的土拨鼠。Stop & Shop 公司则从一家缓慢增长型公司变成了快速增长型公司，实在是非常罕见的反常现象。

高级微型设备公司（Advanced Micro Devices）和德州仪器公司（Texas Instruments）一度是遥遥领先的快速增长型公司，现在却变成了周期型公司。周期型公司碰到严重的财务问题时则会陷入困境，当东山再起时又变成了困境反转型公司。克莱斯勒公司原来是周期型公司，一度濒临破产，变成了一家困境反转型公司，经过成功重组后又变成了周期型公司。LTV是一家周期型的钢铁公司，现在却变成了一家困境反转型公司。

当增长型公司不能再保持较快的发展速度时，如果它盲目进行多元化经营导致经营恶化，就会失去投资者的青睐，从而变成一家困境反转型公司。一家像假日酒店这样的快速增长型公司的增长速度不可避免地迟早会放慢下来，相应地它的股价也会跌到很低的水平，直到有一些精明的投资者发现这是一家拥有许多价值被严重低估的房地产的隐蔽资产型公司，它的股价才会重新上涨。看看像联邦百货公司（Federated）和联合百货公司（Allied Stores）这两家零售业公司发生的情况：由于它们的百货商店建造在最一流的地段而且还拥有自己的购物中心，这些价值非凡的资产使得它们被别的公司看中而整体收购。麦当劳是一家有名的快速增长型公司，但是由于有了数千家公司自己拥有的或者是从特许经营商那里回购过来的分店，它有可能在未来成为一家拥有价值巨大的房地产的隐蔽资产型公司。

像佩恩中央铁路公司这样的公司有可能在某一时刻兼具两种类型的特点。迪士尼公司在发展的过程中曾经属于各种主要的公司类型：数年前它属于快速增长型公司，然后随着规模和财务实力的日益庞大变成了一家稳定增长型公司，随后过了一段时间它又成了一家隐蔽资产型公司，拥有价值非凡的房地产、电影以及动画片等隐蔽资产；到了 20 世纪 80 年代中期，当它的经营陷入衰退之中时，可以把它作为一家困境反转型公司股票趁机低价买入。

国际镍公司（International Nickel，1976 年更名为 Inco）最初是一家增长型公司，然后变成了周期型公司，后来又变成了困境反转型公司。它是道琼斯工业平均指数中历史最悠久的公司之一，也是我作为一个刚刚入行不久的年轻证券分析师在富达基金公司最早的成功案例之一。1970 年 12 月，我写了一份建议以每股 47.875 美元的价格卖出 Inco 股票的分析报告，当时我认为这家公司的基本面看起来前景十分暗淡。我的分析依据是，镍的消费在逐步降低，供应商的生产能力在增加，同时 Inco 公司的劳动力成本太高。结果我成功说服富达基金公司卖掉了所拥有的大量 Inco 的股票，而且为了给我们这么一大笔股票找到一个买主，我们甚至不得不接受了一个稍低的卖出价格。

Inco 的股价进入 4 月后开始震荡，但是仍能维持在每股 44.5 美元左右，我开始担心自己的分析是不是错了。我周围的投资组合管理人员也和我同样担心，这当然是一种比较温和的说法，其实他们比我担心多了。最终这只股票的市场行情开始反映了真实情况，1971 年这只股票股价跌到了每股 25 美元，1978 年又跌到了每股 14 美元，到了 1982 年跌到了每股 8 美元。当我作为一位很年轻的证券分析师建议公司卖掉 Inco 股票 17 年之后，我已经成长为一位老成稳重的基金经理人，这时我为富达麦哲伦基金再次大量买入了 Inco 公司的股票，因为我发现此时这家公司已经变成了一家困境反转型公司。

不同类型股票区别对待

如果你不能确定你的股票属于哪一种类型，那么就去问问你的经纪人。如果是经纪人第一个向你推荐这些股票的，那么你绝对应该问一问，不然的话你怎么会知道这些股票是不是你所寻找的那种类型的股票呢？你寻找的到底是缓慢增长型、稳定增长型、快速增长型、困境反转型、周期型或者隐蔽资产型公司中的哪一种类型股票呢？

把你的投资策略建立在一些普遍流传的陈词滥调上绝对是非常愚蠢的，这些陈词滥调包括："当你的投资翻番时就卖出股票""持有期满两年后就卖出股票"，或者"当股价下跌 10% 时马上卖掉股票止损"，等等。绝对不可能找到一个普遍适用于各种类型股票的投资法则。

你必须对不同类型的股票进行区别对待，就像宝洁公司与伯利恒钢铁公司的股票类型完全不同，数字设备公司与 Alicos 公司的股票类型也完全不同。除非一家公用事业公司是困境反转型公司，否则持有它的股票并且指望它的股价表现能像菲利普·莫里斯公司（Philip Morris）一样出色是没有意义的。当你所购买的是一家有潜力发展成为另一家沃尔玛的年轻公司的股票，这家快速增长型公司有机会给你带来 10 倍的高回报，而你却把这家新公司当作稳定增长型公司并且仅仅为了兑现 50% 的回报就卖掉这只股票是十分愚蠢的。另外，当 Ralston Purina 的股价已经翻了一番并且公司基本面看起来已经不再那么令人激动时，如果你还指望这只股票再次翻番而继续持有，那你肯定是疯了。

如果你以合理的价格购买了百时美公司的股票，那么你完全可以将它压在箱底，然后抛之脑后 20 年都可以不管不问，但是对于得克萨斯航空公司（Texas Air）的股票你可不能这样长期持有不管不问。对于不够稳定可靠的周期型公司股票，在经济衰退期你可千万不能像对稳定增长型公司股票那样放心得不管不问。

分析一家公司的股票就像分析一个故事一样，将股票分类只是分析公司股票的第一步。现在至少你已经知道了这个故事大致属于什么类型，下一步就是了解各种细节以帮助你猜测这个故事的未来到底会如何。

| 第 8 章 |

13 条选股准则

如果你懂得一家公司的基本业务的话，那么对这家公司进行深入分析就容易多了。正是因为这个原因，我宁愿购买连裤袜公司的股票也不愿购买通信卫星公司的股票，宁愿购买连锁汽车旅馆公司的股票也不愿购买光纤公司的股票。公司业务越简单易懂我就越喜欢。当有人说："这样的公司连傻瓜都能经营管理"时，这反而让我更加喜欢这家公司，因为或早或晚都有可能将会是由一个傻瓜来经营管理这家公司。

如果要在下面两家公司中选择一家进行投资，一家是处在竞争激烈的复杂行业中管理水平非常杰出的优秀公司，另一家是处在没有竞争的简单行业中管理水平非常一般的平凡公司，我将会选择后者。我这样选择的首要原因是这种公司比较容易追踪研究。在我一生中无数次吃油炸圈饼或者购买轮胎的过程中，已经对它们的系列产品逐渐形成了一种感觉，而我对激光或者微处理器却从来没有产生过这种感觉。

"任何傻瓜都能经营这项业务"是完美公司的一个特点，而我所梦寐以求的正是完美公司的股票。你永远不可能找到完美的公司，但是如果你想象一下，你就会知道一家完美公司应该具备哪些特点，其中最重要的 13 个特点如下。

13 条选股准则

公司名字听起来枯燥乏味，甚至听起来很可笑则更好

完美的股票应该属于完美的公司，完美的公司经营的必定是很简单的业务，这种很简单的业务应该有一个听起来枯燥乏味的名字，名字起得越枯燥乏味，公司就越完美，自动数据处理公司（Automatic Data Processing）就是一个很好的例子。

自动数据处理公司的名字听起来还没有鲍勃·埃文斯农场（Bob Evans Farms）的名字那样枯燥乏味，还有什么能比一只股票叫鲍勃·埃文斯更让人觉得枯燥乏味的吗？只要一想到这个名字就会让人昏昏欲睡，而这正是这只股票赚钱可能性很大的一个原因。但是鲍勃·埃文斯农场这个名字还不是最枯燥乏味的名字，Shoney's、瓶盖瓶塞封口（Crown，Cork，Seal）这些名字更算不上枯燥乏味了，这些公司名字中没有一个能比得上最枯燥乏味的公司名字 Pep Boys—Manny，Moe，Jack。

Pep Boys—Manny，Moe，Jack 是我听到过的最有赚钱希望的公司名字，这个名字不仅枯燥乏味，甚至非常可笑，谁愿意把钱投在一家名字听起来像滑稽电视剧《三个活宝》（*The Three Stooges*）[⊖]的公司股票上呢？哪一位头脑正常的华尔街分析师或投资组合管理人员会推荐一只名叫 Pep Boys—Manny，Moe，Jack 的公司股票呢？当然，除非是他们已经意识到这家公司

⊖ 20 世纪五六十年代风靡美国的电视剧《三个活宝》，播了 50 多年经久不衰，共有几百集，每集 15 分钟，三位主人公完全模仿卓别林，以黑白哑剧形式出场。该剧在美国荧屏走俏后，被改编成 3 部电影和全球畅销的电脑游戏，成为美国青少年的荧屏偶像。——译者注

的股票表现多么好，而等到华尔街注意到这家公司的股票时，它的股价已经上涨 10 倍了。

在鸡尾酒会上冲口说出自己拥有 Pep Boys 公司的股票，根本不会引起几个人的注意，但是即使悄声细语地说国际基因组合公司（GeneSplice International），肯定会让所有的人都侧耳细听，尽管此时国际基因组合公司的股价可能正在下跌，而 Pep Boys—Manny，Moe，Jack 的股价却在不断上涨。

如果你能够及早发现这类公司的投资机会，那么仅仅因其公司名字枯燥乏味或者荒唐可笑就会让你的买入价格便宜好几美元，这正是我总是寻找 Pep Boys、鲍勃·埃文斯农场、联合石头（Consolidated Rock）这类名字枯燥乏味的公司股票的原因。糟糕的是当联合石头公司大获成功时，它却把公司的名字改成了 Conrock，后来又改成了比较时髦的 Calmat，在这家公司叫联合石头的那么长的一段时间里，一直都没有人注意到它。

公司业务枯燥乏味

当一家公司不仅名字枯燥乏味，而且经营的业务也枯燥乏味时，我却会感到非常兴奋。瓶盖瓶塞封口公司生产制造罐头盒和瓶盖，还有比这更枯燥乏味的业务吗？在《时代》杂志上，你只会看到对克莱斯勒汽车公司 CEO 李·艾科卡（Lee Iacocca）的采访报道而不会看到对瓶盖瓶塞封口公司 CEO 的采访报道，但这正是投资这家公司股票的一个有利因素，看到瓶盖瓶塞封口公司股价持续上涨可是一点儿也不枯燥乏味。

我已经提到过七棵橡树公司，这家公司的业务是处理顾客购物时交给超市的优惠券，这是另一只肯定让你瞠目结舌的神奇大牛股，它的股票神不知鬼不觉地从每股 4 美元涨到了每股 33 美元。七棵橡树公司和瓶盖瓶塞封口公司这两家毫无名气的公司的股票出色的表现让鼎鼎大名的 IBM 的股票表现也显得有点儿无地自容，而租车代理公司（Agency Rent-A-Car）的情况怎么样呢？当你的汽车在车行修理时，保险公司会租一辆汽车临时给你使用，这家公司正是提供这种租车服务的一家非常成功的公司。租车代理公司的股票以 4 美元的价格上市，华尔街几乎根本没有注意到它的存在，那些傲慢的华尔街投资大亨有谁会去想当人们的车在车行修理时他们临时开什么车以解燃眉之急这个小问题呢？租车代理公司的招股说明书让人看了简直昏昏欲睡，但是当我上一次查阅这家公司的招股说明书时，它的股票已经上涨到了每股 16 美元。

一家业务枯燥乏味的公司与一家名字枯燥乏味的公司对投资者来说几乎一样好，而当一家公司业务和名称都枯燥乏味时那就是最好不过了。业务和名称都枯燥乏味的公司保证能够避开华尔街那些所谓专业投资者的关注，直到最后他们才发现各种利好消息，这才促使他们买入这种类型公司的股票，从而进一步推升股价。如果一家公司盈利水平很高，资产负债表稳健，从事的业务枯燥乏味，那么你就会有充足的时间以较低的价格买进该公司股票，那么当它变成投资者争相追捧的投资对象并且价格又被高估时，你就可以把它转手卖给那些喜欢追风的投资者。

公司业务令人厌恶

比只是业务枯燥乏味的公司股票更好的是业务既枯燥乏味又令人厌恶的公司股票。当一家公司的业务让人耸肩表示怀疑和蔑视、令人作呕或者甚至恶心得避之唯恐不及时，那就再理想不过了。比如 Safety-Kleen 公司，一看到这个名字就让人感觉到有赚钱的希望：任何一家名字中本来应该用"c"却用了"k"的公司，投资者都应该仔细地研究。Safety-Kleen 曾经是芝加哥生牛皮公司（Chicago Rawhide）的子公司，后来分拆独立出来，这也是这只股票值得投资的一个有利因素（见本章后面的分拆上市）。

Safety-Kleen 派人跑遍所有的加油站，向它们提供一种能够清洗汽车零件上沾的油污的机器，这种机器节省了机修工用手在装满汽油的桶中清洗零件的时间和精力，因而各个加油站都非常高兴地购买了这种机器。Safety-Kleen 公司的员工定期到各加油站清理装置中的油泥和油污，他们还把油泥带回炼油厂进行回收提炼。这种脏兮兮、油乎乎的工作日复一日地在重复进行，你在任何一部电视连续剧里永远也不可能看到与此有关的镜头。

Safety-Kleen 并没有将自己的业务只停留在清洗汽车零件的油污上，后来它又将业务范围扩大到清除饭店厨具上的油污以及其他各种乱七八糟的油污上。哪位证券分析师会愿意撰写这种公司的研究报告呢？哪个投资组合管理人员愿意把 Safety-Kleen 的股票列入买入名单呢？这样做的证券分析师和投资管理人员确实不多，而这恰恰是 Safety-Kleen 股票的可爱之处。这家公司跟自动数据处理公司一样，盈利一直保持持续增长，每个季度公司利润都在增长，股价也相应不断上涨。

Envirodyne 公司的情况如何？这是几年前托马斯·斯威尼（Thomas Sweeney）向我推荐的一只股票，那时他是富达公司的林产品行业分析师，现在他是富达资本增值基金（Fidelity Capital）的经理。Envirodyne 这个公司的名字绝对称得上荒唐古怪：它的名字听起来就像是一个能够穿透臭氧层的东西，事实上这是一家提供与午餐相关产品的公司，它下属的一家子公司 Clear Shield 生产塑料叉子和吸管，这确实是傻瓜也能做的业务，但是事实上这家公司有着第一流的管理团队，而且管理人员还持有公司大量的股份。

Envirodyne 在塑料餐具业排名第二，在塑料吸管业排名第三，由于生产成本最低，它在这个行业中占有巨大的竞争优势。

1985 年，Envirodyne 开始进行收购 Viskase 公司的谈判，这是一家肠类副产品的主要生产厂商，在热狗和香肠的肠衣生产行业占有举足轻重的地位。Envirodyne 公司以低廉的价格从 Union Carbide 公司手中收购了 Viskase 公司。1986 年，它又收购了 Filmco 公司，这家公司是聚氯乙烯（PVC）薄膜的主要生产厂商，这种薄膜用来作为保鲜膜包装吃剩的食物。现在 Envirodyne 的产品包括塑料叉子、热狗肠衣、塑料垃圾袋，可能不久就会生产家庭野餐使用的全部餐具。

主要是由于这些收购行为的结果，Envirodyne 公司每股收益才从 1985 年的 34 美分增长到了 1987 年的 2 美元，1988 年创下 2.50 美元的新高。这家公司已经用充足的现金流偿还了为各种收购所借的债务。1985 年 9 月我以每股 3 美元的价格买入这家公司的股票，1988 年这只股票的最高价格达到了 36.875 美元。

公司从母公司分拆出来

公司的分公司或部分业务分拆上市变成独立自由的经济实体，例如 Safety-Kleen 公司从芝加哥生牛皮公司分拆出来以及美国玩具反斗城公司从州际百货公司分拆出来，经常会给投资者带来回报惊人的投资机会。Dart 公司和卡夫（Karft）公司数年前合并成 Dart & Kraft 公司，最终这两家公司还是分开了，卡夫公司又一次成了一家单纯经营食品业务的公司。Dart 公司（这家公司持有 Tupperware）分拆出来更名为 Premark International 公司，发展成为一家给投资人带来巨大回报的优秀企业。卡夫公司也给投资人带来了巨大的回报，1988 年它被菲利普·莫里斯公司收购。

大型的母公司根本不愿意看到分拆上市后的子公司陷入困境，因为这样可能会对这家子公司产生非常不利的公众影响，反过来又会使母公司受到非常不利的公众影响。因此，分拆出去的子公司通常具备十分良好的资产负债表，为今后能够成功地独立运作做好了充足的准备。一旦这些子公司从母公司中独立出来，它的管理人员就能够自由地大展手脚，能够进一步削减成本，采用富有创造性的改革措施来提高短期和长期盈利水平。

表 8-1 是一份最近刚刚分拆出来的股价表现很好以及表现不太好的公司名单。

表 8-1

a）表现良好的分拆上市公司				
母公司	独立的子公司	首次交易价格（美元）	最低价（美元）	最高价（美元）	1988 年 10 月 31 日股价（美元）
Teledyne	Argonaut①	18	15	52.125	43.25
Teledyne	Amer. Ecology	4	2.75	50.25	12.75
US Gypsum	AP Green	11	11	26	26.75
IU Intl.	Gotaas Larsen	6	2.625	36.25	47.75
Masco Corp.	Masco Ind.	2	1.5	18.75	11.375
卡夫	Premark Intl.	19	17.5	36.25	29.875
Tandy	Intertan	10	10	31.25	35.25
Singer	SSMC	13	11.5	31.375	23
Natomas	Amer.President	16	13.875	51	32.375
Interlake	Acme Steel	8	7.625	24.5	23.5
Transamer	Imo Delaval	8	6.75	23	18.5
Transunion	Intl.Shiphold.	2	2.375	20	17
Gen.Mills	Kenner Parker	16	13.875	51.5	—②
Borg Warner	York Int.	14	13.5	59.75	51.625
Time Inc.	Temple Inland	34	20.5	68.5	50.75
b）表现不好的分拆上市公司				
母公司	独立的子公司	首次交易价格（美元）	最低价（美元）	最高价（美元）	1988 年 10 月 31 日股价（美元）
佩恩中央铁路公司	Sprague Tech.	15	7.125	20	12.125
John Blair	Advo Systems	6	4	12.75	3.875
Datapoint	Intelogic Trace③	8	2.5	18.125	3.75
可口可乐	可口可乐企业公司	15.5	10.5	21.25	14.5

① Argonaut 和 American Ecology 都是从 Teledyne 公司独立出来的，Teledyne 的股票本身就是迄今最成功的股票之一。
② 1987 年 10 月被 Tonka 公司以每股 49.50 美元的价格收购。
③ 这家公司在分拆上市过程中遇到了麻烦。

向股东解释分拆上市有关信息的材料通常准备得十分仓促，读起来枯燥乏味，叙述也保守低调，因此披露质量甚至比公司年度报告更好。新分拆出来的公司通常会被投资者误解，也不会怎么得到华尔街的注意。新独立出来的公司的股票常被作为红利或股息送给母公司的股东，机构投资者不屑一顾地把这些新公司的股票当作零钱或意外捡到的钱，这也正是新独立出来的公司值得投资的有利因素。

分拆上市公司对于业余投资者来说是一个寻找大牛股的风水宝地，特别是近期的兼并和收购浪潮更是造就了大量的投资机会。成为恶意收购对象的公司为击退恶意收购者通常会把子公司卖掉或者分拆出去，这时分拆出来的子公司的股票本身也和母公司的股票一样能够公开上市交易。当一家公司被收购时，它的部分业务通常被出售变现，这样它们也变成了投资者能够投资的独立公司。如果你听说某公司进行了分拆，或者如果你分配到一些新独立出来的子公司的股票，你应该马上研究一下是否应该再多买一些这种股票。分拆完成一两个月后，你可以查看一下新公司的管理人员和董事这些内部人士中是否有人在大量购买自家公司的股票，如果有这种情况的话就表明他们对新公司的发展前景非常看好。

在分拆上市公司案例中最为成功的就是 AT&T（美国电话电报公司）解体时分拆出来的七家"小贝尔公司"（Baby Bell）：美国技术公司（Ameritech）、大西洋贝尔公司（Bell Atlantic）、南方贝尔实验室（Bell South）、Nynex、太平洋有计划发展公司（Pacific Telesis）、西南贝尔公司（Southwestern Bell）以及美国西部公司（US West）。母公司股票的市场表现一点儿也不激动人心，与其形成鲜明对比的是，从 1983 年 11 月到 1988 年 10 月，七家新成立的小贝尔公司的股票平均收益率是 114%，再加上股息其总收益率超过了 170%。这一收益率以近两倍的优势远远战胜了市场，并且战胜了大多数著名的共同基金，当然也包括我本人所掌管的麦哲伦基金。

这七家在各自区域进行经营的小贝尔公司独立后获得了经营自由，从而能够进一步提高收益和削减成本，获得了更高的盈利。它们可以经营市内电话及所在区域内的电话业务、电话黄页业务，同时可以从 AT&T 每 1 美元的长途电话收入中获得 50 美分的分成。这对七家公司来说实在是太好了！由于已经度过了对现代化通信设备进行大规模投资的初期阶段，它们不必再增发新股而稀释原有股东的股权。毕竟原来本是一家人，七家小贝尔公司之间以及它们与母公司（贝尔妈妈公司）之间形成了良性的竞争关系。七个小贝尔公司的母公司"贝尔妈妈公司"一方面正在逐渐失去对能带来巨额利润的租赁设备业务的控制权，另一方面它还要面临 Sprint 和 MCI 公司等新的竞争对手的激烈竞争，而且还要继续遭受计算机业务上的严重亏损。

拥有原来的 AT&T 公司股票的投资者有 18 个月的时间来决定该何去何从。他们既可以快刀斩乱麻卖掉 AT&T 的股票从此一了百了再也不管不问这家公司解体的麻烦事，也可以继续持有 AT&T 的股票并且获得新独立的小贝尔公司的部分股票，或者他们也可以全部卖掉母公司的股票只保留小贝尔公司的股票。如果他们仔细地进行了研究，就会卖掉 AT&T 的股票而只保留小贝尔公司的股票，并且用所有的资金尽可能多地买入小贝尔公司的股票。

数磅重的解释说明小贝尔公司发展计划的公开披露资料被发给了 AT&T 的 296 万名股东，七家新公司一五一十具体说明它们未来的发展计划。AT&T 公司的 100 万名员工以及无数供货商都应该能看出来这七家新公司的未来发展前景将会如何，然而在这数百万名拥有突出优势的业余投资者中，只有少数的幸运儿充分利用自己的优势抓住了这次投资机会。就此事而言，任何一个家里装有电话的人都会知道电话行业将会发生重大变化。我也是抓住了这次投资机会的投资者之一，但我购买的股票数量有限，我做梦也想不到原来那么保守的公司竟然在分拆之后能够发展得如此快和如此好。

机构没有持股，分析师不追踪

如果你找到了一只机构投资者持股很少甚至根本没有持股的股票，你就找到了一只有可能赚大钱的潜力股。如果你找到一家公司，既没有一个股票分析师拜访过这家公司，也没有一个股票分析师说自己十分了解这家公司，你赚钱的机会就又大了一倍。当一家上市公司告诉我上一次股票分析师来公司的时间是三年前时，我几乎不能掩饰自己内心的狂喜。这种情况频繁发生在银行、储蓄贷款协会以及保险公司中，这是因为这类公司有好几千家之多，而华尔街却只追踪关注其中的 50～100 家公司。

我也十分青睐于那些曾风光无限后来又被专业投资者打入冷宫的股票，例如股价跌入低谷时被机构投资者抛售的克莱斯勒和埃克森石油公司的股票，其实这两只股票此时正处于大反弹的前夕。

机构持股的数据资料可从以下渠道获得：《维克机构投资者持股指南》(*Vicker's Institutional Holdings Guide*)、《纳尔逊投资研究手册》(*Nelson's Directory of Investment Research*) 以及 *Spectrum Surveys*——这是 CDA 投资技术协会出版的一本刊物。尽管这些出版物并不总是能够十分容易地被找到，但是你还可以从《价值线投资研究》(*Value Line Investment Survey*) 和《标准普尔股票手册》(*S&P Stock Sheets*) 上获得相关信息，一般的证券公司都会定期提供这两种资料。

公司被谣言包围：据传与有毒垃圾或黑手党有关

很难想象有比垃圾处理业更完美的行业了。如果还有什么东西能比动物肠衣、油脂以及废油更让人恶心的话，那就是下水道里的污水和有毒废料堆，这就是为什么有一天当垃圾处理公司（Waste Management）的高级管理人员出现在我办公室时我会如此兴奋不已，他们前来参加如何处理固体垃圾的大会，在会上他们用展台和幻灯展示了自己公司在处理固体垃圾方面的新技术——可以想象他们的展示会是多么引人注目。当时我看到他们穿的是印有"固体垃圾"（solide waste）的马球套头运动衫，而不是以前我每天看到的那种穿着领尖钉有纽扣的十分保守的蓝色纯棉衬衫的商务人士装束。除非是固体垃圾处理公司的保龄球队员，否则谁会穿这种运动衫呢？这才应该是你所梦寐以求的最理想的高级管理人员。

正如你已经知道的那样，如果你很幸运已经买入了这家垃圾处理公司的股票，那么到现在你的投资就会上涨 100 倍。

投资垃圾处理公司股票赚钱的可能性甚至比 Safety-Kleen 公司还要大得多，因为它有着两个让人难以想象的传闻：一是处理有毒垃圾，二是受黑手党控制。每个人都想象着黑手党控制了所有意大利餐馆、书报亭、干洗店、建筑工地以及橄榄油加工厂，他们可能也会认为黑手党同样控制了垃圾处理业。这种荒诞的推断对于最早购买垃圾处理公司股票的投资者来说非常有利，因为这导致其股价相对于真正的投资价值被过于低估了。

这些投资者由于听到了有关黑手党控制垃圾处理业的传闻而不敢购买垃圾处理公司的股票，同样他们也会由于害怕黑手党介入而不敢购买经营赌场业务的酒店业公司的股票。还记得过去赌场行业公司令人恐惧导致根本没有人敢买入股票，而现在赌场业股票却被纷纷列入了每个投资者的股票买入名单吗？由于过去有很多传闻夜总会都被黑手党控制，所以那些有身份、有地位的投资者根本不会去碰这种行业的股票。随着赌场行业公司的收入和盈利爆炸性地增长，黑手党的传闻也渐渐淡化。当著名的假日旅店和希尔顿酒店也开始经营赌场业务时，突然之间经营赌场业务的公司股票成了人人争抢的香饽饽。

公司业务让人感到有些压抑

在这一类公司中，我最喜欢的就是国际服务公司（Service Corporation International，SCI），这家公司的名字听起来也十分乏味。SCI 公司是乔治·梵德海顿（George Vanderheiden）推荐的，他以前是富达公司的电子行业分析师，后来在掌管富达天运基金（Fidelity Destiny Fund）时工作做得非常出色。

如果说除了有毒废料之外，还有什么因素会导致华尔街根本不愿关注一家公司的话，那就是死亡，SCI 公司经营的恰恰是丧葬服务业务。

几年来，这家总部位于休斯敦地区的公司走遍全国各地收购当地属于夫妻店形式的小殡仪馆，就像甘尼特（Gannett）公司大量收购各个小镇上的报纸进行整合一样。经过大量收购整合后，SCI 变成了殡仪馆连锁行业内的麦当劳。它只收购那种一周内能提供 10 多次殡葬服务的生意兴隆的殡仪馆，对那些一周只有一两次殡葬服务的生意冷清的小殡仪馆则置之不理。

最终这家公司拥有了 461 家殡仪馆、121 处公墓、76 家花店、21 家丧葬用品制造供应中心以及 3 家棺材配送中心，因此它已经成功地对丧葬业上下游进行了整合，这家公司后来由于为亿万富翁霍华德·休斯（Howard Hughes）的葬礼提供服务而名扬全国。

SCI 公司也开创了生前预付丧葬合同的业务，这项预约订购（layaway）[⊖] 业务非常受欢迎。这种业务使客户能够在目前还能负担得起的时候付清自己将来的丧葬服务费用和棺材及骨灰盒费用，以后他们的家人就不必为其支付丧葬费了。即使将来为客户进行丧葬服务的时候这些服务的成本已经上涨了 3 倍，公司仍然只按照原来的价格收费。对死者家属来说这种分期

⊖ 预约订购：一种付款策略，买方可预先保留某一商品，只支付给零售商一笔定金，直到双方差额完全结清为止。——译者注

预付丧葬费用合同非常合算，对公司来说则更是非常合算。

SCI 公司通过出售这项生前预付丧葬合同可以马上得到现金收入，然后将这笔现金存放在银行以复利计息不断增值。如果每个这种分期预付丧葬费用合同收入是 5000 万美元的话，那么等到以后真正按照合同办完所有的葬礼时，这笔资金可能已经增值到几十亿美元了。后来 SCI 公司又把这项业务扩大到其他的殡仪馆，在过去 5 年中，生前预付丧葬合同业务收入以每年 40% 的比例持续增长。

有时一个完美的故事以一个意想不到的转折得到一个圆满的大结局，就像玩扑克牌时突然拿到一张意想不到的好牌。在 SCI 公司的例子中，公司与持有 SCI 公司 20% 股份的 American General 之间做了一笔非常划算的交易，就正是这种情况。American General 想购买 SCI 公司在休斯敦的一家殡仪馆所在位置的土地，作为对价，American General 把自己所持有的 20% 的 SCI 公司的股份全部返还给 SCI 公司，这样 SCI 公司不但可以不花一分钱就回购了自己 20% 的股份，而且还可以在老地方继续经营两年，直到在休斯敦的其他地方找到合理位置另开一家新的殡仪馆。

这家公司的绝妙之处在于，在长达数年的时间里，专业投资者一直对这只股票避之唯恐不及。尽管 SCI 公司的经营业绩记录好得简直令人难以置信，公司高级管理人员还是不得不到处奔走，恳求机构投资者听听他们介绍公司的发展情况，可是机构投资者仍然对他们的股票理都不理。这意味着业余投资者能够以远远低于他们购买热门行业的热门股的价格来买入 SCI 公司的股票，长期稳定的收益记录表明这家公司确实是一家出类拔萃的优秀公司。这才是最完美的投资机会，万事俱备只欠买入。你可以亲眼看到公司经营红火，收益一直持续快速增长，几乎没有负债，但是华尔街对这只股票根本不予理睬。

直到 1986 年才开始有一大批机构投资者追捧 SCI 公司的股票，现在机构投资者持有的 SCI 公司的股份已经超过了总股本的 50% 以上，越来越多的分析师开始追踪研究这家公司。正如我预料到的那样，等到 SCI 公司股票受到华尔街充分关注时，它已经上涨了 20 倍，但是自从成为人人热捧的明星股之后，它的市场表现却开始远远落后于大盘。除了机构投资者的大量持股以及证券公司广泛关注这些原因之外，另一个原因是这家公司在过去几年中为涉足棺材行业进行的两次收购都没有实现任何盈利，结果拖累了整个公司的发展。与此同时，殡仪馆和公墓的收购价格已经大幅上涨，而生前预付丧葬合同的增长速度却并没有预期的那么高。

公司处于一个零增长行业中

很多投资者热衷于投资高增长行业，这里总是人声鼎沸热闹非凡，但我并非如此。相反，我热衷于投资低速增长行业，例如塑料小刀和叉子行业，我更喜欢的是比低增长行业增长率更低的零增长行业，比如殡葬服务业，往往在这种零增长行业中可以寻找到最赚钱的大牛股。

投资高增长行业没有什么刺激之处，除了看到这个行业的股票大跌以外。20 世纪 50 年代的地毯行业、60 年代的电子行业以及 80 年代的电脑行业都是令人激动的高增长行业，但是这些行业中的无数大公司和中小公司都没能保持长盛不衰，这是因为对于一个热门行业中的每一种产品来说，都会有 1000 个麻省理工学院的研究生在琢磨如何在中国台湾地区更便宜地生产制造出相同的产品。一旦有一家电脑公司设计出了世界上最好的文字处理系统，就会有 10 家竞争对手正在投资 1 亿美元开发一个更好的文字处理系统，在 8 个月后这种更好的产品就会上市，而在瓶盖加工行业、商家优惠券收集行业或者汽车旅馆连锁行业却根本不会出现这种情况。

SCI 公司的成功得益于这样一个因素，即丧葬业的增长率几乎为零。我们国家丧葬业每年的增长率仅为 1%，这种增长率对于从事过电脑行业的企业来说实在是低得不屑一顾，但这是你所能够找到的行业中拥有坚实客户基础的最稳定的行业。

在增长率为零的行业，特别是让人厌烦和压抑的行业中，你根本不用担心竞争的问题。你不必整天提心吊胆地防备着周围潜在的竞争对手，因为根本没有其他公司会对这样一个零增长行业感兴趣。这样一来就给了你更大的回旋余地来继续保持增长以及扩大市场份额，就像丧葬业中的 SCI 公司那样。SCI 公司已经拥有全国殡仪馆中的 5%，并且没有什么对手可以阻止 SCI 公司把拥有量增加到 10% 或 15%。沃顿商学院毕业的高才生绝不会琢磨着去和丧葬业中的 SCI 公司竞争，就像你肯定不会告诉你在投资银行业的朋友说你已经决定专门从事为加油站处理废油的工作一样。

公司有一个利基

相比较而言，我更愿意拥有一家地方性石料场的股票，而不愿拥有 20 世纪福克斯公司的股票，因为一家电影公司面临着许多其他电影公司的激烈竞争，而石料场却有一个利基（Niche）⊖。20 世纪福克斯公司对此非常清楚，它收购了 Pebble Beach 公司，这家公司就拥有一家石料场。

⊖　利基：源于法语。法国人信奉天主教，在建造房屋时，常常在外墙上凿出一个不大的神龛，以供放圣母玛利亚，它虽然小，但边界清晰，洞里乾坤，因而后来被引用形容大市场中的缝隙市场。在英语里，它还有一个意思，是悬崖上的石缝，人们在登山时，常常要借助这些微小的缝隙作为支点，一点点向上攀登。20 世纪 80 年代，美国商学院的学者开始将这一词引入市场营销领域。美国学者用来借喻日本企业的一种市场缝隙战略，中国台湾的工商业者译之为"利基"。利基是指那些被市场中的统治者 / 有绝对优势的企业忽略的某些细分市场，指企业选定一个很小的产品或服务领域，集中力量进入并成为领先者，从当地市场到全国再到全球，同时建立各种壁垒，逐渐形成持久的竞争优势。美国营销大师菲利普·科特勒在市场营销意义上对其有专门的研究，美国竞争战略之父迈克尔·波特在竞争战略层面上有相似的研究，全球管理大师彼得·德鲁克在创业战略研究中也对此有专门的探讨。——译者注

无疑，拥有石料场要比拥有珠宝行更加安全。如果你处在珠宝行业中，就要不断地同本地、全国甚至是国外的珠宝商竞争，因为那些外出度假的人们可以从世界各地购买珠宝并把它们带回国。但是如果你已经拥有了布鲁克林地区的唯一一家石料加工场，那么事实上你已经获得了这个地区石料市场的垄断权，由于石料场并非热门行业而没有什么新的竞争对手加入而形成了一种额外保护。

行内人士把石料加工业叫作"混凝料"（aggregate）行业，尽管这个名称听起来比石料好听多了，但也无法改变这样一个事实，其实不过是把石头、沙子和小石子这些几乎不值一文的东西拌在一起而已，这正是让人费解的地方所在：因为将这些不值钱的东西混合在一起形成的混凝料却能卖到 3 美元一吨。只需一杯橙汁的价钱，你就能买到半吨混凝料，如果你用卡车拉回家，将会堆满你家的整个草坪。

石料场之所以赚钱，是因为根本没有竞争对手。最近的竞争对手离你只有两个镇的距离那么远，但是它不会把它的石料运到你的地盘来抢夺你的市场，因为这样做光运费就会吃掉所有的销售利润。不管芝加哥的石料质量有多好，芝加哥石料场的老板都不可能抢走你在布鲁克林或底特律的石料市场份额。由于石头非常重，高昂的运输费用使得混凝料加工业本身拥有一个排他性的地区独家经营特许权，因此你根本不用花钱请律师来保护自己的独家经营权。

无论如何夸大排他性的独家经营权对于一家公司或者公司股东的价值也不过分。目前国际镍业公司是世界上最大的镍生产商，未来 50 年它仍将是世界上最大的镍生产商。有一次我站在世界上最大的露天矿坑犹他州的宾厄姆矿坑（Bingham Pit）的大铜矿边时，往下看着这个据说在宇宙上用肉眼也可以看到的人类最大的挖掘工程，我意识到不管是日本人还是韩国人都没有办法"发明"这样一个矿坑。

一旦你在任何一种产品上获得了排他性的独家经营权，你就可以提高价格。如果你经营一家石料场，你可以把价格提高到刚好不会引起邻近地区的石料场过来和你竞争的价格水平之下，事实上邻近的石料厂也是用同样的方法进行产品定价。

把石料资源全部开采光了之后，你还可以通过对挖土机和碎石机提取折旧得到一大笔税收抵扣，此外你还可以得到矿产资源耗竭补贴，就像埃克森石油和大西洋富田公司（Atlantic Richfield）分别从开采石油和天然气中获得补贴一样。我无法想象任何一个经营石料场的人会陷入破产。如果你无法自己经营一家石料场，那么你的最好选择是买入生产混凝料的石料场公司的股票，例如沃尔肯材料公司（Vulcan Materials）、科马特公司（Calmat）、波士顿砂石公司（Boston Sand & Gravel）、德拉沃公司（Dravo）以及佛罗里达石头加工公司（Florida Rock）。当那些规模较大的公司例如马丁－玛丽埃塔公司（Martin-Marietta）、通用动力公司（General Dynamics）或者阿什兰德石油公司（Ashland）低价出售自己的各种业务时，却总是会把石料场保留下来。

我总在寻找这种拥有利基的公司。一家完美的公司必须拥有一个利基。沃伦·巴菲特开始时购买的是位于马萨诸塞州的新贝德福的一家纺织厂的股票，他很快发现纺织业并没有利基。尽管他的纺织厂业绩表现很差，但是他通过不断投资于拥有利基的优秀公司为股东赚了数十亿美元。他是最早看到那些主宰全国主要地区市场的报纸和电视台的巨大投资价值的人士之一，他从《华盛顿邮报》开始投资了很多传媒业股票。我的想法和他基本上完全一样，我尽可能多地买入了联合出版公司（Affiliated Publications）的股票，这家出版公司拥有《波士顿环球报》。既然《波士顿环球报》在波士顿地区拥有90%以上的印刷广告收入，怎么可能会亏损呢？

联合出版公司拥有一个利基，而《泰晤士镜报》公司却拥有好几个利基，其中包括《洛杉矶时报》《每日新闻》《哈特福德新闻报》和《巴尔的摩太阳报》。甘尼特公司旗下拥有 90 家日报，并且它们中的大多数都是当地最大的日报。随着有线电视和传媒业的股票在华尔街开始受到追捧，20 世纪 70 年代早期那些发现了报纸和有线电视的独家特许经营权价值的股票投资者都获得了十倍甚至几十倍的投资回报。

任何一位在《华盛顿邮报》工作的记者、管理人员或者编辑都应该知道公司的收入和盈利情况，并且能够了解公司的利基的巨大价值，从各个方面进行分析，报纸出版业务都是一个非常赚钱的行业。

医药公司和化学公司也都有自己的利基——其他公司不能仿制生产与它们完全相同的专利产品。美国史克制药公司花费了数年时间才得到泰胃美的专利。一旦专利被批准，所有与其竞争的公司（即使它在研究开发上已经花费了数十亿美元）都不能生产这种专利药品；它们必须发明不同类型的药品，并且必须能够证明这的确是完全不同的新药品，然后还要进行 3 年的临床试验才能上市销售；它们必须证明这种药不会导致老鼠死亡，而大多数药品似乎都会导致老鼠死亡。

可能是老鼠的体质不像过去那么好了，这让我想起我曾经在一只与老鼠有关的股票上赚了一大笔钱，这家公司叫查尔斯河繁殖实验室（Charles River Breeding Labs），这家公司从事的业务让人望而生厌。

化学公司在杀虫剂和除草剂生产上拥有利基。一种毒药要想获得政府的批准在市场上出售，并不比药品通过审批更容易。一旦你获得专利并且联邦政府允许你生产杀虫剂或除草剂，你就等于是抱上了一棵摇钱树。孟山都公司（Monsanto）现在已经拥有了好几棵这样的摇钱树。

拥有家喻户晓的著名品牌就几乎相当于拥有利基，如美国惠氏公司生产的销量第一的止咳药惠菲宁（Robitussin）、美国强生公司生产的感冒药泰诺

（Tylenol）、可口可乐、万宝路。要取得公众对一种软饮料或者止咳药的信任，不仅要投入大量的金钱，而且整个过程要花费很多年时间。

人们要不断购买公司的产品

我宁愿购买生产药品、软饮料、剃须刀片或者香烟的公司的股票，也不愿购买生产玩具的公司的股票。在玩具行业中，也许某家厂商能够设计出一个每个孩子都想要的奇妙无比的玩具，但是每个孩子也只会买一个，8个月后这个玩具就会被从货架上拿下来让位给另一个孩子都想要的新玩具，而这个新玩具却是另一家厂商生产的。

当周围有如此多稳定行业的股票可供选择时，为什么非得要冒险购买那些易变行业的股票呢？

公司是高技术产品的用户

与其购买那些要在无休无止的价格战中苦苦挣扎求生的电脑公司的股票，为什么不购买那些由于电脑价格大战能够用更低的成本购买电脑而提高盈利的公司的股票呢？比如自动数据处理公司。随着电脑的价格下降得越来越低，大量使用电脑的自动数据处理公司的数据处理成本也下降得越来越低，因此它的盈利也越来越高。向一家生产自动扫描仪的公司投资，还不如向一家安装扫描仪的超市投资。如果一台扫描仪能帮助一家超市降低3%的成本，那么仅此一项就会让超市的利润翻番。

公司内部人士在买入自家公司的股票

没有什么样的秘密消息能比一家公司内部人士正在买入自家公司的股票更能表明一只股票的投资成功可能性了。一般来说，公司内部人士是自家公司股票的净卖方，通常他们的买入卖出比例是1：2.3。1987年8～10月股票指数下跌了 1000 点之后，当人们发现从整体情况来看公司内部人士买入卖出股票的比例是 4∶1 时，就感到放心多了，至少这些内部人士对他们的公司还没有失去信心。

当公司内部人士疯狂地购买自家公司的股票时，你完全可以肯定，这家公司至少在未来 6 个月内不会倒闭。当公司内部人士都在买入自家公司股票而过了不久这家公司就倒闭了，我敢打赌历史上这样的公司绝对不会超过 3 家。

从长期来看，内部人士买入股票的公司还有另外一个非常重要的好处，当公司管理层持有公司股票时，那么如何更好地回报股东就成了管理层最优先考虑的事情。如果管理层的收入只来源于薪水，那么如何提高薪酬待遇就成了管理层优先考虑的问题。由于公司规模越大，往往向高级管理人员支付的薪酬越高，因此自然而然那些期望得到更高薪酬的公司高级管理人员越会不惜一切代价进行扩张，而这样经常会损害股东的利益，如果管理人员自己也大量持有自家公司的股票，那么这种情况就很少发生了。

那些拿着上百万年薪的公司 CEO 或者总裁买入几千股自家公司的股票对于投资者来说是一个非常不错的信号，如果连级别低的员工也在增加购买自家公司的股票时，那么这种值得投资的信号就更加明显了。如果你看到一个年薪 45 000 美元的员工买入了 10 000 美元的自家公司股票，你可以肯定这是一种意味深长的员工对公司未来充满信心地投下一票的举动。这也正是为什么我更喜欢 7 位副总裁各自买入了 1000 股自家公司股票的公司，而不是只有总裁一个人买入了 5000 股自家公司股票的公司。

如果某家公司的股票在自家公司内部人士购买后价格进一步下跌，那么你就有机会以比公司内部人士更低的价格买下该公司的股票，这当然对你更加有利。

要追踪了解公司内部人士对自家公司股票的购买情况非常容易。每当公司高级管理人员或者董事要买卖自家公司的股票时，他就必须填写"表格4"（Form 4）进行申报，然后把表格送交美国证券交易委员会，通告自己买卖自家公司股票的情况。一些时事通讯，包括《维克内部人士周刊》（Vicker's Weekly Insider Report）、《内部人士报道》（Insider Report）以及《内部人士》（The Insiders），都会对内部人士购买自家公司股票的申报情况进行跟踪报道，《巴伦》《华尔街日报》以及《投资者日报》（Investor's Daily）也刊登相关信息。很多地方性的商业报纸报道本地公司的内部人士股票交易的情况，我知道《波士顿商报》（Boston Bussiness Journal）就设有这样一个专栏。你的经纪人也能够提供这样的消息，或者你会发现本地的图书馆订阅了刊登相关信息的杂志。《价值线》上也会刊登记录公司内部人士买卖自家公司股票情况的表格。

（公司内部人士卖出自家公司的股票通常没有什么意义，因而对此做出反应就会很愚蠢。如果一只股票的价格从 3 美元涨到了 12 美元，并且有 9 位该公司管理人员都在卖出股票，我就会对此加以关注，特别是当他们卖掉自己持有的大部分股票时。但是在正常的情况下，内部人士出售自家公司的股票并不是公司遇到麻烦时会自动出现的一个信号。有很多理由会导致公司管理人员卖出自家公司的股票，可能是由于他们需要现金来为自己的小孩支付学费，或者要买一幢新公寓，或者为了还债，或许是因为他们已经决定要购买其他公司的股票以使投资组合多元化。但是公司内部人士购买自家公司的股票只有一个原因：他们认为股票的价格被低估了，他们相信最终股价肯定将会上涨。）

公司在回购股票

回购股票是一家公司回报股东的最简单也是最好的方法。如果一家公司对自己未来的发展充满信心，为什么不可以像公司股东那样投资于自家公司的股票呢？在 1987 年 10 月 20 日股市大崩盘时许多公司股价暴跌，有些公司宣布大量回购股票，这在当时市场极度恐慌的时候起到了稳定市场的作用。从长期来看，这些回购股票的行动对投资者有百利而无一害。

当股票被公司回购之后，这些股票就不再流通，因此该公司流通股份总数就相应减少。这首先会对提高每股收益产生奇妙的影响，每股收益的提高反过来又会对股价产生奇妙的影响。如果一家公司回购了自己一半的股份，而且总收益保持不变，那么每股收益就会增长一倍，而很少有公司能够通过削减成本或者销售更多新产品让每股收益同样增长一倍。

埃克森公司过去一直在回购股票，因为这样做要比钻孔勘探石油划算多了。埃克森公司每发现一桶新的石油大约要花费 6 美元，如果每股股票相当于价值 3 美元的一桶石油，那么在纽约股票交易所里每回购一股股票的经济效果就相当于发现了一桶价值 3 美元的石油。

这种明智地回购股票的做法直到最近略有所闻。20 世纪 60 年代的国际乳品皇后公司（International Dairy Queen）是最早回购股票的先行者之一，当时很少有其他公司效仿这种做法。令人高兴的是瓶盖瓶塞封口公司在过去 20 年里每年都回购股票，这家公司从来不支付股息，并且从不做无利可图的并购，但是通过回购股票减少公司总股本，它们已经达到了使每股收益最大化从而推动股价持续增长的效果。如果这种情况持续下去，总有一天瓶盖瓶塞封口公司的股票将会上涨到每股 1 万美元。

Teledyne 公司的董事长亨利 E. 辛格尔顿（Henry E.Singleton）定期地用大大高于股票交易所买入报价的价格回购股票。当 Teledyne 的股票交易所买入价格为每股 5 美元时，他可能会支付每股 7 美元的价格进行回购，而当交易所每股买入价格为 10 美元时，他会支付每股 14 美元的价格进行回购，依此类推，反正他回购股票的价格总是高于股票交易价格，他一直以高价回购股票的做法给投资者高价卖出股票获得丰厚回报的机会。Teledyne公司回购股票的做法体现出公司对自身未来充满信心，这要远远比在年报中任何自吹自擂都更有说服力。

除了回购股票的做法以外，企业运用多余资金一般还有以下几种选择：①提高股息；②开发新产品；③开拓新的业务；④进行收购兼并。吉列公司运用过所有这四种做法，尤其是将重点放在后三种做法上面。吉列公司拥有一项盈利能力非常惊人的剃须刀业务，由于公司不断并购一些盈利能力较差的业务，从而使公司剃须刀业务规模相对下降。如果公司不是把资本分散投入到生产美容产品、化妆用具、圆珠笔、打火机、卷发夹、搅拌器、办公用品、牙刷、护发产品、数字手表以及其他许多偏离主业的产品，而是定期回购股票并提高股息，那么吉列公司的股价可能已经超过了每股100美元，而不是现在的每股35美元。在过去5年中，吉列公司重新回到了正确的发展轨道上，停止了那些赔钱的业务，进一步加强了公司拥有市场主导地位的剃须刀核心业务。

与回购股票相反的做法是增发新股，这也叫作"稀释股份"。国际收割机公司（International Harvester，现已改名为Navistar）增发了数百万的新股进行筹资，以帮助公司渡过由于农用设备行业崩溃而引发的财务危机（见图8-1）。各位读者也许还记得，克莱斯勒公司的做法则恰恰相反，当公司的业务明显改善时，它不断回购股票和认股权证，减少流通股本的数量（见图8-2）。后来Navistar终于再次成为一家盈利的公司，但是由于公司股份过度稀释，导致公司盈利改善对每股收益的影响微乎其微，相应对股价的影响也微乎其微，因此股东并未从公司的东山再起中获得显著的投资回报。

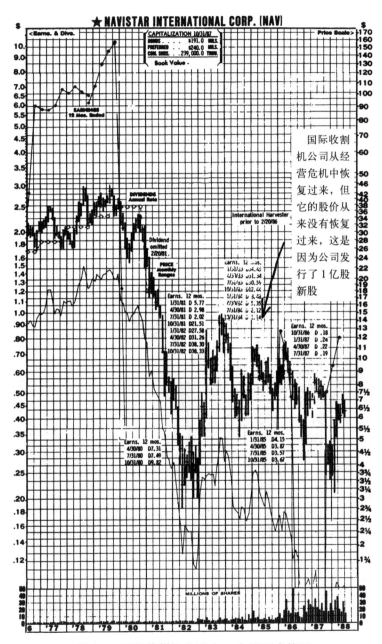

图 8-1　国际收割机公司（Nav）股票走势图

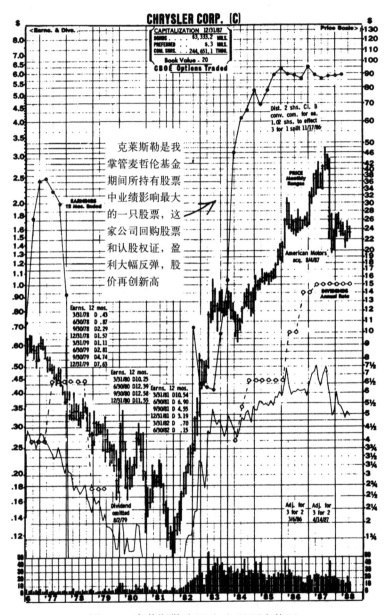

图 8-2　克莱斯勒公司（C）股票走势图

集所有优点于一身的最佳公司

如果我能想到一家非常辉煌的企业，集中了垃圾处理公司、Pep Boys 公司、Safety-Kleen、石料场以及瓶盖瓶塞封口公司等所有这些公司最糟糕的因素于一身的话，那么这家公司就非 Cajun 清洁剂公司（Cajun Cleansers）莫属。Cajun 清洁剂公司经营的是一种令人生厌的业务，专业从事清除由于亚热带的潮湿气候导致家具、书本以及布料上发霉的污点。Cajun 清洁剂公司是最近从路易斯安那州的 BayouFeedback 公司中分拆独立出来的。

Cajun 清洁剂公司的总部位于路易斯安那州的沼泽地，你得中途换乘两次飞机，然后还要雇一辆运货卡车才能把你从机场送到该公司总部。从来没有一位纽约或者波士顿的分析师去拜访过 Cajun 清洁剂公司，机构投资者也从来没有购买过一股这家公司的股票。

如果在鸡尾酒会上提到 Cajun 清洁剂公司，你的听众很快就会四散而去，只留下你一个人自言自语了，那些人一听说 Cajun 清洁剂公司的名字就会觉得非常可笑。

Cajun 清洁剂公司的市场从路易斯安那州的牛轭湖沼泽地到密西西比州东北部高地迅速扩张，创造了令人难以置信的销售业绩。公司的销售收入将会进一步加速增长，因为公司刚刚获得了一种新型凝胶清洁剂专利，这种新型清洁剂能够清除衣服、家具、地毯、浴室瓷砖甚至铝制壁板上面各种各样的污渍，拥有这项专利，将会给 Cajun 清洁剂公司创造出它寻找已久的利基。

这家公司也正在计划为数百万公众提供终生除污保险，人们可以预付保险费，公司就保证将来负责清除所有他们不慎造成的任何污渍，这笔没有反映在财务报表上的一大笔表外收入很快就会源源不断地涌入公司。

除了那本认为"猫王"（Elvis）还活着的杂志之外，任何一家流行杂志都没有提到过 Cajun 清洁剂公司。7 年前这家公司的股票上市时开盘价格为每股 8 美元并且很快涨到了每股 10 美元。在这一价位上，公司的主要董事都纷纷尽可能多地购买了自家公司的股票。

我是从一位远房亲戚那里听说 Cajun 清洁剂公司的，他斩钉截铁地向我推荐道：唯一能够清除长时间放在潮湿壁橱内的皮夹克上的霉点的方法是使用 Cajun 清洁剂公司的清洁剂。于是我对 Cajun 清洁剂公司做了一些研究，发现这家公司的收益在过去 4 年里一直以每年 20% 的速度保持增长，没有一个季度出现过下降，资产负债表上根本没有任何负债，并且它在上一次经济衰退中表现得也非常良好。我参观了这家公司，发现即使是一只受过训练的甲壳动物，也完全能够监督凝胶清洁剂的生产过程。

在我决定购买 Cajun 清洁剂公司股票的前一天，著名的经济学家亨利·考夫曼（Henry Kaufman）预测说利率将要上涨，随后联邦储备委员会的主席滑倒在保龄球道上弄伤了背部，这两个因素结合在一起使得股市大跌了 15%，Cajun 清洁剂公司的股价也随之相应大跌。我以每股 7.50 美元的价格买了该公司的股票，我比 Cajun 公司董事的买价还便宜 2.50 美元！

这就是我梦寐以求的最完美公司 Cajun 清洁剂公司的情况，别掐我。我还在做梦呢。

| 第 9 章 |

我避而不买的股票

避开热门行业的热门股

如果说有一种股票我避而不买的话，那它一定是最热门行业中最热门的股票，这种股票受到大家最广泛的关注，每个投资者上下班途中在汽车上或在火车上都会听到人们谈论这种股票，一般人往往由于禁不住这种强大的社会压力就买入了这种股票。

热门股票上涨得很快，总是会上涨到远远超过任何估值方法能够估计出来的价值，但是由于支撑股价快速上涨的只有投资者一厢情愿的期望，而公司基本面的实质性内容却像高空的空气一样稀薄，所以热门股跌下去和涨上来的速度一样快。如果你没能聪明地及时脱手卖出的话（事实上，你已经买入这种股票就表明你肯定不会聪明地及早卖出），你很快就会发现你的账面盈利变成了亏损，因为当热门股下跌时，它绝不会慢慢地下跌，也不会在跌到你追涨买入的价位时停留一段时间，让你毫发无损地卖出。

看一下家庭购物网络公司（Home Shopping Network）的股票走势图（见图 9-1），这是一只最近十分热门的电视购物行业的热门股，在 16 个月内它的股价从 3 美元涨到 47 美元，然后又跌回到 3.5 美元（根据股票分割进行股价调整）。这对于那些以 47 美元的价格卖出股票的人来说投资回报确实再好不过了，但是对于那些在这只股票热得发烫时以 47 美元的高价买入股票的人来说投资回报又会如何呢？公司的收入、利润以及未来的发展前景怎么可能支撑如此高的股价呢？这种追涨而高价买入热门股的投资风险之大跟轮盘赌简直没什么区别。

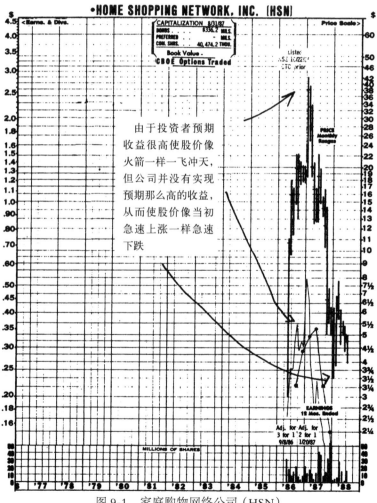

图 9-1　家庭购物网络公司（HSN）

这家公司的资产负债情况在迅速恶化（它是通过借债来购买电视台广告），电话销售也出现了问题，并且竞争对手也开始出现，人们最多能戴多少条锆石项链呢？

前面我已经提到过各种各样的从风光无限很快走向一败涂地的热门行业。活动房屋、数字手表以及保健机构这些曾经都是热门行业，投资者过高的未来预期使得贪婪欲望的面纱遮住了理性审视现实和真相的双眼。恰恰是在分析师预测说这些行业将永远保持两位数的增长速度时，这些行业不但不再增长反而开始下跌了。

如果你要依靠投资一个接一个出现的热门行业中的最热门股票所赚的钱来维持生计的话，那么很快你就得接受福利救济才能生存了。

没有比地毯行业更热门的行业了。在我成长的过程中，每一位美国的家庭主妇都盼望着家里整个地面都能铺满地毯。有人发明了一种新的簇绒工艺，这种方法大大减少了地毯中的纤维用量，另外还有人使编织自动化，这使得地毯的价格从每码 28 美元下降到了 4 美元。学校、办公室、机场以及所有市郊区的数以百万的家庭全都铺上了这种价廉物美的新型地毯。

木地板过去曾经比地毯还便宜，但是现在是地毯比木地板更便宜了，因此上层社会的人把地毯换成了更昂贵的木地板，而一般的平民百姓则把木地板换成了更便宜的地毯。地毯的销售量大幅增加，五六家主要的地毯生产商赚的钱花也花不完，并且公司继续保持非常惊人的增长速度。就在这时，股票分析师告诉股票经纪商说地毯行业的繁荣将永远持续下去，经纪商马上告诉了自己的客户，于是客户大量买入地毯行业的股票。但与此同时，一下子就有 200 家新的竞争对手加入到原来只有五六家主要厂商的地毯行业中，它们彼此之间为争夺客户而大打价格战，竞争日趋白热化使得地毯行业的每个厂商都很难赚到一分钱的利润。

高增长行业和热门行业吸引了一大批希望进入这些行业淘金的聪明人，

企业家和风险投资家都在彻夜不眠地盘算着如何才能尽早地进入这些行业。假如你有一个稳赚不赔的商业创意，但无法用专利或者利基来加以保护，那么一旦你获得成功，你就得防备其他人群起效仿。在商业界，效仿是一种最不纯粹要命的攻击方式。

还记得硬盘驱动器行业的情况吗？专家说这个行业令人兴奋，将会以每年52%的速度高速增长，他们说得果然不错，这个行业确实如此高速增长，但是随着另30家或35家竞争公司一下子蜂拥挤进这个行业，这个行业随后变得竞争激烈，再也无利可图。

还记得石油服务业（oil service）的情况吗？你在招股说明书上只需要提到"石油"两个字就足够了，一听说是石油股票大家都会疯狂抢购，尽管他们对石油服务业的了解只不过是到加油站加过油而已。

1981年，我出席了在科罗拉多州举行的能源业大会的一次宴会，会上汤姆·布朗（Tom Brown）是特邀演讲嘉宾，他是汤姆·布朗有限公司（Tom Brown, Inc.）的主要股东和CEO，这是一家很受投资者追捧的石油服务公司，当时股价高达每股50美元。布朗先生在演讲中提到他自己的一位熟人声称已经卖空了布朗公司的股票（这意味着他赌布朗公司股票将会下跌），说完这些话，布朗先生对这位熟人卖空股票的行为进行了一番心理分析："你一定是因为憎恨金钱才会卖空我们公司的股票。你会把汽车和房子都输个精光，只能一丝不挂地光着屁股去参加圣诞舞会。"布朗先生一再重复这些话时引起了大家的阵阵笑声，但是4年后，布朗公司的股票真的从50美元跌到了1美元，那位卖空股票的熟人一定会对他赚到的这一大笔钱欣喜若狂。如果真的有人会输得一丝不挂光着屁股去参加圣诞舞会的话，那么一定是那些预测这只股票将上涨而做多的投资者。如果他们能做到对

⊖ 油田勘探、测井、钻井、工程建设等技术含量最高的业务，在国际上被普遍称为"oil service"，即石油服务业。——译者注

这种热门行业中最热门的股票不闻不问，或者至少做过一些深入的研究，就有可能避免如此悲惨的下场。布朗公司几乎是一个空壳，只有一堆无用的钻井架、一些可疑的石油天然气田、一堆数量惊人的债务以及一张惨不忍睹的资产负债表。

20 世纪 60 年代再没有一只股票能比施乐公司的股票更热门了。那时复印行业是一个神话般的行业，施乐公司则从上游到下游控制了整个复印行业，甚至"施乐"成了复印的代名词，这本应该意味着施乐公司有着良好的发展前景，很多分析师也都这样认为。1972 年当施乐股价高达 170 美元时，他们断言施乐公司将会无限期地持续保持增长，但是随后日本佳能、IBM 以及伊士曼·柯达公司都进入了复印行业，很快就有 20 家公司的复印机都能够像施乐一样复印出完全不同于原先潮湿文件的干爽、整洁的文件。施乐公司对这种激烈的竞争非常惊恐，于是收购了与复印不相关的企业以进行多元化经营，但它根本不懂得如何经营这些收购来的企业，结果多元化经营失败导致股价下跌了 84%，但是施乐的那几家竞争对手也好不了多少。

20 年来，复印行业已经发展成为一个规模很大的行业，行业需求从来没有下降过，而复印机生产企业却没有赚到什么利润，只能在激烈的竞争中苦苦挣扎。

与施乐公司股票糟糕的表现形成鲜明对比的是，菲利普·莫里斯公司的股票表现非常优异。菲利普·莫里斯公司是一家烟草公司，而在美国烟草行业是一个负增长的行业。在过去 15 年中，施乐的股票从 160 美元下跌到了 60 美元，同期菲利普·莫里斯公司的股票却从 14 美元上涨到了 90 美元。年复一年，菲利普·莫里斯公司通过扩展海外市场、提高售价以及削减成本使得收益不断增加。由于拥有万宝路、Virginia Slims、Benson & Hedges、Merit 等著名品牌，菲利普·莫里斯公司已经找到了自己的利基，而且负增长行业不会吸引大批竞争对手的进入。

小心那些被吹捧成"下一个"的公司

　　另一类我避而不买的股票是被吹捧成下一个 IBM、下一个麦当劳、下一个英特尔或者下一个迪士尼之类公司的股票。就我个人的经验而言，被吹捧成下一个的公司几乎从来都不会真正成为它的楷模那样卓越非凡的明星——不管是百老汇、图书畅销排行榜、全美篮球联赛还是华尔街都不例外。有多少次当你听说一名职业棒球运动员被称为下一个威利·梅斯（Willie Mays），或者一部小说被称为下一部《大白鲨》时，想一想什么时候看到过"第一名被淘汰出局而第二名却安然无恙"的情况呢？在股票上也存在着类似的情况。

　　事实上，当人们把某一只股票吹成是下一个什么股票时，这表明不仅作为后来模仿者的这家公司的股票气数已尽，而且那只被追随的楷模公司也将要成为明日黄花。当其他的计算机公司被叫作"下一个 IBM"时，你可能会猜到 IBM 将会经历一段困难时期，事实上 IBM 后来的确陷入了困境。现在大多数电脑公司都努力避免成为下一个 IBM，这也许意味着目前身处困境的 IBM 反而在未来有可能变得前途光明。

　　Circuit City（以前的 Wards 公司）成为一家成功的电器零售商之后，出现了一系列被称作"下一个 Circuit City"的公司，包括 First Family 公司、Good Guys、Highland Superstores、Crazy Eddie 以及 Fretters。Circuit City 的股票从 1984 年在纽约股票交易所上市交易至今上涨了 4 倍，不知它用什么方法避免了重蹈 IBM 的覆辙，而所有被称为"下一个 Circuit City"的公司的股票市值都比最初下跌了 59% ～ 96%。

　　被说成是"下一个美国玩具反斗城公司"的是儿童世界（Child World），结果这家公司后来步履维艰；被说成是"下一个 Price Club"的是仓库俱乐部（Warehouse Club），它的日子也不好过。

避开"多元恶化"的公司

那些盈利不错的公司通常不是把赚来的钱用于回购股票或者提高分红，而是更喜欢把钱浪费在愚蠢的收购兼并上。这种一心一意想要"多元化"的公司寻找的是具备以下特点的收购对象：①收购价格过于高估；②经营业务完全超出人们的理解范围。这两点毫无疑问会使公司在收购后发生的损失最大化，"多元化"的最终结果变成了"多元恶化"。

基本上，每隔 10 年是一个轮回，公司似乎总是在两个极端之间进行折腾：一个 10 年是大量收购疯狂地进行多元恶化（这时公司花费数十亿美元进行令人兴奋的大收购），接下来的另一个 10 年则是疯狂地大量剥离，进行瘦身重组（这时那些当初兴奋地被收购来的公司由于业绩表现并不令人兴奋而不得不远远以低于当初买入价格的价格被卖掉进行剥离）。这种从兴奋地高价买入到失望地低价卖出的轮回现象就像人们把他们的帆船买来卖去一样。

这种频繁的收购后因失败而后悔，只好剥离，然后再收购、再后悔、再剥离的一连串折腾，只不过是一种转移支付，把财富从规模很大且现金充足的公司股东转移到被收购的小公司股东手里，因为这些大公司往往会以很高的价格进行收购，当然这种做法会受到小公司股东的热烈欢迎。我从来不明白大公司这么做的原因究竟何在，唯一可能的原因就是公司的管理层觉得收购小公司尽管成本高昂但过程非常刺激、令人兴奋，而回购股票或者派发股息一点儿想象力也没有、毫无刺激可言。

可能心理学家应该分析一下这种情况，有些公司，跟有些人一样，就是享不了福而愿意自找罪受。

从投资者的角度来看，这种愚蠢的收购和"多元化"唯一能够带来的两个好处是：一是持有了被收购公司的股票；二是从那些由于"多元恶化"

陷入困境而决定进行瘦身重组的公司中寻找困境反转型公司的投资机会。

"多元恶化"的公司案例如此之多，以至于我几乎不知道该从哪家公司说起。美孚石油公司（Mobil Oil）曾经由于收购 Marcor 公司（Marcor Inc.）一度陷入"多元恶化"的困境，美孚石油公司对 Marcor 公司的零售业务并不在行，结果为此困扰了好几年。Marcor 公司另一个主要业务是子公司 Container Corporation 的纸箱包装业务，后来美孚石油公司以一个极低的价格将其出售，赔了不少钱。在收购高级石油公司（Superior Oil）时出价太高又让美孚石油公司损失了好几百万美元。

从 1980 年石油价格上涨至最高点至今，美孚石油公司的股价只上涨了 10%，而同一期间埃克森公司的股价却翻了一番。埃克森石油公司进行了收购 Reliance 电子公司（Reliance Electric）等几次时运不济但规模较小的收购，并成立了一家注定失败的风险投资公司，但除了这些之外，埃克森公司坚决拒绝多元化，一直坚持做好自己的主营业务。埃克森公司将多余的现金用来回购自家公司的股票，埃克森公司股东的股票投资收益率要比美孚石油公司高多了。美孚石油公司的新管理层正在领导公司进行转变，1988 年美孚石油公司卖掉了蒙哥马利沃德公司（Montgomery Ward）。

我在前面已经谈过吉列公司为了多元化进行的大量愚蠢收购。吉列公司不仅收购了药箱生产业务，还把业务多元化范围扩大到数字手表，然后它宣布把这些"多元恶化"带来的损失从账面上一笔注销。在别人还根本不知道一家大型公司涉足某项业务之前，这家公司就已经在解释它是如何从这项让它遭受损失的业务中摆脱出来的，这种情况在我的记忆中只有这么一次。吉列公司进行了重大改革，最近已经改进了自己的经营策略。

通用磨坊食品公司（General Mills）的经营范围包括：中国餐馆、意大利餐馆、牛排屋、帕克兄弟玩具（Parker Brothers toys）、Izod 衬衫、自动洗衣店、钱币、邮票、旅行社、埃迪·鲍尔零售店（Eddie Bauer retail outlets）以及 Footjoy 鞋类产品等，其中很多业务都是在 20 世纪 60 年代收购的。

从罗马帝国进行多元化将帝国版图扩张到整个欧洲及北非以来，20 世纪 60 年代是"多元恶化"最风行的年代。在 60 年代几乎每一家受人尊敬的大公司都由于多元化收购导致经营恶化，当时那些最棒、最聪明的公司都相信它们既然可以管理好手中的业务，肯定也能管理好收购来的其他任何业务。

联合化学公司（Allied Chemical）除了厨房水槽之外什么业务都曾收购过，可能是因为事实上它过去已经在某地收购了一家生产厨房水槽的公司才没有再次重复收购这种业务。《泰晤士镜报》也曾经"多元恶化"，默克公司也同样如此，但是这两家公司还比较及时地意识到了错误，都重新回归到自己的出版和制药主业。

美国工业公司（U.S. Industries）在短短一年之间就进行了 300 次收购，它真应该把自己称作"一天一家"（one-a-day）。碧翠丝食品公司（Beatrice Food）将经营范围从食品行业扩大到非食品行业，从那以后，它收购的业务扩大到无所不包。

这个疯狂的大收购时代在 1973 ～ 1974 年股市大崩盘时终于结束，那时华尔街才最终认识到，即使是最优秀、最聪明能干的管理人员也并不像人们所认为的那样才华横溢，即使是最有魅力的公司管理者，也不可能把他们收购来的所有"癞蛤蟆"都变成"青蛙王子"。

这并不是说凡是收购都是愚蠢的。在自家公司基本业务非常糟糕的情况下进行收购另寻发展之道就是一个非常好的策略。如果巴菲特死守纺织业务的话，我们现在就不会听到沃伦·巴菲特和他管理的伯克希尔－哈撒韦公司如雷贯耳的大名了。同样的情况也发生在 Tisches 家族身上，他们开始时经营一家连锁影院（Loew's），然后用赚来的钱收购了一家烟草公司

（Lorillard），然后又用这家烟草公司赚来的钱收购了一家保险公司（CNA），再用赚来的钱收购了大量 CBS（哥伦比亚广播公司）的股份。收购成功的技巧在于，你必须知道如何选择正确的收购对象，并且收购后能够对收购来的公司进行成功的管理。

我们来比较一下 Melville 和 Genesco 的不同情况，这两家公司都是制鞋商，一个是"多元优化"的例子，一个是"多元恶化"的例子（见图 9-2）。30 年前，Melville 公司几乎只局限于为其家族拥有的"Thom McAn"鞋店制作男鞋，随着公司开始在别的商店中租用卖鞋专柜，公司的销售收入不断增长，其中最著名的就是在凯马特连锁超市设了销售专柜。当凯马特连锁超市在 1962 年开始大规模扩张时，Melville 的利润也很快爆发性地增长起来。积累了几年的鞋类折扣零售经验后，公司开始了一系列的收购行动，而且它总是能够在下一次收购之前先把上一次收购的公司经营得相当成功。1969 年，它收购了 CVS，这是一家药品折扣零售公司；1976 年，收购了 Marshall's，这是一家服装折扣零售连锁公司；1981 年，收购了 Kay-Bee 玩具公司。在此期间 Melville 把它的制鞋厂从 1965 年的 22 家减少为 1982 年的 1 家。Melville 这家以制鞋起家的公司一步步慢慢在摸索中成功地把自己转变成了一个进行多元化经营的零售商。

与 Melville 公司不同的是 Genesco 公司在一系列疯狂的收购中走向了破产。从 1956 年开始，它先后收购了 Bonwit Teller 公司、Henri Bendel 公司、Tiffany 公司和 Kress 公司，然后它又涉足证券咨询业、男女珠宝行业、针织材料业、纺织业、牛仔服装业以及各种各样其他形式的零售批发业，并且这一期间它继续致力于制鞋业务。在 1956 ~ 1973 年的 17 年间，Genesco 公司一共进行了 150 次收购，这些收购大大提高了公司的销售额，因此从账面上 Genesco 公司看起来变得非常强大，但是公司基本面已经恶化得非常严重了。

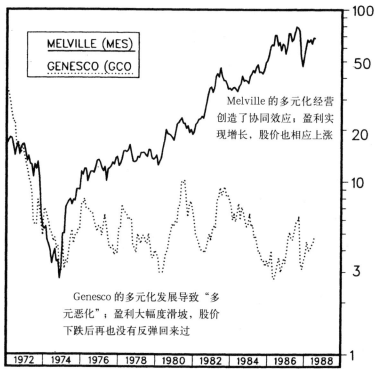

图 9-2 Melville（MES）和 Genesco（GCO）股票走势比较

Melville 和 Genesco 公司发展战略的不同，最终体现为两家公司的收益和股价表现上的很大不同。两只股票在 1973 ～ 1974 年的熊市期间都是大跌，但是 Melville 公司的收益一直在稳定地增长，使得股价后来不断反弹，到了 1987 年，Melville 股票上涨了 30 倍。至于 Genesco 公司，1974 年以后财务状况继续恶化，它的股票再也没能涨回来。

为什么 Melville 公司通过收购进行多元化发展取得了成功而 Genesco 公司却遭到失败了呢？问题的答案与一个叫作"协同作用"（synergy）的概念有很大的关系。协同作用是"把相关的业务组合成一个整体并使整体比部分运作得更好"，其实不过是"二加二等于五"理论的学名而已。

例如，根据协同效应理论可以推论，由于 Melville 公司已经在经营酒店和饭店业，因此它收购 Big Boy 连锁饭店是明智之举，收购向监狱和大学提供膳食服务的公司也同样如此（大学生会告诉你监狱膳食和大学膳食之间也存在很多"协同效应"），但是 Melville 公司对于汽车零件或者电子游戏业务究竟懂得多少呢？

在实践中，有时收购会产生协同作用，但有时不会。吉列这家剃须刀的主要生产厂商，当它收购 Foamy 公司的刮胡泡生产线时，获得了一定的协同作用，但是当它收购洗发水、润肤露以及其他的化妆用品公司时并没有形成协同作用。巴菲特的伯克希尔－哈撒韦公司收购的公司从糖果店、家具店到报纸，几乎各种各样的公司都收购过，这些收购创造了惊人的业绩，可以说，巴菲特的伯克希尔－哈撒韦公司就是以收购为主营业务。

如果一家公司真的必须进行收购的话，我认为它最好是收购与自己的主业相关的公司，但是一般来说收购会让我感到十分紧张。那些现金充足而且感觉自己实力强大的公司在收购中存在这样一种强烈的趋势：收购出价过高，对收购的公司期望太高，而收购以后却管理不善。相比而言，我更愿意看到一次强有力的股票回购举动，因为这样的回购对股价来说会产生最纯粹的协同作用。

当心小声耳语的股票

我经常接到许多人的电话，向我管理的麦哲伦基金推荐一些稳健的公司，可是推荐完这家稳健的公司之后，他们经常会压低自己的声音，就像女人说私房话透露一些个人秘密一样，再补充说道："我想告诉你一匹大黑马，这只股票可能对于你管理的基金来说市值规模太小了，但是对于你自己的股票账户来说绝对值得考虑。这家公司的业务前景简直太诱人了，它很有可能会成为一只非常赚钱的大牛股。"

这些都是一旦冒险成功将获得巨大回报但成功机会非常微小的高风险股票，也被叫作"小声耳语的股票"，往往给投资人讲述一个具有爆炸性效应的故事。当我听到这些小声耳语的股票时，肯定你的邻居也听到了这些小声耳语的股票，这些小声耳语讲述的都是这些公司非常神奇的业务：出售能够治疗椎间盘疼痛的番木瓜汁衍生物（Smith Labs 公司）、包治百病的草药、高技术材料、从牛身上提取出来的单克隆抗体（Bioresponse 公司）、各种具有神奇作用的添加剂以及违反了物理定律的突破性新能源发现。通常人们小声耳语的这些公司都即将要成功地解决最近整个国家面临的大难题：石油短缺、吸毒、艾滋病，它们的解决之道要么是匪夷所思得让你无法想象，要么就是非常复杂得让你无法搞懂。

我最喜欢举的例子是 KMS 工业公司，从其 1980 ～ 1982 年的年报可以看出这期间它曾生产"非晶体硅光电材料"，1984 年它将重点放在了生产"视频多路复用器"以及"光纤探针"上，1985 年它决定开发"用化学驱动球体内爆法进行材料处理"，1986 年又全力开发"惯性约束聚变"⊖"激光激发冲击压缩"以及"可视免疫诊断分析技术"。在此期间，这家公司的股票从每股 40 美元下跌到了每股 2.5 美元，只是因为进行了一次 8 股缩为 1 股的缩股之后才没让它的股价下跌到只有几分钱的悲惨命运。前面提到的 Smith Labs 公司的股价也从 25 美元下跌到了只有 1 美元。

Bioresponse 公司的高级管理人员首先到波士顿首次拜访了我，后来我去参观了 Bioresponse 公司设在旧金山的总部，它的办公室位于旧金山一个相当破旧的街区的顶楼上（这应该看作一个公司管理层十分节约的好信号），办公室的一边坐的是公司高级管理人员，而另一边就是公司饲养

⊖ 惯性约束聚变（Inertial Confinement Fusion，ICF），也被称作脉冲性聚变（pulsed fusion），利用激光或者粒子束来照射小燃料球产生超高温，生成比磁约束聚变时密度更高 1 万亿倍的离子浆，从而产生聚变。由于这种反应时间非常快，不必要强磁场束缚它们，小燃料球自身的惯性就可以维持热度足够长的时间来进行反应。——译者注

的母牛。当我同公司的总裁和财务人员交谈时，穿着实验室工作服的技术人员正忙着从牛身上提取淋巴液，这是一种替代通常从老鼠身上提取淋巴液的低成本做法。从两头牛身上提取的淋巴液就足以制造出整个国家所需要的胰岛素了，每一克牛淋巴液可以用来进行 100 万次诊断实验。Bioresponse 公司正被几家证券公司紧密追踪，并且 Dean Witter、蒙哥马利证券（Montgomery Securities）、Furman Selz 以及 J. C. 布拉德福（J. C. Bradford）都已经推荐了这只股票。1983 年 2 月，在这家公司增发新股时我以每股 9.25 美元的价格购买了它的股票，它最高曾上涨到 16 美元，但现在这家公司已经坠入深渊、无可救药，幸运的是我及早卖出只赔了一点儿钱。

人们对这些股票的小声耳语有种催眠作用，很容易让你轻信，通常这家公司所讲的故事有一种情绪感染力让你容易意乱情迷，这就像听到十分诱人的"咝咝"声响让你直流口水却根本没有注意到只有声响却没有牛排在烤。如果你和我都购买了这种股票，那么我们都得去做兼职才可能弥补在这种股票上的投资损失。在这种股票下跌变成垃圾股之前，可能会首先上涨一下，但是从长期来看，我所购买的每一只这种小声耳语的股票都让我赔了不少钱，以下是其中一些我惨遭失败的股票投资案例。

神奇世界（Worlds of Wonder）、比萨时代剧院（Pizza Time Theater，后来 Chuck E. Cheese 买下了这个农场）、马铃薯公司（One Potato，Two）、国家卫生保健中心（从每股 14 美元跌到了 50 美分）、太阳世界航空公司（Sun World Airways）（从每股 8 美元跌到了 50 美分）、阿尔汗布拉矿产公司（Alhambra Mines，太糟了，它从来就没找到过一个像样的矿藏）、MGF 石油公司（现在它的股票成了股价只有几美分的仙股）、美国外科中心（它确实很需要病人）、Asbetec 工业公司（Asbetec Industries，它的股票现在每股只有 1/8 美元）、美国太阳能之王公司（Solar King，我在粉单市场公司名单上发现了它的名字[⊖])、遥控电视公司（televideo，一败涂地）、Priam 公司（我本应该远离磁盘驱动器行业）、向量制图微型计算机公司（Vector Graphics Microcomputers，我本应该远离微型计算机）、GD 瑞斯快餐连锁公司（GD Ritzys，经营快餐食品，但是它可绝不是麦当劳这样的好公司）、集成电路公司（Integrated Circuits）、Comdial 公司以及 Bowmar 公司。

这些一旦冒险成功将获巨大回报但成功机会非常微小的高风险股票的共同特点是它们都会让你赔上一大笔钱，除了这一事实以外，另一个共同特点就是吹牛吹破天，却根本没有什么实质内容，这也正是那些被人们小声耳语的股票的本质。

对于这种小声耳语的股票，投资者根本不必再费事计算公司每股收益等财务指标，因为这种公司往往没有任何收益。投资者也不需要计算市盈率，因为公司没有收益也就不存在市盈率。但是这种公司有的是显微镜、博士、公众很高的期望以及发行股票所获得的大笔现金。

我总是尽量提醒自己（显然往往并不成功），如果公司的前景非常美好，那么等到明年或者后年再投资仍然会得到很高的回报。为什么不能暂时不投资，等到公司有了良好的收益记录可以确信其未来发展很好时再买入它的股票呢？当公司用业绩证明自己的实力以后，仍然可以从这只股票上赚到 10 倍的回报，当你对公司的盈利前景有所怀疑时，看一段时间再做投资决定也不迟。

对于这种令人心潮澎湃的一旦冒险成功将获得巨大回报但成功机会非常微小的高风险的股票，投资者的心理压力在于，觉得必须在首次公开发行（IPO）时买入，否则后悔也来不及了，但是这种观点事实上在很少情况

⊖ Pink Sheets，粉单市场，由私人设立的全国行情局，于 1911 年成立，为未上市公司证券提供交易报价服务，需指出的是全国行情局并没有监管权，Pink Sheets 的监管也是由美国证券交易委员会、NASD 负责。——译者注

下是正确的，虽然偶然几次提前申购新股确实可以让你在上市的第一天就可以获得惊人的回报。1980 年 10 月 4 日，基因技术公司（Genentech）的股票以 35 美元的价格上市发行，就在同一天下午，一度上涨到最高价位 89 美元，然后收盘于 71.25 美元。麦哲伦基金公司配售到了一小部分该公司股票（在热门新股发行时并非总是能够配售到股票）。在苹果电脑公司的股票上我赚得更多，因为那次我想买多少就买多少，在它上市第一天我就把全部股票卖掉得到了 20% 的高回报。我之所以能够大量购买苹果电脑公司的新股，是因为马萨诸塞州认为这家公司的股票投机性太强，所以在它上市前一天规定只有富有经验的投资机构才能购买它的股票。直到苹果公司业务崩溃变成了一家困境反转型公司后，我才又一次购买了它的股票。

新成立的公司首次公开发行股票的投资风险非常大，因为这些股票未来上涨的空间非常有限。尽管我也购买过一些一直表现良好的新股（我买的第一只首次发行新股联邦快递后来上涨了 25 倍），但是我可以说，这种首次发行的新股 4 只股票中有 3 只的长期表现都十分令人失望。

但是那些从其他公司中分拆出来独立上市的公司首次公开发行的股票让我赚了很多钱。美国玩具反斗城公司就是其中之一，租车代理公司和 Safety-Kleen 公司也属于这种公司。这些公司其实都是一些有着相当长的经营历史的成熟公司，你可以像研究福特公司或者可口可乐公司那样来研究它们的经营历史情况。

小心过于依赖大客户的供应商公司股票

如果一家公司把 25% ～ 50% 的商品都卖给了同一个客户，这表明该公司的经营处于十分不稳定的状态之中。SCI Systems 公司（不要把它与经营殡仪馆的 SCI 公司弄混了）管理良好，是 IBM 计算机的主要零部件供应商，但是你无法预料 IBM 何时会自己生产所需的配件或者变得不需要这种配件也照样能够生产，因此取消与 SCI 的供应合同。如果失去某一个重要客户会给一家供应商公司带来毁灭性的灾难，那么我在决定是否购买这只股票时就会非常谨慎。像 Tandon 公司等磁盘驱动器公司就是因为过度依赖少数几家大客户总是处在合同取消大灾难的边缘。

除了取消合同的风险之外，大客户还拥有很大的谈判优势可以逼迫供应商降价和提供其他优惠，这将会大大压缩供应商的利润空间，因此购买这种过于依赖大客户的供应商公司的股票几乎不可能获得很大的投资成功。

小心名字花里胡哨的公司

对于投资者来说，施乐公司没有起一个像大卫干式复印机（David's Dry Copies）这样普通平凡的名字实在是太糟了，因为果真如此的话更多的投资人就会以怀疑的态度来认真分析这家公司了。一家好公司的名字单调乏味，最初会让投资者闻而远之，而一家资质平平的公司如果名字起得花里胡哨却可以吸引投资者买入，并给他们一种错误的安全感。只要公司的名字里有"高级""主要""微型"等字样，或者公司的名字中有一个"x"，或者是用首字母组成的神秘缩写词，就会让投资者一见钟情。UAL 公司把名字改成 Allegis 是为了吸引如今追赶时髦的投资者。瓶盖瓶塞封口公司没改名字实在是太好了，如果它听从公司形象顾问的建议把名字改成 CroCorSea，肯定从公司刚开始上市就会吸引一大批机构投资者密切跟踪，那么业余投资人就根本没有机会低价买入了。

第 10 章

收益，收益，还是收益

让我们假设你注意到了 Sensormatic 公司，正是这家公司发明了商店用来防范偷窃的智能价格标签以及蜂鸣器报警系统，1979 ～ 1983 年公司业务量持续增长，股价从每股 2 美元上涨到每股 42 美元。你的股票经纪人告诉你说这是一家小公司，但它是一家快速增长型公司。或者你可能已经检查了自己的投资组合，发现自己持有两只稳健型公司的股票和三只周期型公司的股票。你在多大程度上能够确定 Sensormatic 公司的股票或者你手中的其他任何一只股票肯定会上涨？如果你打算买入 Sensormatic 公司的股票，那么你应该用什么样的价格买入才算合理呢？

其实这时你要问的根本问题是：是什么因素使一家公司具有投资价值？为什么这家公司未来的价值会比现在的价值更高？关于以上问题的解释有很多理论，但我个人认为，最终还是归结为两点：收益和资产，尤其是收益。有时要经过数年时间股价才能调整到与公司真实价值相符的水平，有时股价低于价值的时间持续得如此之久，以至于投资者怀疑这种价格是否还会最终回归于价值。股票价值最终将会决定股票价格，或者说至少有相当多的案例表明坚信价值决定价格是值得的。

基于收益和资产来对公司股票的价值进行分析，与你打算购买当地的一家自助洗衣店、药店或者公寓时对这些资产的价值所做的分析没什么不同。**尽管有时容易忘记，但是我们必须牢记，一股股票绝非一注彩票，一股股票代表着对一家公司的部分所有权。**

你还可以换一种方式来思考收益和资产。假设你自己就是一家公司的股票，你的收益和资产将决定投资者愿意为购买你的行动创造的全部收益中的一部分所支付的价格。像评估通用汽车公司一样评估你自己的价值，这是一项很有启发的投资练习，这样做有助于你在投资的调查分析阶段抓住问题的关键。

如果你决定进行破产清算然后停止经营，那么你的资产应包括以下所有项目：房地产、汽车、家具、衣服、地毯、游艇、工具、珠宝、高尔夫球杆以及其他所有能作为家庭旧货大甩卖中出售的东西。当然，你还得减去所有未偿还的抵押贷款、留置权、汽车贷款，以及其他从银行、亲朋或者邻居处借的贷款、未付清的账单、借据、玩扑克牌欠下的赌债等。资产减去负债后所得的结果为正数，就是你的净资产，或者是账面价值，或者是财富净值（net economic worth）（如果所得结果为负数，你就得按照《破产法》第 11 章条款的规定申请破产保护了）。

只要你还没有破产清算以致要把所有的东西廉价变卖掉用来向债权人清偿债务，那么除了净资产价值以外，你本身还代表着另外一种价值——挣取收入的能力。在你的工作生涯里，你可能会为家里带来成千上万或者数百万美元的收入，这取决于公司给你支付的薪水高低以及你的工作努力程度。这和投资一样，不同的人的收入以复利形式最终累积成的财富总额存在着巨大的差别。

既然你能够想到自己本身还代表着换取收入的盈利能力价值，那么你可能也会想着把自己归为我们前面提到过的 6 种类型股票中的某一类。在派对聚会上也许把不同的人按照 6 种基本股票类型进行分类是一种相当有趣的游戏。

那些所从事的工作比较稳定但薪水很低并且升职机会相当有限的人属

于缓慢增长型，这种人相当于美国电力公司这类的电力公司，图书管理员、中小学教师和警察都属于缓慢增长型股票。

那些工作薪水丰厚、升职前景明朗的人，例如公司里的中层管理人员，就属于稳健增长型，相当于打工族中的可口可乐公司和 Ralston Purinas 公司。

那些在较短的时间抓住机会赚上一大笔钱然后在其余不挣钱的很长一段时间里依靠这笔收入精打细算过日子的人，例如农民、酒店和度假胜地的服务员、回力球运动员、经营夏令营的商人以及圣诞树的销售商，就属于周期型。记者和作家也大致属于"周期型"，但是他们有可能因财富陡增从而成为潜在的快速增长型。

依此类推，那些自己根本不是依靠劳动为生而依靠家族财富生活的人属于像金矿股票和铁路公司股票一样的隐蔽资产型，例如那些饱食终日无所事事的家伙、拥有信托基金的男男女女、大地主、锦衣玉食的富贵人家以及其他诸如此类的人。

那些街头流浪儿、无家可归者、穷困潦倒者、破产者、被解雇者以及其他失业者，只要他们继续奋斗和进取，就有可能成为困境反转型。

演员、发明家、房地产开发商、小企业家、运动员、音乐家和罪犯都属于潜在的快速增长型。这类人失败的可能性比稳健增长型要高，一旦这些属于快速增长型的人成功了，他们的收入可能会在一夜之间增长 10 倍、20 倍甚至 100 倍，使他们成为相当于塔可钟或者 Stop & Shop 的明星一族。

当你购买快速增长型公司的股票时，你实际上是在赌这家公司将来赚到更多的钱的概率更大。思考投资于成立不久的 Dunkin'Donuts 公司时就像你要投资于著名影星哈里森·福特一样，而投资于可口可乐公司时就像投资于一位收入稳定上升的公司律师一样。当哈里森·福特在洛杉矶还是一个到处游荡找活干的木匠的时候，投资类似于可口可乐公司一样稳健成长的公司律师似乎更明智，但是当看了福特先生主演的《星球大战》等大获成功的电影之后他的收入发生的巨大变化你就不会这样想了。

执业律师不可能一夜之间收入增长 10 倍，除非他打赢了一场很大的离婚官司。但是一边干着清除船底藤壶贝壳[○]的粗活一边抽空写小说的人却有可能成为下一个海明威（在你做投资之前一定要读读海明威的小说）。所以，投资者希望寻找前景看好的快速增长型公司，并不断抬高这种股票的价格，即使这种公司目前根本没有任何收益，或者收益少得与股价相比简直微不足道，也毫不在乎。

在任何一张股票价格走势线和收益线并列的股票走势图上你都可以看出收益的重要性到底有多大。大多数证券公司都有这种股票走势图手册，经常翻阅股票走势图手册会对你有所启发。将走势图一张一张翻看下去你会发现，股票的价格线与收益线的波动是并驾齐驱的，如果股票价格线的波动偏离了收益线，它迟早还会回到与收益线相一致的趋势上。

人们可能会关心日本人和韩国人在做什么来影响股票，但是最终决定一只股票命运的还是收益。人们可能会把赌注押在股票短期波动上，但从长期来看公司收益的波动最终决定了股价的波动。当然你会发现有时也有例外发生，但是如果你仔细观察自己持有股票的走势图，你就会发现我所描述的股票价格随着每股收益波动而波动几乎是一个普遍规律。

过去 10 年我们经历了经济衰退与通货膨胀以及石油价格的大幅波动，但不管经济生活发生了什么变化，股票价格一直在随着收益波动而波动。看一下陶氏化学公司的股票走势图（见图 10-1），在图中你会看到：当收益增长时，股票的价格也在跟着上涨。1971 ～ 1975 年和 1985 ～ 1988 年该公司的股价随着收益的持续增长而上涨。在这两个时期之间，也就是从 1975 ～ 1985 年，

○ 藤壶：一种蔓足亚纲的海洋甲壳类动物，成年期形成硬壳且固着在没入水的表层，如岩石和船底。——译者注

陶氏化学公司的收益起伏不定，与此相应股票价格波动也起伏不定。

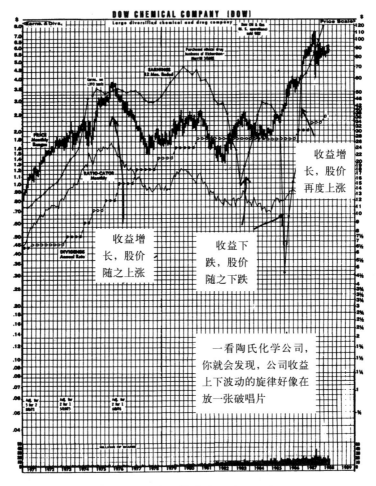

收益增长，股价随之上涨

收益下跌，股价随之下跌

收益增长，股价再度上涨

一看陶氏化学公司，你就会发现，公司收益上下波动的旋律好像在放一张破唱片

图 10-1　陶氏化学公司（DOW）

我们再来看一下雅芳公司的情况（见图 10-2），随着公司收益持续增长，这家公司的股价从 1958 年的 3 美元上涨到 1972 年的 140 美元。由于市场对这家公司未来发展非常乐观，把股价推高到远远脱离收益能力的水平。到了 1973 年，人们对这家公司未来的幻想终于破灭。随着公司收益的

狂跌，其股价也相应狂跌，人们本来早就应该预见到这种情况的发生。《福布斯》杂志在雅芳股票崩溃 10 个月之前就已经在一篇封面文章中向所有投资者发出了警告。

再看一下 Masco 公司（Masco Corporation）的情况，由于该公司研制开发了单柄球阀水龙头，所以 1958～1987 年的 30 年间，无论是战争还是和平，无论是通货膨胀还是经济衰退，它的收益都在持续增长，随着公司收益上涨了 800 倍，股价上涨了 1300 倍，这可能是资本主义历史上最伟大的一只股票了。对于一家创业时以 Masco 螺钉制品（Masco Screw Products）这样可笑的名字命名的公司，你怎么能想象到它竟会创造出如此惊人的投资回报呢？只要公司的收益不断增长，就不会有什么能够阻止股价不断上涨。

再看一下 Shoney's 公司的情况，它是一家连锁餐馆公司，其收益连续116 个季度（29 年）一直保持持续增长，这样的收益记录几乎没有其他任何一家公司可以与之匹敌，自然而然，其股票价格也随之持续上涨。正如你在该公司的股票走势图上看到的（见图 10-3），在为数很少的几次股票价格涨幅超过公司收益涨幅的情况下，股票价格很快就回落到与收益相符的水平上了。

再看一下另一只大幅上涨的股票万豪国际酒店集团公司的股票走势图（见图 10-3），也可以看到同样的情况。再看一下 The Limited 公司的情况，20 世纪 70 年代后期，当它的收益停滞不前时，其股价也相应停滞不前，后来当收益重新飞涨时，股价也跟着重新飞涨了起来，但是在 1983 年和 1987年当股票价格偏离公司收益时，其股价在短期内出现了大跌。在 1987 年10 月的市场崩溃中，无数股价相对于收益过度高估的股票都出现了同样的大跌。

（判断股票价格是不是被高估的快捷方法就是比较股票价格走势线与收

益线是否相符。如果你购买的是大家都十分熟悉的那些增长型公司，例如Shoney's、The Limited、万豪国际酒店集团公司，你在股票价格线低于收益线时购买它们的股票，在股票价格线远高于收益线时卖掉它们的股票，

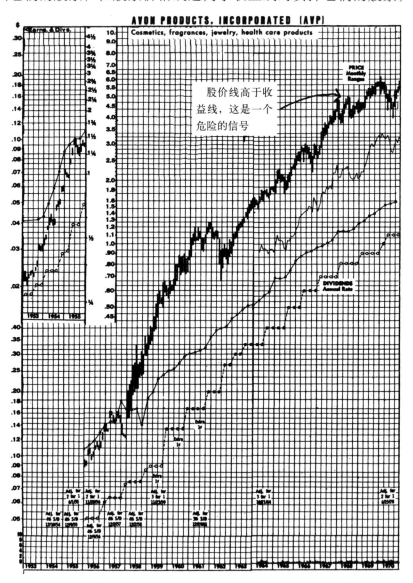

图 10-2　雅芳

那么你大赚一笔的成功概率就相当大。(对于雅芳股票来说这种操作绝对非常成功！)我并不是非得要提倡按照这种方法进行投资操作，但我实在想不出比这更好的投资策略了。)

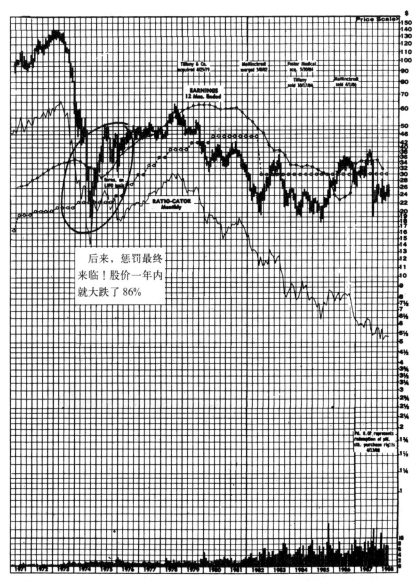

公司（AVP）

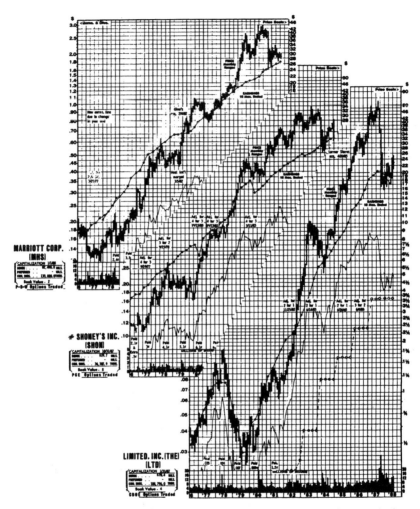

图 10-3　万豪国际酒店集团公司（MHS）、Shoney'S 公司（SHON）和
Limited 公司（LTD）

著名的市盈率（P/E）

对收益进行的任何严肃、认真的讨论，都会涉及每股市价与每股收益
的比率（price/earnings ratio），也被称为本益比（P/E ration）、市盈率倍数

（price-earning mutiple），或者简称为市盈率（P/E）。市盈率是用来描述股价和收益之间关系的一个简单的数字指标。大多数重要报纸的每日股票行情表中都会列出每一只股票的市盈率，就像表 10-1 的《华尔街日报》这样。

表 10-1 《华尔街日报》所列市盈率

《华尔街日报》1988 年 9 月 13 日星期二										
52 周最高价	52 周最低价	股票	股息	股息率	市盈率	成交量（100 股）	当日最高价	当日最低价	收盘价	涨跌
43.25	21.625	凯马特	1.32	3.8	10	4 696	35.125	34.5	35	+0.375

跟收益线的作用相似，市盈率也是一个十分有用的指标，用来判断股票价格相对于公司潜在盈利能力是高估、合理还是低估。

（有时，报纸上所列的市盈率可能会高得离谱，这通常是因为公司在账面上当期的短期收益中冲销了一笔长期损失，这样一来公司的收益就会大幅缩水。如果市盈率看起来异乎寻常，你可以请经纪人为你解释一下原因。）

例如在今天的《华尔街日报》上，我看到凯马特公司股票的市盈率是10 倍，计算时用的是股票当前的价格（35 美元），然后除以公司前 12 个月或者前一个财政年度的收益（在这个例子中，每股收益是 3.50 美元），用 35除以 3.50 就能得出这家公司的市盈率为 10 倍。

市盈率可以看作一家上市公司获得的收益可以使投资者收回最初投资成本所需的年数，前提当然是要假定公司每年的收益保持不变。假如你用3500 美元购买了凯马特公司 100 股股票，目前该股票的每股收益是 3.50 美元，因此你购买的 100 股股票 1 年后应该获得的收益为 350 美元，而你最初的投资（3500 美元）需要 10 年的收益才能完全收回，但是如果你知道股票的市盈率倍数，那么你根本不用进行上述计算就可以得出答案，一看凯马特股票的市盈率为 10 倍，你马上就知道收回最初投资需要 10 年时间。

如果你购买一只股票的股价是收益的两倍（即市盈率为 2 倍），那么只要两年后你就能用获得的公司收益挣回最初的投资，但是如果一只股票的股价等于收益的 40 倍（即市盈率为 40 倍），你就必须等待 40 年的时间才能用获得的公司收益收回最初的投资成本，到那时你可能已经变成老爷爷或老奶奶了。既然周围有这么多低市盈率的股票，为什么还有人会买高市盈率的股票呢？这是因为他们想在伐木场的工人中间找到未来的著名影星哈里森·福特。公司收益并非一直固定不变，就像人们的收入一样。

有些股票的市盈率是 40 倍，而其他股票的市盈率只有 3 倍，这种情况表明那些以很高的市盈率买入股票的投资者愿意拿出很多钱来"赌"公司的未来收益状况将会大大改善，而与此同时那些只愿以很低的市盈率来买入股票的投资者则认为这些公司的发展前景相当值得怀疑。看看报纸，你一定会吃惊地发现，不同股票之间市盈率的高低差别非常巨大。

你也会发现缓慢增长型公司的股票市盈率趋于最低，而快速增长型公司股票的市盈率趋于最高，周期型公司股票的市盈率则介于两者之间。如果你按照上面讨论过的股价波动取决于收益波动的逻辑推断，情况本来就应该是这样的。公用事业公司股票的平均市盈率（最近这段时间是 7 ～ 9 倍）低于稳定增长型公司的平均市盈率（这段时间是 10 ～ 14 倍）；相应稳定增长型公司股票的平均市盈率又低于快速增长型公司的平均市盈率（14 ～ 20 倍）。一些专门寻找便宜货的投资者认为不管什么股票只要它的市盈率低就应该买下来，但是这种投资策略对我来说没有什么意义。我们不应该拿苹果与橘子相比，因此对于陶氏化学公司的股票而言明显偏低的市盈率，对于沃尔玛公司的股票而言却并非如此。

对市盈率的进一步讨论

要全面讨论不同行业以及不同类型公司股票的市盈率，恐怕需要占用整整一本书的篇幅，这样一来就没有人愿意读下去了。拘泥于市盈率固然很傻，但是完全忽视市盈率也不应该。你的经纪人可能会成为你分析市盈率的最佳信息渠道，你可以问问他你持有的股票的市盈率是高于、低于还是接近于行业平均市盈率水平？有时你会听到他说："这家公司的股价低于行业平均水平"，这句话意味着这家公司的市盈率偏低了。

经纪人也可以给你提供公司股票市盈率的历史记录，这种信息从标准普尔上市公司报告中以及从证券公司那里都能找到。在购买一只股票之前，你可能希望追踪了解一下这家公司最近几年的市盈率，以便大致判断正常的市盈率水平应该是多少（当然，新成立的公司历史太短，根本没有几年的历史市盈率记录）。

例如，如果你要购买可口可乐公司的股票，那么看一下你现在相对于公司收益水平所支付的股价，再看一下别人过去相对于公司收益水平所支付的股价，比较你和别人支付的股价是否相当，这对于你进行投资决策会很有帮助。在进行比较时，市盈率可以告诉你一个大致的答案。

（在绝大多数大型图书馆以及证券公司那里都可以找到《价值线投资调查》（ Value Line Investment Survey ），这本书是查找市盈率历史数据的另一个很好的来源。事实上，业余投资者必须知道的所有投资相关数据都可以在《价值线投资调查》中找到，这本书在投资中对你的帮助仅次于你所聘请的私人证券分析师。）

即使关于市盈率你什么都记不住的话，你也一定要牢记一点：千万不要买入市盈率特别高的股票。只要坚决不购买市盈率特别高的股票，就会让你避免巨大的痛苦与巨大的投资亏损。除了极少数例外情况，特别高的市盈率是股价上涨的障碍，正如特别重的马鞍是赛马奔跑的障碍一样。

如果一家公司的市盈率非常高，那么未来它的收益必须持续保持令人难以置信的高增长速度，才能维持投资者过去为其支付的高股价。1972 年，尽管麦当劳本身的运营还像过去那样优秀，仍然称得上是一家伟大的公司，但是它的股价被投资者哄抬到每股75美元，市盈率高达50倍。由于麦当劳公司的收益增长根本不可能达到投资者如此高的预期水平，导致它的股价从75美元大跌回到25美元，它的市盈率也相应又回到与实际情况更为相符的13倍。股价大跌并不是由于麦当劳公司本身的运营出了什么错，只不过是由于1972年每股75美元的股价实在是被过度高估了。

如果说麦当劳公司的股价算是被高估了，那么我们再来看一下20世纪60年代后期一只热门股Ross Perot的EDS公司（Electronic Data Systems，EDS）股票的情况。当我看到一家证券公司撰写的有关这家公司的研究报告时，我简直不敢相信自己的眼睛。这家公司的市盈率竟然高达500倍！这意味着即使EDS公司的收益保持不变，你也要花上5个世纪（500年）的时间才能把你的最初投资收回来。不仅市盈率高得让我难以置信，而且更让我吃惊的是写这篇报告的分析师竟然认为这个市盈率还是比较保守的，因为EDS公司股票市盈率应该能够达到1000倍。

如果当亚瑟王在英格兰的大地上漫游时你就已经购买了市盈率为1000倍的股票，并且这家公司的收益一直保持不变，那么直到现在经过1000年后你也只不过是刚刚收回你最初投入的资本，却根本没有获得任何投资收益。

我当时真应该把这篇研究报告收藏下来，把它挂在我办公室的墙壁上，然后再将另一家证券公司送给我的一篇研究报告与它并排挂在一起，这一份研究报告上面写道："由于这家公司最近已经申请破产，所以我们把这只股票从我们的股票推荐买入名单上清除掉了。"

其实在随后的几年里，EDS公司的业绩表现都非常优秀。收益和销售收入都以惊人的速度增长，并且它做的每一件事情都获得了巨大的成功，但其股票的市场表现是另外一回事儿了。1974年，EDS的股价从40美元暴跌到 3 美元，这并不是因为公司经营管理上出现了重大失误，而是因为它的股价被过度高估，而且高估的严重程度达到我简直闻所未闻的程度。你经常会听到有人说，一家公司未来的业绩表现已经提前反映在其股价之中了，果真如此的话，那么购买 EDS 公司股票的投资者就是把这家公司从此之后直到永远的业绩表现都提前反映在他们所支付的过高股价之中了，后面我们会对 EDS 公司进一步讨论。

当雅芳公司的股票上涨到每股 140 美元时，它的市盈率达到 64 倍，当然这一数值要远远低于 EDS 公司股票 500 倍的市盈率，但是非常重要的一点是，雅芳公司是一家规模非常庞大的公司。即使对于一家小公司来说，要创造出很高的收益增长率，以证明高达 64 倍的市盈率相对合理，也算得上是一个商业奇迹了。对于像雅芳这样一家年销售额超过 10 亿美元的规模巨大的公司来说，要支撑 64 倍的高市盈率，每年就必须要销售出去价值几千亿美元的化妆品和护肤品。事实上，有人计算过，如果雅芳要维持 64 倍之高的市盈率，那么这家公司的收入就必须超过美国整个钢铁工业、石油工业以及加利福尼亚州的收入总和，这已经是最理想的情况了，但也只不过能够让那些以 64 倍市盈率的高价买入的投资者收回成本而已。这家公司实际上能销售出多少护肤品和古龙香水呢？事实上，雅芳公司的收益不但根本没有增长，反而下降，在 1974 年股价也直线下跌到每股 18.625 美元。

同样的情况也发生在宝丽来公司身上。宝丽来公司也是一家业绩表现非常稳定的公司，拥有 32 年的辉煌历史，但后来股价在短短 18 个月里就大跌了 89%。1973 年，这家公司的股价为每股 143 美元，但是到了 1974 年下跌到只有每股 14.125 美元，1978 年又反弹到每股 60 美元，后来又开始下跌，1981 年只有每股 19 美元。1973 年宝丽来公司在最高价位时，其市盈率高达 50 倍，它的市盈率之所以如此高，是因为投资者预期宝丽来新推出的 SX-70 型照相机将会非常畅销，能够为公司创造惊人的收益增长，但是由于这种新型照相机和胶卷的定价都太高了，并且在使用操作上也存在问题，消费者很快就对这种新型照相机失去了兴趣。

另外，投资者对宝丽来公司的期望非常不切合实际，因为即使 SX-70 型照相机大获成功，宝丽来公司也必须至少向每个美国家庭出售 4 台这种照相机，才能使它的收益增长足以支撑 50 倍高的市盈率。即使这种新型照相机本身大获成功也很难维持如此之高的股价，更何况事实上这种新型相机所取得的销售业绩只不过平平而已，它的表现远不如预期的这个坏消息一下子到处传播开来，股票大跌也就在所难免了。

股市整体的市盈率

一家公司股票的市盈率并非独立存在的，而是相互依存的。所有上市公司的股票共同组成了一个整体，作为这个整体的股票市场本身也有一个自己的市盈率。股票市场整体的市盈率水平对于判断市场整体上是被高估还是低估是一个很好的风向标。我知道我已经建议大家根本不要理会整个市场的走势，但是当你发现有一些股票的价格相对于其收益水平明显已经上涨到非常不合理的高度时，很可能市场上大多数股票的价格相对于其收益水平也已经上涨到非常不合理的高度。在 1973 ~ 1974 年的股市大跌之前，整个股市就属于这种情况，同样在 1987 年的股市暴跌前同样属于类似的情况（尽管这一次与前一次的高估程度并不相同）。

在最近这次持续 5 年的大牛市中（1982 ~ 1987 年），你可以看到股票市场整体的市盈率逐渐从 8 倍左右上升到 16 倍，这表明在公司收益不变的情况下，投资者在 1987 年为所有上市公司同等的收益水平所支付的价格是其在 1982 年时所支付价格的两倍，这是一个投资者本来应该注意到的大多数股票已经过于被高估的警告信号。

利率水平对市盈率水平有很大的影响，这是由于在利率较低时，债券的投资吸引力降低，投资者愿意在购买股票时支付更高的价格。但是除了利率之外，在牛市市场中形成的令人难以置信的乐观情绪能够把市盈率哄抬到一个令人匪夷所思的水平，比如 EDS 公司股票市盈率达到 500 倍，雅芳公司股票市盈率达到 64 倍，宝丽来公司股票市盈率达到 50 倍。那时，快速增长型公司的市盈率上涨到一个高入云霄虚无缥渺的高度，而缓慢增长型公司的市盈率也涨到在正常情况下快速增长型公司才具有的市盈率水平，在 1971 年整个市场的平均市盈率上涨到 20 倍的最高点。

任何一位稍微了解一点儿市盈率的投资者都应该能够看出股市整体达到如此疯狂的高市盈率水平是极不正常的，我真希望当时他们当中能有人告诉我这一点。1973 ~ 1974 年，股市经历了自 20 世纪 30 年代大萧条以来最剧烈的一次暴跌，使整体市盈率水平得到修正后回归于正常水平。

未来收益如何预测

公司未来的收益是多少？分析股票难就难在这个问题上。如何预测公司的未来收益呢？根据公司目前的收益水平进行的最佳预测就是根据经验对这只股票的定价是否合理做一个大概估计。如果你确实根据公司当前的收益水平分析公司股价是否合理，那么你就永远不会在市盈率为 40 倍时购买宝丽来或者雅芳公司的股票，你也永远不会为百时美、可口可乐或者麦当劳的股票支付过高的买入价格。然而你真正想知道的并不是当前的收益是多少，而是公司下个月、下一年或者下一个 10 年的收益将会是多少。

毕竟投资者都假设公司收益未来将会不断上涨，每一只股票的价格之中都包含着公司收益将会不断增长的假设。

一批又一批的证券分析师和统计学家都在向解决如何准确预测公司未来

收益这个问题发起冲击，但是你随便拿起一本最近的财经杂志都可以看到他们的预测往往是一错再错（在文章中与"收益"二字相连的最常出现的词就是"出乎意料"）。在此，我批评这些投资专家并不代表我认为业余投资者能够独立成功地预测收益或者收益的增长率。

一旦你开始认真分析公司未来的收益，你就会在面临以下情形时变得犹豫不决：一方面是有些公司尽管收益增长股价却仍然下跌，这是因为专业证券分析师和他们的机构投资者客户本来预测的收益更高，而公司的实际收益增长并没有达到他们预期的水平；另一方面有些公司收益下降股价却仍然上涨，这是因为专业证券分析师和他们的机构投资者客户本来预测的收益会更低，而公司的实际收益下降得并没有他们预期下降得那么多。但这些只不过是短期的反常情况，尽管如此，看到这些反常情况的投资者仍然会感到内心严重受挫。

虽然你不能准确预测公司的未来收益，但至少你可以了解一下公司为提高收益所制订的发展计划，然后你就可以定期查看公司实施这些计划后是否真的有效地提高了收益水平。

一家公司可以用 5 种基本方法增加收益⊖：削减成本，提高售价，开拓新的市场，在原有市场上销售出更多的产品，重振、关闭或者剥离亏损的业务。这些都是投资者在分析一家公司未来发展前景时应该调查研究的关键之处。如果你的职业或生活让你在分析一家公司业务上具备了独特的优势，那么在调查研究以上这些方面时这种独特优势会更有帮助。

⊖ 一些人容易把我们在本章中讨论的收益（earning）与股息（dividend）混淆在一起。公司的收益是每年的收入扣除所有费用支出和税收后的税后利润。股息是公司按照股东持股的份额定期派发给股东的那一部分利润。一家公司可能获得了巨大的税后利润，但一分股息也不向股东派发。

第 11 章

下单之前沉思两分钟

第一步，你已经弄清了自己所研究的公司股票究竟属于缓慢增长型、稳定增长型、快速增长型、困境反转型、隐蔽资产型、周期型公司股票这六种类型中的哪一种。第二步，根据股票的市盈率倍数，你可以大致估计一下，这只股票目前的价位水平相对于公司不久的发展前景来说是低估还是高估了。接着第三步是要尽可能详细地了解公司正如何经营运作以使公司业务更加繁荣，增长更加强劲，或者实现其他预期将会产生的良好效果，这就是我们最想要了解的公司未来发展的"故事"。

除了隐蔽资产型公司（你只管耐心抱牢这种公司的股票等着别人来重新发现这种公司拥有的房地产、石油储备或者电视台等隐蔽资产的真正价值）之外，对于其他类型的公司，你必须寻找到能够推动这些公司收益持续增长的动力因素。你越能够确定这种推动公司收益增长的动力因素究竟何在，你就越能够确定公司未来的发展前景将会如何。

你从经纪人那里得到的分析师对于一家公司所做的研究报告以及《价值线》上关于一家公司的简短分析评论，都给你提供了专业投资者对这家公司未来发展前景的观点。如果你已经由于工作或者生活原因对于某家公司或者某个行业特别熟悉和了解，你就能够比专业投资者更详细、更有效地分析公司的未来发展前景。

在下单购买一只股票之前，我喜欢进行一个两分钟的独白，内容包括：我对这只股票感兴趣的原因是什么；需要具备哪些条件，这家公司才能取得成功；这家公司未来发展面临哪些障碍。这个两分钟的独白既可以只是一个人小声喃喃自语，也可以用让站在你旁边的同事能听清楚的音量高声宣讲。一旦你能够向家人、朋友或者自己心爱的小狗（我并不是指"一个在公共汽车上说凯撒世界公司（Caesars World）将会被收购的家伙"）讲述这家公司未来的发展前景，如果连一个小孩子都能听懂你的分析，那就表明你已经真正抓住了这家公司发展的关键。

你应该在下单购买之前的两分钟独白中重点阐述以下这几个主题：

如果你考虑买入的是一家缓慢增长型公司的股票，我们可以假设你的投资目的是为了获得稳定的股息（不然的话，干吗要买入这种股票），因此你对这家公司的股票进行分析时应该重点关注的因素包括："这家公司在过去10年间每年收益都在增加，股息收益率十分吸引人；它从来没有降低过股息或者推迟过派发股息，事实上不管公司的经营情况是好还是差，它一直都在提高股息，包括在过去的3个经济衰退期也同样如此。它是一家电话公用事业公司，并且新开展的移动电话业务可能会给公司提供强劲的增长动力。"

如果你考虑买入的是一家周期型公司的股票，那么你应该围绕公司业务状况、存货增减以及销售价格为中心来思考公司的未来发展。"汽车行业已经持续下滑3年了，但是今年开始明显好转。我之所以如此认为，是因为最近汽车销售量第一次全面上涨。我注意到通用汽车公司的新款车型销售情况非常不错，在过去的18个月中这家公司已经关闭了5家效率低下的工厂，劳动成本降低了20%，收益将会大幅度增长。"

如果你打算买入的是一家隐蔽资产型公司的股票，你应该了解这家公司的隐蔽资产是什么？这些资产的价值是多少？"这家公司的股价是每股 8 美元，但是仅录像带业务的价值就相当于每股 4 美元，并且它所拥有的房地产价值相当于每股 7 美元。这只股票太便宜了，我不但不用花一分钱而且还能每股倒赚 3 美元获得公司录像带业务以外其他资产的所有权。这家公司的内部人士都在买入自家公司的股票，公司收益非常稳定，债务很少，根本不值得一提。"

如果你打算买入的是一家困境反转型公司的股票，你应该关注的是公司已经开始努力拯救自身的命运了吗？到目前为止，公司的重整计划取得成效了吗？"通用磨坊食品公司在纠正过去盲目多元化导致经营恶化的错误上已经取得了很大的进展，它已经把主营业务数量从原来的 11 个缩减到只有 2 个。通用磨坊公司出售了埃迪·鲍尔公司（Eddie Bauer）、Talbot 公司、肯纳公司（Kenner）以及派克兄弟公司（Park Brothers）等子公司，赚回了一大笔钱，然后重新回归到自己最擅长的餐馆和包装食品业务上。这家公司已经回购了数百万自家公司的股票。该公司下属的海鲜产品子公司高顿公司（Gorton）在海鲜产品市场上的占有率已从 7% 增长到 25%。它正向市场投放低热量的酸奶、不含胆固醇的 Bisquick 蛋糕粉以及微波烘烤的 Brownies 蛋糕，公司的收益将会急剧增长。"

如果你打算买入的是一家稳定增长型公司的股票，那么你应该重点关注的因素包括：市盈率是多少？最近几个月股价是否已经大幅上涨？如果有的话，什么因素将会推动公司增长速度进一步加快？你也许可以这样对自己说："可口可乐股票现在的市盈率处于历史上波动区间的最低水平，它的股价已经持续两年没有什么增长了。这家公司已经采用了许多方法来改善经营状况，它在市场上向投资者公开出售自己所拥有的哥伦比亚电影公司（Columbia Pictures）50% 的股份，健怡可乐（Diet Cola）的畅销使公司销售增长率大幅提高。日本市场可口可乐销量比去年增加了 36%，西班牙市场可口可乐的销量比去年增加了 26%。销量如此大幅增长是非同寻常的，总体来看可口可乐国际市场销量增长非常强劲。通过发行股票筹资，下属的控股子公司可口可乐装瓶公司（Coca-Cola Enterpreses）买断了大部分原来独立的全球地区性分销商的产权，因此现在该公司对全球各地分销商以及美国国内的销售能够更好地进行控制。基于以上原因，可口可乐的表现可能要比人们想象得好得多。"

如果你打算买入的是一家快速增长型公司的股票，那么你应该关注的重点是这家公司向哪些市场扩张才能继续快速增长以及如何经营管理才能继续保持快速增长？"La Quinta 是一家汽车旅馆连锁公司，这家公司是从得克萨斯州起家的，当时它在得克萨斯州经营得非常成功，获得的利润非常可观。接着这家公司在阿肯色州和路易斯安那州复制了原来成功的经营模式。去年这家公司新开张的汽车旅馆数量比前年增长了 20%，公司收益每个季度都在增长。公司计划未来继续保持快速扩张。公司的债务并不算太多。汽车旅馆业是一个缓慢增长型行业，而且竞争非常激烈，但是 La Quinta 已经找到了自己形成独特竞争优势的利基。在完全占领整个细分市场之前，这家公司还有很大的增长空间。"

以上所述就是有关系统分析一家公司未来发展的整个"故事"的一些基本主题，你可以根据自己的需要在分析中加入更多更详细的主题。你了解的细节越多，你对公司的分析就越透彻。我经常花几个小时的时间来对一家公司的未来发展进行基本面分析，当然并不是每一次都得花费这么多的时间。下面我来讲两个我分析公司的例子，在第一个例子中我正确检视了公司未来发展的所有相关问题，而在另一个例子中我忽略了一些非常重要的问题。第一个例子说的是一只 15 倍股 La Quinta，第二个例子说的是一只反向 15 倍股 Bildner's，也就是说这只股票下跌到只有最初股价的 1/15。

研究 La Quinta 的成功经验

有一段时间我断定汽车旅馆业正处于一个周期性反转复苏阶段。我购买了联合旅馆公司（United Inns）的股票，这家公司是假日酒店（Holiday Inns）旗下最大的特许经营商。我一直四处联系打听消息，努力在汽车旅馆业寻找更多的投资机会。有一次在同联合旅馆公司副总裁的电话交谈中，我问他假日酒店最成功的竞争对手是谁。

询问竞争对手是我寻找新的具有上涨潜力的大牛股时最喜欢用的投资技巧之一。在 95% 的情况下，那些身为上市公司高管的大人物都会对竞争对手大加诋毁，但这些言论往往没有什么真正的意义。当某家公司的一位高级管理人员承认另一家竞争对手给他留下了深刻印象时，你就可以断定那家竞争对手公司肯定有些地方做得相当出色，没有比能够赢得竞争对手难得一见的称赞的公司更有可能成为大牛股了。

"La Quinta 汽车旅馆！"联合旅馆的副总裁十分激动地回答道，"这家旅馆经营得棒极了。在休斯敦和达拉斯地区，它彻底把我们打垮了。"听起来他对 La Quinta 汽车旅馆印象非常深刻，我听了他的话后对这家公司也同样印象非常深刻。

那是我第一次听到 La Quinta 汽车旅馆的名字，放下让我兴奋的电话之后，我马上又拨通了旧金山的 La Quinta 公司总部的沃尔特·毕哥勒（Walter Biegler）先生的电话，想了解这家公司是如何取得这么大成功的。毕哥勒先生告诉我过两天他要来波士顿，参加一个在哈佛大学举行的商务会议，到时候他会很高兴亲自向我讲述这家公司的发展历程。

从联合旅馆公司的副总裁向我提到 La Quinta 这家经营非常优秀的公

司，到 5 分钟后 La Quinta 公司的毕哥勒先生说他刚好碰巧要到波士顿出差，整件事听起来就像是预先安排好的一个圈套，故意要引诱我购买 La Quinta 公司数百万股的股票，但是我一听完毕哥勒先生的讲述，就明白了这绝非一场事先安排好的圈套，如果当时没有购买这只后来上涨 15 倍的大牛股，那才真的是让我中了圈套。

La Quinta 旅馆公司成功的经营理念非常简单，他们提供的客房品质和假日酒店同样好，但是价格比假日酒店更低。La Quinta 旅馆和假日酒店相比，房间同样大小，床同样牢固（关于床的情况，汽车旅馆业顾问调查得非常清楚），浴室同样舒适，游泳池也同样很好，而住宿费用却要低 30%。这怎么可能呢？我很想知道这到底是为什么。毕哥勒先生向我进一步说明了原因。

La Quinta 旅馆去掉了所有不能给公司创造更多利润却只能增加更多成本的多余空间，包括结婚礼堂、会议室、宽敞的接待室、厨房以及餐厅。La Quinta 旅馆为顾客解决膳食供应的方法是在旅馆隔壁开一家 Denny's 快餐连锁店或者其他类似的 24 小时快餐店。La Quinta 甚至根本不用持有 Denny's 快餐连锁店的股权。也许有些人会担心这样的膳食供应是否会让客户满意，但即使是假日酒店的菜肴也没有什么名气，因此看起来 La Quinta 尽管不供应膳食也并不会丧失一个吸引顾客的卖点。正是因为不设餐厅，La Quinta 节省了大量的资本投资，避免了一些很大的麻烦。事实证明，大多数旅馆和汽车旅馆的餐厅经营都是赔钱的，而且 95% 的客人不满意都是由餐饮服务引起的。

在投资过程中我总是努力从每一次交谈中学到一些新东西。通过与毕哥勒先生交谈，我知道了旅馆和汽车旅馆向客人每晚收取的住宿费通常相当于一间客房实际造价的 1‰。如果纽约广场大饭店（Plaza Hotel）的一间客房的实际造价为 40 万美元，那么每晚收取的住宿费就是 400 美元；如果

No-Tell 汽车旅馆的一间客房实际造价为 2 万美元，那么客人每晚就要支付 20 美元的房费。因为一家 La Quinta 旅馆的建造成本要比建一家假日酒店节省 30%，所以我明白了为什么 La Quinta 能够以比假日酒店低 30% 的价格收取房费却仍然能够获得同样高的利润。

　　我想知道，La Quinta 的利基在哪里？每一个公路交叉路口附近都有数百家汽车旅馆，La Quinta 如何能脱颖而出呢？毕哥勒先生说他们专注吸引特定的目标客户——小商人。这些小商人根本不屑于入住那些廉价的汽车旅馆，如果他们能够选择的话，他们想得到与假日酒店同样豪华舒服的享受却只支付更低一些的住宿费，而 La Quinta 就是为这些小商人以更低的价格提供同样豪华的服务，而且选址都是在那些能够更好地为商务人士提供服务的地方。

　　假日酒店的经营宗旨是为所有的旅行者提供所有的服务，因此他们经常把连锁分店建在主要的收费高速公路的出入口附近，而 La Quinta 则把它的连锁分店建在其客户最有可能进行商务活动的地区附近，如商业区、政府办公楼、医院以及综合性建筑。由于这些客人是来进行商务旅行而不是来旅游度假的，因此他们中的大多数人都会事先预订好房间，这使得 La Quinta 拥有了更加稳定而且更容易预测的客流。

　　除了 La Quinta 以外，根本没有其他公司来抢占处于高端的希尔顿酒店和低端的廉价旅馆之间的这部分中端旅馆市场。如果有其他竞争对手想偷偷抢夺 La Quinta 的中端旅馆市场，也根本不可能做到一点儿也不让华尔街察觉到。这正是我更喜欢选择旅馆和酒店业的股票而不是选择高科技股票的一个原因，当你由于一项令人兴奋的新技术而投资于一家高科技企业的股票时，可能另一项更加令人兴奋的更新的技术已经在另一家高科技企业的实验室研发成功了，但是任何一家想要进军酒店旅馆和餐厅连锁业的公司首先必须在某些地方现身开设连锁分店——它们不可能一夜之间就建起

100 家分店，而且如果它们开的分店位于其他地区，那么也不会对本地旅馆市场产生什么影响。

那么，La Quinta 又是如何解决巨大的建筑成本问题的呢？新成立的小公司要承担像建造旅馆这样开支巨大的项目时，沉重的债务负担可能会压得它们儿年喘不过气来。毕哥勒先生的解释再次打消了我在建设成本方面的疑虑。他说 La Quinta 通过以下措施来降低建设成本：一是建造 120 间客房而不是 250 间客房的旅馆；二是通过公司内部机构对建筑装修进行严格监督；三是按照同一个模子建造。另外，一家只有 120 间客房的旅馆可以委托一对住在店内的退休夫妇管理，这大大节约了管理费用。最让我印象深刻的是，La Quinta 已经同一些大型保险公司达成融资协议，这些保险公司以优惠的条件向旅馆提供全部融资，作为交换，它们能够分配到一小部分旅馆经营利润。

这些保险公司作为 La Quinta 的合伙人，既分享成功的盈利，也分担失败的亏损，因此即使 La Quinta 出现资金短缺，它们也不可能做出会导致 La Quinta 破产的收回贷款决定。事实上，保险公司的融资渠道正是 La Quinta 能够在资本密集型的旅馆业迅速发展却不必为此承担巨额银行债务的重要原因（有关讨论详见第 13 章）。

这次会面后不久，我发现毕哥勒先生和公司董事会对每一件事都想得非常周全，这一点让我很满意。La Quinta 公司已经是一家取得了巨大成功的优秀企业，并非那种将会、可能、也许、很快就会成功的企业。如果公司只有成功的可能而事实上还没有做到非常成功，那么就根本不要购买它们的股票。

在毕哥勒先生来我的办公室之前，La Quinta 已经经营了四五年。最初的 La Quinta 旅馆已经在几个不同的地方开了好几家分店，全部顺利复制了最初成功的经营模式。这家公司以每年 50% 的惊人速度持续增长，而市盈率只有 10 倍，股票被严重低估，这简直便宜得令人难以置信。我了解到 La Quinta 计划将要建造多少家新的连锁旅馆，因此我可以持续关注公司发展计划的实施情况。

除了上述这些因素之外，我惊喜地发现在 1978 年只有三家证券公司在追踪研究 La Quinta 公司，并且大型机构投资者持有这家公司的股票不足 20%。我能看到的 La Quinta 公司唯一不太让我满意的地方就是它经营的业务不是那么让人厌烦。

为了进一步确认这次谈话中我得到的信息的真实性，在我去其他上市公司调研的旅途中，我分别在三家不同的 La Quinta 连锁旅馆住了三个晚上。我在床上跳来跳去检验床的坚固程度，我到游泳池的浅水区趟趟水（我从来没有学会游泳），使劲地拉拉窗帘，用力拧拧毛巾，最后我很满意地发现 La Quinta 旅馆的设施确实一点儿也不比假日酒店差。

我对 La Quinta 公司基本面的各种细节情况都进行了详细研究，即使是这样，我还是差一点儿就打算不买入这家公司的股票。这只股票前几年股价已经翻了一番，这一点并不是什么问题，因为这家公司股票的市盈率相对于增长率来说仍然明显偏低。真正让我困扰的是公司里一位很重要的内部人士以只有我从报纸上看到的股价一半的价格卖出了他持有的股票（后来我才知道，这位内部人士是 La Quinta 公司的创始人之一，他之所以这么做只是为了使自己的投资组合更加多元化）。

幸运的是，我提醒自己，因为内部人士卖掉一只股票就否定这只股票是一个非常愚蠢的理由。后来我为麦哲伦基金尽可能多地大量买入了 La Quinta 公司的股票，10 年间我在这家公司股票上的投资上涨了 11 倍。后来由于生产能源的几个州经济不景气，导致这家公司经营陷入低迷。最近这家公司的股票已经成为一只集隐蔽资产型与困境反转型于一身的令人兴奋的未来大牛股。

研究 Bildner's 公司的失败教训

我在研究 La Quinta 公司股票时没有犯下的错误却在研究 J.Bildner & Sons 公司股票时犯下了。我在投资 Bildner's 公司股票上所犯下的是一个非常典型的错误：你几乎询问了所有与一家公司有关的问题，你得到的答案让你对这家公司的感觉简直太好了，但实际上你忘了询问一个最重要的问题，而事实证明恰恰就是你忽略的这个问题让你犯下了致命的投资错误。

Bildner's 是一家专业食品店，有一家分店位于波士顿德文郡大街上，恰好就在我办公室的马路对面。在我住的小镇上也有一家 Bildner's，不过现在已经关掉了。Bildner's 出售美味的三明治和其他预先加工好的热气腾腾的食品，它把食品便利店的速度和三星级酒店的美味二者成功地加以折中调和到了一块儿。我对它的三明治非常熟悉，因为好几年我都是用它来做午餐。这就是我在研究 Bildner's 上的特别优势：我个人多年的午餐经验让我获得了第一手信息，即这家公司拥有波士顿最好的面包和三明治。

我犯下投资错误的经过是这样的。Bildner's 公司打算把业务范围扩大到其他城市，为此打算公开发行股票上市以募集资金，这个消息对我来说简直太好了。这家公司已经创造了一个完美的利基——数百万白领阶层既不愿吃盛在塑料袋中用微波炉加热食用的三明治，又不愿自己做饭，他们的最佳选择就是 Bildner's 美味三明治。

Bildner's 的外卖给那些夫妻二人都工作的家庭带来了极大的解脱。夫妇二人都上班，下班后太累不愿用奎茨那特（Cuisinart）厨具做饭，但又想吃上一些看起来像是用奎茨那特厨具做出来的食品，他们可以在下班回到郊区的家里之前，在路过 Bildner's 食品店时停一下，买一些预先加工好的食品，比如加了法国青豆、蛋黄酱、杏仁之类的三明治。

由于我经常到马路对面的这家 Bildner's 食品店去买三明治，这使我可以充分研究分析这家食品店的经营情况。这是 Bildner's 最早的几家分店之一，干净整洁，工作效率很高，顾客盈门，是一家作为雅皮士的白领经常光顾的像 7-11 便利店一样的快餐店。我还发现这家食品店简直是一个惊人的赚钱机器，因此当听到 Bildner's 正计划发行股票募集资金以开设更多的连锁店时，我对于这个投资机会感到非常兴奋当然完全在情理之中。

从这家公司的招股说明书中我看到公司不打算负担太多的银行债务，这是它的一个优点。它计划以后新开张的分店都要租赁房屋，而不是购买，这又是它的一个优点。在没有对这家公司进一步深入研究的情况下，1986年 9 月我以每股 13 美元的首次公开发行股票价格购买了 Bildner's 的股票。

在发行股票后不久，Bildner's 在波士顿的两家百货商店中又开了两家新分店，却惨遭失败。接着它又在曼哈顿中心区开了三家新分店，却被周围熟食店的激烈竞争逼得只能关门大吉。然后，它又开始向亚特兰大等距离更远的城市扩张。由于这家公司的资本支出很快就超过了发行股票募集的资金，Bildner's 在财务上已经严重入不敷出。本来犯上一两个错误并不会造成太大的损害，但是 Bildner's 不但没有吸取教训谨慎行事，反而错上加错且一错再错，结果只能是让公司一亏再亏损失严重。毫无疑问这家公司应该能从这些错误中吸取很多教训，况且吉姆·贝尔德纳（Jim Bildner）也是一位聪明能干、勤奋努力、无私奉献的经理人，但是随着募集到的资金已经用完，公司再也没有第二次机会了。真是太糟糕了，我还想着 Bildner's 能够成为下一个塔可钟呢（我真的说过这家公司是下一个"塔可钟"吗？果真如此的话就意味着从一开始就注定我这次投资要失败）。

它的股价最后下跌到仅仅只有 0.125 美元，并且公司管理层都回到最初开的几家食品店，其中包括我办公室马路对面的那一家分店。Bildner's 目前最为乐观的目标是避免破产，但从最近的情况来看它难免会破产。我分批卖掉了这家公司的股票，亏损程度在 50% ~ 95%。

　　这次投资失败之后我还是继续去吃 Bildner's 的三明治，每咬一口三明治，都会提醒我自己曾经犯下的错误。当时我并没有等待一段时间，看一看在我办公室附近的这家食品店已经获得成功的经营模式在复制到其他地方以后是否也确实获得了成功。复制经营模式之后，将当地的一家快餐店转变成一家生意兴隆的塔可钟快餐连锁店，或者是将当地的一家服装店转变成一家顾客盈门的 The Limited 连锁服装店，才称得上是成功的克隆，但是在事实证明这项经营模式克隆工作确实成功有效之前就贸然买入这家公司的股票绝非明智之举。

　　如果这家公司最初是在得克萨斯州形成了一套成功的经营模式，那么投资者应该一直捂紧自己的钱袋，等到这家公司证明自己在伊利诺伊州或者缅因州复制这一经营模式同样也能够成功赚钱时，再购买它的股票，这种做法才是明智之举。这正是我在研究 Bildner's 公司股票时忘记询问的那个最重要的问题：它的经营策略在其他地方进行复制也同样能够获得成功吗？我本应该对以下这些不利情况感到担心和忧虑：公司缺乏熟练能干的店面管理人员、财力有限、不具备克服最初的失败继续发展的能力。

　　在公司经营能力得到证明之前，千万不要提前贸然买入这家公司的股票。如果我能等待一段时间，观察一下公司的发展情况，再决定是否买入 Bildner's 的股票，我可能当时就根本不会买入这只股票。我本来也应该及早卖出这只股票，波士顿的两家新分店以及纽约分店均告惨败都已经非常清楚地表明 Bildner's 经营模式存在问题。在手上的牌变得更差之前，就应该及早摊牌认输出局，还不至于输得太惨，我当时一定是趴在桌子上睡着了。

　　不过，这家食品店的三明治确实非常好吃。

第 12 章

如何获得真实的公司信息

　　尽管作为基金经理人有着各种各样的缺点，但是也有一个很大的好处：公司愿意和我们进行交谈，只要我们愿意，一周交谈好几次都可以。当有许多上市公司都想让你来购买它们公司的几百万股股票时，作为基金经理人，你会吃惊地发现自己竟然如此受欢迎。我经常从东海岸到西海岸一个城市接一个城市进行旅行，一家公司接一家公司进行参观，各家公司的董事会主席、总裁、副总裁以及证券分析师滔滔不绝地谈论公司的资本支出、发展规划、成本削减计划以及所有其他与公司未来经营业绩有关的情况，与我同行的投资组合管理人员记录下他们所听到的一切，如果因为我没空去某家公司参观，那么这家公司就会主动来拜访我。

　　不过从另一方面来看，我实在想不出还有什么是业余投资者需要知道却又找不到的有用信息，所有相关的信息都明摆在那里，只等着业余投资者自己来收集。过去上市公司信息披露并不是这样公开和透明的，但是现在的确如此。如今法律法规要求公司在招股说明书、季报以及年报中透露几乎所有应该披露的信息，行业贸易协会在其出版物上会报告行业的总体发展前景（上市公司也很高兴给你邮寄公司的时事通讯，在这些自吹自擂的文章中，有时你也会找到一些有用的信息）。

我知道，小道消息总是比公开披露的信息让人更加感兴趣，这就是为什么在饭店吃饭时无意中听到的只言片语——"固特异公司股票要动了"——往往比固特异公司公开披露的文字信息的影响力大得多。这正是古老的神秘法则在起作用：信息来源越神秘，就越具有说服力。尽管公开披露的文字信息已经说明了一切，投资者仍然继续把耳朵紧紧贴在墙上想听到一些小道消息。如果公司在年报和季报上印上"机密"二字或者是用棕色牛皮纸信封包装得神秘兮兮的再把它们寄出的话，那么收到年报和季报的人中可能就会有更多的人把它们好好读一下。

从上市公司年报中无法得到的信息可以通过以下途径获得：向经纪人咨询、给上市公司打电话、去上市公司拜访、做一些实地调查研究。

从一位经纪人处获得最多的信息

如果你买卖股票通过一家提供全方位服务[⊖]的证券公司而不是一家折扣证券公司[⊜]，那么每买卖一股股票你可能要多支付 30 美分的佣金。多付的这点佣金并不是什么大钱，但是也应该花得有价值，除了得到证券公司寄来的圣诞卡以及最新的投资建议以外，还应该从证券公司得到更多的服务。记住，你的经纪人帮你下单只需很短的时间，填好一张买单或者卖单大约只需 4 秒钟的时间，再把它送到交易柜台只用 15 秒钟的时间，有时甚至还

⊖　全方位服务（full-service），提供的服务不但包括帮助客户决定投资目标并按照客户的要求进行交易，而且在公司内部有进行专门研究的人员，并以研究结果为基础针对一系列的证券向客户提供投资意见。对于这额外的服务，客户要支付更多的费用。——译者注

⊜　与提供全方位服务的证券公司相对应的是折扣证券公司（Discount Houses），它们只在最小限度范围内向投资者提供投资建议或者根本不提供建议。它们不提供专门的研究报告，虽然它们也能得到其他公司的研究结果并提供给投资者。投资者进行每次交易只需支付一般的佣金或者费用即可。——译者注

是由跑单员去跑腿儿。

　　人们到那些提供全方位服务的加油站去加油一般都会额外让工作人员检查润滑油和清洗车窗，否则就会拒绝付款，但是为什么同样是这些人对提供全方位服务的股票经纪人除了下单之外根本没有提出任何额外的服务要求呢？嗯，可能他们一周内会给经纪人打几次电话询问"我的股票怎样了"或者"股市情况如何"？但是计算一下你的投资组合的最新市值根本算不上是投资研究。我发现经纪人可以充当保护人的角色，也可以充当市场预言家的角色，在股价下跌时还可以充当心理安慰者的角色，但实际上他所充当的所有这些角色中无一能帮助你挑选到好的公司股票。

　　甚至是在非常遥远的 19 世纪初期，诗人雪莱就已经发现股票经纪人（或者起码是他们当中的某一个）十分乐于向自己的客户伸出援助之手。"我曾知道的唯一一位十分慷慨相助并且拥有足够的财富能够慷慨相助的人竟然是一位股票经纪人，这不是很奇怪吗？"如今的股票经纪人可能很少会主动向他们的客户捐助大量的款项，但是作为一位信息采集者，他们可能会成为选股者最好的帮手。他们可以提供标准普尔公司的报告、投资时事通讯、年报、季报、招股说明书、股东大会委托权说明书（Proxy Statement）、价值线投资调查（Value Line Investment Survey）以及这家证券公司分析师所做的研究报告。你可以让他们帮你收集市盈率和公司增长率、公司内部人士持股、机构投资者持股等数据。一旦他们发现你对这些数据非常重视，他们会很乐意帮你去收集这些数据。

　　如果你把经纪人当作投资顾问（一般来说这种做法是轻率鲁莽的做法，但有时值得一试），那么你就应该让经纪人用两分钟来谈谈对他所推荐的这只股票的看法。你可能需要用几个前面我已经列出的问题来提示和引导经纪人系统地进行分析。下面是我们经常听到的一些典型对话：

　　经纪人："我们推荐 Zayre 公司的股票，这家公司目前正处于一个非常特别的阶段。"

你："你真的认为这是一只好股票吗?"

经纪人："我们确实认为这只股票很不错。"

你："太好了,那我就买入这只股票。"

如果你用几个前面我已经列出的问题来提示和引导经纪人进行系统分析的话,那么上面的这番对话可能会变成以下这种情形:

经纪人："我们正在推荐 La Quinta 公司的股票,我们刚刚把它列入推荐买入股票名单上。"

你："你认为这只股票属于哪一个类型? 周期型、缓慢增长型、快速增长型还是其他类型?"

经纪人："绝对是快速增长型。"

你："增长有多快? 最近收益的增长率是多少?"

经纪人："我一时说不上来,我可以帮你查一下。"

你："谢谢你。你查看增长率时,能不能帮我查一查这只股票当前市盈率和历史市盈率数据。"

经纪人："没问题。"

你："是什么原因让你们认为现在是购买 La Quinta 公司股票的好机会? 这家公司的市场在哪里? 目前 La Quinta 有盈利吗? 它未来将会如何扩张? 它的资产负债情况如何? 如果不增发新股稀释每股收益的话,它如何为增长进行融资? 公司内部人士在买入自家公司的股票吗?"

经纪人："我认为你所提到的这些问题中很多都在我们公司分析师所做的研究报告中得到了解答。"

你："请帮我复印一份,我会仔细看完后再还给你,同时,我也希望得到一张最近 5 年该公司股票价格走势与收益走势并列的图。如果有股息的话，我想知道股息的情况，我想知道他们是否总是按时派发股息。在你查找这些资料时，请帮我再查一下机构投资者的持股情况。还有，你们公司的分析师跟踪研究这只股票有多长时间了？"

经纪人："就这些问题了吗？"

你："看完报告后我会再告诉你，可能我得给这家上市公司打个电话问问……"

经纪人："不要耽搁太久，现在是买入的最佳时机。"

你："现在就买？就是现在这个 10 月就买吗？你知道马克·吐温曾说过，'10 月是投资股票特别危险的月份之一，其他特别危险的月份包括 7 月、1 月、9 月、4 月、11 月、5 月、3 月、6 月、12 月、8 月和 2 月。'"

给公司打电话

专业投资者总是不断地给上市公司打电话，而业余投资者却从来没想过要这样做。如果你有某些具体的问题要问，那么向上市公司投资者关系部门打电话询问是一个最好的办法。你可以委托你的经纪人再帮你做一件事：查找你感兴趣的上市公司的联系电话号码。即使是来自十分偏僻的美国堪萨斯州首府托皮卡的只持有 100 股股票的小股东，上市公司也会很高兴有机会与他们交流对公司的看法。如果是一家规模很小的上市公司，说不定你还有机会和公司总裁交谈呢。

一般情况下，上市公司投资者关系部门的工作人员的态度不可能极其冷淡，但万一如此的话，你不妨告诉他们说你持有他们公司两万股股票，并且正在考虑是不是再买两万股，然后漫不经心地提一下你的股票是用证券公司的名义购买的，这样一来他们的态度往往就会变得热情多了。事实上，我并不是建议大家故意撒谎，但是这样无关紧要的几句小谎可能会马上改变沟通气氛，而且在这种情况下你的谎言被拆穿的可能性几乎为零。这家公司不得不相信你拥有两万股股票，因为用证券公司的名义购买的股票全部由经纪商集中统一持有，并且不按委托人进行区分，只是统一保管，上市公司在股东名单上只能看到证券公司的名字，却看不到真正的投资者的名字。

在给公司打电话之前，我建议你提前准备好自己要问的问题，没有必要一开始就问"为什么你们公司的股票在下跌"。一上来就问为什么股票会下跌，马上会让对方认为你不过是一个初入股市的菜鸟而已，根本不值得认真对待，随随便便敷衍一下就行了，因为在大多数情况下，上市公司自己也根本不知道为什么它们的股票会下跌。

谈论公司收益是一个很好的话题，但是由于某些原因，直接向公司询问"你们公司的未来收益是多少"就像一个陌生人问你的年薪是多少一样很不礼貌，要想让对方容易接受，就得问得委婉巧妙："华尔街对贵公司明年的收益预测是多少呢？"

正如现在你已经知道的，公司未来的收益很难预测，即使分析师的预测差别也很大，就连公司自己也不能确定它们未来的收益到底会是多少。宝洁公司的工作人员可能会对公司的未来收益十分清楚，因为这家公司生产82种不同的产品，使用100多种不同的商标，并在107个不同的国家进行销售，因此公司的收益比较稳定，容易预测。但是雷诺兹金属公司（Reynolds Metals）的工作人员很难告诉你公司未来的收益究竟可能是多少，因为公司的未来收益高低全都取决于铝价的高低。如果你向费尔普斯·道奇（Phelps Dodge）公司询问明年收益是多少，费尔普斯·道奇的工作人员马上会反过来问你铜未来的价格是多少。

　　你真正应该从投资者关系部门了解的东西，是谈谈你对公司未来发展前景的估计，探询一下公司对你对公司未来预测的反应如何。你对公司未来发展的推理和预测合理吗？这些预测能够实现吗？如果你想知道泰胃美是否会对史克公司的盈利产生重大影响，那么公司可以告诉你这种影响有多大，而且他们还会为你提供泰胃美的最新销售数据。

　　固特异轮胎真的需求火爆使订单都要排队等上两个月吗？轮胎的价格真的像你根据当地销售情况所做的判断那样上涨了吗？今年有多少家新的塔可钟连锁店正在建设之中？百威啤酒公司的市场份额又增加了多少？伯利恒钢铁公司是在以满负荷生产吗？公司自己对下属有线电视资产的市场价值估计是多少呢？如果你已经清晰地了解了公司未来发展的主线，你就会知道应该重点关注哪些关键问题。

　　如果你能一开始询问一个问题表明你自己已经做了一番研究工作，那么沟通效果就更好了，比如："我从去年的年报中看到贵公司减少了 5 亿美元的债务，那么你们未来的债务削减计划是什么呢？"这肯定会比你问"你们对于债务未来有什么打算"会让他们更加认真严肃地予以回答。

　　即使你对公司的发展并不清楚，你也可以通过询问两个一般性的问题来得到一些信息："今年公司发展有哪些有利因素？"和"今年公司发展面临哪些不利因素？"他们可能会告诉你一家位于佐治亚州的去年亏损 1000 万美元的工厂现在已经关闭，或者一家已经停产的分公司被廉价卖掉变现，他们也可能会告诉你一些最近投放的新产品使公司增长率提高。1987 年，Sterling 药品公司（Sterling Drug）的投资者关系部门可能会告诉你最近有关阿司匹林的大量报道是否刺激了公司的销售增长。

　　你也会从公司听到一些不利消息，比如，劳动力成本增加，公司主要产品市场需求下降，出现了一个新的竞争对手，或者美元贬值或升值使公司利润减少。如果你正在交流的是一家服装制造公司，你可能会发现今年推出的服装系列并不好卖，仓库里已经堆满了存货。

最后，你可以大致总结一下从交谈中获得的信息：三个不利因素、四个有利因素。在大多数情况下，你得知的一些信息只是进一步证明你的猜测是正确的，特别是当你对这家公司的业务十分了解时通常会如此。但是偶尔你也会得知一些事先意想不到的信息，公司的实际情况比原先更好或者更差。如果你正在买卖这家公司的股票，那么这些意外的消息对你的投资决策是非常有价值的。

在我进行研究分析的过程中，我发现大约每10个电话中会有一个电话让我得知一些非同一般的信息。如果我同一家很不景气的公司的人员通电话，那么10次中有9次所得到的详细信息会进一步证实公司仍然很不景气，但是到了第10次，会得知一些新的迹象表明公司的前景开始乐观，而这些信息并非普遍为人所知。对于那些经营良好的公司来说，这个比例同样适用，但与打电话给那些不景气的公司的结果正好相反，你得到的意外往往是坏消息。如果我给上市公司打了100个电话进行咨询，我发现其中会有10个电话让我得到十分吃惊的信息，或者如果我给上市公司打了1000个电话，那么其中会有100个电话让我得到十分吃惊的信息。

不必担心，如果你并没有持有1000家公司的股票，那么你就不需要打1000个电话了。

你相信投资者关系部门说的话吗

在大多数情况下，公司都会非常诚实、坦率地与投资者进行交流，它们知道真实的信息迟早要在下一次的季报中公布于众，因此像华盛顿的政治家那样把真相掩藏起来没有什么好处。这些年来，我听到过数千家上市公司的代表谈论他们公司的有关情况，即使公司业务已经非常糟糕，我记得其中只有少数几次我被故意误导。

因此，当你给投资者关系部门打电话时，你完全可以相信你将要听到的信息都是真实可靠的事实，尽管不同的公司在描述事实时使用的形容词有着很大的不同，对于同样的情况，不同的公司会用不同的方式进行解释。

以纺织公司为例，从 19 世纪以来纺织公司就存在了，JP 史蒂文斯公司（JP Stevens）创立于 1899 年，西点 - 佩伯瑞尔公司创立于 1866 年，这些公司和美国革命女儿会（Daughters of the American Revolution）[⊖]同龄。如果你经历过 6 次战争、10 次繁荣、15 次破产以及 30 次衰退的话，那么你对于任何新生事物都不会感到十分兴奋，你也会变得十分坚强愿意坦率承认所面对的任何逆境。

纺织公司投资者办公室的工作人员已经完全继承了这种保守派的衣钵，当公司经营非常优异时，他们会想方设法说得让你听起来觉得他们的情绪一点儿也不激动热情；当公司经营相当不错时，他们则会想方设法让你听起来他们的情绪绝对悲观消沉；当公司经营糟糕时，接待你的工作人员说话的情绪听起来可能会让你觉得公司的高级管理人员正在办公室的窗户外面用高级密织棉布床单上吊自杀呢。

假设你给纺织公司打电话想询问精纺羊毛织品业务的情况，他们会回答："一般。"然后你又问聚酯料衬衫的销售情况如何，他们的回答是："不太热销。"你又问道："斜纹粗棉布呢？"他们会回答："啊，比以前好一点。"但是当他们向你提供了实际销售数据后，你才发现原来这家公司的销售情况竟然非常优秀。

这就是给纺织公司打电话的情况，一般来说，成熟产业普遍如此。**当注**

⊖ 美国革命女儿会，是美国的爱国组织，成立于 1890 年，会员仅限于美国独立战争革命时期的士兵或其他对独立事业出过力的人士的直系后裔。在 20 世纪 30 年代初，它有 2643 个分支机构、近 17 万成员。——译者注

视着同样一片天空时，成熟产业的人看到的是前途黑暗阴云密布，而非成熟产业的人看到的则是前途光明无限。

我们看一下纺织业的下游服装公司的情况，服装公司用纺织品制造出服装成品销售给消费者。这类公司为了生存苦苦挣扎，正在逐渐从金融市场中永远消失。它们宣布根据《破产法》第 11 章条款规定申请破产保护的次数如此多，以致你可能会认为《破产法》第 11 章是一项《宪法》修正案呢。你永远不会从一家服装公司的投资者关系部门的工作人员口中听到"一般"这个字眼，即使是在这家公司销售情况极其糟糕的时候也是如此。当服装销售惨不忍睹时，你从投资者关系部门的工作人员那里听到的最差的描述也只会是"情况基本可以"。当情况的确基本可以时，你听到的回答将会是"情况很好""难以置信""好极了""好得不能再好了"。

高技术公司和软件公司投资者关系部门的工作人员同样都是过分乐观的人士。你几乎可以这样认为：公司的日子越难过，工作人员的口气就越乐观。根据我从软件上市公司投资者关系工作人员那里听到的回答，你会觉得这家公司软件业务发展历史上从来没有出现过一个业务下滑的年份。当然，为什么他们不表示乐观呢？软件业的竞争对手如此众多，你必须让人听起来对自己公司的未来非常乐观，如果你说话垂头丧气显得缺乏信心，那么其他竞争对手花言巧语说得天花乱坠就会抢走你所有的合同。

但是投资者根本没有必要去浪费时间揣摩公司工作人员言语之中形容词的含意，更简单的对策就是：不要理会任何形容词，只管事实和数据。

拜访上市公司总部

作为股东的最大乐趣之一就是可以拜访你持有股票的上市公司总部。如果公司总部就在你住的附近，那么约定时间拜访一次更是轻而易举了。上市公司会很高兴接待持有两万股的股东到公司参观访问。如果公司总部离你很远，也许你可以在夏季休假时顺便拜访一次。"嗨，孩子们，太平洋天然气和电力公司（Pacific Gas and Electric）的总部离这里只有 63 英里。我顺便去这家公司看一下它的资产负债表，你们坐在停车场的草地上等我，知道了吗？"他们肯定会说好的，千万别说是我的建议。

当我拜访一家上市公司的总部时，我真正寻找的是对这家上市公司总部办公场所的一种感觉，对于公司的事实和数据在电话交谈中就可以得到。当我看到塔可钟公司的总部办公室竟然挤在一个保龄球场的后面时，我马上对这家公司有了一种很好的印象。当我看到那些高级管理人员在阴暗狭小的地堡似的办公室里工作时，我深感震惊，很明显他们根本不会把钱浪费在美化办公环境上。

（顺便说一下，我问的第一个问题是："上一次基金管理人员或者分析师到这里拜访是什么时候？"如果回答是"大概在两年多之前"，那么我会欣喜若狂。这正是我拜访 Meridian 银行总部时的情况，这家银行的收益 22 年来一直持续增长，股息也不断增加，并且他们已经记不清上次来的证券分析师的模样了。）

在寻找一家公司的总部时我内心所希望的是，如果总部不是挤在保龄球场后面的话，那么也是位于证券分析师不愿屈尊前往的破旧街区里。我派去拜访 Pep Boys-Manny，Moe，Jack 总部的一个假期实习生向我汇报说，就连费城的出租车司机都不想送他去那里，我对这一点的印象几乎和他发掘的其他信息一样非常深刻。

在瓶盖瓶塞封口公司，我注意到从总裁的办公室里能够一览罐头盒生产线，地面上铺的是褪了色的油地毡，办公家具比我在军队里用的还要破旧。这是一家知道对于什么事情应该优先考虑的好公司，你知道这家公司的股票后来表现如何吗？在过去 30 年里，股价上涨了 280 倍，丰厚的收益和简

2

朴的公司总部真是一个产生大牛股的绝佳组合。

Uniroyal 公司位于康涅狄格州的一座小山坡上，看起来就像一所富丽堂皇的大学预科学校一样，对于这样一家公司你的印象会如何呢？我想这可不是一个好的迹象，我可以肯定公司将要走下坡路。其他一些不好的迹象包括：精美的古典家具、幻视图案的窗帘以及抛光胡桃木装饰的墙壁。我拜访了很多上市公司的办公室后多次发现：公司高级管理人员把办公室装饰得非常豪华之日，就是投资者应该为这家公司的收益开始忧心之时。

与投资者关系部门工作人员的个人接触

参观公司总部也可以让你有机会接触到一个或者多个投资者关系事务代表。另一种接触到投资者关系事务代表的方法是参加年度股东大会，但一般不是在参加正式会议时，而是在非正式的聚会时会有很多机会进行接触。年度股东大会是与公司投资者关系人员进行个人交往的最佳机会，关键在于你对此是否非常认真地考虑要充分利用这些机会。

并非次次奏效，但是偶尔几次我对一位公司代表的感觉会让我对公司的未来发展产生一种预感。有一次我去参观 Tandon 公司，由于这家公司属于热门的软盘行业，我最初一度对它根本不予理睬。我同 Tandon 公司投资者关系部门的一位工作人员的会晤非常愉快，他和公司投资者关系部门里的其他人员一样，也是一位彬彬有礼、衣着整洁、谈吐文雅的绅士。但是当我在 Tandon 的股东代理权委托书中（除了其他的一些内容之外，委托书中还包括公司各个管理人员和董事所持有的自家公司的股票是多少以及这些人的薪酬是多少）见到这位先生的名字时，我发现尽管这个人进公司时间不长，但是根据他所持有的公司股票期权和未来能够直接从公司购买股票的数额进行计算，他的个人财富竟然已经达到了 2000 万美元。

　　这位普普通通的工作人员仅仅因为持有 Tandon 公司的股票与股票期权就变得如此富有，这简直令人难以置信。Tandon 的股价已经上涨了 8 倍，市盈率也高得让人头晕。我对这一情况稍加思考，就发现如果 Tandon 的股票再翻一番，这位工作人员就会成为身家 4000 万美元的大富翁。等到我从这只股票上赚钱时，他的财富又要比现在增长一倍了，而且即使是现在他就已经比我想象的要富有得多了。这也太不可想象了。虽然还有别的原因导致我拒绝投资于这家公司的股票，但是同这位工作人员的会面是一个导火索。后来 Tandon 的股票从每股 35.25 美元跌到了每股 1.375 美元（根据股票分割进行股价调整）。

　　还有一次我也产生了同样的疑虑，当时我在波士顿的一个大型午餐会上见到了 Televideo 公司的创始人也是主要股东，他拥有 Televideo 公司 1 亿美元市值的股票，这家公司股票市盈率已经很高了，并且 Televideo 公司处于竞争激烈的计算机辅助设备行业。我心中暗想：如果我能从 Televideo 公司的股票上赚到钱的话，这家伙持有的股票市值将高达 2 亿美元，这也太不可思议了。我没有买入 Televideo 公司的股票，后来这只股票从 1983 年的 40.5 美元跌到了 1987 年的 1 美元。

　　我可能永远也不能对自己的这种感觉进行科学的论证，但是如果你无法想象这家公司的一位普通工作人员由于持有自家公司的股票竟然那么富有的话，那么你的想法很可能是正确的，不买它的股票很可能是最正确的选择。

实地调查

　　自从我的妻子卡罗琳在超市购买丝袜发现 L'eggs 公司以及我吃玉米馅饼快餐发现塔可钟公司以后，我就一直相信逛街和吃东西是一个进行基本面分析的投资成功之道。当然也像我在投资 Bildner's 惨遭失败的例子所证明的那样,没有什么能替代询问关键问题的重要地位,但是当你分析研究一家公司时,如果能够实地考察一下这家公司经营的实际情况,会让你的分析更加可靠。

我之前已经听朋友彼得·德罗斯(Peter deRoetth)谈过玩具反斗城公司,但直到亲自去了一趟最近的当地一家分店之后,才使我真的相信这家公司确实懂得如何销售玩具。如果你问店里的顾客是不是喜欢这家店,几乎所有人都说他们一定还会再来。

在我买入 La Quinta 公司的股票之前,我到 La Quinta 公司下属的三家不同的连锁旅馆中住了三个晚上进行实地体验。在我购买 Pic'N'Save 公司的股票之前,我顺便到这家公司在加利福尼亚的一家分店看了看,它们所售商品的低廉价格给我留下了深刻的印象。Pic 'N' Save 的经营策略是从正常分销渠道那里拿到已经撤架的产品,然后在自己的店里以非常低廉的价格进行销售。

在实地调查之前我本来已经从投资者关系部门得到了这方面的信息,但是这与目睹古龙香水每瓶只卖 79 美分而且看到顾客哄抢的情景是完全不同的感受。一位财务分析师可能之前已经告诉我,Pic 'N' Save 公司在康宝公司(Campbell's)退出狗粮行业后从该公司手中买下了价值数百万美元的 Lassie 狗粮(Lassie Dog Food),然后很快转手卖出赚了一大笔钱,但是只有当你看到人们手推车里装着满满的狗粮排队付款的情景,才能让你真正相信这家公司的经营策略确实是卓有成效的。

当我在加利福尼亚参观了 Pep Boys 汽车配件公司新开的一家分店时,那里的一位推销员几乎让我买了一整套轮胎。我当时只想进去随便看一下,但他是如此的热情,以至于我差一点儿就带着 4 只新轮胎跟我一道坐飞机回家了。也许这位推销员热情得有些异乎寻常,但是我想如果 Pep Boys 公司的职员都像他那么热情的话，那么 Pep Boys 公司任何东西都能卖得掉。事实的确如此，这家公司的生意非常火爆。

随着苹果电脑公司陷入困境，股价从 60 美元跌到 15 美元，我一直在怀疑这家公司还能不能从困境中走出来，我是不是应该把它看作困境反转型公司。苹果公司为进军商用电脑市场而新开发出来的 Lisa[⊖]电脑也惨遭失败。但是当妻子告诉我说她和孩子在家里需要再买一台新的苹果电脑，并且富达公司的电脑系统管理人员告诉我说正要给办公室买 60 台新的苹果电脑公司生产的麦金托什（Macintosh）电脑时，我才知道：①苹果电脑在家用电脑市场上仍然十分畅销；②它正在准备用新的产品抢占商用电脑市场。我购买了 100 万股苹果公司的股票，我从来没有因此而后悔过。

和克莱斯勒公司总裁李·艾柯卡（Lee Iacocca）交谈后，我对克莱斯勒公司能够成功地东山再起的信心大增。艾柯卡领导克莱斯勒成功地削减了成本，并改善了产品系列，为汽车行业的复苏树立了一个非常成功的典范。在公司总部办公楼外面，我注意到高级管理人员的停车位有一半是空的，这是公司经营进一步改善的另一个良好信号，但是直到在我参观展示中心陈列的人们钻进钻出的新开发的 Lasers 和 New Yorkers 轿车以及 LeBaron 敞篷车时，才真正让我的投资热情像火山一样爆发了。

这些年来，克莱斯勒公司由于车型过于古板守旧而臭名远扬，但是根据我参观所看到的情况，我发现他们新推出的车型注入了更多的活力，尤其是敞篷车（他们推出的这种车型是将普通的 LeBaron 汽车的顶盖去掉后形成的）。

⊖ 1983 年 1 月 19 日，苹果推出了 Lisa 电脑，它以乔布斯女儿的名字命名。Lisa 是全球第一台采用图形界面的电脑，它的售价为 9995 美元，主要面向企业市场。由于价格过于昂贵，很多用户转而购买 IBM 电脑。业内人士一致认为，Lisa 电脑是苹果最大的失误之一。——译者注

不知怎么回事儿，我忽略了 Minivan 厢式休闲旅行车[⊖]，这是克莱斯勒生产的全球第一款多功能车，它和 L'eggs 连裤袜一起成为 20 世纪 80 年代最成功的两大畅销产品，但是至少我感觉到公司正在做的事情是正确的。最近克莱斯勒加长了 Minivan 的车身并且安装了一个马力更强劲的引擎，这正是用户最期待的改进。现在克莱斯勒的 Minivan 已经占据美国轿车和货车总销售量的 3%。一旦那辆跟了我 11 年之久的 AMC（美国汽车公司）生产的协和牌汽车（Concord）锈得跑不动了，我马上就会为自己买一辆克莱斯勒的 Minivan。

也许你会吃惊地发现，你可以在滑雪场、购物中心、保龄球场或者教堂的停车场上对汽车行业进行非常深入的研究。每当我看到克莱斯勒公司的 Minivan 或者福特公司（我仍然持有大量福特公司的股票）的 Taurus 汽车停在那里，并且司机也坐里面时，我就会溜达过去问道："你喜欢这种车型吗？""你买了多久了？"以及"你会推荐别人买这种车吗？"迄今为止，答案都是 100% 的肯定，这预示着克莱斯勒和福特公司的发展前景非常良好。与此同时，卡罗琳正在商店里忙着购物的同时，其实也是在对 The Limited 公司和 Pier 1 Imports 公司的商品以及麦当劳的新沙拉进行研究分析。

一个国家各方面的相似性越强，在一个地区的购物中心受欢迎的东西就越有可能在其他地区的购物中心同样也受欢迎。仔细想想，曾经有多少品牌和产品你都事前准确预测到了它们的成功或者失败！

为什么我的孩子从小到大一直穿着 OshKosh B'Gosh 公司的漂亮童装，我却没有购买这家公司的股票呢？为什么由于我妻子的一个朋友抱怨说穿

⊖ 多功能车，MPV，全称 Multi-PurposeVehicle，即多用途交通工具。一般来说，MPV 能够乘坐 6～8 人，车内空间灵活多变，并具有轿车般的操控特性，是一款集轿车、旅行车和商务车于一身的多功能车型。第一辆 MPV 是 1983 年克莱斯勒公司在美国推出的 Minivan 厢式休闲旅行车。我国国内 MPV 肇始于上海通用汽车推出的别克 GL8。——译者注

锐步（Rebook）的鞋子弄伤了脚，我就说服自己不要投资锐步公司的股票呢？怎么能够想象我竟然会仅仅因为邻居对一双运动鞋评价很差就错过了一只上涨 5 倍的大牛股呢？在投资这一行里想赚钱并不是那么轻而易举的。

阅读公司年报

很多公司的年报后来都被扔进了垃圾桶，这丝毫不足为奇。印在光洁的纸面上的文字部分容易理解却往往根本无用，附在后面的数字部分很难理解却相当重要。我有一种方法可以让你短短几分钟就能从年报中找到一些有用的信息，我阅读一份年报通常也只需要几分钟时间。

我们来看一下福特公司 1987 年的年报。年报封面是由汤姆·伍诺斯基（Tom Wojnowski）拍摄的一张漂亮的 Lincoln Continental 汽车尾部照片，内页是献给亨利·福特二世（Henry Ford Ⅱ）的一篇歌功颂德的颂词以及一张他站在祖父福特一世（Henry Ford Ⅰ）画像前的照片。接着是对股东的亲切问候，一篇关于企业文化的长篇大论，并且提到了福特公司赞助了《彼得兔》(Peter Rabbit) 的作者毕翠克丝·波特（Beatrix Potter）[○]的作品展览。

我略过所有这些文字部分，直接翻到第 27 页的合并资产负债表（见表12-1），印有报表数字部分的纸张明显要比前面文字部分的纸张便宜多了（这是公司年报也可能是所有出版物的一个普遍规律：纸张越便宜，上面的信息越宝贵）。在资产负债表上先是列出了公司的资产项目，接着列出了负债项目，这些信息对我来说至关重要。

　㊀ 英国著名童话作家毕翠克丝·波特（以下简称"波特"）的名著。波特在 1902 ～ 1913 年
　　期间创作了《彼得兔》等一系列童话故事，并亲手绘制了童话故事中的所有插图，她的书
　　在欧美国家流传甚广。其中彼得兔是波特发表的第一个故事作品的主角，也是她笔下众
　　多动物里最有名的一个。因此，人们后来提起波特写的动物童话故事系列时，常用如下称
　　呼：彼得兔故事大全、彼得兔和它的朋友，甚至直接称为"彼得兔"。"彼得兔"已成为
　　人们对毕翠克丝·波特本人及其作品的代称和标志。——译者注

表 12-1 福特汽车公司 1987 年合并资产负债表

合并资产负债表

分别截至 1986 年 12 月 31 日和 1987 年 12 月 31 日（除每股数据外，单位：百万美元）

福特汽车公司及其子公司

资　　产	1987 年	1986 年
流动资产		
现金及现金等价物	5 672.9	3 459.4
有价证券、按成本价和应计利息（市值）	4 424.1	5 093.7
应收账款（包括来自未合并子公司的 1 554.9 美元		
和 733.3 美元）	4 401.6	3 487.8
存货	6 321.3	5 792.6
其他流动资产	1 161.6	624.5
流动资产合计	21 981.5	18 458.0
未合并的子公司和联营公司净资产的少数股东权益	7 573.9	5 088.4
固定资产		
土地、厂房以及设备原值	25 079.4	22 991.8
减：累计折旧	14 567.4	13 187.2
土地、厂房以及设备的净值	10 512.0	9 804.6
未摊销的特殊工具价值	3 521.5	3 396.1
固定资产合计	14 033.5	13 200.7
其他资产	1 366.8	1 185.9
资产总计	44 955.7	37 933.0
债务和股东权益		
流动债务		
应付账款		
贸易	6 564.0	5 752.3
其他	2 624.1	2 546.1
应付账款合计	9 188.1	8 298.4
所得税费用	647.6	737.5
短期负债	1 803.3	1 230.1
1 年内到期的长期负债	79.4	73.9
应计负债	6 075.0	5 285.7
流动债务合计	17 793.4	15 625.6
长期负债	1 751.9	2 137.1
其他负债	4 426.5	3 877.0
递延所得税	2 354.7	1 328.1
合并子公司的少数股东权益	136.5	105.7

（续）

资　　产	1987 年	1986 年
担保和承诺	—	—
股东权益		
股本		
优先股，票面价值 1.00 美元 / 股	—	—
普通股，票面价值有 1.00 美元 / 股和 2.00 美元 / 股两种		
（分别发行了 469.8 股和 249.1 股）	469.8	498.2
B 类股票，票面价值有 1.00 美元 / 股和 2.00 美元 / 股两种		
（分别发行了 37.7 股和 19.3 股）	37.7	38.6
资本公积	595.1	605.5
外币报表折算差额	672.6	（450.0）
用于企业经营活动的留存收益	16 717.5	14 167.2
股东权益合计	18 492.7	14 859.5
负债和股东权益总计	44 955.7	37 933.0
备注：每股股东权益[①]	36.44	27.68

[①]按照 1 股分割为 2 股进行调整，股票分割生效日期为 1987 年 12 月 10 日。

第一行是流动资产，我注意到其中包括约 56.73 亿美元的现金、现金等价物以及 44.24 亿美元的有价证券。把这两项相加，就得出了公司目前全部的现金资产，四舍五入法约为 101 亿美元。将 1987 年的现金头寸（现金及现金等价物加上有价证券）同右边一栏 1986 年的现金头寸进行比较，我看到福特公司积累的现金头寸越来越多，这是公司业务兴旺的一个明确信号。

然后我又开始看资产负债表的另一半，一直往下会看到长期债务的这一行。从中我看到 1987 年这家公司的长期债务是 17.5 亿美元，与去年相比已经大大减少，债务的减少是公司业务兴旺的另一个信号。当现金相对于债务出现增长时，即现金增长超过负债增长时，这表明公司资产负债表得到了改善。如果情况相反，则表明公司资产负债表进一步恶化。

从 101 亿美元的现金头寸中减去 17.5 亿美元的长期债务，等于 83.5 亿美元，这就是福特公司的净现金头寸，表明现金和现金等价物总额高出债务总额 83.5 亿美元之多。当现金总额高于债务总额时情况就十分有利，这意味着不论发生什么情况，福特都不会破产。

（你也许已经注意到福特的短期债务是 18 亿美元，在计算中我忽略了短期债务，那些完美主义者可能会为此焦虑不安，但何必在不必要的情况下把事情搞得复杂化呢？我只是假定公司的其他资产（存货等）足以抵消短期债务，因此我计算时就不再考虑短期债务。）

事实上，大多数公司的资产负债情况并不像福特公司这样，它们的长期债务总额大于现金总额，现金一直在不断减少而债务却一直在不断增加，公司的财务实力越来越弱。刚才我们进行了简短的分析，目的就是让你了解公司的财务实力是强是弱。

接下来，我又翻到了年报的第 38 页公司 10 年财务数据概要（见表 12-2），看一下公司 10 年来的变化情况。我发现这家公司有 5.11 亿股的流通股，我也发现在过去两年间每一年流通股的数量都在减少，这表明福特公司已经回购了自己的部分股票，这是另一个利好因素。

83.5 亿美元的现金和现金资产除以 5.11 亿股的流通股，得出的结果是福特公司每股股票的净现金价值是 16.30 美元，关于这一数据的重要性我们将在下一章中讨论。

然后，我翻到……当然后面的分析越来越复杂了。如果你不想继续进行财务数据分析，而更愿意去读年报前面文字部分中关于亨利·福特的描述，那么你可以问问你的经纪人福特公司是否在回购股票，其现金是否高于长期债务，每一股的净现金价值是多少！

别做美梦了，让我们现实一点儿吧。我并不是想要带领各位在资产负债表的大量数据之中徒劳无益地寻找蛛丝马迹，但是资产负债表中的确有些数据对于分析研究公司非常重要，如果你能自己从年报中计算出这些数据，那当然最好不过了，如果你不能从年报中找到这些数据，那么你可以从标准普尔公司报告、你的经纪人或者从《价值线》杂志那里找到这些数据。

表 12-2　10 年财务数据概要

福特汽车公司及其合并的子公司

（单位：百万美元）

年份	1987	1986	1985	1984	1983	1982	1981	1980	1979	1978
销售收入	71 643.4	62 715.8	52 774.4	52 366.4	44 454.6	37 067.2	38 247.1	37 085.5	45 513.7	42 784.1
成本合计	65 442.2	58 659.3	50 044.7	48 944.2	42 650.9	37 550.8	39 502.9	39 363.8	42 596.7	40 425.6
营业利润（亏损）	6 201.2	4 056.5	2 729.7	3 422.2	1 803.7	(483.6)	(1 255.8)	(2 278.3)	917.0	2 358.5
利息收入	866.0	678.8	749.1	917.5	569.2	562.7	624.6	543.1	693.0	456.0
利息支出	440.6	482.9	446.6	536.0	567.2	745.5	674.7	432.5	246.8	194.8
未合并的子公司和附属公司的少数股东损益	753.4	816.9	598.1	479.1	360.6	258.5	167.8	187.0	146.2	159.0
税前利润（亏损）	7 380.0	5 069.3	3 630.3	4 282.8	2 166.3	(407.9)	(1 138.1)	(1 980.7)	1 509.4	2 778.7
应付所得税	2 726.0	1 774.2	1 103.1	1 328.9	27.02	256.6	(68.3)	(435.4)	330.1	1 175.0
少数股东损益	28.8	10.0	11.8	47.1	29.2	(6.7)	(9.7)	(2.0)	10.0	14.8
净利润（净损失）	4 625.2	3 285.1	2 515.4	2 906.8	1 866.9	(657.8)	(1 060.1)	(1 543.3)	1 169.3	1 588.9
现金股利	805.0	591.2	442.7	369.1	90.9	—	144.4	312.7	467.6	416.6
留存收益（亏损）	3 820.2	2 693.9	2 072.7	2 537.7	1 776.0	(657.8)	(1 204.5)	(1 856.0)	701.7	1 172.3
税后销售利润率	6.5%	5.3%	4.8%	5.6%	4.3%	①	①	①	2.7%	3.7%
年终股东权益	18 492.7	14 859.5	12 268.6	9 837.7	7 545.3	6 077.5	7 362.2	8 567.5	10 420.7	9 686.3
年终资产额	44 955.7	37 933.0	31 603.6	27 485.6	23 868.9	21 961.7	23 021.4	24 347.6	23 524.6	22 101.4
年终长期债务额	1 751.9	2 137.1	2 157.2	2 110.9	2 712.9	2 353.3	2 709.7	2 058.8	1 274.6	1 144.5
平均流通股本数（百万股）	511.0	533.1	553.6	552.4	544.2	541.8	541.2	541.2	539.8	535.6
每股净收益（损失）	9.05	6.16	4.54	5.26	3.43	(1.21)	(1.96)	(2.85)	2.17	2.97
净收益（经过调整）增发新股的调整	8.92	6.05	4.40	4.97	3.21	—	—	—	2.03	2.76
每股现金股利	1.58	1.11	0.80	0.67	0.17	0	0.27	0.58	0.87	0.78
年终股东权益	36.44	27.68	21.97	17.62	13.74	11.20	13.57	15.79	19.21	17.95
普通股价格区间	56.375	31.75	19.75	17.125	15.5	9.25	5.75	8	10.125	11.5
纽约证券交易所 NYSE	28.5	18	13.375	11	7.625	3.75	3.5	4	6.5	8.625

（续）

年　份	1987	1986	1985	1984	1983	1982	1981	1980	1979	1978
设备和工具资料										
购买设备的资本支出（不包括特殊工具）	2 268.7	2 068.0	2 319.8	2 292.1	1 358.6	1 605.8	1 257.4	1 583.8	2 152.3	1 571.5
折旧	1 814.2	1 666.4	1 444.4	1 328.6	1 262.8	1 200.8	1 168.7	1 057.2	895.9	735.5
购买特殊工具支出	1 343.3	1 284.6	1 417.3	1 223.1	974.4	1 361.6	970.0	1 184.7	1 288.0	970.2
特殊工具摊销	1 353.2	1 293.2	948.4	979.2	1 029.3	955.6	1 010.7	912.1	708.5	578.2
员工资料——全球范围②										
工资总额	11 669.6	11 289.7	10 175.1	10 018.1	9 284.0	9 020.7	9 536.0	9 663.4	10 293.8	9 884.0
劳动力成本总额	16 567.1	15 610.4	14 033.4	13 802.9	12 558.3	11 957.0	12 428.5	12 598.1	13 386.3	12 631.7
平均员工人数	350 320	382 274	369 314	389 917	386 342	385 487	411 202	432 987	500 464	512 088
员工资料——美国公司②										
工资总额	7 761.6	7 703.6	7 212.9	6 875.3	6 024.6	5 489.3	5 641.3	5 370.0	6 368.4	6 674.2
平均员工人数	180 838	181 476	172 165	178 758	168 507	161 129	176 146	185 116	244 297	261 132
平均每小时的工资③										
收益	16.50	16.12	15.70	15.06	13.93	13.38	12.75	11.45	10.35	9.73
津贴	12.38	11.01	10.75	9.40	8.54	9.79	8.93	8.54	5.59	4.36
总计	28.88	27.13	26.45	24.46	22.47	23.17	21.68	19.99	15.94	14.09

股票的数据已经根据股息和股票分割情况进行了调整。

① 1982年、1981年和1980年的盈利结累为亏损。

② 包括未被合并的金融、保险以及地产子公司。

③ 每个工作小时（单位：美元），不包括子公司的数据。

　　《价值线》比资产负债表阅读起来更轻松、容易一些，因此如果你从来都没有看过财务指标之类的东西，那么不妨就从《价值线》开始吧。《价值线》告诉你公司现金和债务的情况，并对公司长期历史经营业绩情况进行总结分析，从中你可以看到在上次的经济衰退中公司的业绩表现情况、公司的收益是否在增长、股息是否总是定期派发等。最后，它根据公司的财务实力进行评级，简单地划分为 1 ～ 5 级，这种评级能够让你大致了解公司抵抗不利情况的能力（《价值线》对于购买股票的时机也有一套评级系统，但是我对此看都不看一眼）。

　　现在让我们暂时把年报放在一边，在这里不再多谈如何从报表里找到这些指标，而开始考虑如何一个接一个地分析这些重要的指标。

第 13 章

一些重要的财务分析指标

以下是一些在分析公司年度报告中值得注意的指标，其排列顺序与重要程度无关。

某种产品在总销售额中占的比例

当我由于一种特殊的产品而对一家公司产生了兴趣时，例如 L'eggs 连裤袜、帮宝适牌纸尿裤、百服宁药品或者 Lexan 聚碳酸酯树脂（Lexan plastic）[⊖]，我首先想要弄清楚的是，这种产品对这家公司的重要性究竟有多大？这种产品的销售额占公司总销售额的百分比是多少？ L'eggs 连裤袜使得 Hanes 公司的股票上涨了很多，这是因为 Hanes 是一家规模相对较小的公司。帮宝适牌纸尿裤的利润比 L'eggs 更大，但是这对于规模庞大的宝洁

⊖ 1953 年，GE 公司科学家 Daniel Fox 博士发明 Lexan 聚碳酸酯树脂，宣告现代工程热塑性塑料业的开端。Lexan 具有无与伦比的硬度、耐久性和耐热性，一经发明即被认为是玻璃的潜在替代品。今天，Lexan 树脂广泛应用于计算机、商业设备、手机、寻呼机、CD、DVD、消费电子产品、家用电器、体育设备、食品和水容器以及汽车等各种行业。在它被发明和投入商业后的将近 50 年历史中，Lexan 树脂一直是 GE 塑料集团在上千种不同等级热塑性塑料和数十种其他品牌产品中的旗舰品牌。——译者注

公司的影响远远没有 L'eggs 连裤袜对 Hanes 公司的影响那么大。

我们假定你已经对 Lexan 树脂产生了兴趣，并且你发现 Lexan 树脂是通用电气公司生产的，然后你从经纪人那里（或者是从年报上）得知塑料业务是通用电气公司材料事业部的一个组成部分，而整个材料事业部的销售收入只占通用电气公司总销售收入的 6.8%，那么即使 Lexan 树脂是一个像帮宝适那样非常畅销的产品，它对通用电气公司的影响能有多大呢？很明显，它对通用电气公司的股东来说意义并不是太大。当你明白这一点后，要么你再看看有没有其他的公司也生产 Lexan 树脂，要不你就干脆彻底忘掉 Lexan 树脂。

市盈率

前面我们已经讨论过市盈率了，但是在这里我们再加一个精炼有效的投资原则：任何一家公司的股票如果定价合理的话，市盈率就会与收益增长率相等。在此我谈一下收益增长率，你怎样找到这一数据呢？问问你的经纪人公司的收益增长率是多少，然后把收益增长率与市盈率进行比较。

如果可口可乐公司股票的市盈率是 15 倍，那么你应该预期这家公司每年收益增长率约为 15%，其他公司与此类似。如果公司股票市盈率低于收益增长率，那么你可能为自己找到了一只被低估的好股票。比如，一家年收益增长率为 12% 的公司（也被叫作 "12% 成长股"），而市盈率只有 6 倍，那么这只股票的投资盈利前景就相当吸引人。反之，如果一家公司收益年增长率为 6%，而股票市盈率为 12 倍，那么这家公司股票的投资盈利前景就十分令人担忧，这只股票的股价将会面临下跌。

一般来说，如果一家公司的股票市盈率只有收益增长率的一半，那么这只股票赚钱的可能性就相当大；如果股票市盈率是收益增长率的两倍，那么这只股票亏钱的可能性就非常大。在为基金进行选股时，我们一直使用这个指标来进行股票分析。

如果你的经纪人不能为你提供一家公司增长率的数据，你自己可以从《价值线》或者标准普尔公司报告上找出这家公司每年收益的数据，然后计算出每年收益相对于上一年的收益增长率，然后再把收益增长率与股票市盈率进行比较。这样你除了用公司市盈率与行业平均市盈率水平进行比较来判断股价是否高估以外，又多了一种用市盈率与收益增长率比较来判断股价是否高估的方法。至于公司未来的收益增长率，各位业余投资者猜测的准确程度和我们专业投资者猜测的准确程度可谓半斤八两。

在考虑股息时，我们可以用一个稍微复杂点儿的公式来对公司收益增长率和市盈率进行比较。我们首先要找到公司收益的长期增长率（假定 A 公司收益的长期增长率为 12%），然后加上股息收益率（假定 A 公司的股息收益率为 3%），最后除以市盈率（假定 A 公司股票市盈率为 10），12 加上 3 再除以 10 等于 1.5。

如果公司收益增长率除以市盈率的结果小于 1，那么这只股票就比较差，如果结果是 1.5，那么这只股票还不错，但是你真正要找的是公司收益增长率相当于市盈率的 2 倍或者更高的股票。如果一家公司的收益增长率是 15%，股息收益率是 3%，市盈率是 6 倍，那么公司收益增长率相当于市盈率的 3 倍，这种股票真是太棒了。

现金头寸

在第 12 章中，我们从福特公司的资产负债表上计算出它的净现金头寸扣除长期负债以后为 83.5 亿美元。当一家公司账上存放着数十亿美元的现金时，当然你肯定想知道这是为什么，原因如下。

福特公司的股价已经从 1982 年的每股 4 美元上涨到了 1988 年年初的每股 38 美元（根据股票分割进行股价调整），在此期间我购买了 500 万股福特公司的股票，当股价涨到 38 美元时，我已经从福特公司的股票上赚到了一笔巨大的利润。但是近两年来华尔街的专业投资者一直齐声高喊福特股票被高估了，许多投资专家都说这家周期型公司已经达到了繁荣的顶峰，再往下发展只能是转入衰退了，这使得我好几次都差一点儿想要把股票卖出变现。

但是查阅年报时我注意到福特公司每股现金扣除负债后的净现金价值是 16.30 美元——在第 12 章中，我们已经谈过了每股净现金的计算过程，这表明对于我所持有的每股福特公司的股票来说，相应在公司账上都有 16.30 美元的一个小红包，这相当于在我买入股票的价格中暗含了 16.3 美元的折扣。

这 16.30 美元的折扣改变了一切，它意味着我买入股票的真正价格并不是当前的市价每股 38 美元，而是每股 21.70 美元（38 美元减去 16.30 美元等于 21.70 美元）。分析师预测福特公司的汽车业务可以获得每股 7 美元的收益，这样用 38 美元的市价计算出来的市盈率是 5.4 倍，而用 21.70 美元的实际股价计算出来的市盈率是 3.1 倍。

3.1 倍的市盈率确实非常诱人，不管是对周期型公司还是非周期型公司而言。如果福特公司是一家十分糟糕的公司，或者人们对它推出的车型不屑一顾，那么也许这只股票对我就不会有太大的吸引力，但是福特公司是一家非常优秀的公司，而且人们非常喜爱新款的福特轿车和载货汽车。

现金因素使得我确信应该继续持有福特公司的股票，于是我做出了绝不卖出股票的决定，结果后来福特公司股票又上涨了 40% 还要多。

我还发现（你可能已经在年报的第 5 页发现了，这一页仍然属于用有光泽的好纸张印刷的内容易懂部分）1987 年福特公司仅金融服务集团——包括例如福特信贷公司（Ford Credit）、第一国民银行（First Nationwide）、美国租赁公司（U.S. Leasing）以及其他公司——的收益就达到了每股 1.66 美元，其中仅福特信贷公司一家的收益就达到了每股 1.33 美元，而且这是"第 13 年实现收益连续增长"。

假定福特的金融服务业务的市盈率是 10 倍（金融业上市公司股票市盈率平均水平一般是 10 倍），我估计福特公司下属这些金融业务子公司的价值相当于每股 16.60 美元，即用每股收益 1.66 美元乘以 10 倍的市盈率。

因此，尽管福特公司的股价是每股 38 美元，但是其中包括了 16.30 美元的净现金以及价值相当于每股 16.60 美元的金融服务公司，因此你买入福特公司汽车业务的成本仅相当于每股 5.10 美元，而这项汽车业务预期每股收益为 7 美元。这样一算福特公司的股票有风险吗？尽管从 1982 年以来福特汽车公司的股票已经上涨了将近 10 倍，但是每股 5.10 美元的实际投资成本绝对是非常便宜的。

波音飞机公司也是一家现金非常富裕的公司。1987 年年初，它的股价最低只有 40 美元略多一些，但是公司每股现金为 27 美元，因此实际上你的买入价格只有每股 15 美元左右。1988 年年初，我少量买入了这家公司的股票，后来我又大量买入，直到这只股票成为我的重仓股——部分原因在于波音公司账上的现金非常多，部分原因在于波音公司还有大量没有完成的商用飞机订单。

现金数量多少本身并不能表明股票的投资价值有什么不同。在大部分情况下，按照流通股本总数计算得出的每股现金数量很小，根本不值得考虑。斯伦贝谢公司拥有大量的现金，但是按照总股本计算出的每股现金几乎不值得一提。百时美账上拥有 16 亿美元的现金，而长期负债只有 2 亿美元，二者相减得出净现金高达 14 亿美元，这个数据让人印象深刻，但是除以这家公司 2.8 亿流通股以后，平均每股净现金只有 5 美元。每股 5 美元的净现金对于每股超过 40 美元的股价而言并没有太大的影响力。如果它的股价跌到 15 美元，每股 5 美元的净现金的影响力就相当大了，那样的话百时美的股价就变得非常低了。

尽管如此，作为公司研究工作的一部分，检查一下现金头寸（以及有关业务的价值）是十分必要的，你根本不知道何时会在无意中碰上一家像福特公司那样每股净现金很高使实际股价变得十分低的好股票。

进一步讨论每股现金这个问题，我们接下来就想知道福特公司打算如何运用这笔金额巨大的现金？随着公司的现金越积越多，外界对公司如何运用这笔现金的猜测就会拖累股价的上涨。福特公司一直在提高股息，并且大量积极回购股票，但是多余的现金仍然在不断积累增加。一些投资者担心福特公司是否会把这些现金大量浪费在愚蠢的并购上，但是到目前为止福特公司在收购方面仍然十分谨慎。

福特公司已经拥有了一家信贷公司和一家储蓄贷款公司，并且它还通过一个合伙公司控制着赫兹租车公司（Hertz）。福特公司低价竞标收购休斯航空航天公司（Hughes Aerospace），却失败出局了。如果福特汽车公司收购 TRW 公司⊖（Thompson Ramo Wooldrige Inc.）的话，也许能够创造出明显的协同效应：TRW 公司是全球主要的汽车零部件生产商，在一些电子设备市场上也占有重要地位，除此之外，TRW 公司可能将会成为汽车安全气囊的主要供应商。但是如果福特公司真的收购了美林证券公司或者洛克希德公司（这两起收购都有传闻），它是不是也会成为众多由于多元化发展而导致经营恶化的公司之一呢？

⊖　TRW 公司：美国 TRW 公司是一家全球性公司，致力于向宇航业、汽车业和系统集成工业市场提供高技术含量的产品与服务，是最大的系统集成公司及世界第三大独立的汽车零部件制造商。TRW 公司积累了大量专利技术，其中包括用于遥感、通信、微波、激光、材料、能源回收系统和微电子等方面的技术。——译者注

负债因素

公司有多少负债？公司又有多少债权？负债与股东权益之比是多少呢？这就是一位银行信贷人员在确定你的贷款风险时希望了解的情况。

一般公司资产负债表分为左右两部分，左边所列的是资产项目（存货、应收账款、厂房和设备等），右边所列的是形成资产的资金来源即负债和股东权益项目。确定一家公司财务实力的一个快捷方法就是比较资产负债表右边的负债与股东权益谁多谁少。

负债权益比率（debt-to-equity ratio）很容易确定。看一下福特公司1987年年报中的资产负债表，你会看到股东权益总额为184.92亿美元，从股东权益再往上几行，你可以看到这家公司的长期负债是17亿美元（公司也有短期负债，但是在大致估算中可以忽略短期负债，就像我前面说过的那样。如果公司有足够的现金——见资产负债表第二行——足以偿还短期负债，那么你在大致估算中就不必考虑短期负债了）。

在一份正常的公司资产负债表中，股东权益应占到75%，而负债要少于25%。福特公司的股东权益与负债的比率是180亿美元比17亿美元，或者说股东权益占91%而负债不到10%，这份资产负债表表明福特公司财务实力非常强大。一家公司的资产负债表如果负债仅占1%而股东权益占99%，那么这家公司的财务实力更加强大；相反，一家公司的资产负债表如果负债高达80%而股东权益仅占20%，那么这家公司的财务实力就十分虚弱。

对于困境反转型公司和陷入困境的公司，我非常重视对公司负债情况进行分析。在危机之时，是负债而不是其他任何因素最终决定公司是否能够幸免于难还是破产倒闭，那些新成立不久的并且债务负担沉重的公司总是面临很大的经营风险。

我曾经查看过两家股价表现令人沮丧的高科技公司的情况：GCA公司

和应用材料公司（Applied Materials）。这两家公司都生产用来生产计算机芯片的电子资本设备（electronics capital equipment）。这种行业属于投资者最好应该避开的高新技术行业，而且这两家公司股票股价的高台跳水也已经证明了这一点。1985年下半年，GCA的股票从每股20美元下跌到了每股12美元，而应用材料公司的股票表现更差，它从每股16美元下跌到了每股8美元。

两家公司的不同之处在于，当GCA公司陷入困境时，负债1.14亿美元，并且几乎全部都是银行贷款，稍后我会对此做进一步解释。这家公司账上只有300万美元的现金头寸，并且公司的主要资产是价值为7300万美元的存货。在市场瞬息万变的电子产品行业中，今年价值为7300万美元的存货到明年可能就会贬值到只有2000万美元，谁又能知道这家公司在低价大拍卖这些存货时到底能拿回来多少钱呢？

与GCA相反的是，应用材料公司的负债只有1700万美元，而现金却有3600万美元。

当电子设备行业重新红火的时候，应用材料公司股票开始反弹，从每股8美元上涨到每股36美元，但是GCA公司没有从行业复兴中受益。GCA宣告破产被其他公司以每股10美分的价格收购，而应用材料公司的股票却上涨了4倍以上，债务负担的不同决定了两家公司命运的不同。

在公司面临危机时，负债的种类和实际数额在决定公司存亡上具有同等的影响力。负债可以分为无固定到期日可要求提前偿还的短期负债（bank debt）和有固定到期日不能要求提前偿还的长期负债（funded debt）。

短期负债（最差的一类负债，GCA公司的负债就属于短期负债）是债权人提出要求时必须马上偿还的负债。这种负债不一定都是借自银行，一家公司也可以采用商业票据的形式向另一家公司进行短期借款。短期负债最重要的特点是期限很短，有时甚至是对方通知就得马上还款，这意味着短期负债的债权人一看到借款公司出现困难就可以马上要求归还借款，如果借款人不能够马上归还，就必须按照《破产法》第 11 章条款的规定申请破产保护。债权人会把公司的资产拍卖个精光，在他们完成破产清算后，一分钱也不会剩给股东。

长期负债（从股东的观点来看，这是最好的一类负债）的债权人不能马上收回借款，无论借款人的经营情况多么糟糕，只要还在继续支付利息，债权人就不能要求提前归还本金。借款本金可以长达 15 年、20 年或者 30 年之久才到期。长期负债常见的形式是期限很长的公司债券。信用评级机构会根据公司财务状况的好坏对这家公司的债券提高或者降低评级，但是不管评级情况如何，债券持有人都不能像银行那样要求债券发行公司马上偿还本金，有时甚至利息的支付也可以推迟，长期负债给公司提供了充裕的时间来解决问题走出困境（在一份典型的年报的一项脚注中，公司会详细列示其长期负债的种类、应付利息以及到期日）。

当我评估一家像克莱斯勒公司那样的困境反转型公司时，我不但特别注意公司的负债数量，并且特别注意公司的负债结构。众所周知，克莱斯勒公司在偿还负债上出现了严重的问题，在那次著名的政府援救中，最关键的因素就是政府为克莱斯勒公司提供 14 亿美元的贷款担保，作为回报，政府得到了一些股票期权，后来政府卖掉这些股票期权从中赚了一笔钱，但是当时政府提供贷款担保时谁能预料到后来的结果如何呢。从这个案例中你应该意识到，克莱斯勒公司获得的贷款担保安排给公司提供了充分的回旋余地。

我也看到克莱斯勒公司账上有 10 亿美元的现金头寸，最近它把坦克分部卖给了通用动力公司（General Dynamics）后又获得了 3.36 亿美元的现金。当然克莱斯勒公司这时紧急出售资产变现确实亏了一些钱，但是公司账上的现金和政府担保的贷款安排表明至少在一两年内银行不会把这家公司逼入绝境。

因此，如果你像我一样相信汽车行业正在复苏，并且你还知道克莱斯勒公司已经进行了重大改革，已经成为汽车行业的低成本厂商，那么你就应该会对克莱斯勒公司的未来充满信心，克莱斯勒公司的股票并不像报纸上说的那样有着巨大的投资风险。

Micron Technology 公司也是一家由于负债结构才幸免于破产的公司，并且富达基金公司为它渡过债务难关提供了重要融资帮助。这家公司是一家来自爱达荷州的优秀企业，但是一方面由于电脑存储器芯片行业的发展速度放缓，另一方面由于日本公司正在美国市场上"倾销"动态随机存取存储器芯片（dynamic random access memory chip，DRAM），使这家公司受到严重打击，在濒临破产倒闭之际这家公司来到富达基金公司请求资金援助。Micron 公司提出反倾销诉讼，控告日本公司为了消灭竞争对手以低于成本的价格倾销产品，因为日本生产存储器的成本根本不可能比 Micron 公司更低，最终 Micron 公司赢得了这场反倾销官司。

这一时期，除了得克萨斯州工业公司和 Micron 公司以外，美国国内所有其他主要制造商都退出了电脑存储器芯片行业，Micron 公司以前累积向银行借的大量短期贷款成了公司能否幸存下来的致命威胁，它的股价从每股 40 美元下跌到了每股 4 美元。Micron 公司最后的希望就是发行大量可转换债券（一种根据债券购买者的意愿可以转换成股票的债券）。由于可转换债券的本金要过好几年才会到期偿还，因此这可以使公司获得足够的长期资金来偿还短期负债，从而可以摆脱短期债务必须尽快偿还的困境。

富达基金公司购买了 Micron 公司发行的大部分可转换债券。当电脑存储器芯片行业再次繁荣起来并且 Micron 公司重新盈利的时候，这只股票的股价从每股 4 美元上涨到了每股 24 美元，富达基金公司也因此赚到了一大笔钱。

股息

你知道唯一让我高兴的事情是什么吗？

就是收到我的股息。

——约翰 D. 洛克菲勒，1901 年

对于想在工资薪水之外经常得到一笔额外收入的投资者来说，派发股息的股票当然比不派发股息的股票更受青睐。投资者希望得到股息并没有什么不对，邮寄来的股息支票花起来当然十分方便，即使对大富豪约翰 D. 洛克菲勒来说也是如此。在我看来，真正关键的问题在于派发股息或者不派发股息长期来看将会如何影响一家公司的内在价值和股票价格。

公司董事会和股东之间关于股息的冲突，就像孩子与父母之间关于信托基金的冲突，孩子更喜欢快点儿分到这笔财产，而父母则更愿意控制信托基金从而让子女在未来得到更大的利益。

投资者青睐派发股息的公司的一个强有力的理由是，不派发股息的公司大都曾有过把大笔资金浪费在一系列愚蠢的多元化并购上的痛苦经历。看到无数次多元化并购导致经营恶化的案例之后，我开始相信由 Pennzoil 公司的休·利特克（Hugh Liedtke）提出的关于公司财务的"膀胱理论"（bladder theory）：公司金库里积累的现金越多，这些现金流失出去的压力越大。利特克第一次出名是因为他创立了 Pennzoil 这家小型的石油公司，并把它发展成为一家具有强大竞争力的石油公司；第二次出名是在一场人人都认为 Pennzoil 公司输定了的索赔 30 亿美元的官司中帮助这家公司击败了美国得克萨斯州石油公司（Texaco），就像大卫打败了巨人戈利亚一样轰动一时。

（前面谈论过的并购成风的 20 世纪 60 年代早期应该被称为"膀胱年代"。直到现在，公司经理中间仍然存在一种把公司的利润挥霍浪费到注定必败的并购上的倾向，但是这种倾向的程度与 20 年前相比要小得多了。）

投资者青睐派发股息股票的另一个理由是：派息的股票更具有抗跌性，如果没有派发股息会导致股价更大幅度地下跌。1987 年股票市场崩溃时，派发高股息的股票的表现要比不派发股息的股票好得多，其跌幅还不到整个股市跌幅的一半，这也是我愿意在我的投资组合中保留一些稳定增长型公司甚至缓慢增长型公司股票的原因之一。如果一只股票的价格是 20 美元，股息是 2 美元，那么股息收益率就是 10%；如果股价下跌到 10 美元，那么股息收益率就变成了 20%。如果投资者确定这种高股息收益率能够保持下去，那么仅仅因为这一点他们也会买入这只股票，这样在底部就会形成一个股价支撑。不论在哪种经济危机中，投资者都会对长期以来一直派息且不断提高股息的蓝筹股趋之若鹜。

除此之外，那些小公司由于不派发股息可能会增长更快，它们把本来应该用来派发股息的资金用来进一步扩张业务。公司发行股票的首要目的是为了筹集资金进行扩张同时又不用承担银行贷款的债务负担。不论何时只要有机会我都会把我的投资组合中那些派发股息却发展缓慢的老公司的股票换成不派发股息却发展迅速的新公司的股票。

电力公用事业设备公司和电话公用事业设备公司是派发股息的两类主要公司。在发展缓慢的时期，它们不需要修建工厂或者扩充设备，因此积累了大量的现金。在发展快速时期，定期派发股息就能够作为诱饵吸引投资者购买股票以筹集修建新工厂所需的大量资本。

联合爱迪生公司（Consolidated Edison）发现它可以从加拿大购买多余的电力，那么为什么还要把资金浪费在耗资巨大的新建发电厂上呢？由于这段时间公司没有大型资本支出，因此联合爱迪生公司积累了数以亿计美元的现金，于是用这些现金以高于平均市价的价格回购股票，并且继续提高股息。

通用公用电力公司（General Public Utilities）已经从三哩岛核事故中恢复过来，现在达到了与联合爱迪生公司 10 年前相同的发展阶段（见图 13-1）。它现在也在回购股票并且不断地提高股息。

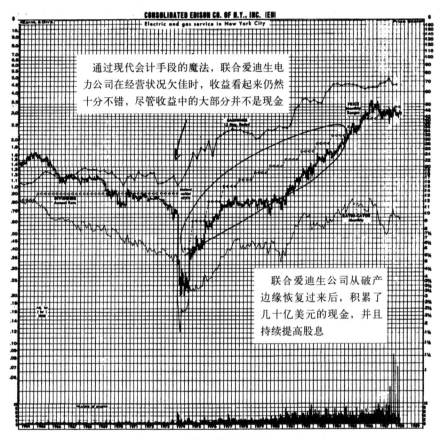

图 13-1　联合爱迪生公司（ED）

公司派发股息吗

如果你买入一只股票是为了获得股息，那么你就要弄清楚这家公司在经济衰退和经营糟糕时期是否仍然能够支付股息。就像 Fleet-Norstar 公司一样，它的前身是工业国民银行（Industry National Bank），从 1791 年以来一直没有中断过派发股息，这样长期稳定派发股息的公司才是你的理想选择。

如果是一家缓慢增长型公司停止派发股息，你就会陷入麻烦之中，因为缓慢增长型公司在经营中几乎没有多余的资金可以用来派发股息。

一家有着二三十年定期提高股息历史记录的公司是你的最佳投资选择。凯洛格公司和 Ralston Purina 公司在过去的三次战争和八次经济衰退中都没有降低股息，更不用说不派发股息了，因此如果你希望获得股息收入，这种公司的股票才是你应该选择的投资对象。像 Southmark 这种债务负担严重的公司，永远也不可能像几乎没有债务负担的百时美公司那样能够保证定期按时派发股息（事实上，最近 Southmark 公司在房地产方面遭受重挫后，它的股价从每股 11 美元直线下跌到了每股 3 美元，公司就暂停派发股息）。当然周期型公司在发放股息方面也不是那么值得依赖：1982 年福特公司没有派发股息，并且股价跌到了每股 4 美元以下（根据股票分割进行股价调整），这是 25 年来的最低点，但是只要福特公司的现金还没有全部损失个精光，投资者就不用担心他们现在没有得到的股息不会补回来。

账面价值

最近投资者都非常关注账面价值，可能是因为这个指标非常容易获得。你在每一份报刊上都可以看到公司账面价值的数据，那些流行的股票行情软件可以马上告诉你哪些股票的股价低于每股账面价值。人们愿意购买股价低于每股账面价值的股票的理论依据是：如果每股账面价值是 20 美元，而股价只有 10 美元，那么投资者相当于只花了一半的价钱就买到了同样的股东权益。

这样做的缺点是公司财务报告上的账面价值往往与公司的实际价值没有

什么关系，账面价值经常严重高估或者低估公司的真实价值。佩恩中央铁路公司申请破产保护时，它的股票账面价值还高达每股 60 多美元呢。

1976 年年底，艾伦·伍德钢铁公司（Alan Wood Steel）财务报告上的账面价值是 3200 万美元，每股账面价值为 40 美元，尽管如此，6 个月后这家公司还是按照《破产法》第 11 章的规定申请破产保护了。这家公司的问题在于，公司新炼钢设施在报表上的账面价值约为 3000 万美元，但是由于设计不当和操作上的缺陷，这套设施实际上根本无法正常使用；为了偿还负债，艾伦·伍德钢铁公司以大约 500 万美元的价格将钢板厂卖给了 Lukens 公司，至于工厂其余部分资产出售的价格可以推测只能和卖废品差不多。

尽管一家纺织品公司堆满仓库的布料根本没人愿意买，但是它的账面价值仍然是每码 4 美元，事实上即使每码布料只卖 10 美分，也不可能把积压的布料全部清仓处理掉。这里还有一条不成文的规则：产品越接近最终制成品，制造出成品以后再次出售的价格越难以预测。大家都知道棉花的价格是多少，但是谁也无法确定一件橙色纯棉衬衫的价格会是多少；虽然大家知道一块金属的价格是多少，但是谁能确定用这块金属制成的落地灯的价格会是多少呢？

我们来看一下几年前当沃伦·巴菲特这位最精明的投资者决定关闭新贝德福德纺织厂（New Bedford textile）时的情况吧，这是他最早收购的公司之一。纺织厂管理层希望织布机可以卖个好价钱，因为这些织布机的账面价值高达 86.6 万美元，但是在公开拍卖时，那种几年前他们以每台 5000 美元的价格购买的织布机，现在拍卖价格只有每台 26 美元了，这个价格甚至比把它们拖走的运费还要低，结果账面价值为 86.6 万美元的织布机最后在拍卖中只卖了 16.3 万美元。

如果巴菲特的伯克希尔－哈撒韦公司所拥有的资产只是新贝德福德纺

织厂的话，那么这家公司的情况正好会非常吸引那些追逐股价严重低于账面价值的投资者。"哈里，看一下资产负债表，仅织布机一项的资产价值相当于每股 5 美元，而股价只有 2 美元，买入这样的股票我们怎么可能赔钱呢？"他们当然会赔钱，当这些织布机被拍卖后拖到附近的垃圾场时，它的股票就会跌到 20 美分。

如果公司资产负债表的右边显示公司的负债很大，而且资产负债表左边资产的账面价值又被高估，那么投资这类公司的股票就会非常危险。我们假定一家公司的账面资产为 4 亿美元，账面负债为 3 亿美元，那么账面价值是正的 1 亿美元，你知道报表上所记录的负债肯定是真实的。但是如果账面价值为 4 亿美元的资产在破产清算大拍卖时只能卖到 2 亿美元，那么真正的账面价值就变成了负的 1 亿美元，这家账面价值为负数的公司甚至比一文不值的公司还要不值钱。

这就是购买 Radice 公司股票的投资者的不幸遭遇。Radice 公司是一家在纽约股票交易所上市的佛罗里达州的土地开发公司，每股账面资产价值为 50 美元，而股价只有每股 10 美元，这使得公司的股票看起来具有很大的投资吸引力。但是 Radice 公司账面上所记录的大部分资产都是虚幻的，这是由于房地产会计准则的奇怪规定所导致的结果。根据房地产会计准则规定，在工程完成并且售出之前开发商所欠的负债利息计入资产项目。

如果工程能够顺利竣工售出当然什么问题都没有，但是 Radice 公司所开发的一些大型房地产项目根本没有买主，而债权人（银行）又想要收回贷款。这家公司负债金额巨大，一旦银行收回贷款，资产负债表左边的资产就会消失，而右边的负债却依然存在，Radice 公司股价跌到了 75 美分。如果一家公司的真实价值相当于每股负的 7 美元，并且很多投资者都已经估算出这一真实价值时，这只股票的股价就再也不可能反弹回来了。我本来应该知道这种情况的，我管理的麦哲伦基金是这家公司的大股东。

当你为了账面价值而购买一只股票时，你必须仔细考虑一下那些资产的真实价值是多少。在佩恩中央铁路公司的账面上，穿越大山的隧道以及报废的轨道车都被作为资产入账。

隐蔽资产

就像账面价值经常会高估公司资产的真实价值一样，账面价值也经常会低估公司资产的真实价值，而在这种公司的股票之中你可能会找到隐蔽资产型大牛股。

公司拥有的自然资源，例如土地、木材、石油或者贵金属的入账价值往往只有其真实价值的一小部分而已。例如，1987 年生产贵金属制品的 Handy & Harman 公司的账面价值为每股 7.83 美元，公司存货包括大量的库存黄金、白银以及铂金，但是这些存货的入账价格是公司最初购买这些贵金属的价格，而购买的时间可能早已经是 30 年之前了。以目前的价格计算（每盎司⊖白银是 6.40 美元，每盎司黄金是 415 美元），这些贵金属的价值大约相当于每股 19 美元。

Handy & Harman 公司的股票价格大约是 17 美元，甚至比贵金属存货这一项资产的价值还要低，难道这不是一家隐蔽资产型公司吗？我们的朋友巴菲特就是这样认为的，他大量持有 Handy & Harman 公司的股票已经几年了，但是这只股票根本没怎么上涨。公司的收益起伏不定，并且进行多元化经营的策略也没有获得很大的成功（你已经知道多元化发展往往会导致经营恶化）。

最近有消息说巴菲特正在减持这家公司的股票。尽管 Handy & Harman 公司的隐蔽资产有着很大的升值潜力，但是看起来迄今为止这是巴菲特所

⊖ 1 盎司 =31.1 克。——译者注

有的股票投资中唯一一只投资业绩不佳的股票，但是如果黄金和白银的价格大幅上涨，那么这只股票也会随之大幅上涨。

除了黄金和白银之外还有很多种类的隐蔽资产，像可口可乐或者Robitussin 这种品牌本身就具有巨大的价值，但在账面上根本没有反映出来。获得专利权的药品、有线电视的特许经营权、电视和广播电台也同样如此，所有这些资产都是以原始取得成本入账，然后定期提取折旧，直到最后这些资产从资产负债表的资产项目中消失。

前面我已经提到过 Pebble Beach 公司，这也是一家在房地产方面拥有大量真实价值远远超过账面价值的隐蔽资产型公司，至今我还在抱怨自己错过了这只好股票。像 Pebble Beach 这样在房地产方面拥有大量远高于账面价值的隐蔽资产型公司随处可见，铁路公司可能是这方面最好的例子。正如我以前曾提到的，伯林顿北方公司、联合太平洋公司以及圣达菲南太平洋公司不仅拥有大量的土地，而且这些土地的账面价值几乎为零。

圣达菲南太平洋公司是加利福亚尼州最大的私有土地拥有者，拥有该州1 亿英亩土地中的 130 万英亩。Nationwide 公司在全国 14 个州拥有 300 万英亩的土地，这相当于罗得岛土地面积的 4 倍。另一个例子是 CSX，一家东南部的铁路公司。1988 年，CSX 向佛罗里达州出售了 80 英里的铁路通行权[⊖]，这块土地的账面价值几乎为零，但是这条铁路价值 1100 万美元。在这项交易中，CSX 公司保留了对这条铁路非高峰期的使用权，因此公司收入丝毫没有受到影响（在非高峰期进行货运业务），并且这笔交易还给它带来了 2.64 亿美元的税后收入，这可真是一笔两全其美——政府和公司双赢的交易啊。

⊖ 通行权（right of way），最初主要是指公民步行、骑马、开车通过私人所拥有土地的权利。如果每个公民都有这种通行权，则称为公众的通行权（public rights of way）。通行权的对象可以是任何类型的土地，包括公共土地、公共道路、私人业主土地、被允许通过的私营公路、高速公路、社区道路。——译者注

有时你会发现一家石油公司或者一家炼油厂在地下储存了 40 年的石油存货，其账面价值是以最初几十年前罗斯福执政时期购买时的成本入账的，仅库存石油一项资产的市场价值就超过了公司股票目前的市值，他们可以关闭加工厂、遣散工人，只靠出售储存的石油就能在 45 秒钟的极短时间内为股东赚到一大笔钱。把储存了很久的石油卖掉不会太难，这跟卖服装不一样，没有人会在意石油是今年开采的还是去年开采的，也没有人会在意它的颜色是紫红色的还是洋红色的。

几年前，波士顿第五频道电视台的出售价格约为 4.5 亿美元，这是一个合理的市价，但是，这家电台最初获得经营许可证时，它在制作申请文件上大约花了 25 000 美元，建发射塔花了大约 100 万美元，另外建造演播室花了 100 万～ 200 万美元。这家电视台的全部家当最初的账面价值只有 250 万美元，后来这 250 万美元的账面价值还由于不断折旧而不断减少。在第五频道被出售时，这家电视台的账面价值被低估了 300 多倍，或者说只有市场价值的 1/300。

既然这家电视台已经易主，那么新的账面价值就要以 4.5 亿美元的购买价格为基础入账，因此账面价值与市价不符的情况将会就此消失。如果一家账面价值是 250 万美元的电视台的售价是 4.5 亿美元，那么会计上会把超过账面价值多支付的 4.475 亿美元叫作"商誉"。"商誉"作为资产记入新的主人账户中，最终它也会被逐年全部摊销，这将会创造出另一家潜在的隐蔽资产型公司。

20 世纪 60 年代，许多公司都严重夸大了自己的资产价值，在此之后对商誉的会计处理方法发生了变化，现在则恰恰相反，许多公司严重低估了自己的资产价值。例如，可口可乐公司为其灌装业务专门成立了一家新公司可口可乐灌装商控股公司（Coca-Cola Enterprise），现在它的账面上记录的商誉价值为 27 亿美元，这 27 亿美元只是购买可口可乐饮料灌装特许经营权时所支付的超过厂房、存货以及设备成本的金额，它代表了这种特许经营权的无形资产价值。

依照现行的会计准则，在购买以后 40 年间，可口可乐灌装商控股公司必须把这笔商誉的账面价值全部摊销，然而现实中这种特许经营权的价值却在逐年上升。由于必须对商誉进行摊销，导致可口可乐灌装商控股公司本身的收益大幅缩水。1987 年，这家公司报告的每股收益为 63 美分，而实际上它另外还有 50 美分的每股收益，只不过被用来摊销商誉了。可口可乐灌装商控股公司本身的经营状况比账面上记载的要好得多，而且特许经营权这笔隐蔽资产的价值也在逐年不断增加。

持有一种药品 17 年的独家生产专利权也是一种有价值的隐蔽资产，如果持有专利的企业只是稍稍对该药品进行改进，那么拥有这项专利权的期限就可以再延长 17 年，而这种盈利能力巨大的药品专利权的账面价值可能为零。当孟山都公司收购了 Seral 公司之后，就取得了纽特牌阿斯巴甜（NutraSweet）的专利权。纽特牌阿斯巴甜的专利权 4 年后失效，尽管专利失效了但纽特牌阿斯巴甜仍然具有巨大的价值。孟山都公司用收益来摊销收购产生的商誉，收购后经过 4 年的摊销，纽特牌阿斯巴甜在孟山都公司的资产负债表上记录的账面价值将会是零。

和可口可乐灌装商控股公司案例中的情况一模一样，当孟山都公司由于摊销某项资产而使报告收益相应减少时，公司的真实收益就被低估了。如果这家公司每股的真实收益为 10 美元，但是它必须拿出 2 美元来"抵消"由于摊销像纽特牌阿斯巴甜等资产而增加的费用，则导致财务报告上的每股收益只有 8 美元。当公司不用再对收购纽特牌阿斯巴甜的专利权产生的商誉进行摊销时，每股收益就会增加 2 美元。

此外，孟山都公司所有的研发费用也是以同样的方式冲销了公司的真实收益，导致公司报告收益低于真实收益。当有一天研究完成，研发费用停止列支，新产品投放市场，公司的收益就会爆炸性增长。如果你了解这种情况，那么你在这种公司的股票投资上就会拥有很大的独特优势。

在一家大型母公司全部或部分控股的子公司里也会隐藏着被严重低估的隐蔽资产。前面我们已经谈过的福特公司就是一个典型例子，另一个类似的例子是 UAL 公司。在美国联合航空公司（United AirLines）改名为 Allegis（大家不要把这个名字和什么野花和野草混为一谈）的这段短暂时期之前，UAL 公司是美国联合航空公司的母公司，是一家拥有多种业务的多元化控股集团。富达基金公司的航空业分析师布拉德·刘易斯发掘出了这只隐蔽资产型公司股票。在 UAL 公司下属的子公司中，希尔顿国际公司（Hilton International）价值 10 亿美元，赫兹租车公司（这家公司后来被一家由福特公司控制的合伙公司收购）价值 13 亿美元，威斯汀大酒店（Westin Hotel）价值 14 亿美元，旅行预订系统（travel reservation system）也价值 10 亿美元以上。扣除负债和税收，仅仅以上这些子公司的净资产价值之和就超过了 UAL 公司股票的总市值，因此投资者购买了 UAL 公司的股票实质上就等于不花一分钱就得到了世界上最大的航空公司之一。富达基金公司大量买入了 UAL 公司的股票，这只股票让我们赚了一倍。

当一家公司拥有另外一家独立公司的股份时，可能也是一项隐蔽资产，就像雷蒙德公司（Raymond Industries）拥有 Teleco 石油公司（Teleco Oilfield）的股票就是一项隐蔽资产。熟悉这两家公司情况的人都会发现，雷蒙德公司的股价是每股 12 美元，根据雷蒙德公司持有的 Teleco 石油公司的股权价值，每股雷蒙德公司的股票相当于价值 18 美元的 Teleco 石油公司的股票。购买一股市价 12 美元的雷蒙德公司的股票相当于得到了市值同样为 12 美元的 Teleco 石油公司的股票以及额外的 6 美元。对这两家公司做过认真研究的投资者都会买入雷蒙德公司的股票，这样不但得到了同样市值的 Teleco 石油公司的股票，还得到了额外的 6 美元，而那些没有认真研究的投资者则会付出 18 美元的代价买入 Teleco 石油公司的股票，这样做与以每股 12 美元买入雷蒙德公司的股票相比得到的价值是相同的但成本高了 6 美元，这种一正一反差别巨大的事情经常会发生。

在过去几年中，如果你对杜邦公司很感兴趣，你可以通过购买 Seagram 公司的股票来用一个比较便宜的成本得到杜邦公司的股票，因为 Seagram 公司持有杜邦公司总流通股本数的 25%，Seagram 公司持有的杜邦公司股票是被低估的隐蔽资产。类似地，Beard 石油公司（现在叫作 Beard Company）的股价是 8 美元，每股股票之中包含着一家叫作 USPCI 公司的价值 12 美元的股票，在这项股票交易中，你买入一股 Beard 石油公司的股票，就可以不花一分钱得到 Beard 公司所有的钻井架和采油设施，还能额外得到 4 美元。

有时投资一家美国上市公司的最好方法就是投资这家上市公司的外国股东公司。我知道这种投资方法说起来容易做起来难，如果你能够找到渠道接触欧洲的公司，那么你就可能碰到很多难以置信的投资机遇。一般来说，欧洲的公司并没有被认真深入地分析研究过，并且很多情况下根本就没有被分析研究过。我在去瑞典进行实地调查时发现了这一点，对于沃尔沃公司和其他瑞典巨型工业公司，竟然只有一个分析师进行追踪研究，而这位分析师甚至连一台电脑都没有。

当埃索特商业系统公司（Esselte Bussiness Systems）在美国上市时，我买了一些它的股票，并且一直跟踪关注这家公司的基本面，我发现它的基本面相当不错。管理富达海外基金（Fidelity's Oversea Fund）的乔治·诺贝尔（George Noble）建议我去考察一下埃索特商业系统公司在瑞典的母公司。在瑞典我发现，购买埃索特商业系统公司的瑞典母公司股票，不但要比购买它在美国上市的子公司的股票便宜得多，同时作为交易的一部分，还可以免费获得母公司下面其他许多相当具有投资吸引力的业务，更不要说它所拥有的房地产了。两年后，当在美国上市的埃索特商业系统公司的股价只稍微上涨了一点点时，它的瑞典母公司的股价却上涨了两倍。

如果你研究过食品狮王超级市场公司（Food Lion Supermarket）的情况，你可能已经发现比利时的 Del Haize 公司拥有食品狮王超级市场公司25% 的股份，仅仅这 25% 的食品狮王超市公司的股份的价值就远远超过了Del Haize 公司本身的股票市值，因此当你购买 Del Haize 公司的股票时，等于没花费一分钱就得到了其价值不菲的欧洲公司业务的股权。当食品狮王公司的股票上涨了 50% 时，我为麦哲伦基金购买的 Del Haize 公司的股票已经从 30 美元上涨到了 120 美元。

让我们再回到美国股票市场，现在你购买电话公司的股票，可以一分钱也不花就能获得这家公司的移动电话业务所有权。政府给每个区域性市场发放两张移动电话业务特许经营牌照，你可能已经听说过某一家公司很幸运地赢得了一张移动电话业务特许经营牌照。事实上，这家公司还是要花钱购买这项特许经营权的，但是第二张移动电话业务特许经营牌照是免费发放给当地电话公司的，那些注意到这一情况的投资者，肯定会发现这张移动电话特许经营牌照是一大笔隐蔽资产。当我写作本书时，你可以用每股 29 美元的价格购买加利福尼亚州的太平洋电信公司的股票，由此就能免费获得这家公司真实价值至少为每股 9 美元的移动电话业务。或者你以每股 35 美元的价格购买 Contel 电信公司的股票，相应就能免费获得这家公司真实价值为 15 美元的移动电话业务。

这些股票目前的市盈率低于 10 倍，股息收益率超过了 6%，如果扣除免费获得的移动电话业务的价值，这些股票的市盈率会更低且更加吸引人。你不能指望这些大型的电话公用事业公司会成为 10 倍股，但是你肯定会得到相当不错的股息收益，并且如果情况一切正常的话，它们的股价可能会上涨 30% ～ 50%。

最后，困境反转型公司获得的税收减免（tax break）也是一笔价值非凡的隐蔽资产。由于佩恩公司过去存在可用未来应税所得弥补的亏损（tax-loss carryforward），当它从破产困境中摆脱出来时，该公司未来将要收购的新业务赚取的数百万美元的利润也根本不用交税。在那些年份公司所得税税率一直是 50%，佩恩公司收购一家公司，然后一夜之间就可以使这家公司的税后利润上涨一倍，仅仅因为被佩恩公司收购的这家公司不用再交所得税。佩恩公司转危为安后，其股价从 1979 年的每股 5 美元上涨到了 1985 年的每股 29 美元。

伯利恒钢铁公司目前拥有 10 亿美元的可用年度经营利润弥补的亏损（operating-loss carryforward），如果这家公司的经营情况继续好转的话，这将会是一笔价值非常高的隐蔽资产，因为巨额的累积亏损意味着伯利恒钢铁公司未来在美国所赚取的 10 亿美元的收益根本不用交纳所得税。

现金流量

现金流量是指一家公司从业务经营中获得的现金流入超过现金流出的净流入数量。所有的公司都有现金流入，但是有些公司要比其他公司支出更多的现金才能获得相同的现金流入。公司形成一定的现金流入需要多少现金流出这一点非常关键，正是这一点才使得菲利普·莫里斯公司的股票变成一个非常稳定的投资对象，而一家钢铁公司的股票则是一个非常不稳定的投资对象。

以皮格钢铁公司（Pig Iron, Inc.）为例，这家公司卖出了仓库中所有的锭铁存货，获得了 1 亿美元的现金流入，这当然非常不错，但是生铁公司必须投资 8000 万美元更新高炉，这就相当糟糕了。如果它不投资 8000 万美元更新高炉的话，它的业务就会被高炉冶炼效率更高的竞争对手抢走。

在一家公司不得不先付出现金才能赚到现金的情况下，这家公司的现金净流入不会太多。

菲利普·莫里斯公司却不存在这种问题，Pep Boys 汽车配件公司和麦当劳公司也不存在这种问题，这就是为什么我更喜欢投资于那些不依赖资本支出的公司股票。公司不必用流入的现金来苦苦支撑大量的现金支出，因此菲利普·莫里斯公司比皮格钢铁公司更容易赚到钱。

很多人用现金流量对股票进行估值。例如，如果一只股票为每股 20 美元，每股现金流量是 2 美元，那么它的市价现金流量比率就是 10 ∶ 1，这是一个正常水平的标准比率。10% 的现金收益率（return on cash）相当于长期持有股票的最低收益率。如果一只股票为每股 20 美元，每股现金流量为 4 美元，那么现金收益率就是 20%，这简直太棒了。如果你发现一只股票为每股 20 美元，而每股现金流量为 10 美元，那么你应该把房屋进行抵押借款，把你所有的钱都押到这只股票上，能买多少就买多少，这种情况下大赌肯定能够大赢。

仅仅执迷于上述这种现金收益率的计算并没有什么意义，如果你购买股票的依据是现金流量的话，那么一定要牢记这个现金流量指的是自由现金流量（free cash flow）。自由现金流量是指扣除正常的资本支出（capital spending）之后剩余下来的现金，这是一笔流入进来却不必再用于支出的现金流量，由此可见生铁公司的自由现金流量要比菲利普·莫里斯公司少很多。

偶尔我也会发现一些收益一般却非常值得投资的大牛股，这是由于这家公司具有充足的自由现金流量。通常这种公司的老设备已经提取大量的折旧，而这些老设备短期内并不需要进行淘汰再重新购置新设备。由于这种公司尽可能花费最少的支出用于设备更新换代，所以可以继续享受税收减免（设备的折旧费用是可以税前列支的）。

海岸公司（Coastal Corporation）的案例很好地体现了用自由现金流量进行估值的优越之处。这家公司的每股收益是 2.50 美元，市盈率是 8 倍，这种市盈率对于当时的一家天然气公司和一家多元化经营的管道输送公司来说是一个正常的水平，因此根据一般常见的指标进行估值，这家公司的股票价格每股 20 美元是合理的。在这个用市盈率来衡量看似普通平常，一点儿也不吸引人的股票背后用自由现金流量来衡量却蕴藏着一个非同寻常的投资机会。海岸公司借款 24.50 亿美元收购了一家主要的管道输送天然气公司——美国自然资源公司（American Natural Resources）。管道的好处在于不需要太多的维护费用，毕竟，在大多数情况下输送天然气的管道建好以后就埋在那里，并不需要怎么看护，除了有时需要挖开来补一补几个小漏洞，其他时候什么都不用管，但与此同时，这些管道必须提取折旧。

在天然气行业不景气期间，海岸公司每股现金流量仍然达到了 10 ~ 11 美元，扣除资本支出后每股剩下的现金流量为每股 7 美元，这每股 7 美元就是自由现金流量。在账面上看，这家公司在未来 10 年内什么收益也没有，但是公司的股东每年仍然能够得到每股 7 美元的自由现金收量，这样的话他们以每股 20 美元的价格购买该公司的股票，未来 10 年内就会得到 70 美元的回报，仅仅就自由现金流量这一项来衡量，这只股票有很大的上涨潜力。

专注的隐蔽资产型公司投资者都在寻找这样的投资良机：一家普普通通的公司，看起来根本没有什么发展前途，但是每年都拥有很高的自由现金流量，而公司股东却并不打算进一步扩大业务规模。这有可能是一家租赁公司，它拥有很多使用寿命为 12 年的铁路运输集装箱，公司希望做的就是收缩原有的集装箱业务，并且尽可能地从中榨取更多的现金流量。在未来的 10 年里，管理层将减小公司规模，逐步停止集装箱业务，积累更多的现金，用这种方法他们从 1000 万美元的收入中就能获得 4000 万美元的现金流量（这种做法不适合电脑行业，因为电脑行业的产品价格下跌得太快，所以往往根本来不及从中榨取什么现金流量，旧的存货就已经很快贬值到一文不值了）。

存货

在年报的"管理关于收益的讨论与分析"（management's discussion of earnings）这一部分里，其中有一条关于存货情况的详细附注，我总是会仔细阅读一下这个附注，看看公司是否存在存货积压的现象。不论对于制造商还是零售商来说，存货的增加通常是一个不好的兆头。当存货增长速度比销售增长速度更快时，这就是一个十分危险的信号了。

计算存货的价值有两种基本的会计计价方法：LIFO 和 FIFO。这听起来很像一对狮子狗，LIFO 表示的是后进先出法，FIFO 表示的是先进先出法。如果 Handy and Harman 公司 30 年前以每盎司 40 美元的价格买了一些黄金，昨天这家公司以每盎司 400 美元的价格又买了一些黄金，今天 Handy and Harman 公司以每盎司 450 美元的价格卖掉了一些黄金，那么 Handy and Harman 公司赚到的利润是多少呢？如果用后进先出法计算，成本应以后来购进的成本每盎司 400 美元进行计算，那么 Handy and Harman 公司的利润是 50 美元（等于 450 美元减 400 美元），而用先进先出法计算，成本应以前面购进的成本每盎司 40 美元进行计算，利润则是 410 美元（等于 450 美元减 40 美元）。

我可以进一步详细解释这两种存货计价方法，但是我想我们还是直奔问题的关键吧，很明显选择不同的存货计价方法会导致不同的收益。另外两个常见的存货计价方法是 GIGO（garbage in，garbage out，垃圾进去，垃圾出来）和 FISH（First in，still here，先进还存法），也应用于很多类型的存货的计价中。

无论用哪一种方法（LIFO 或 FIFO）对存货计价，投资者都可以在同一种存货计价方法下把今年的存货期末价值与去年的存货期末价值进行比较，以确定存货规模是增加了还是减少了。

我曾经参观过一家铝业公司，它积压了那么多没有卖出去的存货，以致不但整个仓库从地面直到天花板都堆得满满的，连仓库外员工的停车位大部分空间也堆得满满的，工人为了公司存放存货只得把自己的车停到其他地方，这无疑表明公司的存货实在积压得太多了。

一家公司可能会吹嘘说它的销售额增长了 10%，但是如果它的存货同时增长了 30%，那么你就必须提醒自己："等一下，这家公司也许应该首先控制存货的过快增加，并把积压的存货全部处理掉。如果公司不能把积压的存货全部处理掉，那么明年存货积压就会成为一个大问题，后年存货积压问题会变得更加严重。新生产出来的产品将会与积压的老产品在市场上形成竞争关系，导致存货积压得更多，最终积压的存货逼得公司只能降价处理，而降价则意味着公司的利润将会下降。"

汽车公司的存货积压问题后果并不会这样严重，因为一辆新车总是值不少钱的，因此制造商不必为了把积压的车卖出去而把汽车的价格降到非常低的水平。一辆原价为 35 000 美元的美洲虎牌汽车（Jaguar）不会降到 3500 美元，但是一件原价 300 美元的过时的紫色迷你裙可能减价只有 3 美元仍然卖不掉。

从好的方面来说，如果一家经营状况不景气的公司存货开始逐步减少，那么这应该是公司经营情况好转的第一个信号。

对于业余投资者和新手来说，要弄清楚存货的变化及其对公司收益的影响是相当困难的，但是对于那些熟悉某个特定行业的投资者来说则是完全可以做到的。然而他们没有必要根据 5 年前的资料进行计算，现在公司在给股东的季报中都必须公布公司的资产负债表，因此投资者可以每个季度定期了解到公司存货的变化情况。

养老金计划

随着越来越多的公司向员工发放股票期权和养老金福利（pension benefit）作为报酬，投资者应该对这种做法所产生的影响进行仔细的评估和考量。公司并非一定要实行养老金计划，但是如果它们实行的话，这项计划就必须遵守联邦政府的相关规定，对于养老金计划公司负有必须支付的义务，就像必须偿付的债券一样（而在员工利润分享计划（profit-sharing）[注]中就不存在这样的义务：没有利润，就没有分享）。

即使公司破产并已经停止正常经营，仍然必须继续支持养老金计划的执行。在我打算购买一家困境反转型公司的股票之前，我总是先查看一下公司养老金计划的情况，以确定这家公司是否存在自己根本无力承受的巨额养老金义务，我特别要查看公司的养老基金资产是否超过了应付给员工的既定养老金福利（vested benefit）义务。USX公司的养老金计划资产为85亿美元，应付给员工的既定的养老金福利义务为73亿美元，因此人们不必担心公司的养老金支付能力。另外，伯利恒钢铁公司的养老金资产为23亿美元，既定的养老金义务为38亿美元，也就是说公司养老金计划有15亿美元的赤字，因此如果伯利恒钢铁公司的财务状况进一步恶化的话，这15亿美元的赤字会让它雪上加霜，这表明在养老金问题得到彻底解决之前投资者应该调低对这家公司股票的估值。

过去投资者只能猜测公司的养老金计划的情况究竟真相如何，而现在养老金计划的情况都会在年报中公开详细披露。

[注] 利润分享计划是公司员工分享公司利润的制度。公司决定分配给员工的利润部分的金额，然后每名员工会收到（存入户口）该部分利润的一个百分比，公司一般会对员工无条件提取资金的方法与时间有一定的限制。——译者注

增长率

　　"增长"作为"扩张"的同义词，是华尔街上最常见的错误概念之一，这个概念使人们忽略了那些真正卓越的增长型公司，例如菲利普·莫里斯公司。单从行业增长上你很难发现这家公司的增长有多么迅速——美国香烟消费量大约每年减少2%。的确，外国烟民消费量的增长弥补了美国烟民消费量的减少，现在每四个德国人中就有一个吸菲利普·莫里斯公司生产的万宝路牌香烟，并且该公司每周都要用747客机满载着万宝路牌香烟运往日本市场，但是即使外国市场销售量上涨仍然无法解释菲利普·莫里斯公司所获得的巨大成功。公司获得巨大成功的关键在于菲利普·莫里斯公司通过降低成本和提高价格实现了公司收益的大幅增长，尤其是提高价格。唯一能够影响股价的增长率是收益增长率。

　　菲利普·莫里斯公司通过安装生产效率更高的卷烟机进一步降低了生产成本，同时，烟草行业每年都在提高香烟销售价格。如果一家烟草公司的成本增加4%，同时销售价格提高6%，那么公司的利润率就会增加2%。利润率增长2%可能看起来毫不起眼，但是如果公司的利润率是10%（菲利普·莫里斯公司的情况就是这样的），那么利润率增加2%则意味着公司收益将会增长20%（2%÷10%=20%）。

　　（宝洁公司提高卫生纸产品收益的方法是：逐渐改进卫生纸的特性，实际上就是在卫生纸上增加更多的皱纹，这样做既可以让卫生纸变得更柔软，又可以使每卷卫生纸的张数慢慢地从500张减少到350张，然后他们在市场上进行销售推广宣传时把张数变少的小卷卫生纸称为经过"挤压"技术改良的产品，这可真是最为聪明的手段啊。）

　　如果你发现了一家每年都能找到合理的办法提高产品价格同时又不会损失客户的公司（像香烟这种让人上瘾的产品就非常符合这种要求），你就找到了一个非常好的投资机会。

在服装行业或者快餐业的公司绝对不可能像菲利普·莫里斯公司那样不断提高产品价格，否则的话公司很快就要关门了。虽然菲利普·莫里斯公司赚的钱越来越多，但是它无法找到足够多的投资项目把这笔钱花出去。菲利普·莫里斯公司不必像钢铁公司必须投资那些耗资巨大的鼓风炉设备才能保持技术优势，没有必要只为了赚取一点点利润必须首先投资支出一大笔钱。此外，由于政府不允许香烟公司在电视上做广告，导致这家烟草公司的成本大幅度降低！这一时期菲利普·莫里斯公司的闲置资金实在太多，以至于尽管它乱七八糟进行多元化经营却也并没有怎么损害广大股东的利益。

菲利普·莫里斯公司收购了米勒酿酒公司（Miller Brewing），结果得到的效果十分一般，后来收购通用食品公司（General Foods）的效果也是平平，收购七喜饮料公司（Seven-Up）的效果更是糟糕透顶令人失望，但是菲利普·莫里斯公司的股价仍然直线上升。1988年10月30日，菲利普·莫里斯公司宣布它已经签署了一项收购协议，将以130亿美元的价格收购卡夫公司。尽管这次收购的标价非常高（收购价相当于卡夫公司1988年收益的20倍），但菲利普·莫里斯公司的股价也只下跌了5%，这是因为市场认识到非常充沛的现金流量足以使它在5年内还清收购所产生的全部负债。看来只有吸烟受害者的家属赢得一些高额索赔的大型诉讼官司，才有可能阻止菲利普·莫里斯公司的股价上涨。

这家公司的收益连续40年一直保持增长，如果不是由于担心吸烟受害者诉讼以及传媒关于烟草公司的负面宣传报道使得投资者对该公司的股票退避三舍的话，它的市盈率会达到15倍或者更高。正是由于情绪性因素的影响导致投资者远离这只绩优股，但对于寻找廉价股的投资者非常有利，当然其中也包括我在内。这家公司的市盈率指标简直再理想不过了，现在你仍然能够以10倍市盈率或者只有收益增长率一半的市盈率来购买这家收益增长率一直笑傲群雄的公司股票。

有关增长率还有一点需要说明：在其他条件完全相同的情况下，收益增长率较高的股票更值得买入，比如，收益增长率为 20%（市盈率为 20 倍）的股票要优于增长率为 10%（市盈率为 10 倍）的股票。这听起来似乎深奥难懂，但是如果投资者了解到收益增长的重要性就会十分清楚了，因为正是收益的增长最终推动了股价的增长。假设开始时两家公司的每股收益都是 1 美元，一家公司的收益增长率为 20%，另一家公司的收益增长率为 10%，让我们来看一下这两家公司经营 10 年之后是如何形成巨大收益差异的（见表 13-1）。

开始时，A 公司股价每股 20 美元（相当于每股收益 1 美元乘以 20 倍市盈率），到了第 10 年年末时股价为每股 123.80 美元（相当于每股收益 6.19 美元乘以 20 倍市盈率）。B 公司开始每股的价格为每股 10 美元（相当于每股收益 1 美元乘以 10 倍市盈率），期末的价格为每股 26 美元（相当于每股收益 2.60 美元乘以 10 倍市盈率）。

即使由于投资者怀疑 A 公司无法维持它的高增长率使 A 公司的市盈率由 20 倍下降到 15 倍，它的股票在第 10 年年末时仍然能够达到每股 92.85 美元。不论是 20 倍或 15 倍的市盈率持有 A 公司的股票都要比持有 B 公司的股票获得的投资收益高得多。

表 13-1 A 公司和 B 公司经营 10 年后的收益差异（单位：美元）

基　年	A 公司每股收益（收益增长率为 20%）	B 公司每股收益（收益增长率为 10%）
	1.00	1.00
第 1 年	1.20	1.10
第 2 年	1.44	1.21
第 3 年	1.73	1.33
第 4 年	2.07	1.46
第 5 年	2.49	1.61
第 7 年	3.58	1.95
第 10 年	6.19	2.59

如果我们假设 A 公司每股收益增长率为 25%，那么第 10 年它的每股收益将会是 9.31 美元。即使以比较保守的 15 倍市盈率估算，股价也会达到每股 139 美元（请注意，我并没有采用 30% 或者更高的收益增长率进行估算，那么高的收益增长率一般很难持续保持 3 年，更不可能保持 10 年了）。

简而言之，高收益增长率正是创造公司股票上涨很多倍的大牛股的关键所在，也正是在股票市场上收益增长率为 20% 的公司股票能给投资者带来惊人回报的原因所在，特别是经过几年的较长时间之后。沃尔玛公司和 The Limited 公司的股票 10 年间能上涨那么高绝非偶然，所有这一切都建立在公司收益以复利方式快速增长的基础之上。

税后利润

现在无论去哪里你都会听到有人在说"底线"（bottom line）。"底线是什么？"成了体育运动、商业活动甚至求爱中的一句口头禅，但是在股票投资中真正的底线是什么呢？它是指利润表底部最后一个数字，即税后利润。

在我们当今的社会上，大多数人常常错误地估计公司的盈利能力。我看过一份调查报告，访问大学生和其他一些年轻人，让他们猜测一下公司的平均利润率是多少，他们猜测是 20% ～ 40%。正确的答案是，在过去几十年里公司平均利润率只有 5% 左右。

税前利润，或者税前利润率（pretax margin）是我分析公司的一个工具。公司每年销售收入减去所有的成本，包括折旧费和利息费用，就是税前利润。1987 年，福特汽车公司的销售收入是 716 亿美元，税前利润是 73.8 亿美元，因此税前利润率是 10.3%。零售商的税前利润率要比制造商更低，一家优秀的超市或药店连锁公司的税前利润率，比如 Albertson's 公司，也只有 3.6%。另外，制造生产高利润药品的公司，例如默克公司，税前利润率通常能够达到 25% 甚至更高。

因为不同行业的平均税前利润率水平差别很大，所以不同行业的公司进行税前利润率比较并没有太大的意义。比较有用的做法是对同一行业内的不同公司的税前利润率进行比较。根据税前利润率的定义可以推断，税前利润率最高的公司的经营成本最低，而经营成本最低的公司在整个行业都不景气时存活下来的机会更大。

我们假定 A 公司的税前利润率为 12%，B 公司的税前利润率只有 2%。假定这两家公司都面临业务增长缓慢的困境，为了把产品卖出去两家公司都被迫降价 10%，它们的销售额也同样下降了 10%。A 公司现在的税前利润率为 2%，仍然能够赚钱，而 B 公司却已经发生了亏损，税前利润率为 −8%，它已经成为一家生存前景堪忧的危险公司了。

如果不拘泥于技术性细节问题的话，那么在评估公司在困境中的生存能力时，税前利润率是另外一个值得考虑的指标。

这里也许有一个复杂难懂的地方，那就是在行业复苏阶段，公司业务好转，行业内税前利润率最低的公司将会成为最大的黑马。我们来看看下面两家目前销售收入都是 100 美元的公司在业务好转前后税前利润发生了什么样的变化（见表 13-2）。

在业务恢复好转的过程中，A 公司的税前利润增长了将近 50%，而 B 公司的税前利润则增长了 3 倍还要多，这可以解释为什么原来处于灾难边缘的不景气的公司在业务反弹时能够摇身一变为一只大黑马股票。这种乌鸦变凤凰的现象一再发生在汽车行业、化学工业、造纸业、航空业、钢铁业、电子行业以及非铁材料行业中。在目前萧条的行业中，例如疗养院、天然气公司以及零售业，也存在着具有这种潜力的大黑马。

表 13-2　A 公司和 B 公司在业务好转前后税前利润的变化　（单位：美元）

A 公司	
现状	业务好转后的情况
销售收入 100	销售收入 110.00（价格上涨了 10%）
成本　88	成本　92.40（上涨了 5%）
税前利润　12	税前利润　17.60
B 公司	
现状	业务好转后的情况
销售收入 100	销售收入 110.00（上涨了 10%）
成本　98	成本 102.90（上涨了 5%）
税前利润　2	税前利润　　7.10

因此，你应该这样选股：如果你决定不管行业是否景气都打算长期持有一只股票，那么你就应该选择一家税前利润率相对较高的公司；如果你打算在行业成功复苏阶段持有一只股票，你应该选择一家税前利润率相对较低的公司。

| 第 14 章 |

定期重新核查公司分析

　　每隔几个月就应该重新核查一下你的公司基本面分析。重新核查包括翻阅最新的《价值线》杂志或者公司的季度报表看看公司的收益情况以及收益变化情况是否和你原来的预期相符。进行核查还应该包括去商店里实地看一下公司的产品对顾客是否仍然具有吸引力以及是否有征兆表明公司将会继续兴旺繁荣。公司有没有出现什么新情况，就像玩梭哈时看看摊开了什么新牌一样？特别对于那些快速增长型的公司而言，你必须问问自己，公司如何才能保持收益继续快速增长。

　　一家增长型公司的生命周期可以划分为三个发展阶段：第一阶段是创业期，这一时期公司主要解决在基本业务方面遇到的各种困难和缺陷；第二阶段是快速扩张期，这一时期公司不断开拓新的市场；第三阶段是成熟期，也叫饱和期，这个时期公司开始要面对想要进一步扩张已经不再像过去那样容易的现实。每一个阶段都要持续好几年的时间。对于投资者来说，第一阶段风险最大，因为此时公司能否成功还是未知数；第二阶段则最安全，并且也是赚钱最多的时期，因为此时公司只需简单地复制成功的经验就能持续快速增长；第三阶段最容易出现问题，因为公司的增长已经接近上限，公司必须找到新的方法才能使收益进一步增长。

当你定期重新核查一家公司股票的基本面情况时，必须确定公司是否正在从一个阶段进入另一个阶段。如果你重新核查一下自动数据处理公司（Automatic Data Processing）的经营情况（这家公司主营业务是帮客户处理工资支票），那么你会发现该公司的市场远远没有饱和，因此仍然处在第二个阶段，即快速扩张期。

当 Sensormatic 公司的商店防窃系统从一个商店到另一个商店逐步扩张时（此时它处于第二个阶段），它的股票从每股 2 美元上涨到了每股 40 美元，但是它的市场最终还是达到了饱和，因为再也找不到需要安装这种防窃设备的新客户了。这家公司找不到新的方法来使收益继续增长，因此它的股价从 1983 年的每股 42.5 美元跌至 1984 年的每股 5.625 美元。当你看到公司的成熟期来临时，你应该弄清楚公司新的发展计划是什么，还要弄清楚这项计划是否真的具有成功的可能性。

当西尔斯百货公司已经在每一个主要的大都市都开了店之后，这家公司未来还能向哪里继续拓展市场呢？当 The Limited 公司已经在 700 家最受欢迎的购物中心的 670 家都开了服装专卖店时，这家公司的增长也就基本上达到尽头了。

在这种情况下，The Limited 公司只能通过现有的服装店吸引更多的顾客来购买更多的衣服才能实现收益增长，因此公司未来发展前景已经有很大变化了。当 The Limited 收购了 Lerner 和 Lane Bryant 公司时，让人感觉它的快速增长期已经结束，而且这家公司并不真正知道自己应该做什么才能实现进一步增长，在第二个阶段它就已经把所有的资金都用于开设更多的分店进行扩张了。

只要每一家温蒂汉堡（Wendy's）都开在每一家麦当劳快餐店旁边，那么温蒂汉堡实现收益增长的唯一途径就只能是把麦当劳的顾客抢过来。如果 Anheuser-Busch 公司已经占有了啤酒市场 40% 的份额，那么它将来应该向哪里发展来继续保持收益增长呢？即使是百威啤酒的广告明星——非常逗人喜爱的小狗 Spuds MacKenzie 也不能说服全美国人都喝百威淡啤，至少会有一小部分勇敢的人即使被激光摧毁或者被陌生人绑架也绝不会买百威啤酒。Anheuser-Busch 公司的增长速度迟早会慢下来，它的股价和市盈率也会相应下跌。

Anheuser-Busch 公司也可能会找到新的增长之道，就像过去麦当劳那样。10 年前投资者开始担心麦当劳那种让人难以置信的增长速度将会成为过眼云烟再也不可能继续保持。无论你到哪里，几乎都会看到一家麦当劳连锁店，并且其股票的市盈率也已经从快速增长型公司的 30 倍下跌到稳定增长型公司的 12 倍。尽管投资者对麦当劳股票投了不信任票（1972～1982年，它的股票一直在横向盘整），但公司收益仍然继续强劲增长，麦当劳用了很多富有创造力的方法来保持收益继续增长。

首先，麦当劳开设了可以直接将车子开进去打开车窗就可以订餐取餐的窗口，这种方便快捷的服务目前已经占到了麦当劳销售收入总量的 1/3 还要多。其次，麦当劳增加了早餐供应，这一举措开拓了一块新的市场空间，因为以前早餐时间麦当劳餐厅总是空无一人。增加早餐的成本非常低，却使销售增长了 20%。最后，麦当劳增加了沙拉和炸鸡食品，这两样食品的推出不仅增加了收益，而且还结束了公司对牛肉产品市场的过分依赖。人们都认为，如果牛肉的价格上涨，麦当劳的收益会遭受重大打击，但这种担心只适用于原来的麦当劳，在麦当劳推出炸鸡食品之后这种担心再也没有必要了。

尽管在美国国内开设新店的速度正在逐渐放缓，但是麦当劳已经证明自己在现有的连锁店规模下仍然能够继续实现收益增长，而且它在国外扩张得非常迅速，增长也非常巨大，麦当劳要发展到在英国或者德国的每一条街道上都开一家连锁店，至少还需要几十年的时间。尽管目前麦当劳股票的市盈率很低，但这并不意味着麦当劳的增长已经到了尽头。

如果你恰好购买了某一家有线电视行业的公司股票，你可能已经看到一连串刺激有线电视业务收益增长的因素：首先是农村安装有线电视数量的增长；其次是收费服务的增长，例如 HBO、Cinemax、迪士尼等收费频道；再次是城市安装有线电视数量的增长；最后是节日销售收入分成的增长，比如家庭购物网络（Home Shopping Network，每销售一件商品有线电视台都要从中按一定比例分成）；最近的收益增长则来自付费广告收入，而且这项收入在未来增长潜力非常大，因此有线电视行业公司的经营发展前景会越来越好。

在 5 年左右的时间里，有些公司的经营状况先变坏又变好再变坏，得克萨斯航空公司（Texas Air）就是一个典型的例子。1983 年，我购买了一小部分得克萨斯航空公司的股票，只是由于我看中了这家公司的主要资产即其大量持股的大陆航空公司（Continental Air）。大陆航空公司由于经营状况急剧恶化而不得不按照《破产法》第 11 章的规定申请破产保护，得克萨斯航空公司的股价从每股 12 美元跌到了每股 4.75 美元，得克萨斯航空公司大量持股的大陆航空公司的股价则下跌到了每股 3 美元。我密切关注着这两家航空公司的情况，我发现这是一个困境反转型公司的投资机会。得克萨斯航空公司削减了成本，大陆航空公司则重新赢得了客户的喜爱并且从破产的边缘恢复过来。由于它们的财务实力都有了很大的改善，所以我买了很多这两家公司的股票，到 1986 年这两只股票都上涨了 3 倍。

1986 年 2 月，得克萨斯航空公司宣布它已经收购了东方航空公司（Eastern Airlines）大部分的股份——市场普遍认为这是一项有利于公司发展的举措。短短 1 年的时间得克萨斯航空公司的股票就上涨了 3 倍，创下了每股 51.5 美元的新高。自从 1983 年这家公司成功解决了经营问题以后，迄今为止它的股票已经上涨了 10 倍。

很不幸的是，此时我从原来对得克萨斯航空公司发展前景十分担心变成了非常得意的自我满足，我沉醉于东方航空公司和得克萨斯航空公司拥有如此巨大的盈利潜力，以至于忘了去查看它们近期的实际经营状况。当得克萨斯航空公司全部买断了大陆航空公司其余的股份时，我被迫把自己所拥有的一半以上的大陆航空公司的大部分股票以及一些大陆航空公司的可转换债券卖给得克萨斯航空公司。这是一笔意外之财，我从中赚了一大笔，但是我并没有把自己手上持有的剩余股票全部卖掉，然后高高兴兴地全身而退从此远离这家公司，相反我却在 1987 年 2 月又以每股 48.25 美元的价格追加购买了更多的得克萨斯航空公司的股票。既然我知道得克萨斯航空公司的资产负债情况相当一般（所有各种各样航空公司的债务总额可能比几个不发达国家所欠的债务还要多），又知道航空业是一个很不稳定的周期性行业，那么为什么我不把得克萨斯航空公司的股票卖掉而是追加买入呢？这是因为该公司股价的上涨迷住了我的双眼，甚至在得克萨斯航空公司的基本面已经完全土崩瓦解的时候，我还沉醉于公司最近业务好转的消息对危险视而不见。

那些让我沉醉的最新的关于得克萨斯航空公司业务好转的消息包括：得克萨斯航空公司受益于瘦身经营，并且大大削减了劳动力成本，它除了拥有东方航空公司的权益之外，还刚刚收购了前沿航空公司（Frontier Air）和人民航空公司（People Express），公司计划运用重振大陆航空公司的方法来帮助这两家公司重整旗鼓。这一系列概念简直太棒了，收购经营失败的航空公司，削减成本，巨额的利润自然而然就会随之而来。

结果呢？就像堂吉诃德一样，我只顾沉醉于飞奔向未来的美好幻想中，以至于忘了自己是骑在一匹疲倦的老马上。我只把目光停留在 1988 年得克萨斯航空公司每股收益高达 15 美元的预期上，却忽视了报纸每天所刊登的对该公司的负面报道发出的警告信号：行李丢失，航班混乱，飞机晚点，乘客发怒，被收购的东方航空公司员工非常不满。

航空业是一个不稳定的行业，就跟餐饮业一样，一家餐馆仅仅几个晚上饭菜不佳就会毁掉过去 50 年才树立的美誉，东方航空公司和大陆航空公司又何止只出现了少数几次问题呢。两家公司合并后各个方面的磨合都不顺利，东方航空公司员工的抱怨声正是管理层和各个工会之间在工资福利方面存在严重分歧的明显征兆，工会正在激烈反击。

1987 年年初，得克萨斯航空公司的收益情况开始恶化。为了摆脱困境，得克萨斯航空公司计划对东方航空公司实行裁员，这样可使运营成本减少 4 亿美元，当时我本来应该提醒自己这种降低成本的裁员计划还没有执行，并且极有可能永远也不会得到执行，可惜我并没有这样提醒自己。现有的劳动合同要过好几个月才会到期，而劳资双方已经在谈判中斗争得脸红脖子粗了。最后我终于清醒了，开始以每股 17 ～ 18 美元的价格抛出股票。1987 年年底，得克萨斯航空公司股价下跌到了每股 9 美元，我仍然持有一些该公司的股票，我打算等等再说。

我的错误是 1987 年夏天没有及时抛出得克萨斯航空公司的股票，尽管当时东方航空公司存在的一些严重问题已经变得非常明显，并且所有证据表明这些问题将会一直持续到 1988 年。我所犯的并不止这一个错误，另一个错误是我本来应该利用这些消息进行基本面分析来抓住另一只大牛股——Delta 航空公司的股票。Delta 航空公司是东方航空公司的主要竞争对手，东方航空公司出现严重经营问题以及计划永久性减小经营规模，当然 Delta 是最大的受益者。我已经买入了一些 Delta 航空公司的股票建立了一定的仓位，但是我本来应该进一步大量增持使它成为我的十大重仓股之一。1987 年夏天，这只股票从每股 48 美元涨到了每股 60 美元，然后在 10 月它的股价跌到了每股 35 美元，到 1987 年年底只是上涨到了每股 37 美元，但是到了 1988 年年中，它的股价却迅速上涨到了每股 55 美元。成千上万乘坐东方航空公司和 Delta 航空公司飞机的乘客可能已经看到了以上我所看到的这些情况，并且可以利用他们的这一独特优势赚上一大笔钱。

第 15 章

股票分析要点一览表

投资者要完成前面我谈到的所有研究分析工作，在每一只股票上需要花费的时间最多也不超过一两个小时。虽然你知道的信息越多越好，但是你并不一定非得给公司打电话，而且你也没有必要非得像一个钻进古书堆的老学究那样研究公司年报。我所讲的那些"重要分析指标"中有一部分也只适用于几种特殊类型的股票而根本不适用于其他类型的股票。

以下是在研究分析 6 种类型公司股票时应该关注的要点。

股票分析要点

所有类型公司的股票

- 市盈率。对于这家公司来说市盈率是高还是低，这家公司的市盈率与同行业中类似的公司相比是高还是低？
- 机构投资者持股占该公司总股本的比例。机构投资者持股比例越低越好。

- 公司内部人士是否在买入本公司股票？公司是否回购自己的股票？二者都是有利的信号。
- 迄今为止公司收益增长的历史情况，公司收益增长时断时续还是持续稳定增长（只有隐蔽资产型公司股票可以说收益情况并不怎么重要）。
- 这家公司的资产负债情况是好是坏（负债与股东权益比率），公司财务实力评级情况如何。
- 现金头寸。福特汽车公司每股净现金为 16 美元，因此我知道这家公司的股票不可能会跌到每股 16 美元以下。每股净现金是公司股票价格的底部下限。

缓慢增长型公司的股票

- 由于你购买这类公司股票的目的是为了获得股息（不然的话为什么还要持有这类公司股票呢），所以你应该核查一下这类公司是否长期持续派发股息以及是否能够定期提高股息水平。
- 如果可能的话，弄清楚公司派发股息占收益的比率是多少。如果股息占收益的比率比较低，那么这家公司在经营困难时期仍有缓冲资金可以帮助公司挺过难关，即使收益降低，公司仍然保证股息的派发；如果股息占收益的比率比较高，那么股息能否顺利派发就相当危险了。

稳定增长型公司的股票

- 这类公司都是几乎不可能破产倒闭的大公司，因此关键因素在于买入价格的高低，股票的市盈率会告诉你股价是否过高。
- 检查公司可能进行的多元化经营情况，这有可能导致公司未来收益下降。
- 检查公司收益的长期增长率，还要查看最近几年是否仍然保持着同样的增长势头。

- 如果你打算永久持有一家稳定增长型公司的股票，就要好好看看这家公司在经济衰退以及股市大跌时期的表现如何（麦当劳公司的股票在1977年的股票市场大跌中表现得很好，在1984年的市场下跌中也能够保持横向盘整，在1987年的股灾中，麦当劳股票和其他股票一样遭受了重大打击，但总的来说这是一只相当不错的防御型股票。百时美公司的股票在1973 ~ 1974年的股市大跌中遭受重创，这主要是由于这只股票当时被严重高估，这只股票在1982年、1984年、1987年的股市大跌中表现却很好。凯洛格公司在最近所有的股市大跌中都表现得相当好，除了1973 ~ 1974年的股市大跌以外）。

周期型公司的股票

- 密切关注周期型公司存货变化情况以及供需平衡情况。注意市场上新的竞争对手的进入，这通常是一个危险的信号。
- 当公司业绩复苏时应该预测到市盈率将会降低，当公司收益会达到最高峰时投资者应该预期到公司增长周期可能即将结束。
- 如果你非常了解你持有的周期型公司的行业周期，那么在预测周期波动时就具有了一种优势。例如，每个人都知道汽车行业具有周期性，汽车行业经过三四年的扩张期后就会出现三四年的衰退期，汽车行业总是这样涨涨跌跌反复波动。汽车越用越旧然后就需要更换，人们可能会比预期推迟一两年更换新车，但是迟早总要去购买新车。

汽车行业下滑得越厉害，相应汽车行业复苏反弹时上涨得也越厉害。有时候我更乐意看到汽车行业的销售低迷比预期额外延长一年，因为我知道这样反而会带来一个时间更长、幅度更大的反弹上涨。

最近汽车销售连续5年都非常不错，因此我知道我们正处在上涨期的中间阶段，也可能处于上涨期快要结束的时候，但是在一个周期性行业中预测上涨远远要比预测下降容易得多。

快速增长型公司的股票

- 如果你推测某种产品能为公司赚大钱，那么你应该调查研究一下这种产品的销售收入在公司整个业务收入中是否占有很大的比重。L'eggs连裤袜销售收入在规模很小的 Hanes 公司整个业务中占有很大的比重，但是 Lexan 树脂的销售收入在规模非常庞大的通用电气公司整个业务中只占有很小的比重。

- 最近几年公司的收益增长率（我最喜欢那些增长率处于 20% ～ 25% 公司的股票，我反而对那些看起来能够保持高于 25% 的收益增长率的公司十分担心。在那些热门行业中往往会发现收益增长率达到甚至超过 50% 的公司，你应该知道这么高的增长率究竟意味着什么）。

- 公司已经在一个以上的城市或者乡镇顺利复制了原来成功的经营模式，证明公司未来的扩张同样能够取得成功。

- 公司业务是否还有很大的增长空间。Pic'N'Save 公司创立于南加利福尼亚，当我第一次参观这家公司时，它刚刚开始打算要往北加利福尼亚扩张，它还有另外 49 个州可以继续扩张。相反，西尔斯百货公司已经遍布整个美国，再也找不到新的市场可以扩张了。

- 股票交易价格的市盈率是否等于或接近于公司收益增长率。

- 公司扩张速度是在加快（例如去年新增了 3 家汽车旅馆而今年新增了 5 家）还是在放慢（去年新增了 5 家汽车旅馆而今年只新增了 3 家）。对于像 Sensormatic Electronics 这类公司而言，它们向客户销售产品基本上都是"一次性的"，这与剃须刀行业中顾客必须不断地重复购买剃须用品的情况正好相反，因此销售增长放缓可能会给公司带来毁灭性的打击。在 20 世纪 70 年代末期和 80 年代早期，Sensormatic 电子公司的增长率是非常惊人的，但是要维持公司的收益继续增长，它每年都必须要比上一年卖出更多的电子监视系统。如果公司主营业务电子监视系统的收入（用户购买这种产品一次足矣）已经笼罩了一层阴影，那么不管它向已经购置电子监视系统的老客户群出售多少商品防盗白色小标签都于事无补，因此 1983 年当它的销售增长放慢时，它的收益增长率并不是放慢而是像高台跳水一样直线下跌，它的股价也同样如此直线下跌，12 个月内就从 42 美元大跌到了 6 美元。

- 只有很少几个机构投资者持有这只股票，并且只有少数几个证券分析师听说过这只股票。对于那些正处于业务上升阶段的快速增长型公司来说，这是一个能够让你低价买入的非常有利的因素。

困境反转型公司的股票

- 最重要的是，一家困境反转型公司在经营困难时期能否经受住债权人要求还款的打击而存活下来？公司拥有多少现金？多少债务？（苹果电脑公司在面临经营危机时拥有 2 亿美元的现金，没有一分钱的债务，因此你知道它肯定不会破产。）

困境反转型公司的债务结构如何？公司在赔本的情况下还能经营多长时间并最终能够走出困境而避免破产？（国际收割机公司，即现在的 Navistar 公司，是一家股价很有反弹上涨潜力的困境反转型公司，但它最终的表现让投资者非常失望，公司增发了数百万新股来筹资，这种稀释股份的做法能够使公司最终重新复苏，却并不能使它的股价重新反弹。）

- 如果这家公司已经宣布破产，那么公司破产清算偿还债务之后还会给股东留下来多少资产？

● 公司打算怎样摆脱困境重整旗鼓？它剥离了那些赔钱的子公司了吗？
这样做会使公司的收益发生很大的变化。例如，1980 年洛克希德公
司的国防业务创造了 8.04 美元的每股收益，但是它经营的商用飞机
业务因为 L-1011 TriStar 喷气式飞机的失败导致每股亏损了 6.54 美
元。L-1011 型喷气式飞机是一种大型客机，但是在一个份额相对较
小的市场上它要与麦道公司的 DC10 型飞机竞争，而在长距离飞行
市场上它又遭受了波音 747 客机的严重打击。这些亏损将会长期持
续下去，难以在短期内转变。1981 年 11 月，这家公司宣布将会逐步
停止 L-1011 型飞机的生产，这使得它在 1981 年一下子就冲销（write
off）⊖了一大笔资产（导致每股亏损 26 美元），但这只是一次性的亏
损。1982 年，当洛克希德公司国防业务创造了 10.78 美元的每股收
益时，再也不需要对其他业务的亏损进行冲减了。经过两年的时间，
它的每股收益从 1.50 美元增长到 10.78 美元！你可能已经在洛克希
德公司宣布逐步停止 L-1011 型飞机的生产时以每股 15 美元的价格买
入了股票，经过 4 年最高上涨到了每股 60 美元，上涨了 4 倍。

德州仪器公司是另一家成功摆脱困境的经典案例。1983 年 10 月，这家
公司宣布它将放弃家用电脑业务（这也是一个竞争对手如林的热门行业），
当年公司仅家用电脑业务就亏损了 5 亿多美元。同样，这项决定也导致公
司冲销了一大笔资产，但是这表明公司可以集中力量经营它的强项半导体
业务和军用电子设备业务。宣布放弃家用电脑业务的第二天，股价就从每
股 101 美元上涨到了每股 124 美元，4 个月后上涨到了每股 176 美元。

时代公司（Time）也已经卖掉了它的分公司，并且大幅度地削减成本，它
是近来我最喜欢的困境反转型公司之一，事实上它也是一家隐蔽资产型公司。

⊖ 冲销，指将原先属于资产账户之金额，转入为费用或损益科目。——译者注

仅仅有线电视部分业务的潜在价值就高达每股 60 美元，因此如果它的股价为每股 100 美元，你就等于是用每股 40 美元的价格购买了公司所有的其他业务。

- 公司业务正在好转吗？（这正是伊士曼 – 柯达公司（Eastman Kodak）最近发生的情况，由于胶卷销售重新火爆，公司收益大增。）
- 公司正在削减成本吗？如果是的话，成本削减效果又如何呢？（克莱斯勒公司通过关闭一些工厂大幅度削减了成本，它也开始把大量原来自己制造的零部件的生产外包给别的公司，这样在生产过程中就节约了数亿美元的生产费用，它已经从一家成本最高的汽车厂商变成了成本最低的汽车厂商之一。）

苹果电脑公司能否成功转危为安还很难预测，但是如果你在密切关注着这家公司，那么你可能已经注意到公司收益正在急剧增加，也正在进行成本削减，新产品具有相当大的吸引力，所有这些利好因素几乎是同时出现的。

隐蔽资产型公司的股票

- 公司的资产价值是多少？公司有隐蔽资产吗？
- 公司有多少债务需要从这些资产中扣除掉？（首先要关注的就是向债权人的借款。）
- 公司是否正在借入新的债务使资产价值进一步减少？
- 是否有袭击并购者对公司感兴趣准备收购公司？这将会帮助股东从隐蔽资产的重估升值上大大获利。

本部分要点

- 真正了解你所持股公司的业务情况，真正清楚你持有这家公司股票的具体理由（"它肯定会上涨！"根本算不上什么理由）。

- 弄清楚你所持有的股票属于什么类型，这样你将会更清楚地了解你对投资回报的合理预期应该是多少。

- 大公司的股票往往涨幅不会太大，而小公司的股票往往涨幅很大。

- 如果你预测某家公司能够从某一种特定产品获利的话，那么你应该考虑一下公司总销售收入的规模，计算一下这种产品销售收入在公司总收入中所占的比重。

- 寻找那些已经盈利并且事实证明它们能够在其他地方复制其经营理念取得成功的小公司。

- 特别要小心那些年收益增长率高达 50% ～ 100% 的公司，一定要用怀疑的眼光进行分析。

- 远离那些热门行业中的热门股。

- 不要相信多元化经营，事实证明多元化经营往往反而会导致公司经营状况恶化。

- 那些一旦成功将获得巨大回报但只有微小成功机会的投资冒险几乎从来都不会成功。

- 在公司第一轮业绩上涨时最好不要盲目买入，等等看公司的扩张计划是否确实有效再做决定更为稳妥。

- 业余投资者从其工作中能够获得有着巨大价值的投资信息，而且往往要比专业投资者提前好几个月甚至好几年得到。

- 把股票消息与提供股票消息的人分开，不要盲目听信任何人的股票消息，不管提供股票消息的人多么聪明、多么有钱以及上一次他的消息多么灵验。

- 一些公司的股票信息，特别是来自这些公司所在行业的某位专家的信息可能最终证明非常有价值，但是一个行业专家提供的他并不熟悉的其他行业的股票信息往往最终证明并没有什么价值。在造纸行业工作的人往往提供的是制药行业股票的小道信息，而在卫生保健行业工作的人总是提供无数有关造纸行业即将发生并购的小道信息。

- 投资那些业务简单易懂、枯燥乏味、普通平凡、不受人青睐，并且还没有引起华尔街专业投资者兴趣的公司股票。

- 在不增长行业中增长速度适中的公司（收益增长率为 20% ～ 25%）是十分理想的股票投资对象。

- 寻找那种拥有利基的公司。

- 当购买那些公司处于困境之中并且股价表现令人沮丧的股票时，要寻找财务状况非常好的公司，要避开银行债务负担沉重的公司。

- 没有债务的公司根本不可能破产。

- 管理能力也许非常重要，但是管理能力很难进行评估。购买某一家公司股票的依据应该建立在公司发展前景之上，而不是建立在公司总裁的履历或者演讲能力之上。

- 一家处于困境中的公司成功东山再起会让投资者赚到一大笔钱。

- 仔细考虑市盈率的高低。如果股票价格被严重高估，即使公司其他情况都很好，你也不可能从这种股票上赚到一分钱。

- 找到公司发展的主线，根据这一主线密切关注监视公司的发展。

- 寻找那种一直在持续回购自己股票的公司。

- 研究公司过去几年的派息记录以及在经济衰退期的收益情况如何。

- 寻找那种机构投资者持股比例很小或者机构投资者根本就没有持股的公司。

- 如果其他情况都相同的话，那些管理者个人大量持有自家公司股票的公司，要比那种管理者没有持股只拿薪水的公司更值得投资。

- 公司内部人士购买自家公司的股票是一个有利的信号，特别是当公司内好几个内部人士同时购买时。

- 每个星期至少抽出一个小时的时间进行投资研究。计算累计收到的股息以及计算自己投资盈亏情况并不算是投资研究。
- 一定要耐心。水越等越不开，股票越急越不涨。
- 只根据公司财务报表中的每股账面价值来购入股票是非常危险的，也是根本不可靠的，应该根据公司资产的真实价值而不是账面价值来买入股票。
- 怀疑时，等等看。
- 在选择一只新股票时要认真研究分析，至少应该与你选择一台新冰箱所花的时间和精力一样多。

第三部分

ONE UP ON WALL STREET

长 期 投 资

本部分我将对以下主要问题发表一下自己的看法：怎样构造一个投资组合使业绩最大化而风险最小化；何时应该买入及何时应该卖出；市场崩溃时，应该怎么办；一些关于股票价格为何上升和为何下跌的愚蠢且危险的错误观念；在股票期权、期货、卖空上进行赌博面临的陷阱；最后讨论一下当今上市公司以及股票市场上新的和老的、令人兴奋的和令人沮丧的情况。

第 16 章

构建投资组合

我曾听有些人说，如果能够从股票市场获得 25% ～ 30% 的年投资收益率，他们就会感到比较满意了！满意？按照 25% ～ 30% 的年投资收益率，这些人可以像日本人与得克萨斯州的石油富豪家族贝思兄弟（The Bass Brothers）那样迅速发财致富，很快就可以拥有整个美国一半的财富，甚至 20 世纪 20 年代那些当时可以随意操纵整个华尔街的投资大亨也不能保证他们自己可以永远获得 30% 的年投资收益率。

在某些年份里你能够获得 30% 的投资收益率，但在其他年份里你可能只有 2% 的投资收益率，甚至可能会亏损 20%，这正是投资世界的基本规律之一，你别无选择只能接受。

过高的预期收益率错在哪里呢？如果你期望每年应该获得 30% 的投资收益率，那么当股票表现达不到你预期的高收益率时，你很可能会因为希望落空而感到严重受挫，这时焦躁不安的心情会使你恰恰在最不应该放弃的时刻错误地放弃自己本来正确的投资策略，或者更糟糕的是，在追逐这种镜中花水中月般的高收益率时，你可能会冒不必要的风险。不论是在投资收益很好还是很坏的时候，你都应该始终坚持一种正确的投资策略，只有这样才能使长期投资回报最大化。

既然 25% ～ 30% 的投资收益率是根本不切实际的投资目标，那么比较现实的投资收益率应该是多少呢？当然，你在股票投资上的收益率应该高于债券投资，因此如果在股票投资上的长期收益率只有 4%、5% 或 6% 那就太糟糕了。如果你回顾一下自己的长期投资业绩记录，结果发现你的股票投资收益率几乎无法超过银行储蓄利率，那么你就应该明白你的投资技能实在很糟糕，肯定存在很大的缺陷和问题。

顺便说一下，当你计算自己的股票投资业绩时，别忘了把以下这些费用都计入投资成本之中：订阅投资时事通讯和金融财经杂志的费用、交易佣金和手续费、参加投资研讨会的费用以及给经纪人打长途电话的通信费。

一般股票的长期平均投资收益率为 9% ～ 10%，这也是历史上股票指数的平均投资收益率。你可以通过投资于不收佣金的指数型共同基金获得 10% 的平均投资收益率。这种指数基金购买标准普尔 500 指数中所有 500 只股票从而自动复制整个指数，你无须做任何研究或者支付额外的费用就可以达到 10% 的平均投资收益率，这种平均投资收益率是一个衡量你自己的投资业绩的基准，也是衡量像麦哲伦基金这样的股票投资基金投资业绩的基准。

业余投资者购买基金就相当于支付佣金聘请专业投资者来帮他们选股，如果基金的投资业绩不能超过购买所有上市公司股票的指数基金的投资业绩，那么付钱给专业投资者来管理你的投资就太不值了，但是请给我们这些基金经理人一次解释的机会。首先要考虑一下你投资的基金是什么类型，即使是世界上最优秀的基金经理人，如果他管理的是专门投资于黄金企业的股票基金，那么在黄金价格下跌的时候，根本不可能取得良好的投资业绩。其次，只根据一个年度的投资业绩来判断一只基金的表现好坏是不公平的，但是如果你发现最近 3 ～ 5 年你选择的基金的投资业绩与你投资标准普尔 500 指数的业绩差不多，那么你要么投资标准普尔 500 指数，要么另外寻找一个有良好业绩记录的股票基金。这些股票基金经理花费了那么多时间和精力来选择个股，理所应当获得超过指数基金的投资收益率。

尽管有指数基金和股票投资基金等那么多方便的投资选择，业余投资者仍然坚持自己进行投资选股。如果要证明你付出时间和精力自己来选择股票是值得的，从长期来看你应该从股票投资中获得 12% ～ 15% 的复利投资收益率，进行业绩计算时必须扣除所有成本和佣金，并加上所有股息与其他红利。

在股票投资中，一直持有股票的长期投资人的收益率，要远远超过那些频繁买进卖出股票的短期投资人。对于小股民来说，频繁买进卖出股票要支付很多交易成本。目前交易费用比过去有所降低，这是由于佣金折扣与零股交易额外费用制度的修改。零股交易额外费用是指对交易数量不足一手即 100 股的交易所收取的额外费用（现在如果你在股市开盘前发出零股交易委托，你的零股交易委托与其他的零股交易委托汇合在一起，这样你就可以免交额外费用了）。尽管如此，业余投资者每次买入或卖出股票仍需花费 1% ～ 2% 的交易成本。

因此，如果业余投资者每年把投资组合中的股票全部换手一次，他就得支付约 4% 的佣金，这就意味着从一开始他就发生了 4% 的投资亏损。这样一来如果他想在扣除成本后获得 12% ～ 15% 的实际收益率，就必须从他所选择的股票中获得 16% ～ 19% 的投资回报。投资人交易次数越频繁，其投资收益率越难超过指数基金或者其他投资基金。（新出现的共同基金家族（Family of Funds）⊖要求投资者在买入基金时缴纳 3% ～ 8.5% 的申购费用，

⊖　共同基金家族：在美国，很多大型的经济实力强大的共同基金公司实际上是由许许多多共同基金联合组成的共同基金家族，它最大的特点是给予个体投资者极大的机动灵活性，允许个体投资者在这个共同基金家族内部免费自由地分配或调整和改变自己的投资组合。一般是打一个免费的电话就可以，非常迅速，也非常方便。——译者注

所有的费用也仅限于此。之后你可以在这个基金公司的股票基金、债券基金、货币市场基金之间自由转换，并且不需支付其他任何费用。）

尽管存在所有这些潜在的投资风险，但是如果 10 年间股票市场的平均收益率为 10%，而一个业余投资者在这 10 年里取得的年投资收益率为 15% 的话，那么他在 10 年中所积累的财富将会比股市平均水平多得多。如果他的初始投资为 1 万美元，按 15% 的投资收益率计算，经过 10 年他最终积累的财富将高达 40 455 美元，按 10% 的市场平均收益率计算，市场最终积累的财富只有 25 937 美元。

持有多少股票才算太多

你如何构造一个可以获得 12% ～ 15% 收益率的股票投资组合呢？你应该持有多少只股票呢？我可以马上告诉你一个原则：如果你能控制自己的话，千万不要像我一样持有 1400 只股票，但这是我作为资金庞大的麦哲伦基金经理所面临的问题，而不是你作为资金规模很小的业余投资人所面临的问题。你不必像我这样担心以下各种限制：买入一只股票不能超过基金总资产 5% 的限制，持有一只股票不能超过这家公司总股票 10% 的限制，基金资产规模高达 92 亿美元将难以管理。

长期以来在两派投资顾问之间一直存在分散投资与集中投资的争论。以杰拉尔德·洛布（Gerald Loeb）为代表的一派的观点是"把所有的鸡蛋放在一个篮子里"，以安德鲁·托拜厄斯（Andrew Tobias）为代表的一派的观点是"不要把所有的鸡蛋放在一个篮子里，因为这个篮子可能有漏洞"。

如果我持有的篮子是沃尔玛公司的股票，那么我会非常高兴把自己所有的鸡蛋即所有的资金全部都放进去，而如果我持有的篮子是大陆银行公司（Continental Illinois）的股票，那我可不愿意冒险将所有的鸡蛋都放进这个破篮子里。如果我持有 5 个篮子，5 个篮子分别是 Shoney's、The Limited、Pep Boys、塔可钟和 SCI，我可以断言把鸡蛋分别放在这 5 个篮子里肯定是个好主意，但如果这种分散投资的组合中包括一只雅芳或 Johns-Manville 之类的股票，那么我更愿意把所有的鸡蛋都放在像 Dunkin' Donuts 公司的股票这样一只非常结实可靠的篮子里。投资的关键并非确定一个持股的合理数量，而是逐一调查研究确定每一只股票的质量。

以我个人的观点，投资者应该尽可能多地持有符合以下条件的股票：①你个人工作或生活的经验使你对这家公司有着特别深入的了解；②通过一系列标准进行检查，你会发现这家公司具有令人兴奋的远大发展前景。你通过认真研究结果发现符合这些条件的也许只有一只股票，也许会有十来只股票，股票数量的多少无关紧要，关键是质量高低。也有可能你决定专注于研究困境反转型或隐蔽资产型股票，你可以从中选择一些股票进行投资；也许你正好对某一只困境反转型或隐蔽资产型股票有着特别深入的了解，那么你可以只集中投资于这一只股票。只是为了投资组合多元化而分散投资于一些你并不了解的公司股票是毫无益处的，对小投资者来说愚蠢的多元化投资所导致的后果非常恐怖、非常可怕。

尽管应该集中投资，但是把所有的资金都押在一只股票上是不安全的，因为尽管你已经尽了最大的努力进行研究分析，但你选择持股的这家公司有可能会遭受事先根本预料不到的严重打击。我觉得对于一个小的投资组合来说持有 3～10 只股票比较合适，这样适当分散投资也许会给你带来以下好处。

（1）如果你寻找的是 10 倍股，那么你持有的股票越多，在这些股票中出现一只 10 倍股的可能性就越大。在几家发展前景都良好的快速增长型公司中，到底哪一家公司发展得最好、增长最快往往出乎你的意料。

我原来以为 Stop & Shop 公司的股票最多能让我赚到 30%～40% 的投

资收益率，结果却表明这是一只上涨了 10 倍以上的大牛股。Stop & Shop 原来只不过是一家普普通通的上市公司，当时股价正在持续下跌，1979 年我只是看中了这家公司具有较高的股息收益率才买入它的股票，但是这家公司的发展前景变得越来越好，公司的超市和 Bradlee 折扣店业务都是如此。最初我以每股 4 美元买入这只股票，1988 年当这家公司被收购私有化时股价达到了每股 44 美元。万豪国际酒店集团公司是另一个我从来没有想到过其股价表现如此惊人的典型案例，因为我在这家公司下属的饭店中住过无数个晚上，所以我知道这家公司是一家非常成功的饭店连锁企业，但我从来没有想到这只股票的价格竟会上涨得那么高，我真希望自己当初购买了这家公司几千股的股票，而不是只满足于在这家公司下属的饭店里度过了几千个晚上用了几千块香皂舒舒服服洗了几千次澡。

顺便说一句，尽管这些日子报纸上充斥着无数关于并购的传言，但我想不起我基于公司会被并购的预期而买入的股票有哪一只后来真的被并购了，我因为其基本面良好而持有其股票的公司却往往被并购，就像最终上涨最多的股票往往出乎我的意料一样，最终被并购的公司也同样往往出乎我的意料。

既然根本无法预料什么时候会出现意外的惊喜，那么从只持有一只股票转变为持有好几只股票，发生意外惊喜而赚上一大笔的可能性就会大大增加。

（2）持有的股票越多，你在不同的股票之间调整资金配置的弹性就越大，这是我的投资策略的一个重要组成部分。

有些人将我的成功归因于我专门投资于增长型股票，但这话只说对了一半。我对增长型股票的投资从来没有超过基金资产的 30% ～ 40%，其余大部分基金资产被分散投资于我在本书中所讲述过的其他类型公司的股票。我一般将 10% ～ 20% 的基金资产投资于稳定增长型公司的股票，

10% ～ 20% 的基金资产投资于周期型公司的股票，剩下的基金资产投资于困境反转型公司的股票。尽管我总体上拥有 1400 只股票，但我将管理的麦哲伦基金的一半资产投资于 100 只股票，将 2/3 的基金资产投资于 200 只股票，将 1% 的资金分散投资于 500 只目前只能算是二流投资机会却有可能在以后成为一流投资机会的股票，我定期监视追踪这些股票的发展变化。我一直在所有股票类型中寻找具有投资价值的股票。如果我发现困境反转型公司股票中存在着比快速增长型公司股票中更多的投资机会，那么我就会增加困境反转型公司股票在投资组合中的比重。如果原来我作为二流投资机会的股票由于出现了新的利多情况让我信心大增的话，那么我就会把这只股票的投资比重增加到主要持股的水平。

分散投资

另一种使持股市值下跌引起的投资风险最小化的办法是把资金分散投资于几种不同类型的股票，对此在前面的第 3 章中我们已经进行过讨论。如果你对一只股票做了所有应该做的研究工作，并且以合理的价格买入，这样就已经把投资风险降低到相当小的程度了，但是除此之外，还应该考虑以下情况。

缓慢增长型公司的股票是低风险、低回报的股票，因为投资者对这类公司的收益增长预期比较低，股票价格相应也比较低；稳定增长型公司股票是低风险、中回报的股票，如果你持有可口可乐公司的股票，那么如果下一年这家公司事事顺利的话，你可能会盈利 50%，如果下一年这家公司事事不顺的话，你也许会亏损 20%；隐蔽资产型公司的股票是低风险、高收益的股票，但前提是你能够确定隐蔽资产的真正价值。如果对一只隐蔽资产型公司股票的分析是错误的，你并不会损失太大，但是如果你对一只隐蔽资产型公司股票的分析是正确的，那么你就会获得 2 倍、3 倍甚至可能是 5 倍的高回报。

周期型公司股票既可能是低风险、高回报的股票，也可能是高风险、低回报的股票，完全取决于你预测公司业务发展周期的准确程度。如果你正确地预测到了公司业务发展周期，你可能获利高达 10 倍，反之，如果你错误地预测了公司的业务周期，你可能亏损高达 80% ～ 90%。

同时，10 倍股也有可能来自快速增长型或困境反转型公司的股票，这两种类型的股票都属于高风险、高回报的股票。快速增长型或困境反转型公司股票上涨的潜力有多大，下跌的潜力也会有多大。如果一只快速增长型公司的业务从快速增长变成疲软衰退，或者一只曾经陷入困境后成功反转复苏的公司旧病复发再次陷入困境，那么股价将会下跌到让你倾家荡产。当我购买了克莱斯勒公司这只困境反转型股票时，如果一切顺利我将会盈利 400%，但如果一切都不顺利我将会亏损 100%。投资困境反转型股票你必须事先认识到这类股票高风险与高回报并存的特点，结果是我非常高兴又非常意外，我竟然获得了 15 倍的惊人回报。

根本不存在任何一种合适的方法能够量化分析投资风险与回报具体是多少，你在设计自己的投资组合时，应该加入两只稳定增长型公司的股票，从而在一定程度上平衡持有 4 只快速增长型公司股票和 4 只困境反转型公司股票的巨大投资风险。再次强调一下，关键是只买入你真正清楚了解的公司的股票。你买入一只稳定增长型公司股票的目的是在一定程度上降低投资风险，但是如果你买入的价格过高，结果不但不能降低投资风险，反而会增加投资风险。记得在 20 世纪 70 年代期间，即使是买入百时美这家卓越企业的股票也具有很大的投资风险。投资者过于追捧这家卓越企业的股票，使这家公司股票的市盈率高达 30 倍，但公司收益增长率实际上只有 15%，因此这只股票的股价已经明显过高，根本不可能再有什么太大的上涨空间。后来百时美公司连续 10 年保持收益增长，才使过于膨胀的股价最终达到比较合理的市盈率水平。如果你以收益增长率两倍的市盈率买入百时美公司的股票，那么你就是在冒不必要的巨大风险追逐不太可能实现的盈利。

如果你以过高的价格买入一只股票，那么即使这家公司后来获得了巨大的经营成功，你仍然无法从这家公司的股票上赚到一分钱，这真是一个莫大的悲剧。电子数据系统公司的股票正是这种情况，1969 年这只股票市盈率竟然高达 500 倍，在随后的 15 年间公司盈利大幅增长了约 20 倍。尽管公司收益增长得如此之高，在 1974 年股票价格（根据股票分割进行股价调整）却从 40 美元一路狂跌到 3 美元，后来才开始反弹。1984 年，这家公司被通用汽车公司以每股 44 美元的价格整体收购，而这只不过相当于该股票 10 年前的价格。

最后，你的投资组合设计可能需要随着年龄的改变而改变。年轻的投资人未来还有一生的时间可以挣得很多的工资收入，因此可以用更多的资金来追逐 10 倍股；那些年纪大的投资人却并不能如此，他们更需要从股票投资中获得稳定的收入来维持生活。因此，年轻的投资人比年长的投资人有更多的时间进行尝试，即使犯一些错误也不要紧，直到寻找到一只超级大牛股从而成就一番伟大的投资事业。一个投资者和另一个投资者的条件与情况往往有很大的不同，所以每个投资者只能根据自身的情况进一步分析如何构造符合自身需要的投资组合。

不要"拔掉鲜花浇灌野草"

在第 17 章中我将解释何时应该买入以及何时应该卖出一只股票，在这里我先讨论一下与投资组合管理相关的卖出问题。我总是不断重新核查股票表现情况，重新核查公司发展情况，根据情况的变化相应增加或减少投资组合中的股票。我只会把一种股票换成另一种股票，而不会换成现金，除非为应付预计可能发生的基金赎回而必须准备一定数量的现金。卖掉股票换成现金就意味着这一部分资金彻底脱离了股票市场。我的观点是要把资金永远留在股票市场里，根据基本面的变化把资金在不同股票之间进行转换。我认为，你决定将一定数量的资金一直留在股市之中进行投资，这样会使你避免许多时机选择失误的投资操作和由此产生的心理痛苦。

一些投资者总是习惯性地卖出"赢家"——股价上涨的股票，却死抱住"输家"——股价下跌的股票，这种投资策略如同拔掉鲜花却浇灌野草一样愚蠢透顶；另外一些人则相反，卖出"输家"——股价下跌的股票，却死抱住"赢家"——股价上涨的股票，这种投资策略也高明不了多少。这两种策略都十分失败的原因在于，二者都把当前股票价格变化看作公司基本价值变化的指示器（塔可钟公司1972年的股价表现非常糟糕，但只是股票表现不佳而已，公司本身经营仍然非常成功）。正如我们看到的，当前的股票价格变化根本没有告诉我们关于一家公司发展前景变化的任何信息，并且有时股价变化与基本面变化的方向完全相反。

在我看来，一个更好的投资策略是根据股票价格相对于公司基本面的变化情况来决定买入和卖出以调整投资组合中不同股票的资金分配。例如，如果一只稳定增长型公司的股票上涨了40%——这是我期望从这只股票上得到的最高投资收益率，但并没有出现任何利好消息让我认为这家公司将来还会给投资者带来新的惊喜，那么我就会卖出这只股票，转而持有另外一只股价还没有上涨得十分具有投资吸引力的稳定增长型股票。在完全相同的情况下，如果你不想将原来那只股票全部卖出，那么你可以只卖出一部分。

　　通过把资金在几只收益中等的稳定增长型股票之间进行买入和卖出的转换操作，总体上能够得到与长期持有一只大牛股相当的投资收益率：6次有30%收益率的投资，其累计复利收益接近于投资一只上涨4倍的大牛股。

　　只要快速增长型公司的收益继续增长、规模继续扩张，并且没有出现影响公司增长的障碍，我就会继续持有这些快速增长型公司的股票。每隔几个月我都会重新核查一下公司的发展情况，如同我以前根本不了解这家公司一样进行认真仔细的分析。如果是在两只快速增长型公司股票之间进行选择，我发现，其中一只股票已经上涨了50%并且公司发展前景让我感到怀疑，而另一只股票已经下跌或者基本没动但公司发展前景更好，那么我会卖出前一只股票然后将资金用来增持后一只股票。

　　我对周期型公司的股票和困境反转型公司的股票也是这样进行投资操作。卖出那些基本面恶化并且股价上涨的股票，把资金用来增加买入那些基本面好转并且股价下跌的股票。

　　一只好股票价格下跌并不是什么痛苦的悲剧，除非你是在下跌后低价卖出，而不是更多地追加买入。对我来说，股价下跌正是追加买入质优价廉好股票的大好时机，你应该从那些未来具有很大上涨可能性但目前股价表现最差或者远远落后的股票中选择进一步追加买入。

　　如果你不能说服自己坚持"当我的股票下跌25%时我就追加买入"的正确信念，永远戒除"当我的股票下跌25%我就卖出"的毁灭性错误信念，那么你永远不可能从股票投资上获得什么像样的回报。

　　我一直十分厌恶止损指令（stop order），原因各位现在应该非常清楚。止损指令是指当股价达到某一事先确定的价位时自动卖出的交易指令，一般事先确定的止损价位是股价低于买入价格的10%，当然，如果设置了止损交易指令，就可以把投资损失限制在10%以内，但如今的股市波动性非常巨大，一只股票几乎经常出现下跌 10% 的情况。止损指令能够保证股价下跌 10% 时自动全部卖出股票从而避免更大亏损的看法简直不可思议，可能当发出指令卖出股票时，股价早已下跌超过 10% 了。止损指令根本无法保护投资者避免发生亏损，只不过是使投资者把当前的账面亏损变成一个已经发生了的现实亏损。如果你在塔可钟公司股票上设置止损指令的话，你确实能够将投资亏损限制在 10% 以内，却会因此错过上涨 10 倍的投资机会。

你能够举出一个设置了 10% 止损指令的投资组合，我就同样能够举出一个注定亏损正好是 10% 的投资组合。当你设置 10% 的止损指令时，事实上你是在承认自己未来将会以低于这只股票现在内在价值的价格卖出股票。

当股价下跌到止损价位，吓得那些自称非常谨慎的投资者全部卖出股票，但是随后股票就会强劲反弹，这种情况同样非常不可思议。在股价下跌中投资者根本不可能依靠设置一个止损指令使亏损更小来保护自己，同样在股价上涨时投资者也不可能依靠设置一个人为的盈利目标来保证自己获得盈利。如果我相信"股价翻一番就卖出"的观点的话，我就不会从任何一只大牛股中获得好多倍的盈利，也不会有机会来给大家写这本书了。坚决持有股票——只要公司发展前景继续保持不变或者变得更好——过几年后你会获得连自己都会感到吃惊的巨大投资回报。

| 第 17 章 |

买入和卖出的最佳时机选择

前面说了那么多，我并不是想让自己听起来像一个市场时机选择者，也不是想要告诉各位确实存在某一个买入股票的最佳时机。事实上，买入股票的最佳时机往往就是你确信发现了价值可靠却价格低廉的股票之时——正如你在商场中发现了一件价廉物美的商品一样。然而在以下两个特殊的时期，各位很有可能会发现特别便宜的股票。

第一个可能发现特别便宜股票的特殊时期，是在一年一度通常在年底投资者为了减税而卖出亏损股票的时候，因此一年之中股价下跌最为严重的时期是在 10 ～ 12 月并不让人感到意外。毕竟这时正是假期时间，经纪人也像我们一样想多挣些钱去度假，所以他们有着很大的积极性打电话问客户是否卖出亏损股票以获得税收抵减。出于某种原因，投资者似乎很乐意卖出股票用亏损来抵减应纳税所得，好像这是一个绝妙的减税机会或是一种特别的免费礼物——我无法想出还有什么其他情形之下失败反而会让人如此高兴。机构投资者同样喜欢在年底抛售那些亏损的股票，从而把投资组合清理得干干净净，显得投资组合里的全部持股都是上涨的股票。所有这些年底的抛售行为综合在一起将会向下打压股价，尤其对于价位较低的股票，一旦一只股票的股价下跌到每股 6 美元的下限，那么那些用保证金账户融资购买股票的投资者就不能用这些股票作为担保，所以用保证金账户购买股票的投资者在股价下跌时不得不卖出低价股。机构投资者也往往不得不卖出低价股，如果他们不这样做就会违反这种或那种投资限制性规定。这些投资者的卖出会导致更多投资者跟风卖出，结果会把非常好的股票打压到低得惊人的价位。

如果你已经列出了一系列你想买入的公司股票名单，只要其股价下跌到合理价位你就准备买入，那么年底你最有可能找到等待已久的低价买入良机。

第二个可能发现特别便宜的股票的特殊时期，是在股市崩盘、大跌、激烈振荡、像自由落体一样直线下跌的时候，这种现象股市每隔几年就会出现。在这些令人惊惶的时期可能你的内心吓得直喊"卖出"，此时如果你能鼓足勇气保持理智，你将会抓住你做梦都想不到竟然会出现的投资良机。在市场突变时期专业投资者总是由于过于忙碌或者过多束缚而不能迅速行动抓住机会。看看表 17-1 中所列出的那些实力雄厚且盈利增长良好的优秀公司，在最近几次市场崩溃时你可以用很低的价格买入，获得很高的投资回报。

表 17-1　当几次市场崩溃时一再出现低价买入机会的优秀公司

（单位：美元）

市场崩溃	最高价	最低价	1987 年最高价
1972 ~ 1974 年			
Genuine Parts	15	4	44.375
General Cinema	3.5	0.3	31.75
Teledyne	11	3	390
Abbott Labs	5	1.875	67
百时美	8	4	55
Cap Cities	34	9	450
亨氏	5.75	3	51.75
麦当劳	15	4	61.125

（续）

市场崩溃	最高价	最低价	1987 年最高价
菲利普·莫里斯	17.5	8.5	124.5
默克	17	7	74.25
1976～1978 年			
通用电气	15	11	66.375
万豪国际酒店	3.75	1.75	44.75
1981～1982 年			
Gannett	15	10	56
John Harland	6.5	4	30.75
1983～1984 年			
Browning-Ferris	12	6.5	36
The Limited	10	5	53
Anheuser-Busch	12	9	40
NCR	34	22	87
Waste Management	16	7	48

1987 年的市场崩溃

1987 年 10 月股市崩盘人们纷纷恐慌性抛售股票的时候，你有机会以很低的价格买入本书中提到的很多好股票。在 1987 年的夏秋之间股市跌了 1000 点，所有的公司股票都不可避免地出现大跌，但是现实生活中表 17-2 中所列的那些公司经营稳健，盈利良好，没有出现任何经营差错。其中大多数公司的股票后来快速反弹。每发现一个低价买入这些好公司股票的时机，我都尽可能地抓住绝不错过。我曾错过第一次低价买入 Dreyfus 基金公司股票的时机，但这一次我绝不会错过了（受骗一次，骗子太坏，受骗两次，自己太傻）。Dreyfus 基金公司的股价被大量地抛售打压到每股 16 美元，而每股扣除债务后的净现金为 15 美元，这样的股票有什么投资风险呢？除了账上拥有大量的现金这个有利因素以外，Dreyfus 基金公司实际上反而从

这场股市危机中受益很大，因为有许多投资者把资金从股票投资转移到了
Dreyfus 基金公司管理的货币市场基金之中。

表 17-2　1987 年股市大跌前后一些大公司的股价表现

（单位：美元）

1987 年股市下跌	1987 年最高价	1987 年最低价	1988 年 10 月股价
沃尔玛	41	20	31.375
Dreyfus	45	16	25.625
艾伯森公司	34	21	36.125
家得宝公司	28	12.5	28.375
Student Loan Marketing	88	62	83.875
美国玩具反斗城公司	42	22	38.25
可口可乐	53	28	43.125
Pier 1	14	5	11.25
Inco	24	14	28.625
Envirodyne	29.25	10.875	26

不要过早卖出

早在真正应该卖出股票的时机之前，由于怀疑主义者大声嚷嚷着"卖
出"的影响，即使那些深思熟虑和意志坚定的投资者也会因此怀疑是否应该
卖出。我本应该知道这一点的。我前面已经讲过我由于过早卖出而错失了
好几个 10 倍股。

1977 年 5 月，就在我开始管理麦哲伦基金之后不久，我被华纳通信公
司（Warner Communication）深深吸引。华纳公司是一家由于多元化发展
导致经营恶化的集团公司，是一只潜在的困境反转型大牛股。由于我对华
纳公司的基本面很有信心，我以每股 26 美元的价格买入了这只股票，投入
资金相当于整个基金资产规模的 3%。

几天之后我接到一个追踪华纳公司的技术分析专家的电话，我一向对研

究股价走势的技术分析流派毫无兴趣，只是出于礼貌问了一句他对华纳公司股票的看法，他不假思索地回答："过度上涨。"我永远不会忘掉他说的这句话。股票市场投资建议的一个最大麻烦是，无论是好是坏，它都会深深印入你的脑海，你怎么也无法摆脱它们的影响，后来某一天的某一时刻，你竟然发现自己正在按照这个建议进行投资。

大约又过了 6 个月，华纳股价由 26 美元上涨到了 32 美元，我开始着急了，问自己："如果华纳股价在 26 美元就已经是过度上涨的话，那么现在32 美元一定是极度上涨了。"我又重新核查分析了华纳的基本面情况，但并没有发现有什么变化足以减少我对这只股票的热衷，于是我继续持有。后来华纳股价上涨到了 38 美元，这时我莫名其妙毫无理由地开始大量卖出这只股票。也许我当时内心断定，这只股票在 26 美元的价位是过度上涨，在32 美元的价位是极度上涨，在 38 美元的价位毫无疑问是极其过度上涨了。

可是，当我抛出股票后，华纳股价继续一路攀升到 50 美元、60 美元、70 美元，最后竟然超过了 180 美元。即使是在 1983 ～ 1984 年，由于下属Atari 公司开放的 ET 游戏惨败巨亏 5.38 亿美元，导致华纳股价大跌了 60%，只有每股 76 美元，但这个价位仍是我当时卖出价格的两倍，我期望自己能从这件事中深刻汲取教训。

另一只我过早卖出的股票是美国玩具反斗城公司，这是一家表现极为出色的快速增长型公司，我已经在前面对这家公司大加称赞。1978 年，由于其母公司州际百货公司（Interstate Department Store）宣布破产，美国玩具反斗城公司得以从中分拆出来开始独立经营（债权人在清算中获得美国玩具反斗城公司的股票作为补偿）。通过向一家又一家购物中心进行快速扩张，美国玩具反斗城公司用事实确凿无疑地证明自己是一家盈利能力很强的公司，它在一个地区通过各种考验取得经营成功，然后在其他地区复制经营模式的过程中同样通过各种考验取得了成功。我对这家公司的资料做了充分研究，参观了它的一些连锁分店，以经过股票分割调整后相当于每股 1 美元的价格大量买入股票。1985 年美国玩具反斗城公司股价上涨到了每股 25 美元，对以每股 1 美元的价格买入并一直持有股票的投资者来说，这是一只上涨了 25 倍的超级大牛股。遗憾的是，我并不在这些获得 25 倍惊人投资收益的投资者之列，因为我买入不久之后很快就卖出了。我之所以太早卖出，是因为我从报纸上看到，一位精明的投资者也是零售业的泰斗级人物之一米尔顿·皮特里购买了美国玩具反斗城公司 20% 的股票，他的大量买入导致股价上涨。我想合乎逻辑的推论是当皮特里停止买入之后股价就会下跌，皮特里在股价为 5 美元时停止买入股票，于是我就在这个价位抛出了股票。

我在每股 1 美元的价位买入，在每股 5 美元的价位卖出，获得了 5 倍的高回报，我怎么还能抱怨呢？我们都曾接受过同样的智慧格言的教诲："见好就收"和"一鸟在手胜过两鸟在林"。但当你发现了合适的股票并且以合理的价格买入时，所有的证据都表明这只股票将会越涨越高，一切都向着有利于你的方向发展，如果此时你却将它抛出真是太愚蠢了，这简直是一种耻辱。上涨 5 倍的投资回报能把 1 万美元变为 5 万美元，但再上涨 5 倍就能将最初的 1 万美元变为 25 万美元。即使天天在股市里摸爬滚打的基金经理人抓住一只上涨 25 倍的大牛股也并不是常见的事，对于个人投资者而言一生中只有一两次机会能够抓住一只上涨 25 倍的大牛股。如果你抓住一只大牛股，你就应该一直持有直到获得最大的回报。我的同事彼得·德罗斯第一个向我推荐了美国玩具反斗城公司的股票，他管理的基金客户告诉我，他就是这么做的，他管理的基金一直坚决持有这只股票，最终获得了 25 倍的惊人投资回报。

我在一家面包公司 Flowers 和一家饼干公司 Lance 的股票上再次犯下了同样的错误。由于有人告诉我这两家公司是被收购兼并的对象，我一直等啊等，等着它们被收购兼并，最终我等得实在不耐烦了就卖出了我持有的这两家公司的股票，我卖出后的结果如何你肯定可想而知了。这次给我的教训是，我根本就不应该关心这个十分盈利的面包公司是否会被收购兼并，事实上，这家公司独立存在我反而更应该感到高兴。

前面我曾经说过，由于 La Quinta 公司的一位重要内部人士卖出股票，我几乎差点儿就不想买入这家公司的股票了。由于内部人士开始卖出而不再买入一家公司的股票，就像由于外部投资者（像美国玩具反斗城公司的皮特里）停止买入而卖出股票一样，两种行为都大错特错，在 La Quinta 公司股票投资上我没有受到这种愚蠢思想的影响而坚决买入，我很高兴我做到了这一点。

我想我肯定有意无意地忘记了许许多多自己被假象所愚弄的例子。在一只股价上涨之后继续坚决持有，往往要比股价下跌之后继续坚决持有困难得多。这些日子如果我感觉自己有被假象愚弄而出局的危险，那么我就会重新审视一下自己最初购买这只股票的理由，看看现在和过去相比情况是否有不同。

小心煽动效应

由于煽动效应（drumbeat effect）的影响，业余投资者与专业投资者同样容易被愚弄。我们这些专业投资者周围有一大批投资专家在耳边嘀嘀咕咕地煽动，而业余投资者的周围则有亲戚、朋友、经纪人和各种各样的传媒报道在耳边叽叽喳喳地煽动。

也许你听到的说法是："恭喜你赚钱了，别太贪心，见好就收吧。"比如经纪人打电话告诉你："恭喜你在 Toggle Switch 公司股票上的投资赚了一倍，可是别太贪心了，你最好卖出 Toggle Switch 股票，买入涨得不多的

Kinder-Mind 股票吧。"于是你听从了经纪人的建议，结果你卖出的 Toggle Switch 股票后来继续上涨，而你买入的 Kinder-Mind 后来申请破产，把你在 Toggle Switch 股票上赚的钱全部亏进去了。与此同时你的经纪人却可以从你的一卖一买两次交易中获得双份佣金，而如果你继续持有 Toggle Switch 股票不动的话，他只能在你最后抛出时获得一份佣金，因此经纪人每声"恭喜你赚钱了"就代表着你要付出双份佣金。

除了经纪人之外，你所听到的每一个关于股票投资的愚蠢观点都会深植于你的脑海之中，就像我听到的"华纳股票过度上涨"深植于我的脑海之中一样。这些天来，种种关于股票投资的愚蠢观点简直震耳欲聋。

每次打开电视，就会看到有些投资专家宣称：应该买入银行股，卖出航空股，公用事业股的春天即将来临，储蓄借款协会不可避免面临灾难。如果打开收音机选台时会正好听到一些未经思考就随口说出的评论声称日本经济过热将会摧毁整个世界，等到下一次股市下跌了 10% 时你就会想起你曾经无意间听到的这段评论，也许这会让你感到十分恐慌而卖出索尼公司和本田公司的股票，甚至会恐慌到卖出既非周期性股票也非日本公司股票的高露洁－棕榄公司的股票。

当占星家与美林公司的经济学家一起接受采访时，双方对股市持有完全相反的观点，但双方听起来都头头是道很有道理，这自然而然会让我们感到十分迷惑。

最近我们不得不与煽动效应进行抗争。一条特别不祥的预兆消息一遍遍地重复，会使我们根本无法摆脱它的影响。几年前，有些关于狭义货币供给总量 M1 的煽动性言论简直是铺天盖地。当我在军队服役时，我对 M1 非常熟悉，这是一种来复枪的名字，突然之间 M1 成了决定整个华尔街未来至关重要的数据，我无法给你解释清楚 M1 到底是什么意思。还记得 One Hour Martinizing 吗？没有人能告诉你这是什么，数以百万的干洗店老主顾也从来没有问过这个问题，也许 M1 实际上是 Martinizing One 的缩写，代表一小时快速洗衣服务，可能正好国家经济顾问委员会（Council of Economic Advisors）的一些家伙以前干过干洗店生意，于是就选用了这个缩写词。不管怎样，几个月以来到处都是关于 M1 增长太快的新闻，人们担心 M1 增长太快会减弱我们的经济增长，甚至会威胁全球经济发展。基于"M1 正在提高"这种原因就卖出股票，甚至你根本不清楚 M1 到底是什么，还有比这更愚蠢的理由吗？

然后突然之间我们再也听不到关于狭义货币供给量 M1 的可怕增长的议论，我们的注意力被转移到联邦储备委员会向商业银行收取的存款准备金比率。有多少人真正明白这个名词的意思是什么？你可以再一次把我刨除在外，我也不懂。有多少人真正明白联邦储备委员会是做什么的？曾任美联储主席的威廉·米勒（William Miller）曾说过，23% 的美国人以为联邦储备委员会是一块印第安人居留地，26% 的美国人以为它是野生动物保护区，51% 的美国人以为它是某种品牌的威士忌。

然而每到星期五下午公布最新的 M1 数据时（过去是在星期四下午，后来由于太多的人拥挤到联邦储备大楼想要赶在星期五股市开盘前知道 M1 的数据才不得不改为星期五下午），一半的专业投资者像中了催眠术一样沉迷于最新货币供给量数据的新闻，股票价格也随着 M1 的变动而上下振荡。有多少投资者仅仅因为听到更高的货币供给量增长将会打压股市的传闻而受到愚弄就抛出了手中持有的好股票呢？

就在不久前我们听到一些警告（排名不分先后）：油价上升是一件非常可怕的事情，油价下跌也是一件非常可怕的事情；美元坚挺是一个坏的征兆，美元疲软也是一个坏的征兆；货币供给降低是警钟，货币供给增加也是警钟；人们由对货币供给数据的过度关注已经转换为对预算和贸易赤字的过度恐惧。肯定又有许多投资者因为以上种种说法一再重复传播产生的煽动效应而卖出了他们手中的股票。

何时真的应该卖出

如果股价高低不能告诉你何时应该卖出，那么什么能告诉你何时应该卖出呢？根本没有一个完全适用的统一公式可以确定卖出时机。诸如"利率上升就卖出股票""在下一次经济衰退来临之前卖出股票"也许是值得遵循的建议，但前提是我们能够提前知道利率上升和经济衰退这些事情何时发生，但是我们根本不可能知道，因此这些投资格言也只不过是好听却无用的陈词滥调。

多年以来我学会的一个经验就是：像思考何时购买股票一样思考何时卖出股票。我毫不关注外部宏观经济情况的变化，除了少数几个非常明显的重大事件之外，我能够确定这一重大宏观经济事件将会以某一具体方式影响某一具体行业。比如，当油价下跌时，很明显将会对石油服务公司产生影响，但对制药公司没有什么影响。1986 ～ 1987 年，我认为美元汇率下跌会降低那些大部分汽车在美国销售的外国汽车制造商的利润，于是我卖出了捷豹（Jagur）、本田、Subaru 和沃尔沃汽车公司的股票。但是在 90% 的情况下，我卖出股票是因为找到了那些发展前景更好的公司的股票，尤其是当我手中持有的公司原来预计的发展前景看起来不太可能实现时。

事实证明，如果你很清楚地知道自己当初买入一只股票的理由，自然你就会清楚地知道何时应该卖出这只股票。以下让我们来根据股票的 6 种类型逐一讨论一下何时应该卖出股票的信号。

何时应该卖出一只缓慢增长型股票

对于这种类型的股票我实在帮不了你什么忙，因为我一般很少持有缓慢

增长型公司的股票。对于我持有的少数缓慢增长型公司的股票,当上涨了
30% ～ 50% 时,或者基本面情况恶化时,即使股价已经下跌我也会坚决赔
钱卖出。其他应该卖出缓慢增长型公司股票的信号有:

- 公司连续两年市场份额都在流失,并且正在聘请一家新的广告代
  理商。
- 公司没有正在开发新产品,研发经费开始削减,公司明显表现出吃老
  本的想法,满足于过去的荣耀而不思进取。
- 公司新收购了两个与主营业务无关的业务,看起来有多元化发展导致
  经营恶化的趋向,并且公司声称正在寻找收购"处于技术发展前沿"
  的公司。
- 公司为收购兼并支付了太高的代价,导致资产负债表恶化,从账上没
  有负债和有数以百万美元的现金,变成账上没有现金和有数以百万美
  元的负债,即使公司股价大幅下跌,公司也无多余资金可以用来回购
  股票。
- 尽管公司股价相对较低,但股息收益率仍然很低,分配无法引起投资
  者的兴趣。

何时应该卖出一只稳定增长型股票

我经常用其他类型的股票来替换稳定增长型公司的股票。期望从稳定增
长型股票中找到一只 10 倍股是毫无意义的。如果一只稳定增长型股票的股
价线超过收益线,或者市盈率远远超过正常市盈率水平,你应该考虑卖出
这只股票,等股价回落后再买回来,或者买入其他没有上涨的稳定增长型
股票,就像我做的那样。

其他一些应该卖出一只稳定增长型股票的信号是:

- 过去两年中新产品的业绩有好有坏，其他产品仍然处于试验阶段，还需要一年时间才能投入市场。
- 这家公司的股票市盈率为 15 倍，而同行业中与其相当的公司市盈率只有 11 ~ 12 倍。
- 过去一年中没有公司管理人员和董事购买自家公司股票。
- 一个占公司利润 25% 的主要业务部门容易受到即将发生的经济萧条的严重打击（如房地产业、石油勘探业等）。
- 公司增长率已经开始放缓，尽管公司通过削减成本可以保持盈利，但未来成本削减的可能性相当有限。

何时应该卖出一只周期型股票

卖出周期型股票的最佳时机是在公司增长达到顶峰周期即将结束时，但谁知道周期何时会结束呢？究竟谁知道他们讨论的到底是什么周期？有时早在一家周期性公司出现第一个业绩滑坡信号的一年之前，那些很有远见的先锋性投资者就开始卖出所持有的全部股票。周期型股票往往根本没有任何明显实在的原因就会无缘无故地开始下跌。

要成功地进行周期型股票投资，你必须弄明白一些特殊的游戏规则，正是这些特殊的游戏规则使得周期型股票投资十分复杂难搞。在表现类似于周期型公司的国防工业企业中，通用动力公司曾经一度实现盈利增长而股价却大跌了 50%，这是由于那些富有远见的周期观察者提前卖出股票，目的是为了避免在公司盈利下跌时的抛售浪潮。

除了在扩张周期结束时卖出之外，另一个卖出周期型股票的最佳时机是当某些事情确实开始变得糟糕时。例如，成本已经开始增长，现有的工厂满负荷运营，公司开始投资以增加生产能力。无论在上一个萧条期与最近一个繁荣期之间，是什么因素导致你买入了一家周期型公司的股票，这些因素现在的变化都是在提醒你最近这一次繁荣期已经结束了。

另一个明显的卖出信号是，公司的存货不断增加，而且公司无法处理掉新增加的存货，这意味着公司将来只能以更低的价格和更低的利润处理掉这些积压的存货。我总是对存货的增加非常关注。当公司停车场上都堆满了存货时，这肯定是你应该卖出周期型股票的时机，事实上这时你才卖出可能已经有些晚了。

大宗商品价格下跌是另一个应该卖出周期型股票的信号，通常早在公司收益出现问题的几个月之前，汽油、钢材等大宗商品价格就已经下跌了。还有一个有用的信号是商品期货价格低于现货价格，如果你有特别的优势能够知道什么时候先人一步买入周期型股票，那么你也同样会注意到大宗商品价格的变化，从而知道何时应该先人一步卖出。

商业竞争对于周期型公司来说同样是一个不利的信号，新进入这个产业的竞争对手为了赢得顾客只能大幅降价，这又会逼得其他所有厂商降价，从而导致所有厂商的利润减少。只要市场对镍有着强劲的需求，那么就根本没有其他任何公司可以挑战 Inco 公司的地位，Inco 公司就可以实现很好的盈利，但当市场需求下滑或其他生产竞争对手开始加入时，Inco 公司就面临麻烦了。

其他应该卖出周期型股票的信号包括：

- 公司在未来 12 个月内两个关键的工会劳动合同期满，而且工会领导人要求全部恢复他们在上一个合同中放弃的工资和福利。
- 公司产品的最终需求正在下降。
- 与以较低的成本对老厂进行现代化改造相反，公司已经决定用比改造老厂高一倍的资本支出预算来建立一家非常豪华的新厂。
- 公司努力降低成本，但仍然无法与国外厂商竞争抗衡。

何时应该卖出一只快速增长型股票

快速增长型股票的卖出技巧是不要过早卖出而错失一只未来会上涨10倍的大牛股。另外，如果一家快速增长型公司经营陷入崩溃，收益锐减，那么原来由于投资者争相买入而哄抬到很高水平的市盈率也会相应大大下降，这对于那些十分忠诚地死死抱着这家公司股票的股东来说面临着损失巨大的双重打击。

应该重点观察的是快速增长型公司在快速增长的第二阶段末期的发展情况，对此我们在前面已经做过解释。

如果盖璞公司已经停止建立新的专卖店，并且原来的专卖店已经显得十分破旧，你的孩子开始抱怨盖璞公司的专卖店里竟然没有当今最流行的酸洗粗斜布服装，那么可能这时你就应该考虑卖出这只股票了。如果目前有40个华尔街的证券分析师都对一只快速增长型股票给予最高的推荐评级，机构投资者持有这家公司60%的股票，并且有三种国家级主流杂志都在极力吹捧公司的CEO，那么这时绝对应该考虑卖出这只股票了。

你应该回避的股票的所有特征（见第9章）也正是你应该卖出的股票的特征。

与周期型股票在周期将要结束时市盈率会越来越低完全不同，快速增长型公司的股票却会越来越高，甚至可能会高到不可思议和不合逻辑的程度。你还记得我们前面谈过的宝丽来公司和雅芳公司，以它们如此庞大的市值规模，市盈率竟然会高达50倍？任何一个四年级的小学生都能看出此时应该卖出股票了。雅芳计划销售十亿瓶香水？这怎么可能实现呢？果真如此的话，美国每两个家庭主妇中就得有一个是雅芳的销售业务代表。

当假日酒店的股价达到40倍市盈率时，你就应该已经把这只股票卖出了，你完全可以确信这只股票已经涨到尽头了，事实已经证明你绝对是正确的。当你在美国主要的高速公路上每隔 20 公里就看见一家假日酒店,你到直布罗陀旅游时也会看见一座假日旅店建在岩石之上,这时你就应该担心假日酒店未来的增长空间了,假日酒店还能向哪里继续扩张呢?难道要到火星上吗?

其他应该卖出快速增长型公司股票的信号是:

- 公司最近一个季度同一商店销售额降低 3%。
- 公司新开设的分店销售业绩十分令人失望。
- 公司两位高级管理人员和几位核心员工辞职离开后加盟到竞争对手公司。
- 最近公司刚刚结束了一场路演,在两个星期内穿梭 12 个城市与机构投资者交流沟通,向他们描述公司极度乐观的发展前景。
- 公司股票市盈率高达 30 倍,而未来两年最乐观的盈利增长率预期只有 15% ～ 20% 而已。

何时应该卖出一只困境反转型股票

卖出一只困境反转型股票的最佳时机是在公司成功转危为安之后,所有的困难都已经得到解决,并且每个投资者都知道这家公司已经东山再起了。无论在公司陷入崩溃困境之前是增长型、周期型或其他类型,都早已是昨日云烟。原来持有过这家公司股票遭受严重损失的股东并不需要因为再次持有其股票而内心窘迫不安。一家公司重组成功后,与重组之前相比会完全不同,你应该重新对这家公司股票进行分类。

克莱斯勒在其股价为 2 美元、5 美元甚至 10 美元(根据股票分割进行股价调整)时都属于困境反转型股票,但在 1987 年中期股价达到 48 美元时就不再属于困境反转型股票了,那时公司已经清偿了债务,甩掉了包袱,重新成为一家实力雄厚的周期型汽车公司。克莱斯勒股价可能会进一步上涨，但根本不可能上涨10倍，此时投资者应该用与判断通用汽车、福特汽车和其他业务十分繁荣的汽车公司完全相同的方法来判断克莱斯勒汽车公司的发展前景，如果你喜欢汽车业股票，那就继续持有克莱斯勒股票吧。这家公司所有的业务都经营得相当不错，收购美国汽车公司（American Motors）给公司增添了一些额外的长期发展潜力，但同时也带来了一些额外的短期问题。但如果你十分擅长于投资困境反转型股票，那就卖出克莱斯勒股票寻找其他赚钱机会更大的困境反转型股票吧。

通用公共电力公司在股价为4美元、8美元、12美元时都属于困境反转型公司，但当其第2个核电设施重新投入使用，并且其他公用电力公司同意分担支付清除三哩岛核污染的成本时，通用公共电力公司又成为一家优质的电力公共事业公司。没有人会怀疑通用公共电力公司将再次面临破产，这只股票现在的股价是每股38美元，将来可能会上涨到每股45美元，但肯定不会上涨到每股400美元。

其他应该卖出困境反转型公司股票的信号是：

- 过去连续5个季度公司债务持续下降，但公司最近的季度财务报告显示这个季度公司债务增长了2500万美元。
- 公司存货增长速度是销售增长速度的两倍。
- 市盈率相对于预期收益增长率而言高得离谱。
- 公司下属实力最强的分公司50%的产品都销售给一个最主要的客户，而这个客户自身正在遭受销售增速放缓的痛苦。

何时应该卖出一只隐蔽资产型股票

最近对于隐蔽资产型公司的股票最好的投资策略就是等待公司袭击

并购者的出现，如果公司真的拥有大量隐蔽资产，索尔·斯坦伯格（Saul Steinberg）、哈夫特家族（The Hafts）或瑞克曼家族（The Reichmanns）就会发现这家公司并进行收购。只要一家隐蔽资产型公司没有大量借债而导致资产价值下降，投资者就应该坚持持有这家公司的股票。

亚历山大与鲍德温公司（Alexander and Baldwin）拥有夏威夷岛 96 000 英亩的土地和进入夏威夷的独家航运权以及其他的资产，许多投资者都能估计出这只股票的真实价值要远远高于其 5 美元的股价（根据股票分割进行股价调整）。投资者一直在耐心地等待有人来收购这家公司，但过了好几年还是什么事情也没有发生，后来终于出现了一位人称哈里·温伯格先生（Mr. Harry Weinberg）的收购方，他买入了公司 5%，然后是 9%，最后是 15% 的股票，由于哈里·温伯格先生在大量买入，导致其他投资者纷纷追风买入，这只股票曾一度达到每股 32 美元的最高价位，在 1987 年 10 月股市崩盘时下跌到每股 16 美元，但过了几个月后又重新反弹到了每股 30 美元。

同样的事情也发生在 Storer Broadcasting 公司股票上以及后来的迪士尼公司股票上。迪士尼是一家暮气沉沉毫无生气的公司，根本不知道自身的内在价值和发展潜力，直到斯坦伯格先生（Mr. Steinberg）⊖出现对公司进行

⊖　20 世纪 70 年代末和 80 年代初期，迪士尼股价被打压得很低。那时，迪士尼的电影制片厂一年只出品两三部片子，且票房收入惨不忍睹。公司其实根本没有完全发挥自己的潜能。1984 年的时候袭击并购者果然出现，名字叫索尔·斯坦伯格。斯坦伯格在短短几天时间里就掌握了迪士尼 49% 的股份，并准备将当时的管理班子全部换走。不仅如此，他还有一个瓜分迪士尼的计划，意图将电影、主题公园、电视等子公司一一拆散拍卖。迪士尼的董事会像热锅上的蚂蚁想尽办法对付斯坦伯格。最后，得克萨斯州的石油家族贝思兄弟（The Bass Brothers）伸出救援之手。用华尔街的术语，贝思兄弟是所谓的"白马骑士"（white knight）。白马骑士不惜一切代价用自己的资金将所有的公司股份收购回来，然后听任董事会发落。这样，斯坦伯格什么都没做就净赚了 2300 多万美元。董事会意识到公司不景气的局面必须改变，因为下次秃鹫再来时白马骑士就不在身边了。在收回控股权后，董事会重新物色了一个新的 CEO，就是艾斯纳。在艾斯纳来到迪士尼的 10 年时间里，他的专制强硬手段使得迪士尼的业绩彻底扭转，并从未再经历其他并购者的袭击。——译者注

袭击并购才刺激公司管理层努力提升股东价值，经过努力，公司经营取得了很大的进步。迪士尼在拓展市场方面做了非常出色的工作，从用动画片吸引儿童发展到用一部部非常成功的大片吸引范围更广、年龄更大的观众。迪士尼电视频道和日本的迪士尼乐园都大获成功，即将建成的欧洲迪士尼乐园也肯定会大获成功，而且公司拥有独一无二的电影资料馆和佛罗里达州、加利福尼亚州的房地产。迪士尼股票集三种股票类型于一身，既是一只隐蔽资产型股票，也是一只困境反转型股票，同时也是一只增长型股票。

现在投资者再也不需要等到你孩子的孩子都出生时，才等到整个市场发现隐蔽资产的潜在价值。过去投资者往往苦苦抱着一只价值被严重低估的隐蔽资产型股票长达几十年，而这只股票却一动也不动。如今这些日子，由于那些袭击并购者收购隐蔽资产型公司逼迫管理层提升股东价值，结果导致股价很快就会上涨，这将归功于那些非常富有的投资大亨到处寻找一个又一个被低估的隐蔽资产型公司。（像年前布恩·皮肯斯（Boon Pickens）来到富达基金公司的办公室，向我们讲述如何并购一家像海湾石油公司（Gulf Oil）这样规模庞大的公司的设想。我听了他有理有据的分析阐述后，很快得出结论认为这种事情根本不可能发生，我根本不相信海湾石油公司规模那么庞大的公司竟然可能被收购，直到有一天雪佛龙（Chevron）将收购海湾石油公司我才不得不相信。现在我情愿相信任何规模巨大的东西都有可能被收购，包括规模更为庞大的大陆都有可能被收购。）

由于我们周围有着如此多的公司袭击并购者，所以对于业余投资者来说要找到一家价值严重低估的隐蔽资产型公司是十分困难的，但业余投资者想要知道何时应该卖出一只隐蔽资产型股票变得容易多了。坚决不要卖出一只隐蔽资产型公司的股票，除非贝思兄弟家族出现来收购这家公司。如果不是贝思兄弟家族出现，那么肯定会是 Steinberg、Icahn、Belzbergs、Pritzkers、Irwin Jacobs、Sir James Goldsmith、Donald Trump、Boone

Pickens，甚至是 Merv Griffin，这些金融大鳄出现之后就会是一场并购、一场要约收购或者一场杠杆收购，导致股价猛涨两倍、三倍或四倍。

其他应该卖出一只隐蔽资产型股票的信号是：

- 尽管公司股票价格大大低于公司资产的真实市场价值，但管理层宣布将发行超过总股本 10% 的股票，筹资进行多元化经营。
- 公司出售下属一家分公司预期价格为 2000 万美元，但实际出售价格只有 1200 万美元。
- 由于税率降低，在相当程度上减少了公司由于亏损而产生的未来可抵减所得税费用的时间性差异（tax-loss carryforward）。
- 机构持股者持股比例从 5 年前的 25% 增加到现在的 60%，几家位于波士顿的共同基金集团是主要的持股者。

第 18 章

12 种关于股价的最愚蠢且最危险的说法

关于股价为什么上涨或下跌，专业投资者和业余投资者中间有着各种各样流行的解释，我经常吃惊地发现这些解释竟然如此荒谬。人类在医药和天气预报方面消除无知和迷信上取得了巨大的进步，我们现在经常会嘲笑自己的祖先因为收成不好而责怪谷神，因为我们的祖先认为是谷神负责促进谷物生长保证五谷丰收并主宰植物每年的生长、腐烂和再生。我们也会感到奇怪："为什么像毕达哥拉斯⊖这样非常聪明的人竟然会认为邪恶的幽灵会藏在弄皱的床单下面？"可是，我们非常愿意相信哪支球队赢得美国橄榄

⊖ 毕达哥拉斯（Pythagoras，约前580—前500年），古希腊哲学家、数学家和音乐理论家。生于萨摩斯岛，早年曾游历埃及，后定居意大利南部城市克罗顿，并建立了自己的社团。公元前510年因发生反对派的造反，毕达哥拉斯又搬到梅达彭提翁，直至死去。毕达哥拉斯的哲学思想受到俄耳浦斯的影响，具有一些神秘主义因素。认为社会中有三类人，而灵魂属于轮回的结果。同时从毕达哥拉斯开始，希腊哲学开始产生了数学的传统。毕达哥拉斯曾用数学研究乐律，由此所产生的"和谐"的概念也对以后古希腊的哲学家有重大影响。毕达哥拉斯还是在西方第一个发现勾股定理（在西方又称毕达哥拉斯定理，Pythagoras'Theorem）的人。在宇宙论方面，毕达哥拉斯结合了米利都学派以及自己有关数的理论，认为存在着许多但有限个世界，并坚持大地是圆形的，抛弃了米利都学派的地心说。毕达哥拉斯对数学的研究还产生了后来的理念论和共相论，即有了可理喻的东西与可感知的东西的区别，可理喻的东西是完美的、永恒的，而可感知的东西则是有缺陷的。这个思想被柏拉图发扬光大，并从此一直支配着哲学及神学思想。——译者注

球超级杯大赛可能会影响到股票价格波动。

当年在沃顿商学院读研究生时，我在富达基金公司得到一份暑期工作，从学术界进入投资界，在暑期工作结束后我又从投资界回到了学术界，这个过程让我第一次认识到，即使在专业研究上最聪明的教授对于股票的认识也可能是非常错误的，就像毕达哥拉斯认为邪恶的幽灵会藏在弄皱的床单下一样荒唐。从那以后，我又接二连三地听到许多关于股票价格波动的错误理论，每一种理论都很容易让人误入歧途，可是这些错误理论却已经广为流传逐步渗透到公众的投资理念之中。关于股票的荒唐理论和错误观念可以说数不胜数，我在这里只讨论其中的 12 种错误观点，因为我认为这12 种错误观点是人们关于股票价格的最愚蠢且最危险的说法。我之所以把它们指出来是希望能帮助大家把这些错误的认识从脑海中彻底根除，也许其中有一些说法你听起来会感到非常熟悉。

股价已经下跌这么多了，不可能再跌了

这种说法听起来似乎很有道理。我敢打赌，在宝丽来公司股票从最高的每股 143.5 美元一路下跌的过程中，当股价下跌了 1/3 时，那些一直持有这只股票的投资者一定在不断地重复着这句话："股价已经下跌这么多了，不可能再跌了。"宝丽来是一家实力雄厚的公司，也是一只著名的蓝筹股，当宝丽来公司的销售和盈利都大幅度下滑时（我们前面对这种情况已经进行了讨论），许多投资者根本没有注意到股价实际上已经严重高估了，相反他们不停地用一些自欺欺人的说法来安慰自己："股价已经下跌这么多了，不可能再跌了"，或是"好公司的股票总是会涨回来的""在股市投资上必须要有耐心"以及"由于恐慌而卖出一只好股票是愚蠢的"。

宝丽来股价下跌到 100 美元，接着又下跌到 90 美元，然后又下跌到

80 美元，在这段时间里，毫无疑问，无论是在家里的业余投资者，还是在银行投资组合管理部门里的专业投资者，都会一次又一次地听到这些说法。当宝丽来股价跌破 75 美元时，坚信"不可能再跌了"的投资者人数肯定会增加。在宝丽来股价下跌到 50 美元时，你会听到每一个持有宝丽来股票的投资者都在一再重复着"不可能再跌了"。

在宝丽来股票一路下跌的过程中，那些根据"不可能再跌了"的错误理论而买入股票的投资者肯定会为他们买入的决定而后悔不迭，因为事实与他们的预期完全相反，宝丽来股价再跌、再跌、再跌，一直跌到比他们想象得低得多的价位。这只一度非常辉煌的大牛股在不到一年的时间里从每股 143.5 美元下跌到了每股 14.125 美元，此时才是真正"不可能再跌了"的价位。那些相信"不可能再跌了"错误理论的投资者，为此付出的代价实在太惨重了。

根本没有什么法则能够告诉我们股价大概会下跌到什么程度，我是在 1971 年得到这一教训的。当时我在富达公司是一个迫切希望成功却相当缺少经验的分析师。当时凯撒工业公司（Kaiser Industries）已从每股 25 美元下跌到每股 13 美元。当股价跌到每股 11 美元的时候，在我的推荐下，富达基金公司买入了 500 万股。那是在美国证券交易所历史上规模最大的一笔大宗交易之一，我非常自信地认为这只股票绝对不会跌破 10 美元。

当凯撒公司股价下跌到 8 美元时，我赶紧打电话告诉我母亲，让她马上买入这只股票，因为我认为这只股票绝对不可能跌破 7.50 美元，幸亏我母亲没有听从我的建议。1973 年，我非常震惊地看着凯撒公司股价从 7 美元跌到 6 美元又跌到 4 美元，在这一价位上才最终证明确实不可能再跌了。

富达基金公司的投资组合经理购买了 500 万股凯撒公司股票，当时是根据"不可能再跌了"这种投资理念认为每股 11 美元已经是相当不错的买入价格了，其实后来下跌到每股 4 美元时这只股票才真正是一只质优价廉的好股票。由于我是推荐富达基金购买这只股票的分析师，所以我不得不一再用数据说服投资经理凯撒公司资产负债表非常稳固，事实上，当我们发现这家公司的流通股总数只有 2500 万股时，我们高兴坏了，这意味着以每股 4 美元的股价计算公司总市值只有 1 亿美元，这笔钱当时足以购买 4 架波音 747 飞机了，但现今这笔钱只能买一架波音 747 飞机，而且没有引擎。

凯撒公司是一家拥有房地产、铝材、钢材、水泥、造船、混凝土料、玻璃纤维、工程管理、广播电视以及吉普车业务的实力雄厚的公司，而股市竟然把这样一家实力雄厚的大公司的市值打压到只相当于 4 架飞机的价值。公司的债务非常少，我们计算出即使把公司的资产完全清算拍卖之后每股至少也值 40 美元，如果是现在的话，一定会有一家袭击并购者对这家公司发动袭击把它全部收购。

不久之后，凯撒公司的股价迅速反弹到每股 30 美元，但是在该股票下跌到每股 4 美元的最低点之前，就彻底治愈了我对股价下跌自以为是的想法，我再也不会信誓旦旦地声称"这只股票在这个价位不可能再往下跌了"。

你总能知道什么时候一只股票跌到底了

抄底买入，就像把鱼钩放到水底钓大鱼，是一种最流行的投资娱乐活动，但往往被钓住的并不是鱼而是渔夫。想要抄底买入一只下跌的股票，就如同想要抓住一把下落的刀子。通常来说一个更稳妥的办法是，等刀落到地上后，扎进地里，晃来晃去了一阵后停止不动了，这时再抓起这把刀子也不迟。想要抓住一只迅速下跌的股票抄底买入，不但抄不到底，可能连你的老底儿都会输个精光，因为你在错以为是底部的价位买入，其实根本不是底部，离真正的底部还远着呢，就像想抓住一把迅速下落的刀子，不但抓不住，反而会伤到手导致剧烈的疼痛，因为你抓错了地方。

如果你对困境反转型股票感兴趣的话，你应该找到一个更加充分的买入理由，而不是因为这只股票已经下跌这么多了所以看起来可能会反弹。也许你买入的更好理由应该是你发现公司的业务已经开始好转，并且你在查看了资产负债表后发现公司账上的每股净现金为 11 美元，而股票交易价格为每股 14 美元。

但是即使投资者已经研究得非常清楚，也难以在最低价抄底买入。通常股价在重新上涨之前都会振荡整理，一般来说这个振荡整理期会长达两三

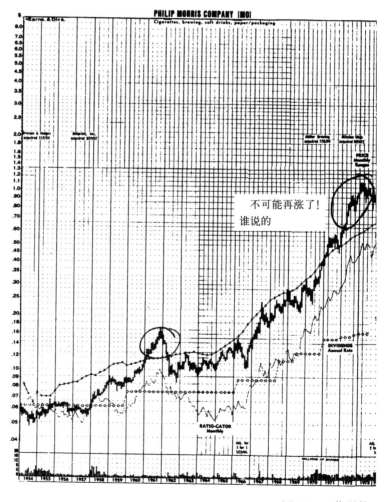

图 18-1　菲利普·

年，有时候时间甚至会更长。

股价已经这么高了，怎么可能再涨呢

这种说法是对的，但是，如果所说的是菲利普·莫里斯公司和斯巴鲁公司（Subaru）的股票，那么这种说法就大错特错了。从图 18-1 中可以

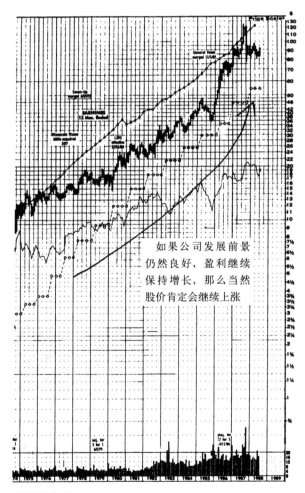

如果公司发展前景
仍然良好，盈利继续
保持增长，那么当然
股价肯定会继续上涨

莫里斯公司

很明显地看出，菲利普·莫里斯公司的股票是有史以来表现最出色的股票之一。前面我已经提到过，如果我们买的不是斯巴鲁汽车，而是用这笔钱买斯巴鲁公司的股票，那么这笔小小的投资就会使我们现在都成为百万富翁了。

如果你在 20 世纪 50 年代买入菲利普·莫里斯公司的股票，当时股价是每股 75 美分，在 1961 年你可能根据"股价已经这么高了，怎么可能再涨呢"的理论，禁不住入袋为安的诱惑以每股 2.5 美元的价格卖出，获得了 3.3 倍的投资收益，但是你那时卖出以后，这只股票后来又上涨 7 倍，对于 20 世纪 50 年代以每股 75 美分买入的你来说，相当于错过了后来上涨 23 倍的投资收益。

任何一个投资者如果能够一直持有菲利普·莫里斯公司的股票，都会非常高兴地看到这只股票从每股 0.75 美元的价格上涨到了每股 124.5 美元，也就是说原来 1000 美元的投资最后上涨到了 166 000 美元，并且这还不包括在上涨过程中所获得的 23 000 美元的股息。

在斯巴鲁公司已经上涨了 20 倍以后，如果当时我自找麻烦地问自己"这只股票怎么可能再涨呢"，那么我就不可能此时还会去买入这只已经上涨了 20 倍的股票。我查看了公司的基本面，发现斯巴鲁的股价相对于其实际价值仍然十分便宜，于是就买入了这只股票，后来这只股票让我获得了 7 倍的投资回报。

关键是一只股票能够上涨多高并没有什么人为武断的上限。如果一家公司的发展前景良好，投资收益会继续增长，基本面也没有什么改变，仅仅因为"股价不可能再涨"就放弃持有这家公司的股票实在是太糟糕了。那些建议客户当投资上涨 1 倍时就自动卖出股票的投资专家应该为此感到耻辱和羞愧，因为如果投资者按照他们的建议操作的话，永远也没有机会抓住一只上涨 10 倍的大牛股。

像菲利普·莫里斯、Shoney's、Masco、麦当劳和 Stop&Shop 这些公司的股票已经一年又一年地不断打破人们根据"股价不可能再涨了"的理论设置的心理最高价位，一次又一次再创新高。

坦白地讲，我也根本无法预测哪只股票能上涨 10 倍或者 5 倍，只要公司继续保持良好的发展前景，我就会坚决继续持有这只股票，希望它最终能给我带来令人高兴的意外惊喜。这种意外惊喜并不是公司本身经营的成功，而往往是公司股票带来的高回报。我记得我当初购买 Stop&Shop 股票是因为这是一只经营保守谨慎且支付股息的公司股票，后来公司基本面不断改善，我才认识到我手里持有的原来是一只快速增长型公司的大牛股。

股价只有 3 美元，我能亏多少呢

你听到人们说这句话有多少次了？可能连你自己也这样说过。当你偶然碰到一只股价只有 3 美元的股票时，你就会想："这总比买入那些 50 美元的高价股要安全得多。"

我在投资管理这一行干了 20 年，总算明白了这个道理：无论一只股票股价是 50 美元还是 1 美元，当这只股票股价下跌到零时，对于你来说都是老本亏了个精光，亏损都是 100%。一位投资者以每股 50 美元买入后亏损掉了 99% 的投资，另一位投资者以每股 3 美元的价格买入后亏损掉了 83% 的投资，买入低价股的有什么理由嘲笑买入高价股的呢？不过是五十步笑百步而已，二者的亏损程度其实差别不大。

关键在于，当股价下跌时，一只表现糟糕的低价股和一只表现糟糕的高价股同样非常危险。如果你以 1000 美元进行投资，不论是购买股价为 43 美元的股票，还是购买股价为 3 美元的股票，如果两只股票都是下跌到 0

美元的话，你所亏损的总金额都是同样的 1000 美元，不管你买入的是低价股还是高价股，选择一只错误的股票可能下跌的最大幅度都是一样的，最大亏损程度都是 100%。

但是我非常肯定，许多投资者还是会抵抗不住一只股价仅仅只有 3 美元的超低价股的诱惑想要捡便宜货，这种投资者总是会对自己说："股价仅仅只有 3 美元，我能亏多少呢？"

很有趣的是，我注意到，那些依靠股价下跌来投机获利的空头（short seller）往往都是在股价底部附近建立空头头寸而不是在股价高点附近，这些空头投机者喜欢一直等到一家公司明显已经陷入深渊而且肯定要破产时才会建立空头头寸。对于他们来说在每股 8 美元或 6 美元时建仓，与在每股 60 美元时建仓并没有多大差别，因为只要股价已经下跌到了零，在两种价位上建仓他们所获得的收益率都是同样的 100%。

猜一猜空头投机者在股价为 8 美元或 6 美元时把股票卖给了谁？肯定是那些在对自己说着"我能亏多少呢"想低价买入捡便宜货的不幸投资者。

最终股价会涨回来的

果真如此的话，西哥特人[⊖]、皮克特人[⊜]、成吉思汗的大军最终都应该会杀回来的。过去人们都说 RCA 公司的股价最终会涨回来的，但 65 年过去了，它的股价仍然没有涨回来，尽管 RCA 公司还是一家世界闻名的非常成功的大公司。Johns-Manville 也是一家世界闻名的大公司，它的股价最终也没有涨回来，公司面临一系列石棉损害诉讼案，东山再起的可能性遥遥无期。

⊖ 西哥特人（Visigoth）：日耳曼族的一支，于公元 4 世纪入侵罗马帝国并在法国和西班牙建立王国。——译者注
⊜ 皮克特人（Pict）：古代苏格兰东部的一个民族。——译者注

由于这家公司和 Navistar 公司一样增发了数亿新股，每股收益被大幅稀释。

如果我还能记起那些公司名字的话，也许我会列出包括规模更小的或者知名度更低的公司在内的一张永远从证券市场消失的上市公司名单，可能你也投资过它们其中的几家公司，我可不愿意想象我是唯一一个投资了这些公司的傻瓜。只要想一下有上千家已经宣布破产的公司，还有那些虽有偿债能力但永远无法重现以前繁荣的公司以及那些被其他公司以远远低于历史高位的股价低价整体收购的公司，你可能就会认识到"股价最终会涨回来的"这种观念是多么不可靠。

保健组织（Healthe Maintenance Organizations）、软盘、双面针织物（double knits）电子表、移动房屋这些行业的股票至今都仍然没有涨回来。

黎明前总是最黑暗的

人们有一种心理倾向会这样认为：既然事情已经变得这么糟糕了，那么将来不可能变得更糟糕了。1981 年，美国作业的石油钻井有 4520 口，到 1984 年就只有 2200 口了。在那个时候许多人开始购买石油服务业的股票，因为他们相信最糟糕的时候已经过去了。两年过去后还在作业的钻井减少到只有 686 口了，到今天为止，也只有不到 1000 口钻井在作业了。

那些购买货车运输服务业公司股票的投资者非常震惊地看到，运输货车总数从 1979 年 95 650 辆的高峰下滑到 1981 年的 44 800 辆的低谷，这是 17 年来的最低点。那些此时买入货车运输服务业公司股票的投资者中，肯定没有人能够想到这个行业还会变得更糟糕，但是他们后来看到，1982 年货车总数下滑到了 17 582 辆，到 1983 年更是下滑到了 5700 辆，这个以前一度非常兴旺的行业竟然遭受了下跌 90% 的重创。

在黎明之前总是最黑暗的，但是有时在最后变得一片漆黑之前也总是最黑暗的。

等到股价反弹到 10 美元时我才会卖出

根据我个人的经验，从来没有一只严重套牢的股票会如你所愿地反弹到你设定的卖出心理价位。事实上，就在你说"等股票反弹到 10 美元我才会卖出"的那一刻，就可能已经注定你将会面临这样的悲惨结局：这只股票在9.75 美元以下的价位上上下下振荡几年之后，然后直线下跌到 4 美元，最终一路大跌到只有 1 美元的股票面值。整个痛苦的过程可能要持续十年之久，在此期间你得一直忍受着这只你并不喜欢的股票一路下跌对你的心理折磨，而所有这一切仅仅是因为你的内心深处有一个声音告诉自己：我要等到这只股票反弹到 10 美元才卖出。

每当我陷入这种心理误区时，我都会提醒自己，除非我对这家公司有着足够的信心，在股价下跌时愿意追加买入更多的股票，否则我就应该立刻卖出这家公司的股票。

我有什么可担心的，保守型股票不会波动太大

两代保守型投资者都是伴随着这样一种观点长大的：投资于公用事业股票肯定不会出错的。买入这些根本不用操心的公用事业股票后，你只需要把股票锁进保险箱，然后等着公司派发股息就行了。但是由于核事故问题和投资收益率基数（Rate Base）问题，突然间即使像联合爱迪生公司这样过去一直表现非常稳健的公用事业股票也损失掉了 80% 的市值。但和原来突然下跌一样，后来联合爱迪生股票突然又反弹了，不但完全弥补了以前的市值损失，而且上涨得更高。

由于造价昂贵的核电站引发了经济方面和监管方面的问题，以至于所谓表现稳定的能源板块股票的股价波动性已经变得很大，股价走势变化莫测，就像储蓄借款协会和电脑行业股票一样。现在有许多公用事业股票的股价已经或者将会上涨 10 倍，或者下跌到只有原来股价的 1/10。在公用事业股票上，投资者可能大赚，也可能大亏，这完全取决于你在选择公用事业类股票时是不是很幸运，或者是不是很谨慎。

投资者如果没有随着公用事业股票波动性的改变而相应改变投资策略，还是一味坚持原来的投资策略，肯定会在财务上和心理上遭受双重的严重打击。那些所谓的谨慎投资者投资印第安纳公共服务公司（Public Service of Indiana）和海湾公用事业公司（Gulf States Utilities）或新罕布什尔州公共服务公司（Public Service of New Hampshire）这些公用事业股票，其实和他们投资于一个毫无名气的新设立的生物遗传公司是同样非常危险的，实际上甚至投资于公用事业股票的风险更大，因为投资者还根本没有意识到风险的存在。

公司发展是动态的，公司发展前景是变化的，根本没有任何一只你可以不管不问只需一直持有的股票。

等的时间太长了，不可能上涨了

投资者肯定碰到过这种情况：你一直等待一家公司股价上涨，但等了很久一直也没有上涨，于是你实在等得不耐烦了就放弃了这只股票，可是就在你卖出这只股票的第二天，你梦寐以求很久的上涨就发生了，我称这种情况为"不卖不涨，一卖就涨"。

默克公司的股票就是这样考验着每个投资者的耐心（见图 18-2）。从 1972～1981 年，这只股票的股价一动不动，尽管公司盈利平均每年稳步增长 14%。后来发生了什么呢？在随后的 5 年中这只股票股价上涨了 4 倍。谁知道有多少不幸的投资者因厌烦了长期等待，或者因为他们渴望"行动"而不是"等待"，过早卖出了这只后来上涨了 4 倍的大牛股。如果他们能够持续追踪公司的发展情况的话，他们肯定不会那样过早地卖出这只大牛股的。

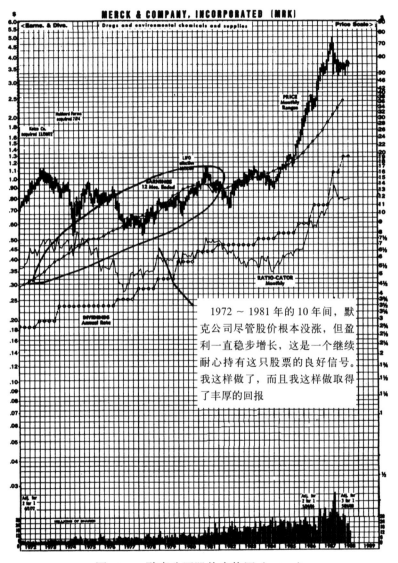

图 18-2　默克公司股价走势图（MRK）

生产职业服装的 Angelica 公司在 1974 ～ 1979 年股价上下波动几乎不超过 5 美分；American Greeting 股价整整 8 年死气沉沉一动不动；GAF Corporation 公司股价 11 年一动也不动；Brunswick 公司股价在整个 20 世纪 70 年代都一直不动；史克制药公司股价一直一动不动，从史克推出泰胃美之前 20 世纪 60 年代的后 5 年一直持续到 70 年代的前 5 年；Harcourt Brace 在尼克松和卡特总统任期内以及里根第一个总统任期的整整 12 年内股价没有动过；Lukens 的股价更是长达 14 年都没有动过。

由于我已经习惯于一直耐心持有一只一动不动的股票，所以我能够一直持有默克公司的股票。在大多数情况下，我赚到钱的时候都是在我持有一只一动不动的股票三四年之后，只有默克股票让我等了更长的时间。只要公司经营一切正常，原来吸引我购买这家公司股票的因素没有什么变化，那么我就非常自信我的耐心早晚会得到回报。

EKG 公司的股票已经好几年没有什么波动了，我把这种一条直线似的股价走势图称为"一块石头的心电图"，但这是一个非常好的兆头。每当我看到一只吸引我的股票的股价走势图像一块石头的心电图一样时，我都会把它当作一种强烈的暗示：下一波大涨快要到来了。

持有一家你非常喜欢而所有其他人都毫无兴趣不予理睬的公司的股票，的确需要非同寻常的耐心。也许股价一直一动不动会让你开始想是不是别人是对的而我是错的，但是只要公司的基本面表明公司发展前景很好，那么你的耐心通常会得到很高的回报——Lukens 公司的股票在 15 年内上涨了 6 倍，American Greeting 公司的股票在 6 年内上涨了 6 倍，Angelica 公司的股票 4 年内上涨了 7 倍，Brunswick 公司的股票 6 年内上涨了 6 倍，史克公司的股票 2 年内上涨了 3 倍。

看看我损失了多少钱，我竟然没买这只大牛股

如果你当初在瓶盖瓶塞封口公司的股价只有 50 美分（根据股票分割进行股价调整）时，把所有的资金都用来购买这家公司的股票，那么你现在就会变得非常富有了。尽管你现在知道自己错过了发大财的机会，但此时你打开自己的钱包，检查一下最新的银行对账单，你会注意到你的钱仍然一分不少地待在那里。事实上，和一秒钟之前相比，你的钱一分都没少，只是你回过头来一看，才后悔万分地发现自己错失了本来可以拿这些钱购买瓶盖瓶塞封口公司的股票能赚到的一大笔财富。

这可能听起来像是一件非常可笑、不值一提的事，但我知道我的许多进行股票投资的朋友都经常受着这种痛苦的折磨：他们一边仔细看着"纽约股票交易所十只涨幅最大的股票"，一边想着他们由于没有买入这些大牛股而少赚了多么巨大的一笔钱。那些没有购买升值很大的棒球卡、房屋、珠宝、家具的人也会出现这种由于错失赚大钱的机会而后悔万分的情况。

在股票市场投资中，认为别人在股市赚的钱就是我们自己赔的钱并非一种有益的态度。事实上，这种态度只会让人完全疯狂。你知道的股票越多，你发现你错过的大牛股也就越多，很快你就会责备自己损失了数十亿甚至数万亿美元。如果你刚刚抛出了所有股票，而当天股市就上涨了 100 点，你会半夜忽然醒来，痛苦万分地抱怨自己道："我今天遭受了损失 1100 亿美元的严重打击。"

这种想法最糟糕的地方是会导致人们为了追逐最高的回报而盲目购买他们本来不应该购买的股票，他们这样做只是为了避免像以前一样由于错过大牛股而"亏损"掉一大笔钱。这样盲目投资经常会让他们发生真正的亏损，而不仅仅是由于错过大牛股而产生心理上的亏损。

我错过了这只大牛股，我得抓住下一只这样的大牛股

　　麻烦在于被投资者寄予厚望的"下一个"极少能够像原来的成功公司那样取得巨大的成功，就像我们前面所讨论过的那样。如果你由于错过了美国玩具反斗城公司这家股价持续上涨的卓越公司，于是你买入了被称为下一个美国玩具反斗城公司的 Greenman Brothers 公司的股票，而这其实是一家非常一般的公司，它的股价不但没有持续上涨，反而持续下跌，那么你的这种投资行为就是错上加错。事实上，你犯的第一个错误是错过了美国玩具反斗城公司，但错过大牛股并不会让你发生任何亏损（记住，没有购买美国玩具反斗城公司的股票并不会让你亏损一分钱），而为了弥补第一个错误而犯下的下一个错误却会让你付出损失真金白银的代价。

　　如果你没有在低价位时买入家得宝公司的股票而错失巨大盈利，于是后来你买入了被称为"下一个家得宝"的 Scotty 公司的股票，因此你可能犯下了另一个错误，因为家得宝自从上市以后上涨了 25 倍，而 Scotty 只上涨了 25% ～ 30%，远远落后于同期的股市整体平均上涨水平。

　　如果你由于错过了皮埃蒙特航空公司（Pidemont）的股票而购买了人民航空公司的股票，或者由于错过了 Price Club 的股票而购买了 Warehouse 的股票，那么你都是错上加错因而会遭受重大的亏损。在大多数情况下，以更高的价格购买的那家被作为典范的优秀公司的股票，要好于你用便宜的价格购买所谓能成为下一个这家优秀公司的公司。

股价上涨，所以我选的股票一定是对的；股价下跌，所以我选的股票一定是错的

　　如果我一定要选出哪一个投资谬论是最愚蠢的，那么我会选这一个：

当你买入的股票股价上涨时，就认为自己选择的是一只好股票。当投资者最近以 5 美元的价格买入的某只股票上涨到 6 美元时，他们就会扬扬自得，好像股价上涨就证明他们买入这只股票有多么聪明。当然，如果此时投资者马上卖出股票，就可以获得一笔不错的盈利，但大多数投资者并不会在这种股价上涨内心得意扬扬的情况下卖出股票，相反，他们内心相信股价上涨证明这只股票是值得继续持有的，因此他们会一直持有这只股票，直到后来股价下跌到比他们买入的价格更低时，他们才意识到他们投资的股票其实并不如他们想象的那样好。如果需要进行选择的话，他们会继续持有一只股价从 10 美元上涨到 12 美元的股票，而卖出一只股价从 10 美元下跌到 8 美元的股票，他们会对自己说他们这样做是"留住赢家扔掉输家"。

这可能正是 1981 年所发生的情况，当时 Zapata 这只石油股由于能源业繁荣而上涨到高点，所以被市场一致看好，而 Ethyl 公司因为美国环保署（Environmental Protection Agency，EPA）禁止这家公司生产其主要产品含铅汽油添加剂而被人们称作"被碾伤的狗"，所以看起来似乎持有 Zapata 公司的股票要比持有 Ethyl 公司的股票好多了。然而这两家公司中看起来似乎更好的 Zapata 公司的股价却从 35 美元下跌到了 2 美元，即使用北斗七星这样巨大的勺子也无法阻止公司股价的狂泻。与此同时，Ethyl 公司的精细化工业务取得了非常优异的业绩，海外市场业务大幅好转，保险业务保持持续增长，从而使公司业绩大幅度增长，也使 Ethyl 的股价从 2 美元上涨到了 32 美元。

因此，当人们说："看，这只股票两个月内就上涨了 20%，这证明我选的肯定是一只大牛股"，或者说"太糟了，这只股票两个月内就下跌了 20%，这证明我选的肯定是一只垃圾股"，这时他们把公司的股票价格和公司的发展前景完全混淆在一起了。除非他们是寻找 20% 回报的短线交易者，否则的话，炫耀你选择的股票短期内上涨多少是毫无意义的。这是因为短期内你选择的股票上涨或下跌，既不代表你的选股是正确的，也不代表你的选股是错误的。

　　当你购买了一只股票后，短期内股价上涨或者下跌只能说明有人愿意支付更多或更少的价钱去购买同一只股票而已。

第 19 章

期权、期货与卖空交易

期权、期货交易

一些新的花里胡哨的投资手段已经变得非常流行，以至于过去那句古老的格言"购买一股股票分享整个美国的成长"应该变成"购买一份期权分享整个美国的成长"；过去所说的"投资于美国的未来"现在意味着"在纽约期货交易所进行投机"。

在我整个投资生涯中，我从未购买过一次期权，也没有购买过一次期货，我现在仍然根本不想购买期权和期货。要想从一般的股票投资上赚钱本身就已经十分困难了，要想在这些如同赌博一样的期货或期权交易上赚钱更是难上加难。据我所知，除非是一个专业的期权或期货交易者，否则想从中赚钱几乎是不可能的。

这并不是说期货在大宗商品业务中不能起到一个好的作用，通过期货交易农场主可以锁定收获季节麦子或玉米的交易价格，并且事先确定按照这个价格进行交割时能够出售的数量，粮食买方也可以同样锁定他们的购买价格和数量。但股票并非大宗商品，在股票生产者和股票消费者之间并不存在任何关系使得形成这种价格保险机制对于股票市场的正常运转来说是完全必要的。

根据芝加哥和纽约这两家期货和期权交易的主要交易所的报告，80% ～ 95% 的业余投资者在期权和期货交易上是亏损的。在期货和期权交易上亏损的概率比在卡西诺赌场或赛马场上赌博输钱的概率更大，尽管如此还有一些编造的谎言声称期货和期权是"一种明智的投资选择"。如果说连期货和期权都是一种明智的投资选择的话，那么泰坦尼克号就应该是一艘永不沉没的轮船了。

在这里详细描述期权和期货实际如何运作是毫无意义的，原因如下：一是这需要十分冗长又枯燥乏味的解释，而听完之后只会让你更加糊涂；二是了解得太多可能让你对期货和期权交易发生兴趣；三是我本身其实对期货与期权交易也并不了解。

实际上，我对期权确实略知一二，我知道期权有着短期获取暴利的可能，对于那些不满足于一点一点慢慢赚钱只想快速发大财的小投资者来说很有诱惑力。实际上，他们选择了期权投资反而等于选择了快速变穷而不是快速变富的道路。这主要是由于期权与股票不同，它只是一份合同，有效期只有一两个月，到期后期权就变得一文不值了——之后期权投资者必须再购买另一种期权，这只会再次损失掉 100% 的投入资金。经过一连串这样的期权投资失败，投资者就会输得倾家荡产。

考虑下面这种情况：当你绝对能够确定一家我们假设叫作"万无一失"的公司将会出现重大利好消息，并且这个重大利好消息会推动股价上涨，也许你发现的是像泰胃美这样畅销全球的胃病良药，或者是一种能够治疗癌症的药物，或者是收益猛增，或者是任何其他你一直在寻找的公司基本面进一步好转的利好消息，总之，你找到了一家尽善尽美的公司，就像赌牌时拿到了一把最好的同花大顺王牌。

　　接下来你得检查一下自己能拿出多少钱进行投资。你发现自己的银行储蓄账户上只有 3000 美元，你其余的钱都被投资在共同基金上了，你的老婆是一个真正懂得如何理财的人，她一分也不让你动这笔钱。没办法你只好在家里翻箱倒柜，想找到几个传家宝去典当行当掉换些钱来投资，但是你宝贵的貂皮大衣生了虫蛀满了洞，也许可以把家里的银制餐具当掉，可是这个周末你要在家里搞一个宴会，如果当掉餐具老婆大人肯定会发现，又会跟你闹个没完，也许可以把猫卖掉，但它并非出自名贵血统的纯种好猫，你那艘已经破得漏水的木制单桅帆船也不值钱，你那生锈的高尔夫球杆和破烂的球包也根本没有人会愿意买。

　　因此，3000 美元是你可以投资于这家万无一失公司的全部资金。以每股 20 美元的价格计算，你只能购买 150 股。正当你打算不再折腾找钱，就用这 3000 美元去买 150 股股票时，忽然之间你想起来自己曾听说过期权的巨大杠杆作用。你马上给你的经纪人打了电话，他告诉你确实市场上有这家万无一失公司 4 月到期的执行价格为每股 20 美元的看涨期权，现在每份期权的买入价格是 1 美元，当股价上涨到每股 35 美元时期权价格就会上涨到 15 美元，那么 3000 美元的期权投资，就会给你带来 45 000 美元的投资收益。

　　于是你就购买了这种看涨期权，然后每一天你都会翻开报纸，焦急地等待着股价上涨时刻的到来。可是一直等到 3 月中旬这家公司的股价还是一动也不动，你购买的 3000 美元的期权价值已经损失掉一半。你真想把期权卖掉，这样你还可以拿回一半的本钱，但是你没有这样做，因为距离期权到期日还有一个月，你还想着未来一个月股价可能会上涨让你赚上一大笔。结果一个月后，股价还是没上涨，期权到期后变得一文不值，你的 3000 美元投资全部打了水漂。

　　当你购买的期权到期作废后过了几个星期，你心头的伤口上又被撒了把盐。这家万无一失公司的股票真的开始大涨，可是你却一股也没有买，还因为购买期权而亏损掉了自己所有的投资资金，而且是在你对这只股票的分析判断完全正确的情况下，这真是一个最大的悲剧。你确实做了充分的研究，可是却没有因此得到任何回报，反而输了个精光，这种情形绝对算得上是一种时间、金钱、精力的白白浪费。

期权另一个非常危险的特征是代价太高了。期权看起来似乎十分便宜，但是如果你意识到自己必须购买四五份期权才能获得一年期限的股票买卖选择权，那么就会明白期权的代价有多大了。从字面上理解，期权是一个期字加一个权字，购买期权就是购买期限，你想要购买的期限越长，你需要额外支付的溢价就越高。每一笔期权交易都需要支付给经纪人很高比例的佣金。期权交易简直就是经纪人的摇钱树，经纪人几乎不需要付出什么努力就能从客户的期权交易中获得很大的收益，一个经纪人只要有少数几个期权交易活跃的客户就可以过上非常舒服的生活。

期权投资最糟糕的地方是持有期权与持有公司的股份毫不相关。当公司业绩增长非常繁荣兴旺时，所有持有股份的股东都会受益，但期权投资是一个零和游戏，期权交易中一方获得任何 1 美元的盈利，相应交易的另一方都会发生 1 美元的亏损，只有极少数的期权投资者能够保持一直盈利。

当你购买了一股股票后，哪怕是一只风险极高的股票，你也是在为国家的经济增长做贡献，这正是股票存在的根本目的所在。对于前几代人来说，他们认为投资于小公司的股票是一种危险的投机，但是最起码这些所谓的"投机者"为 IBM、麦当劳、沃尔玛的早期发展起步阶段提供了重要的资本支撑。在规模高达数十亿美元的期货和期权交易市场上，没有一分钱是被投入到有建设性意义的用途上的。这些资金没有为任何事情的发展提供资助，只是让赚了很多佣金的经纪人和发了大财的极少数赢家把大把的钱挥霍在购买豪华汽车、飞机和房屋上。在期货和期权交易市场上我们所见到的无非是巨额的财富从粗心、鲁莽的投资者转移到小心谨慎的投资者那里而已。

最近这些日子，有许多关于利用期货和期权作为投资组合保险能够保护股票投资免受风险的说法。与往常一样，我的专业投资者同行中有许多人已经领先一步正在沿着这条危险的道路滑入深渊。机构投资者购买了数十亿美元的期货和期权作为投资组合保险，以在市场崩溃时保护自身的安全。上一次1987年发生市场崩溃时他们设想这种投资组合保险肯定能很好地保护他们，但是事实证明投资组合保险的实际作用与他们的设想恰恰相反。部分投资组合保险方案要求他们在买入更多期货的同时必须自动卖出股票，这种数量巨大的卖出行为会导致股价下跌，接着又会导致他们必须购买更多的期货，与此同时又得再次大量卖出股票，这样就形成了一种恶性循环。在导致1987年10月股市崩盘的许多看起来比较合理的解释原因之中，投资组合保险是一个最主要的元凶，但许多机构投资者仍然继续购买这种投资组合保险。

一些个人投资者想要在他们自己的投资中采用这种利用期权期货进行投资组合保险的愚蠢投资策略（个人投资者模仿专业投资者的做法有效吗）。他们购买看跌期权（当股价下跌时看跌期权价值增加）以避免在股价下跌时遭受投资损失，但看跌期权和看涨期权一样，在期满时就会变得一文不值，并且如果你想继续保护你的投资组合，你就不得不继续购买看跌期权。每年你需要浪费5%～10%的投资资金用来保护自己免遭股价降低10%的损失，这不是白忙一场嘛。

就像酗酒的酒鬼只要稍稍尝上一小口啤酒，就会禁不住诱惑重新拿起一瓶烈性酒狂饮起来一样，那些投资者本来只是为了给投资组合提供保险才投资期权，但往往也会禁不住诱惑，很快会为了投机而购买期权，并从此一步步开始进行套期保值、组合期权（combinations）、跨式期权（straddles）

交易。从此，他们忘记了自己当初感兴趣的是股票，他们不再花时间研究上市公司的基本面，而是把自己所有的时间都用来阅读市场走势技术分析报告，为了确定市场走势到底是头肩顶形态还是楔形翻转形态等而发愁，更糟的，他们最终会亏损掉所有的资金。

沃伦·巴菲特认为应该将股票期货和期权交易确定为违法行为，我完全赞成他的观点。

卖空股票

你肯定听说过卖空这种古老又奇特的交易方式，卖空能使你从一只股价将要下跌的股票上获利（一些人研究自己的投资组合后意识到，这些年来如果不是做多而是卖空的话，他们早就赚翻了，于是他们对卖空产生了兴趣）。

卖空就如同从邻居那里借来一种东西（在卖空股票时你并不知道你借来股票的邻居的名字），然后将其卖掉，把钱装进自己的口袋，或早或晚你再买回来同样的东西将其还给你的邻居，结果谁也不比谁高明多少。这种行为严格说来并不是一种偷窃行为，但也并不是一种睦邻友好的行为，这种行为更像是一种具有犯罪动机的借用行为。

卖空的投资者所盼望的是，以很高的价格卖出借来的东西，再以很低的价格购买用于归还的东西，利用卖出和买入的差价来获利。我想你可以借用邻居的割草机和橡胶软管来尝试一下卖空交易，但对于卖空来说最理想的对象还是股票，尤其是那些股价已经过度膨胀的股票。例如，如果你判断宝丽来公司的股票每股 140 美元的价格明显被高估了，你就可以卖空 1000 股宝丽来公司的股票，相当于你融券借用了 1000 股股票。与此同时，你的投资账户上马上就发生了 140 000 美元的信用借款金额，然后你就可以等待宝丽来股价跌到 14 美元时，用 14 000 美元买回 1000 股股票，这样就归还了你当初借用的 1000 股股票，你卖出借用股票的价格是每股 140 美元而后来买入用以归还股票的价格只有每股 14 美元，二者冲抵后你会赚到 126 000 美元的盈利。

当初借给你股票的那个人永远不会知道你赚到了这么巨大的差价，所有这些交易都是纸上交易，并由经纪人来经办，做空和做多一样非常容易。

各位先不要为卖空能够赚到如此巨大的盈利而兴奋不已，卖空交易还有一些严重的缺陷。首先，在你借用股票的整个期间，合法的股票拥有者拥有全部的股息和其他利益，这样你就不能获得这一部分收益；其次，在你花钱买回你所借用的股票完成整个卖空交易之前，你实际上并不能动用你在卖空交易中的任何账面盈利。在宝丽来股票这个案例中，你不能将 140 000 美元从交易账户中取出来然后去法国度假，根据规定你必须在交易账户中保持足够的资金余额以保证你有足够的资金能够买回你借用的股票。当宝丽来股价下跌时，你可以从账户中多提出一些资金，但是当宝丽来股价上升时你需要怎么办呢？你不得不在交易账户上存入更多的资金来保持你的交易头寸。

卖空股票最令人恐惧的是，即使你确信一家公司经营得非常糟糕，但是其他投资者可能并没有认识到这一点，他们甚至认为公司发展前景很好而进一步高价买入把股价哄抬到更高的水平。尽管宝丽来股票价格已经达到了一个高得不可思议的水平，但是如果股价再上涨一倍达到更加不可思议的每股 300 美元结果会如何呢？如果你还是像前面说的以每股 140 美元卖空了，当股价上涨到每股 300 美元时你就会紧张得要命，只要想一想你需要花 300 000 美元来买回你以前借用时只值 140 000 美元的股票，就肯定会让你心烦意乱。如果你没有额外的数十万美元存入你的交易账户来保持你的头寸，那么你只能被迫平仓，因此承受巨额的亏损。

在我们持有的一只股票价格下跌时，我们中的任何一个人都难免会感到内心惊慌，但是这种惊慌是有一定限度的，因为我们知道一只股票的股价再跌也不可能跌到零以下。如果你卖空的某一只股票价格上涨了，你就会开始意识到没有什么能够阻止股价的上涨，因为股票的涨幅是没有任何限制的，因此卖空的亏损也是无限的。

在民间流传着那些成功的卖空交易者发了大财的传奇故事，同时也流传着一些卖空交易者赔得倾家荡产的恐怖故事。那些卖空交易者判断一家公司的股票就像垃圾中的垃圾一样奇烂无比，于是就卖空这只股票，结果如何呢？尽管他们的理由非常充分，推理非常正确，却只能无可奈何地看着他们卖空的股票越涨越高，直到最后让他们赔得身无分文只能依靠救济维生。这种事情就曾发生在罗伯特·威尔森（Robert Wilson）先生的身上，他是一个非常精明的人，也是一个十分优秀的投资者，大约十年前他卖空了国际度假胜地公司（Resorts International）的股票，最终事实证明他的判断是对的，也证明大多数卖空交易者的判断都是对的，但最终是多久？记得著名经济学家凯恩斯说过从长期来看"我们都死了"这句话吗？但是就在罗伯特·威尔森卖空股票的期间，国际度假胜地公司的股价从最初的 70 美分上涨到了 70 美元，上涨了整整 100 倍，使得卖空股票的威尔森先生亏损了 2000 万～3000 万美元。

当投资者考虑卖空股票时，牢记这个故事的教训非常有益。在你卖空一只股票以前，只是确信这家公司经营将会崩溃是不够的，你还必须有足够的耐心和巨大的勇气，而且要有充足的资本使你能够在股价没有下跌甚至股价反而上涨这种更糟糕的情况下继续坚持。本来以为股票要下跌可是不但没有下跌却反而上涨，这种情况使我想起那些从悬崖边向前迈步走出去不但没有坠落深渊却在空中继续漫步的卡通人物，只要那些卡通人物没有意识到自己身处险境，他们就能永远继续停留在高空中漫步，只要那些投资者没有意识到他们以过高的价格买入股票让自己身处险境，股价就会永远继续停留在过高的价位上。

第 20 章

5 万个专业投资者也许都是错的

对投资充满信心

回想我作为一个选股者的投资生涯，让我想起了一些重大新闻事件以及它们对股价的影响情况。这要从 1960 年肯尼迪赢得总统竞选开始。早在我只有 16 岁时，就听说过民主党赢得总统大选对股市是一个坏消息，因此我非常吃惊地发现，肯尼迪当选总统后的第二天，1960 年 11 月 9 日，股票市场不但没有大跌，反而还略有上涨。

在古巴导弹危机时期和美国海军封锁俄国战舰时期——美国有史以来第一次也是唯一一次面临核战争即将爆发的危险——我为我自己，为我的家庭，也为我的国家感到非常害怕。可是那一天股市下跌得连 3% 都不到。7个月后，肯尼迪总统公开严厉谴责美国钢铁公司（U.S. Stell），强制钢铁行业把价格降回到原来的水平，这丝毫也没有让我感到担心，然而股市却发生了历史上跌幅最大的一次大跌——跌幅高达 7%。让我非常迷惑不解的是，可能爆发核战争的大灾难给华尔街带来的恐惧竟然还不如总统对企业的干预。

1963 年 11 月 22 日，我正准备参加一次考试，肯尼迪总统遇刺的消息迅速传遍整个波士顿学院（Boston College）。我和同学一起去圣玛丽亚教堂进行祈祷。第二天我从报纸上看到肯尼迪总统遇刺当天股市跌幅还不到3%，尽管当天肯尼迪总统遇刺身亡的消息正式公布时股市交易曾经一度暂时中断。3 天之后股市就完全弥补了 11 月 22 日的跌幅，后来还有所上涨。

1968 年 4 月，约翰逊总统宣布他不再谋求连任，他将会终止在东南亚进行导弹袭击，他更愿意进行和平谈判，股市上涨了 2.5%。

整个 20 世纪 70 年代，我完全参与到股票投资之中，全身心地投入在富达基金公司的投资工作中。在此期间发生的重大事件以及股市的反应如下：尼克松总统强制实行物价管制（股市上涨 3%）；尼克松总统辞职（股市下跌1%）（尼克松曾声称，如果他不再是总统的话，他将会买入股票。一位华尔街的幽默人士则风趣地回应道，如果尼克松不再是总统的话，他将会买入股票）；福特总统实施"现在打击通胀"的政策（股市上涨 4.6%）；IBM 打赢一场金额巨大的反托拉斯官司（股市上涨 3.3%）；赎罪日战争爆发（股市微涨）。20 世纪 30 年代以来，70 年代是股市表现最为低迷的年代，然而也是在以上所提到发生重大事件的日子里，一个交易日内出现的大幅波动全部都是上涨，无一下跌。

影响持续时间最长的事件是 1973 年 10 月 19 日（又是一个幸运的 10 月19 日）欧佩克宣布石油禁运，导致股市在 3 个月内下跌了 16%，在 12 个月内下跌了 39%。有趣的是我们注意到，当天股市并没有对石油禁运产生的重大影响马上做出反应，实际上这天股市还上升了 4 点，接下来在开始大跌之前的 5 个交易日里股市又上涨了 14 点。**这表明股票市场整体上像一只个股一样短期波动会和基本面变化完全背道而驰。**在石油禁运这个问题上，会牵涉汽油价格上涨、天然气运输管道加长、通货膨胀加剧以及利率迅速提高等许多问题。

20 世纪 80 年代的股市大涨和大跌次数比其他任何年代都要多得多，但是从一种大局观来看其中大部分涨跌根本没有任何意义。比如我认为，对于长期投资者来说，1987 年 10 月大跌 508 点，其重要性远远不如 1985 年 9 月 22 日召开的经济部长会议，在这次七国会议上主要发达工业国家达成协议同意协调经济政策并允许美元贬值，会议决定宣布后，整个股市在 6 个月内上涨了 38%。对于那些能够从美元贬值中直接受益的公司来说其影响力更是非常巨大，这些公司的股票在随后的两年里上涨了两三倍。1987 年 10 月 19 日股市崩盘时，我正好在欧洲度假打高尔夫，在赎罪日战争爆发和七国会议时我也在欧洲，但这两次我在欧洲时起码是在拜访上市公司，而不是在打高尔夫。

那些大的趋势和逐渐的变化都深深刻在我的脑海之中。20 世纪 60 年代中期，公司联合组成大集团的风潮导致许多大公司进行错误的多元化经营进而使经营恶化陷入崩溃，在随后的 15 年间都没有恢复元气，其中许多大公司从此一去不返，也有其他一些公司，如 Gulf and Western、ITT 和 Ogden 等，成为东山再起的困境反转型公司。

20 世纪 70 年代，投资者对绩优蓝筹股的痴迷达到了热恋般狂热的程度。这些蓝筹股被称为"漂亮 50"或"一见钟情"股票，投资者认为这些股票是你可以买入后一辈子永久持有的股票。这种随便买入评级过高并且股价过高的蓝筹股就能发大财的好运只持续了短暂的时间后很快便消失了，之后的 1973 ～ 1974 年股市出现了毁灭性的暴跌（道琼斯工业平均指数 1973 年最高上涨到 1050 点，然后一路狂跌，1974 年 12 月指数跌到了 578 点），曾经辉煌一时的蓝筹股大跌了 50% ～ 90%。

1982 年中期到 1983 年中期，小型高科技公司受到市场的热捧，结果导致了后来同样是这些原来被市场钟爱有加并且经营上也没有出现什么差错的公司股票的暴跌（跌幅高达 60% ～ 98%）。小的也许是美丽的，但不一定是赚钱的。

1966 ～ 1988 年，日本股市出现了一轮超级大牛市，日本道琼斯工业平均指数（Nikki Dow Jones）上涨了 17 倍，而美国道琼斯工业平均指数仅仅上涨了 2 倍。1987 年 4 月，日本股市所有股票总市值超过了美国股票总市值，并且从此二者差距越来越大。日本人对他们国家的股票有一套自己独特的看法，对此我怎么也弄不明白。每一次我去日本都会对日本股市进行研究，我的结论是日本股市所有股票都被过度高估了，但是尽管如此这些股票仍然继续上涨、再上涨。

如今交易所股票交易时间的延长使你很难有时间把视线从股票行情机上移开去关注基本面。在 1952 年以前大约 80 年的时间里，纽约股票交易所一直都是上午 10 点开市，下午 3 点闭市，使报纸有充足的时间把每只股票的收盘价格印刷在下午的报纸上，从而使投资者能够在下班回家的路上查看他们购买的股票当天的行情。1952 年周六交易被取消，却把每天的交易时间延长到下午 3:30，到了 1985 年又把开市时间提前到了 9:30，而现在又把收盘时间延长到下午 4:00。就我个人而言，我更倾向于市场交易时间缩短一些，因为这样可以给我们留下更多的时间来分析公司，或者放松放松参观一下博物馆，二者都比盯着股价涨涨跌跌有用得多。

机构投资者在 20 世纪 60 年代才开始从很不起眼的小角色冒出头来，但从此以后它们的实力越来越强大，到了 20 世纪 80 年代，机构投资者已经主宰了整个股市。

大型证券公司的法律组织形式已从合伙企业变成了公司法人。在合伙制下，每个合伙人的所有私人财富都有义务偿还债务，而在公司制下每个股东承担的义务是有限的。从理论上讲，从合伙企业变为公司的目的是进一步壮大证券公司的实力，因为作为公司可以通过公开发行股票筹集资本，我却相信公司制所造成的影响其实是弊大于利的。

原来数以千计的次级股票（secondary issues）交易方式是并不透明的粉单（pink sheet）交易，在这种交易方式下投资者永远无法知道自己的交易价格是否公平合理。场外交易（over-the-counter exchange）的蓬勃发展，使这些股票从原来不透明的粉单交易进入电脑化的市场交易中，非常可靠且非常高效。

现在整个美国都非常关注每一分钟都在更新的金融新闻时事报道，但20年前电视节目里很少报道财经新闻。1970年11月20日，路易斯·鲁凯泽（Louis Rukeyser）主持的"华尔街一周"节目第一次开播，至今取得了令人难以置信的巨大成功，这证明金融新闻报道事实上很受观众欢迎。正是鲁凯泽主持的财经电视节目的成功，激发传统的电视网扩大了金融节目报道，这反过来又导致了金融新闻电视台（Financial News Network）的设立，这家电视台让成千上万的美国家庭在电视屏幕底部的滚动条上看到了股票行情。每天业余投资者都可以在家里通过电视查看他们持股的交易行情，与专业交易商的唯一区别是，这些业余投资者从电视上看到的股票行情有15分钟的延迟。

各种各样减免所得税合法的财务手段一度非常兴盛，后来又变得萧条，其中包括：农田、油井、石油钻塔、驳船、低房租的住房辛迪加、墓地、电影产品、购物中心、运动队、电脑租赁以及几乎其他所有能够买卖、融资和租赁的东西。

并购集团和其他整体收购集团（buyout groups）逐步兴起，它们愿意也有能力融资200亿美元资金进行收购。美国国内的并购集团包括：Kohlberg, Kravis, Roberts；Kelso；Coniston Partners；Odyssey Partners和Wesray。欧洲企业和并购集团包括：Hanson Trust、帝国化工（Imperial Chemical）、伊莱克斯、联合利华、雀巢等。其他有巨额银行资金支撑的个体公司并购袭击者包括：David Murdock、Donald Trump、Sam Hyman、

Paul Bilzerian、the Bass brothers、the Reichmanns、the Hafts、Rupert Murdoch、Boone Pickens、Carl Icahn 和 Asher Edelman 等。对于并购大鳄来说，无论大小，什么样的公司他们都能收购得手。

杠杆收购（leveraged buyout，LBO）变得非常流行。利用这种手段，外部投资者或公司现有的管理层可以收购整个公司或者下属的分公司，将其私有化，收购资金可以从银行借贷或通过发行垃圾债券筹集。

垃圾债券非常盛行，用垃圾债券筹资进行大规模并购最初是由德雷克塞尔·伯纳姆·兰伯特（Drexel Burnham Lambert）发明的，现在到处都在模仿这种做法。

随着股票期权和期货的出现，特别是股票指数期货的出现，使得"程序交易商"（program trader）可以在股票市场上大量买入或卖出股票，然后在股票期货市场上进行反向操作。他们进行数十亿美元的巨额交易，却只是为了获得微薄的增量回报。

在所有这些骚动混乱的过程中，SS Kresge，一个濒临倒闭的专售廉价物品的商店，成功发展出凯马特购物中心的经营模式，结果这家公司股票十年里上涨了 40 倍。Masco 成功开发出了单柄水龙头，公司股票上涨了 1000 倍，成为 40 年来股价表现最伟大的一只股票，谁能想到最伟大的股票竟然来自一家生产水龙头的公司呢？这些成功的快速增长型公司的股票后来变成了 10 倍股，而那些小道消息到处小声传播的公司却最终走向了破产。投资者从 AT&T 的解体中得到的"小贝尔"（Baby Bell）公司股票 4 年内上涨了 1 倍。

如果你问我，美国股票市场最重要的里程碑性事件是什么？我想，AT&T 的解体应该排名第一（这一事件影响了 296 万个股东），我也不会反对"10 月股市崩盘"排在前三名之中。

最近我听到一些事情如下。

我一直听到一种说法是：在目前非常危险的市场环境中，小投资者根本没有成功的机会，所以应该退出市场反而更加安全。一个谨慎的投资咨询专家质问："为什么要把房子盖在会发生地震的地方呢？"但是地震并没有发生在投资者住房的下面，而是发生在房地产公司办公室的下面，房地产行业出现了大地震。

小投资者有能力应对各种各样的市场情况，只要他们持有好的股票。如果说有些投资者应该感到担心的话，并不是这些业余投资者，反而是那些专业投资者。毕竟，1987年10月股市崩盘时，真正发生亏损的是那些在大跌时卖出股票使账面亏损变成了实际亏损的投资者。真正发生亏损的并不是一直持有好股票的长期投资者，而是那些认赔退出市场的保证金买卖的投资者、风险套利者、期权交易者以及那些根据电脑"卖出"指令抛出股票的投资组合经理人。就像一只猫看见镜子里的自己被吓了一跳一样，这样卖出股票的投资者自己吓坏了自己。

我听到有人说专业投资管理人的时代为股票市场注入了新的成熟、审慎和智慧。5万个专业投资管理人主宰着整个股市的活动，就像5万个法国人一样，他们不可能是错的。

根据屁股指挥脑袋的理论，我的屁股坐在专业投资管理人的位置上，我应该说这5万专业投资管理人往往是正确的，但是我并不这样认为，我只是认为，一般而言，在一波典型的股票波动过程中的最后20%的时间里，专业投资者往往是正确的。正是在最后这个阶段，华尔街的专业投资者才开始研究这只股票，高声称赞这只股票，然后排队抢购这只股票，与此同时用锐利的目光紧盯着时刻准备退出的后门。专业投资者的投资理念是：很快捞上一把，一有动静就赶紧溜之大吉。

小投资者没有必要与这群专业投资者形成的乌合之众进行搏斗。当这群乌合之众挤向出口纷纷卖出股票时，小投资者可以平静地走向入口轻松地低价买入；当这群乌合之众挤向入口纷纷买入时，小投资者可以平静地走向出口轻松地高价卖出。这里我可以列举出一份简短的股票名单，这些股票在 1987 年中期时是大型机构投资者的宠儿，但过了 10 个月后，尽管它们具有较高的收益、令人兴奋的发展前景以及良好的现金流，却被这些机构投资者无情地以很低的价格抛出。这些公司本身并没有任何改变，只是机构投资者对它们失去了兴趣。这些公司包括：自动数据处理公司、可口可乐、Dunkin's Donuts、通用电气、Genuine Parts、菲利普·莫里斯、Primerica、Rite Aid、施贵宝（Squibb）、废物管理公司（Waste Management）。

我听到过一种说法称：与一天 1 亿股的交易量相比，一天 2 亿股的交易量是一个巨大的进步，在一个流动性市场里这样巨大的交易量带来了巨大的好处。

但是如果你正在被流动性非常高的市场所淹没的话，那么你就不会这样认为了，事实上我们已经淹没在这个交易量巨大的市场中了。1988 年，纽约股票交易所挂牌的 87% 的上市公司的股票最起码每年换手 1 次。在 20 世纪 60 年代早期每个交易日一般交易量为 600 万～ 700 万股，换手率为 12%；在 70 年代每个交易日一般交易量为 4000 万～ 6000 万股，到了 80 年代就上升到了每个交易日 1 亿～ 1.2 亿股，而现在如果每日交易量不足 1.5 亿股，人们就会以为肯定出了什么事。我得承认，我本人为每日交易量的增长做出了一定的贡献，因为我每天都在买入卖出股票，但是让我获利最多的股票往往是我已经持有了 3 年甚至是 4 年的股票。

由于指数基金（index fund）和转换基金（switch fund）的兴起进一步提高了股票换手率和交易规模。指数基金买入卖出几十亿美元的股票却根本不考虑相关企业的个别特征，转换基金使投资者可以从股票投资中撤出，把股票换成现金或者相反把现金变为股票，根本没有任何时间延误，也不需要为此受到任何惩罚和付出代价。

在不久的将来，股票年换手率就会上升到 100%。如果是星期二的话，我肯定选择持有通用汽车的股票！哎，这些可怜的上市公司怎么知道把年报寄给谁呢？它们如何能跟得上股东名单的迅速变化而保持年报寄送名单地址的及时更新呢？一本《华尔街怎么了》(*What's Wrong with Wall Street*) 的新书指出：我们每年花费 250 亿～ 300 亿美元的资金来维持各种证券挂牌交易以及为股票、期货和期权交易支付佣金与手续费，这意味着每年原有的证券在不同的投资者之间换来换去所耗费的资金相当于发行新股所筹集的资金。我们不要忘记，为新设立的公司进行筹资，这才是股票存在的首要目的。每到年底 12 月，当一年的交易全部结束之后，5 万名专业投资管理人规模巨大的投资组合整体来看和年初 1 月相比几乎是一模一样的。

大型机构投资者养成了这种频繁交易的习惯之后，就会很快成为经纪人最喜欢的短期内折腾来折腾去频繁交易的瘾君子。有人将这种换手率很高的股票市场称为"股票出租市场"。现在业余投资者非常谨慎，而专业投资者却非常浮躁。业余投资者的整个群体已经成为缓和以及稳定股市波动的关键因素。

银行信托管理部门、华尔街机构和波士顿金融区的基金反复无常的频繁交易也许正好为业余投资者带来良好的投资机会，业余投资者可以等待那些失宠于机构投资者的股票下跌到一个简直令人疯狂的低价后再趁机买入。

我曾经听说，发生股市暴跌的 1987 年 10 月 19 日正好是星期一，这是历史上几次股市大跌中唯一发生在星期一的一次。一些研究人员花费了整个职业生涯的全部时间研究星期一效应 (Monday effect)，当我在沃顿商学院时就听过教授谈论星期一效应了。

在检查了所有相关数据之后，我发现这种星期一效应似乎确实存在。1953 ～ 1984 年，股市总共上涨了 919.6 点，在此期间所有星期一的交易日总共下跌了 1565 点；1973 年股市总共上涨了 169 点，在此期间所有星期一的交易日总共下跌了 149 点；1974 年股市总共下跌了 235 点，其中 149 点是在星期一的交易日下跌的；1984 年股市总共上涨了 149 点，在此期间所有星期一的交易日总共下跌了 47 点；1987 年股市总共上涨了只有 42 点，在此期间所有星期一的交易日总共下跌了 483 点。

如果星期一效应的确存在的话，那么我想我知道原因何在，这是因为在周末整整两天投资者不能再和上市公司进行交流，所有通常的基本面信息渠道中断了，使得平时工作时非常繁忙的投资者一下子空闲下来，从上周五交易结束到下周一交易开始之间有 60 个小时的自由时间，于是他们就有了充足的时间关注各种各样令人担心的事件：日元被抛售、日元升值、尼罗河洪水、巴西咖啡收成受损、杀人蜂的行进情况，或者其他周日报纸上的恐怖和灾难事件报道。周末也使投资者有时间阅读经济学家在为报纸撰写的专栏文章中对未来经济长期发展所做的令人十分沮丧的悲观预测。

除非投资者在周末十分小心地故意多多睡觉起得很迟，同时根本不理会财经新闻报道，不然的话就会在周末期间心理上积累太多的恐惧和忧虑，以致到了星期一上午就想卖出所有的股票，这就是我个人认为的星期一效应产生的最主要原因（过了星期一之后，投资者平静下来后就会打电话给一两家企业，结果会发现公司经营一切正常，这也就是股票在星期一之后的几天里会反弹的原因）。

我曾一直听到有人说，1987 ～ 1988 年的市场走势是 1929 ～ 1930 年市场走势的翻版，美国经济即将陷入另一次大衰退。到目前为止，1987 ～ 1988 年的市场走势和 1929 ～ 1930 年的市场走势确实非常相似，但二者相似又能怎么样呢？如果我们的经济再发生一次衰退，绝不会只是因为股票市场的崩溃所引起的，这完全不同于早期由于股市崩溃所引发的经济衰退，那时候仅仅只有 1% 的美国人持有股票。

早期的经济衰退是由于经济增长放慢造成的，那时美国制造业劳动力占全国劳动力的 66%，农业劳动力占 22%，并且当时根本没有我们现在的社会保障、失业救济、养老金计划、福利和医疗支出、学生助学贷款或政府对银行存款账户的保险。今天美国制造业劳动力占全国劳动力的 27%，农业劳动力占 3%，服务业劳动力在 1930 年仅占全国劳动力的 12%，经过几十年的经济繁荣和衰退后，现在服务业劳动力占全国劳动力的比例高达 70%。与 20 世纪 30 年代不同，今天大部分美国人都拥有属于自己的房屋，许多人的房屋已经完全还清贷款，根本没有任何还债义务，随着房屋升值看着他们的个人财富不断增值。现在平均每个家庭都有 2 个人能够挣取工资收入，而不是像 30 年代那样每个家庭平均只有 1 个人有工资收入，这样就给现在的人们提供了 30 年代根本没有的经济保障，即使现在真的发生经济危机了，也绝不会像上一次那样严重！

不管是周末，还是工作日，我一直听到有人说美国要崩溃、要完蛋了。我们的美元过去曾经像黄金一样值钱，现在却贬值得像垃圾一样不值钱；我们不能再赢得战争的胜利，甚至不能赢得冰上速滑的金牌；我们在国际竞争中一败涂地，我们在工作效率上输给韩国人，在汽车制造上输给日本人，在篮球比赛上输给俄国人；我们在石油上输给了沙特阿拉伯人，我们在伊朗人那里丢了面子。

每天我都听到报道说大公司将要破产，当然的确有一些大公司真的破产了，但是他们怎么没有看到数以千计的规模较小的公司如雨后春笋般冒了出来，提供了数以百万个新的工作岗位呢？当我像往常一样巡回走访各个上市公司的总部时，我吃惊地发现许多公司的实力依然非常强大，其中一些公司确实在创造盈利。如果我们丧失了企业家精神和工作的强烈意愿，那些在交通高峰时被堵在路上的人又都是谁呢？

我已经看到有证据表明，数以百计的公司已经缩减了成本，并且学会了更加高效地运营。在我看来，很明显许多公司的经营情况要比 20 世纪 60 年代后期好多了，尽管在 60 年代投资者比现在更加乐观。CEO 也比过去更加聪明能干，有更多的压力创造更好的业绩表现。经理和员工都明白他们必须在竞争中才能生存发展。

我每天听说艾滋病会摧毁整个美国，干旱会摧毁整个美国，通货膨胀、经济衰退会摧毁整个美国，财政赤字会摧毁整个美国，贸易赤字会摧毁整个美国，美元疲软会摧毁整个美国，天哪！说不定美元升值也会摧毁整个美国呢！他们告诉我房地产价格正在崩溃，上个月人们开始担心房地产价格，这个月他们又开始担心臭氧层遭受破坏的问题了。如果你相信那句老的投资格言所说的股市在攀越"担忧之墙"，那么请记住，这座担忧之墙现在已经相当高大，并且每天都在进一步增高增大。

人们普遍认为贸易赤字会摧毁整个美国，我提出了一个与这一观点完全相反的观点。事实证明，英国 70 年间都有巨额贸易赤字，尽管如此英国经济却继续保持繁荣昌盛。但是在这里我根本没有必要阐述我的这个观点，因为还在我思考这个观点的时候，人们早已经忘记了贸易赤字问题，开始担心未来的贸易盈余问题了。

为什么华尔街上的皇帝总是非得赤裸裸根本不穿任何新装？我们总是迫切地想看到安徒生童话里的场景，每次当皇帝全身上下整整齐齐穿着皇袍游行时，我们却总是想象我们看到的是皇帝赤裸裸一丝不挂。

我一直听到有人说，当投资者所投资的公司被袭击并购者整体收购或公司管理层收购进行私有化时，有时股价会在一夜之间上涨两倍，投资者对此应该感到非常高兴。

当并购袭击者收购经营稳健可靠并且发展前景良好的公司时，其实是这家公司的股东遭到了抢劫。也许当天股票被高价收购看起来对股东是一笔好买卖，但是他们从此被剥夺了公司股票未来巨大增值所形成的巨额财富。

当百事可乐以每股 40 美元的价格要约收购塔可钟公司的股票时，当时持有塔可钟公司股票的投资者高兴得不得了，马上就把股票高价卖给收购方了，但是作为快速增长型公司的塔可钟继续快速增长。根据这家公司强劲的盈利能力计算，现在一个独立的塔可钟公司的股票的实际价值应该相当于每股 150 美元。我们假设一家公司股价过去一路走低，目前正处于从 10 美元的底部向上反弹的过程中，一些拥有巨额财富的收购方发出要约以每股 20 美元进行收购，一夜之间股价上涨了一倍，这似乎对于持有公司股票的股东来说简直是天大的好消息，但是在这只股票从每股 10 美元上涨到每股 100 美元的整个过程中，在收购时以每股 20 美元卖出股票的投资者每股只能赚到 10 美元，却损失了本来一直持有到最后每股可以赚到的 80 美元，这笔更大的利润全部装进了收购这家公司的并购者囊中。

最近的收购和兼并已经从投资者手中夺走了许多本来一直持有可以上涨 10 倍的好公司股票。

我听到有人说我们美国人正在迅速蜕变成一个借债消费成风、卡布其诺浓咖啡流行、休闲度假上瘾、大吃羊角面包的颓废无用的民族。令人伤心的是，的确美国在所有发达国家中是居民储蓄率最低的国家之一。造成这种后果在相当大的程度上应该归咎于美国政府，美国政府继续对资本收益和红利征税，这对于储蓄是一种惩罚和打击，与此同时对于支付贷款利息进行税收减免从而进一步鼓励了借债。个人退休金账户是 20 世纪 70 年代让美国老百姓受益最大的发明之一，最终美国人被政府以免税鼓励进行储蓄，那么美国政府对此又做了些什么呢？他们取消了对所有人个人退休金账户的税收减免优惠，除了中低工薪收入阶层。

尽管经常听到这么多的愚蠢言论，我仍然对美国、美国人和投资的未来十分乐观。当你进行股票投资时，你必须对人性、对资本主义、对整个国家、对未来经济的普遍繁荣有一个基本的信心，到目前为止还没有什么任何事情能够动摇我的信心。

有人告诉我，过去我们开始制造汽车和电视机的时候，日本人制造社交聚会上的小礼品和装饰夏威夷鸡尾酒的小纸伞，现在却颠倒过来了，日本人在制造汽车和电视机，我们美国人却在制造社交聚会上的小礼品和装饰夏威夷鸡尾酒的小纸伞。如果真是这样的话，我们应该在美国寻找一个制造社交聚会上的小礼品的快速增长型公司，这家公司有可能成为下一个像 Stop & Shop 公司那样增长 10 倍的大牛股。

本部分要点

如果你从本书最后这一部分学到了一些东西的话，我希望是以下投资原则：

- 未来 1 个月、1 年或者 3 年的某一天，股市将会突然大跌。
- 股市下跌是个极好的机会，买入你喜爱的股票。股价修正——华尔街对股价大幅下跌的定义——使十分优秀的公司的股票变得十分廉价。
- 不要妄想预测 1 年或 2 年后的市场走势，那是根本不可能的。
- 你并不需要一直正确，甚至不需要经常正确，照样能够取得高人一筹的投资业绩。
- 那些让我赚到大钱的大牛股往往出乎我的意料之外，因公司收购而大涨的股票更是出乎我的意料之外，但要获得很高的投资回报需要耐心持有股票好几年而不是只持有几个月。
- 不同类型的股票有着不同的风险和回报。
- 连续投资一系列稳定增长型股票，尽管每次只有 20% ～ 30% 的投资收益率，但由于复利的作用累积下来会让你赚到一大笔钱。

- 短期股价走势经常与基本面相反，但长期股价走势最终取决于公司盈利成长性及其可持续性。

- 一家公司目前经营得十分糟糕，并不代表这家公司将来经营得不会更加糟糕。

- 只是根据股价上涨，并不能说明你是对的。

- 只是根据股价下跌，并不能说明你是错的。

- 机构投资者重仓持有且华尔街十分关注的稳定增长型股票在跑赢市场且股价高估之后必然面临停滞或下跌。

- 仅仅因为股价便宜就买入一只发展前景普通的公司股票是一种肯定失败的投资之道。

- 因为股价似乎略微被高估就卖出一只杰出的快速增长型公司的股票是一种肯定失败的投资之道。

- 公司盈利不会无缘无故地增长，快速增长型公司也不可能永远保持快速增长。

- 没有买入一只好股票并不会让你损失一分钱，即使是一只 10 倍股。

- 一只股票本身并不知道你持有它。

- 不要过度迷恋你手中的大牛股，因为股价大涨而扬扬自得，不再关注公司的基本面变化。

- 如果一只股票价格跌到零，你的亏损是 100%，让你输个精光、血本无归，不管你的买入价格是 50 美元、25 美元、5 美元还是 2 美元。

- 根据公司基本面认真分析后，清除部分股票，把资金配置到其他更好的股票上，能够进一步改善你的投资组合业绩。当股价被高估以致与公司的真实表现相脱节，而且更好的投资选择出现时，卖掉被高估的股票转向其他更好的股票。

- 公司出现利好，如同玩梭哈时翻出好牌，此时应该加大赌注，反之应该减少赌注。

- 卖出盈利股票却死抱着亏损股票不放，如同拔掉鲜花却浇灌野草，根本不可能因此改善投资业绩。
- 如果你认为自己不能战胜市场，那么买入一只共同基金，这样会省去你自己投资需要花费的大量精力和金钱。
- 总会有让人担心的事情发生，不要庸人自扰。
- 打开你的心灵之门，接纳所有创新的想法。
- 你并不需要"亲吻所有的女孩"。我也曾错过许多 10 倍股，但这并不妨碍我仍然能够战胜市场。

马里兰之旅的感悟

　　我用一个外出度假的故事来作为本书的开始，也许也应该用一个外出度假的故事作为本书的结尾。那是在1982年8月，我和妻子卡罗琳及孩子一起坐进了汽车，我们全家开车去马里兰州参加卡罗琳的妹妹玛达琳·考希尔的婚礼。一路上我中间停下来八九次去拜访沿途的上市公司，它们都在从波士顿到马里兰沿线方圆100英里的范围内。

　　我和卡罗琳最近签订了一份购买一幢新房子的合同，8月17日是悔约期限的最后一天，在这一天之前我们可以取消合同，并且能够退还我们已经支付的10%的定金。我提醒自己，这笔购买房子的资金相当于我在富达基金管理公司工作的最初三年所得到的工资总和。

　　购买这幢房子，我必须对自己未来的收入具有很大的信心，而我未来的收入相应地在很大程度上要依赖于美国上市公司未来的发展，所以我必须对美国上市公司的未来同样充满信心。

　　最近投资者的情绪有些悲观。利率已经提高到了两位数，这使许多人害怕美国经济很快会变得像巴西经济一样糟糕，与此同时其他人确信美国经济会像20世纪30年代的经济大萧条一样糟糕。那些敏感的政府官员对于未来十分忧虑,他们在想是否应该在失业大军不得不前往森林中生活之前,学习一下捕鱼、打猎和采摘水果等基本求生技能。现在道琼斯工业平均指数为700点左右,而10年前道琼斯工业平均指数为900点左右,大多数投资者预期股市将会变得更加糟糕。

如果说在1987年夏天我还是十分乐观的,那么当时决定购买房子时的1982年夏天却正好相反,我十分悲观。尽管如此,我们还是咬紧牙关下定决心不取消购买房子的合同。当时在康涅狄格州站在新房子前,我们觉得这幢新房子已经是我们的了,我们面临的最大困难是,在未来很多年里我们如何付清其余的房款。

不谈这些了,接着谈我们一家外出度假的事。一路上我停车拜访了Insilco公司,它在康涅狄格州的梅里登市。卡罗琳和孩子在视频游乐中心玩了3个小时,研究Atari公司的电子游戏。当我结束了和公司有关人士的会谈后,我给办公室打了电话,他们告诉我股市上涨了38.8点。股市是从776点开始上涨的,上涨幅度相当于1988年夏天一天上涨120点的涨幅。突然间投资者变得兴奋起来了,8月20日这天股市又上涨了30.7点,这让投资者更加兴奋异常。

几乎一夜之间一切都变了,那些正准备到森林里露营度假的人冲回来购买他们能买到的任何一只股票,投资者之间为了能够抓住大牛市的机会而争相抢夺股票。投资者急匆匆地疯狂投资于各种各样的繁荣的企业,而就在一星期之前他们还认为这些公司面临灭亡而拒绝投资。

股市大涨,我却没有什么可做的了,除了像往常一样正常工作,因为我总是把所有的资金都投资到股票上,无论是在此异乎寻常的大反弹之前还是在此之后。我总是满仓,持有的全部是股票,不持有任何现金。当时机出现时,我已经整装待发,这种感觉简直太棒了。除此之外,满仓使我不用冲回来高价买入股票。今天我要去拜访在康涅狄格州朱德尔伯里市的

Uniroyal 公司和纽黑文市的 Armstrong Rubber 公司；明天我要去拜访位于纽约长岛中西部米尼奥拉镇上的长岛照明公司（Long Island Lighting）；后天我要去拜访 Philadelphia Electric 公司和 Fidelcor 公司。如果我在拜访公司时询问了足够多的问题，可能我就会从中得到一些我以前并不知道的信息，当然我也不能因为拜访公司而错过我妻子妹妹的婚礼。如果你打算在股票投资上胜人一筹，你就必须一直在了解公司基本面信息上保持领先别人一步。

推荐阅读

序号	中文书名	定价
1	股市趋势技术分析（原书第11版）	198
2	沃伦·巴菲特：终极金钱心智	79
3	超越巴菲特的伯克希尔：股神企业帝国的过去与未来	119
4	不为人知的金融怪杰	108
5	比尔·米勒投资之道	80
6	巴菲特的嘉年华：伯克希尔股东大会的故事	79
7	巴菲特之道（原书第3版）（典藏版）	79
8	短线交易秘诀（典藏版）	80
9	巴菲特的伯克希尔崛起：从1亿到10亿美金的历程	79
10	巴菲特的投资组合（典藏版）	59
11	短线狙击手：高胜率短线交易秘诀	79
12	格雷厄姆成长股投资策略	69
13	行为投资原则	69
14	趋势跟踪（原书第5版）	159
15	格雷厄姆精选集：演说、文章及纽约金融学院讲义实录	69
16	与天为敌：一部人类风险探索史（典藏版）	89
17	漫步华尔街（原书第13版）	99
18	大钱细思：优秀投资者如何思考和决断	89
19	投资策略实战分析（原书第4版·典藏版）	159
20	巴菲特的第一桶金	79
21	成长股获利之道	89
22	交易心理分析2.0：从交易训练到流程设计	99
23	金融交易圣经II：交易心智修炼	49
24	经典技术分析（原书第3版）（下）	89
25	经典技术分析（原书第3版）（上）	89
26	大熊市启示录：百年金融史中的超级恐慌与机会（原书第4版）	80
27	敢于梦想：Tiger21创始人写给创业者的40堂必修课	79
28	行为金融与投资心理学（原书第7版）	79
29	蜡烛图方法：从入门到精通（原书第2版）	60
30	期货狙击手：交易赢家的21周操盘手记	80
31	投资交易心理分析（典藏版）	69
32	有效资产管理（典藏版）	59
33	客户的游艇在哪里：华尔街奇谈（典藏版）	39
34	跨市场交易策略（典藏版）	69
35	对冲基金怪杰（典藏版）	80
36	专业投机原理（典藏版）	99
37	价值投资的秘密：小投资者战胜基金经理的长线方法	49
38	投资思想史（典藏版）	99
39	金融交易圣经：发现你的赚钱天才	69
40	证券混沌操作法：股票、期货及外汇交易的低风险获利指南（典藏版）	59
41	通向成功的交易心理学	79

推荐阅读

序号	中文书名	定价
42	击败庄家：21点的有利策略	59
43	查理·芒格的智慧：投资的格栅理论（原书第2版·纪念版）	79
44	彼得·林奇的成功投资（典藏版）	80
45	彼得·林奇教你理财（典藏版）	79
46	战胜华尔街(典藏版)	80
47	投资的原则	69
48	股票投资的24堂必修课（典藏版）	45
49	蜡烛图精解:股票和期货交易的永恒技术（典藏版）	88
50	在股市大崩溃前抛出的人：巴鲁克自传（典藏版）	69
51	约翰·聂夫的成功投资（典藏版）	69
52	投资者的未来（典藏版）	80
53	沃伦·巴菲特如是说	59
54	笑傲股市（原书第4版.典藏版）	99
55	金钱传奇：科斯托拉尼的投资哲学	69
56	证券投资课	59
57	巴菲特致股东的信：投资者和公司高管教程（原书第4版）	128
58	金融怪杰：华尔街的顶级交易员（典藏版）	80
59	日本蜡烛图技术新解（典藏版）	60
60	市场真相：看不见的手与脱缰的马	69
61	积极型资产配置指南：经济周期分析与六阶段投资时钟	69
62	麦克米伦谈期权（原书第2版）	120
63	短线大师：斯坦哈特回忆录	79
64	日本蜡烛图交易技术分析	129
65	赌神数学家：战胜拉斯维加斯和金融市场的财富公式	59
66	华尔街之舞：图解金融市场的周期与趋势	69
67	哈利·布朗的永久投资组合：无惧市场波动的不败投资法	69
68	憨夺型投资者	59
69	高胜算操盘：成功交易员完全教程	69
70	以交易为生（原书第2版）	99
71	证券投资心理学	59
72	技术分析与股市盈利预测：技术分析科学之父沙巴克经典教程	80
73	机械式交易系统：原理、构建与实战	80
74	交易择时技术分析：RSI、波浪理论、斐波纳契预测及复合指标的综合运用（原书第2版）	59
75	交易圣经	89
76	证券投机的艺术	59
77	择时与选股	45
78	技术分析（原书第5版）	100
79	缺口技术分析：让缺口变为股票的盈利	59
80	预期投资：未来投资机会分析与估值方法	79
81	超级强势股：如何投资小盘价值成长股（重译典藏版）	79
82	实证技术分析	75
83	期权投资策略（原书第5版）	169
84	赢得输家的游戏：精英投资者如何击败市场（原书第6版）	45
85	走进我的交易室	55
86	黄金屋：宏观对冲基金顶尖交易者的掘金之道（增订版）	69
87	马丁·惠特曼的价值投资方法：回归基本面	49
88	期权入门与精通：投机获利与风险管理（原书第3版）	89
89	以交易为生II：卖出的艺术（珍藏版）	129
90	逆向投资策略	59
91	向格雷厄姆学思考，向巴菲特学投资	38
92	向最伟大的股票作手学习	36
93	超级金钱（珍藏版）	79
94	股市心理博弈（珍藏版）	78
95	通向财务自由之路（珍藏版）	89

巴芒投资学

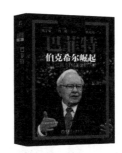

分类	译者	书号	书名	定价
坎宁安作品	王冠亚	978-7-111-73935-7	超越巴菲特的伯克希尔：股神企业帝国的过去与未来	119元
	杨天南	978-7-111-59210-5	巴菲特致股东的信：投资者和公司高管教程（原书第4版）	128元
	王冠亚	978-7-111-67124-4	巴菲特的嘉年华：伯克希尔股东大会的故事	79元
哈格斯特朗作品	杨天南	978-7-111-74053-7	沃伦·巴菲特：终极金钱心智	79元
	杨天南	978-7-111-66880-0	巴菲特之道（原书第3版）	79元
	杨天南	978-7-111-66445-1	巴菲特的投资组合（典藏版）	59元
	郑磊	978-7-111-74897-7	查理·芒格的智慧：投资的格栅理论（原书第2版·纪念版）	79元
巴菲特投资案例集	杨天南	978-7-111-64043-1	巴菲特的第一桶金	79元
	杨天南	978-7-111-74154-1	巴菲特的伯克希尔崛起：从1亿到10亿美金的历程	79元

资本的游戏

书号	书名	定价	作者
978-7-111-62403-5	货币变局：洞悉国际强势货币交替	69.00	（美）巴里·艾肯格林
978-7-111-39155-5	这次不一样：八百年金融危机史（珍藏版）	59.90	（美）卡门 M. 莱茵哈特 肯尼斯 S. 罗格夫
978-7-111-62630-5	布雷顿森林货币战：美元如何统治世界（典藏版）	69.00	（美）本·斯泰尔
978-7-111-51779-5	金融危机简史：2000年来的投机、狂热与崩溃	49.00	（英）鲍勃·斯瓦卢普
978-7-111-53472-3	货币政治：汇率政策的政治经济学	49.00	（美）杰弗里 A. 弗里登
978-7-111-52984-2	货币放水的尽头：还有什么能拯救停滞的经济	39.00	（英）简世勋
978-7-111-57923-6	欧元危机：共同货币阴影下的欧洲	59.00	（美）约瑟夫 E.斯蒂格利茨
978-7-111-47393-0	巴塞尔之塔：揭秘国际清算银行主导的世界	69.00	（美）亚当·拉伯
978-7-111-53101-2	货币围城	59.00	（美）约翰·莫尔丁 乔纳森·泰珀
978-7-111-49837-7	日美金融战的真相	45.00	（日）久保田勇夫